Die Enzyklopädie des Jazz

Die Enzyklopädie des Jazz

Die Geschichte des Jazz
im Spiegel der wichtigsten Aufnahmen

Herausgegeben von Barry Kernfeld

Scherz

Erste Auflage 1993
Einzig berechtigte Übersetzung aus dem Englischen
von Ingrid Hake und Frank Laufenberg.
Die Originalausgabe erschien unter dem Titel
«The Blackwell Guide to Recorded Jazz»
bei Basil Blackwell, Oxford.
Copyright © Basil Blackwell Ltd. 1991
Redaktionelle Organisation © Barry Kernfeld
Alle deutschsprachigen Rechte beim Scherz Verlag, Bern, München, Wien.
Alle Rechte der Verbreitung, auch durch Funk, Fernsehen,
fotomechanische Wiedergabe, Tonträger jeder Art und
auszugsweisen Nachdruck, sind vorbehalten.
Schutzumschlag von Graupner & Partner unter Verwendung
einer Zeichnung von Image Bank, Zürich.

Inhalt

Vorwort 7

Zur Diskografie 9

1 **Die ersten Hot Bands** 11
 James Lincoln Collier

2 **Solo-Stride- und Swing-Pianisten** 67
 Barry Kernfeld

3 **Big Bands** 82
 Barry Kernfeld

4 **Swing-Combos** 125
 Barry Kernfeld

5 **Wir nannten es Musik: Dixieland und Swing** 160
 Digby Fairweather

6 **Das New-Orleans-Revival** 174
 Mike Hazeldine

7 **Bop und verwandte Stile** 194
 Mark Gardner
  Bop 196
  Cool Jazz, West Coast Jazz und Bossa Nova 236
  Hard Bop 255

8 **Swing-Bop-Combos** 299
 Barry Kernfeld

9 **Weg vom Hard Bop** 313
 Barry Kernfeld

10 **Free Jazz** 329
 Ekkehard Jost

11 **Fusion** 365
   Mark Gilbert

Glossar 391

Register der Musiker und Bands 407

Register der Alben 417

Register der Stücktitel 419

Vorwort

Die «Enzyklopädie des Jazz» soll in erster Linie Freunden dieser Musikrichtung Anregungen für den Aufbau oder den Ausbau ihrer Plattensammlung liefern und ihnen damit den Zugang zu dieser wundervollen Musik erleichtern. In diesem Buch werden rund 120 Alben vorgestellt, die zum Feinsten und Besten des Jazz gehören und repräsentativ sind für die jeweilige Ära oder Stilrichtung. Daß die Auswahl der Aufnahmen subjektiven Bewertungen folgt, liegt in der Natur der Sache.

Informiert wird über alle wichtigen Veröffentlichungen sowohl auf CD als auch auf LP. Auch wenn LPs nicht mehr handelsüblich sind, haben doch viele Sammler noch immer mit ihnen zu tun. Unberücksichtigt bleiben Kassetten, da sie aufgrund ihrer schlechten Klangqualität für die meisten Jazz-Freunde uninteressant sind. Aus demselben Grund wurde grundsätzlich entschieden, Rundfunkaufnahmen von schlechter Qualität nicht aufzunehmen; obwohl sie oftmals interessante Improvisationen festhalten, sind sie für den normalen Sammler nicht geeignet.

Die Auswahl der Autoren – die aus England, Amerika und Deutschland kommen – spiegelt die Internationalität des Jazz wider, ebenso die Sprache des Jazz, die durch Amerikanismen geprägt ist. Der Jazz-Jargon war nicht immer zu vermeiden. Ausdrücke, die für den Laien eventuell unverständlich sind, auf die jedoch nicht verzichtet werden konnte, werden im Text erläutert. Diese und weitere Begriffe sind zudem im Glossar (S. 391) erklärt. Rudimentäre Kenntnisse der Musik setzt das Buch voraus.

Die Diskografien wurden von Mark Gardner, Howard Rye und dem Herausgeber erstellt. Da nicht alle Platten greifbar waren, mußten wir bisweilen den einen oder anderen Katalog zu Hilfe nehmen. Da es sich hier um kein akademisches Buch handelt, wurde darauf verzichtet, die Quellen aufzuführen. Wir möchten es mit einem pauschalen Dank an die Jazz-Diskografen bewenden lassen, ohne deren Arbeit die Informationen, die das vorliegende Buch liefert, unvollständig geblieben wären.

Zu herzlichem Dank verpflichtet bin ich allen Autoren dieses Buches sowie den folgenden Personen: Peter Clayton, der das Projekt zu Anfang betreute, bis er sich aus gesundheitlichen Gründen zurückziehen mußte; Alyn Shipton, Verleger bei Basil Blackwell, der mich bat, Peters Aufgabe zu übernehmen, und dessen scharfsinnige Vorschläge ein ums andere Mal zur Verbesserung des Buchkonzepts beigetragen haben; Howard Rye, Diskograf der Zeitschrift «Collector's Items», der die Fahnen gelesen und unzählige Ergänzungen und Korrekturen vorgenommen hat; Caroline Richmond, die mir eine wichtige Hilfe in vielen Stil- und Sachfragen war. Nicht zuletzt haben auch mein Vater, Bernard Kernfeld, der mir bei der Texterfassung half, und meine Frau, die meine Karriere als freier Autor stets unterstützte, zum Gelingen dieses Buches beigetragen.

Kurz nachdem ich die Belegexemplare für die englischsprachige Taschenbuchausgabe erhalten hatte, erfuhr ich zu meiner Freude, daß das Buch ins Deutsche übersetzt werden soll. Der Jazz hat sich von seinen afro-amerikanischen Ursprüngen zu einer internationalen Musik entwickelt, in der Europa eine wichtige Rolle spielt. Sieht man sich die Diskografien dieses Buches an, findet man eine ganze Reihe europäischer Veröffentlichungen. Deutsche Musiker haben vor allem zum Free Jazz wichtige Beiträge geliefert. So scheint es nur angemessen, daß der Text übersetzt wird, um ein breiteres Publikum in Europa zu erreichen. Auf eine bescheidenere Weise ist das ein weiteres Zeichen für die Internationalisierung des Jazz.

Die Autoren danken dem Scherz Verlag und Stella Welford von der Lizenzabteilung des Blackwell Verlages, daß sie diese Ausgabe möglich gemacht haben. Auch möchten wir Ingrid Hake und Frank Laufenberg für die Übersetzung danken. Des weiteren bedanken wir uns bei Günter Lebbe für die fachliche Beratung bei der Übersetzung und für die Aktualisierung der Diskografien, bei der ihn Eugen Heuser und Christian Clemens (WOM, Frankfurt) engagiert unterstützt haben.

Noch eine persönliche Anmerkung: Ekkehard Jost hat sich bei seinem Kapitel über den Free Jazz sehr viel Mühe gegeben, es in englischer Sprache abzufassen. Es wird ihn sicherlich amüsieren, daß als Lohn für seine Mühe dieser Beitrag jetzt ins Deutsche zurückübersetzt wird!

Zur Diskografie

Zu jeder besprochenen Platte findet sich im Anschluß an den Lauftext eine ausführliche Diskografie. Sie ist wie folgt aufgebaut:

1. Ausgewählte Aufnahme. Genannt werden: Land der Veröffentlichung, Titel, Plattenfirma und -nummer. Ist die betreffende CD oder LP regulär im deutschen Handel erhältlich, wird sie duch ○ gekennzeichnet; kann sie vermutlich von speziellen Fachgeschäften aus dem Ausland besorgt werden, wird sie durch □ gekennzeichnet.

2. Besetzung (mit Instrumentation). Falls nicht die im Text behandelte Person die Aufnahme leitete, findet sich der Name des Leiters in Klammern zu Beginn der Besetzungsliste.

3. Aufnahmeort, Aufnahmedatum, Liste der Stücke. Die Stücke sind in 5er-Schritten durchnumeriert und werden in Teil 4 der Diskografie nur durch die jeweiligen Nummern aufgeführt.

4. Gleiche und verwandte Aufnahmen sind, getrennt nach CD und LP, in der Reihenfolge ihrer Ähnlichkeit mit der in Teil 1 genannten Aufnahme aufgelistet. Ist kein Titel genannt, so ist er identisch mit dem in Teil 1 genannten Titel.

Da dieses Buch ein auch für den Laien leicht zu benutzendes Nachschlagewerk sein soll, wurde auf die in Jazzdiskografien sonst übliche Vielzahl von Abkürzungen verzichtet. Abgekürzt werden lediglich die Ländernamen sowie die gängigen Jazzinstrumente.

Länder

AR	Argentinien	GB	Großbritannien
AUS	Australien	I	Italien
B	Belgien	J	Japan
BR	Brasilien	NL	Niederlande
D	Deutschland	P	Portugal
DK	Dänemark	ROU	Uruguay
E	Spanien	S	Schweden
F	Frankreich		

Instrumente

arr	Arrangeur	g	Gitarre
as	Altsaxophon	kbd	Keyboard
bar	Baritonsaxophon	org	Orgel
b	Baß	p	Piano
bcl	Baßklarinette	per	Percussion
bj	Banjo	sb	Kontrabaß
bsx	Baßsaxophon	ss	Sopransaxophon
c	Kornett	syn	Synthesizer
cl	Klarinette	tb	Posaune
csx	C-Saxophon	tpt	Trompete
d	Schlagzeug	ts	Tenorsaxophon
elb	elektrische Baßgitarre	v	Gesang
elg	elektrische Gitarre	vb	Vibraphon
elp	elektrisches Piano	vln	Violine
fl	Flöte	wbd	Washboard
flh	Flügelhorn		

KAPITEL 1

Die ersten Hot Bands

James Lincoln Collier

Es ist allgemein anerkannt, daß der Jazz Anfang dieses Jahrhunderts in New Orleans entstand und daß sich aus der damaligen Form alle weiteren Jazzstile entwickelt haben. Der Jazz war eine Nebenform oder Variante des Ragtime. Was ihn von diesem unterschied, war vor allem ein bestimmtes rhythmisches Gefühl – der «Swing». Außerdem wurden Elemente des Blues übernommen, besonders die Tonabwandlung, verschiedene Dämpfer und Kehllaute, die für einen rauheren Klang sorgten.

Diese New-Orleans-Musik wurde mit verschiedenen Instrumentenkombinationen gespielt. Die Bands, die in den Spelunken des Rotlichtbezirks auftraten, waren meist recht klein und bestanden häufig nur aus ein oder zwei Blech- oder Holzbläsern, begleitet von ein oder zwei Rhythmusinstrumenten. Mit der Zeit jedoch entwickelte sich eine Jazz-Dance-Band mit Kornett, Posaune und Klarinette über einer Rhythmusgruppe, die im günstigsten Fall aus Kontrabaß, Gitarre, Schlagzeug und Piano bestand; oft jedoch waren nicht all diese Instrumente vorhanden. Manchmal verstärkte eine Violine die Führung. Anfang der 20er Jahre wurden Baß und Gitarre durch Tuba und Banjo ersetzt.

Die klassische New-Orleans-Band spielte Ensemblemusik, die häufig durch kurze Solo-Breaks unterbrochen wurde; meist waren diese zwei Takte lang. Soli wurden selten gespielt und waren nicht improvisiert, sondern die formale Darstellung eines Themas. Im Ensemble spielte das Kornett eine vergleichsweise einfache Melodie im mittleren Tonbereich, die Klarinette belebte das Motiv mit aufsteigenden und fallenden Linien oder imitierte schrill Marschpfeifen. Die Posaune spielte eine Baßlinie und verband einzelne Phrasen der Melodie.

Den um die Jahrhundertwende in Amerika so populären Märschen hat dieser recht einfache Aufbau des klassischen New-Orleans-Stils wohl eine Menge zu verdanken. Um 1910 sorgten Musiker aus New Orleans dafür, daß sich ihr Stil auch an der Westküste und in Chicago durchsetzte. New-Orleans-Bands spielten zu den unterschiedlichsten Anlässen, meist in den Dance Halls und Saloons der Rotlichtbezirke. Für viele Amerikaner war die Musik aufgrund ihrer Nähe zu den Bordellen etwas Minderwertiges. Dennoch fand sie landesweit ihr Publikum, und mit den erstaunlichen Plattenerfolgen der Original Dixieland Jazz Band (in der ursprünglichen Schreibweise Original Dixieland Jass Band) 1917 wurde der New Orleans Jazz wichtiger Bestandteil der populären amerikanischen Musik. Zuerst nannte man die Musik einfach Jazz; als dann jedoch neue Formen auftauchten, nannte man die Ursprungsform «New Orleans Jazz», «New Orleans» und schließlich «Dixieland». Nach und nach wurde er von Big Bands, die arrangierte Musik spielten, verdrängt.

Original Dixieland Jazz Band:
The Complete Original Dixieland Jazz Band (1917–1921)

1915 spielten weiße Musiker aus New Orleans in Chicagoer Clubs und Dance Halls. Zwei dieser Gruppen wurden von dem Schlagzeuger Johnny Stein und dem Posaunisten Tom Brown geleitet. Nach einigen personellen Änderungen ging Steins Gruppe – jetzt ohne Stein und unter dem Namen Original Dixieland Jazz Band – nach Osten. Im Januar 1917 debütierte sie in einem bekannten New Yorker Restaurant namens Reisenweber's und wurde bald eine Sensation. Reisenweber's war ein Hummerrestaurant der Mittelklasse für New Yorker und Touristen. Die Einführung des Jazz in einem solchen Lokal signalisierte, daß dieser jetzt eine gewisse Akzeptanz erlangt hatte beim amerikanischen Bürgertum. Die in diesem Jahr und später entstandenen Aufnahmen bei der Plattenfirma Victor wurden Bestseller und trugen dazu bei, daß der Jazz zu einem landesweiten Phänomen wurde. Die ersten Hits waren *Barnyard Blues* (besser bekannt als *Livery Stable Blues*) und *At the Jazz Band Ball*. Daneben waren die bekanntesten Aufnahmen der Original Dixieland Jazz Band *Bluin' the Blues*, *Ostrich Walk*, *Sensation Rag*, *Clarinet Marma-*

lade, *Fidgety Feet* und *Tiger Rag* – ein Stück, das bald als repräsentativ für den frühen Jazz galt.

Da nur selten wirklich improvisiert wurde, waren die individuellen Unterschiede bei den frühen Jazzmusikern nicht so groß wie heute. Nick LaRocca (Kornett) spielte klar, relativ einfach und schlagkräftig, mit scharf attackierenden Noten und sauberem, kraftvollem Ton. Larry Shields (Klarinette) begann seine Figur oft mit einem hohen Ton, den er dann über ein absteigendes Legato zu einer Kaskade steigerte. In der oberen Tonlage klang er etwas schriller als andere frühe New-Orleans-Musiker, aber in der mittleren flüssig und sauber. Eddie Edwards (Posaune) spielte fast nur im mittleren bis tiefen Bereich, um den anderen Instrumenten nicht in die Quere zu kommen. Typisch für einen New-Orleans-Posaunisten: Er führte viele Bindungen ein; die Zugposaune hatte erst kurz zuvor die Ventilposaune in der populären Musik abgelöst und ersetzt, und die Posaunisten nutzten die Möglichkeit des Legato im Übermaß. Keiner dieser Musiker entwickelte sich zu einem herausragenden Solisten. 1936 kam die Gruppe noch einmal zusammen, um einen Dokumentarfilm zu drehen und die frühen Nummern noch einmal auf Platte zu bannen. Die Musiker spielten fast genauso wie 1917, wenn auch mit einem lockereren Rhythmus.

Die durch die Original Dixieland Jazz Band bekannt gemachten Stücke waren typisch für den New-Orleans-Jazz und bestanden aus zwei, drei oder sogar mehr Parts, wie die Rags und Märsche, von denen sie abgeleitet wurden. Die Parts gingen oft in eine andere Tonart über, normalerweise eine Quart höher. Der berühmte *Tiger Rag* zum Beispiel besteht aus Abschnitten in B-, Es- und As-Dur. Die einzelnen Parts werden durch Zwischenspiele verbunden, wie im *Clarinet Marmalade Blues*. Zeitweise war diese Musik, wie auch die anderer New-Orleans-Bands, nicht melodisch, sondern setzte sich aus mehr oder weniger willkürlich aneinandergereihten kurzen Einzelstücken zusammen. Besonders wichtig war die kurze Pause der Band – in der Regel zwei oder vier Takte lang –, um ein Instrument allein vorzuführen. Diese Pausen waren oft absichtlich komisch: Der frühe Jazz stand mit einem Bein im Varieté, und in der Musik gab es oft humoristische Elemente, wie z.B. die Imitation eines wiehernden Pferdes und eines krähenden Hahns im *Barnyard Blues* oder der absteigende Oktavplumps der Posaune im letzten Abschnitt des *Tiger Rag*, der das Brüllen des Tigers imitierte.

Die Original Dixieland Jazz Band wurde nie als wirklich große

Jazzband angesehen. Es war jedoch eine Band, die mit Begeisterung, ansteckendem Swing und, obwohl die Musiker meist nicht ausgebildet waren, überraschend akkurat spielte. Sie wurde ein Vorbild für Tausende von jungen Musikern, darunter Bix Beiderbecke und Benny Goodman.

CD

(F) The Complete Original Dixieland Jazz Band (1917–1921), RCA PD 90026 ○

Nick LaRocca (c), Eddie Edwards (tb), Larry Shields (cl), Henry Ragas (p), Tony Sbarbaro (d)

New York	26. 02. 1917	**Livery Stable Blues**	
		Dixie Jass Band One-Step	
	18. 03. 1918	**At the Jazz Band Ball**	
		Ostrich Walk	
	25. 03. 1918	**Skeleton Jangle**	5
		Tiger Rag	
	25. 06. 1918	**Bluin' the Blues**	
		Fidgety Feet	
		Sensation Rag	
	17. 07. 1918	**Mournin' Blues**	10
		Clarinet Marmalade Blues	
		Lazy Daddy	

mit Benny Krueger (as); J. Russel Robinson (p) anstatt Ragas

	01. 12. 1920	**Margie**	
	04. 12. 1920	**Palesteena**	
	30. 12. 1920	**Broadway Rose**	15

mit Clifford Cairns, Eddie King, Band (v)

		Sweet Mamma	

ohne (v)

	28. 01. 1921	**Home Again Blues**	
		Crazy Blues	

Frank Signorelli (p) anstatt Robinson

	03. 05. 1921	**Jazz Me Blues**	

mit Al Bernard (v)

	25. 05. 1921	**St Louis Blues**	20

07. 06. 1921   **Royal Garden Blues**
                      Dangerous Blues

ohne Bernard und Sbarbaro
01. 12. 1921   **Bow Wow Blues**

Andere CDs

mit den Stücken 1–2, 6–9, 11–13:
(GB) *Sensation!*, Living Era CD AJA 5023
gleichen Inhalts:
(USA) Blackbird CD 61098

LPs

mit den unten aufgeführten Aufnahmen von 1936:
(F) *Original Dixieland Jazz Band*, vols. 1–2, RCA 730703 und 730704;
RCA NL 90026 ○
mit den Stücken 1–4, 6, 8–10, 15, 17, 20–21 und den unten aufgeführten
Stücken von 1936:
(I) *Original Dixieland Jazz Band*, RCA NL 42745
mit den Stücken 1–2, 6–9, 11–13:
(GB) *Sensation!*, Living Era AJA 5023
mit den Stücken 1–11:
(J) *Jazz from New Orleans*, RCA 5328
Stücke 1–2, 6, 9, 11–15, 17 und die unten aufgeführten Stücke von 1936:
The Original Dixieland Jazz Band
(USA) RCA Victor LPV 547
(GB) RCA RD 7919

LP

(USA) *The Original Dixieland Jazz Band*, RCA Victor LPV 547
Die oben angegebenen Stücke und:
LaRocca (c), Edwards (tb), Shields (cl), Robinson (p), Sbarbaro (d)
New York   25. 09. 1936   **Skeleton Jangle**
                    10. 11. 1936   **Clarinet Marmalade**
                                          Bluin' the Blues
                                          Tiger Rag
                                          Barnyard Blues
                                          Original Dixieland One-Step

Andere LPs

gleichen Inhalts:
(GB) RCA RD 7919
mit weiteren Stücken:
(F) *The Complete Original Dixieland Jazz Band,* vols. 1–2, RCA 730703 und 730704, RCA NL 90026 ○
mit den Stücken 2, 3, 4:
(I) *Original Dixieland Jazz Band,* RCA NL 42745

New Orleans Rhythm Kings:
New Orleans Rhythm Kings and Jelly Roll Morton

Der Erfolg der Bands von Stein und Brown in Chicago, gefolgt vom landesweiten Ruhm der Original Dixieland Jazz Band, führte dazu, daß Kabaretts und Dance Halls nach ähnlichen New-Orleans-Gruppen Ausschau hielten. In den Jahren nach 1917 zogen immer mehr Musiker nach Norden, hauptsächlich der besseren Bezahlung wegen. Bedingt durch diese Abwanderung, wurde Chicago nach 1916 zum neuen Zentrum und löste damit New Orleans als Jazz-Metropole ab. In den 20er Jahren erkannte man selbst in New York, daß die Musiker in Chicago eine heißere, kraftvollere Version des Jazz spielten als die im Osten.

Eine der einflußreichsten New-Orleans-Bands, die nach Chicago kamen, waren die New Orleans Rhythm Kings. Ihre ersten Platten veröffentlichten sie jedoch als Friar's Society Orchestra, nach dem Friar's Inn, wo sie spielten. In der Formation, in der die ersten wichtigen Platten aufgenommen wurden, spielten vier Musiker aus New Orleans: Paul Mares, Kornett; George Brunies, Posaune; Leon Roppolo, Klarinette; Steve Brown, Baß. Dazu kamen: Jack Pettis, Saxophon; Elmer Schoebel, Piano; Lou Black, Banjo; Frank Snyder, Schlagzeug. Während der relativ kurzen Karriere der Gruppe wechselte die Besetzung ständig. Eine Zeitlang spielte auch Ben Pollack, einer der besten Schlagzeuger jener Zeit, in der Band. Aber die Schlüsselfiguren waren Mares, Brunies und Roppolo, die auf allen frühen bedeutenden Platten mitspielen.

Wie die Original Dixieland Jazz Band spielten die New Orleans Rhythm Kings, typisch für New Orleans, den klassischen kontrapunktischen Stil mit Kornettführung, während die Klarinette sich auf- und abwärts durch die Melodie bewegte und die Posaune für den letzten Schliff sorgte. Die Saxophone bei einigen dieser Aufnahmen waren eine Konzession an die Liebhaber dieses Instruments: 1919 war die Art Hickman Band, eine Jazz-Dance-Gruppe mit einem Saxophon-Duett, bekannt geworden und machte in den frühen 20ern das Saxophon zu einem Mode-Instrument.

Wie die Original Dixieland Jazz Band, so improvisierten auch die New Orleans Rhythm Kings in erster Linie nicht, sondern spielten sorgfältig ausgearbeitete Arrangements, die sie während des Spielens ausschmücken oder variieren konnten. Das galt selbst für die Soli: George Brunies spielt sein berühmtes Solo auf *Tin Roof Blues* bei allen drei Aufnahmen des Stückes mehr oder weniger gleich, und er spielte es genau so bis ans Ende seiner Karriere. Auf *Eccentric* bestehen die Soli aus zweitaktigen Pausen von Klarinette, Trompete und Posaune über eine Gesamtlänge von 22 Takten; der Rest der Aufnahme wird von dem gesamten Ensemble gespielt.

Die Band tritt mit weniger Effekthascherei auf als die Original Dixieland Jazz Band, und es gibt keine derben Späße wie bei deren *Livery Stable Blues*. Doch auch hier lassen sich – z. B. in einigen Breaks auf *Eccentric* – Anflüge von Komik erkennen.

Die New Orleans Rhythm Kings sind ihren Vorgängern musikalisch sicher überlegen. Jazzhistoriker sind der Meinung, daß sie dem Einfluß schwarzer Bands aus New Orleans eine Menge zu verdanken haben, insbesondere der King Oliver's Creole Jazz Band, die zu jener Zeit in Chicago gastierte. Paul Mares' Breaks auf *Bugle Call Blues* werden mit Dämpfer gespielt, eine angeblich von Oliver entwickelte Technik, und enthalten in erster Linie Viertel- und keine Achtelnoten, ein Charakteristikum für Olivers Stil. Insgesamt gesehen spielten die New Orleans Rhythm Kings einen lockereren und geschmeidigeren Swing als die Original Dixieland Jazz Band, was in dem oben erwähnten *Bugle Call Blues* durch die treibende Führung von Mares besonders deutlich wird. Beachtenswert ist im letzten Chorus der Backbeat (Betonung auf dem zweiten und vierten Taktschlag) des Schlagzeuges, der ein typisches Element des Jazz werden sollte und hier den klassischen, rockenden zweitaktigen Swing liefert.

So wie die Original Dixieland Jazz Band Melodien wie *Tiger Rag* und *Clarinet Marmalade* zum klassischen Repertoire beitrug, so lieferten die New Orleans Rhythm Kings mindestens drei Stücke, die ihre Zeit überlebten: *Bugle Call Blues* (besser bekannt als *Bugle Call Rag*), *Farewell Blues* und *Tin Roof Blues*.

LP

(USA) *New Orleans Rhythm Kings and Jelly Roll Morton*, **Milestone M 47020** □

(Friar's Society Orchestra:) Paul Mares (tpt), George Brunies (tb), Leon Roppolo (cl), Jack Pettis (csx, ts), Elmer Schoebel (p), Lou Black (bj), Steve Brown (sb), Frank Snyder (d)

Richmond, Indianapolis	29. 08. 1922	**Eccentric**	
		Farewell Blues	
		Discontented Blues	
		Bugle Call Blues	
	30. 08. 1922	**Panama**	5
		Tiger Rag	
		Livery Stable Blues	
		Oriental	

Mares (tpt), Brunies (tb), Roppolo (cl), Mel Stitzel (p), Ben Pollack (d)

	12. 03. 1922	**Sweet Lovin' Man**	
		Sweet Lovin' Man (Take A)	10
		That's a Plenty	
		That's a Plenty (Take A)	
		Shim-me-sha-wabble	
		Shim-me-sha-wabble (Take B)	
		Weary Blues	15
	13. 03. 1922	**Da Da Strain**	
		Wolverine Blues (Take A)	
		Wolverine Blues (Take B)	
		Maple Leaf Rag	
		Tin Roof Blues	20
		Tin Roof Blues (Take A)	
		Tin Roof Blues (Take B)	

Mares (tpt), Brunies (tb), Roppolo (cl), Pettis (csx), Glenn Scoville (as, ts), Don Murray (cl, ts), Tom Thibeau (p), Bob Gillette (bj), Chink Martin (bb), Pollack (d)

	17. 07. 1923	**Sobbin' Blues**
		Marguerite

möglicherweise mit Thibeau	**Angry**	25
	Clarinet Marmalade	
	Clarinet Marmalade (Take A)	
Jelly Roll Morton anstatt ? (p)	Mr. **Jelly Lord** (Take A)	
	Mr. **Jelly Lord** (Take C)	
18. 07. 1923	**London Blues**	30
	Milenberg Joys (Take C)	
Kyle Pierce (p) anstatt Morton	**Mad**	

Andere LPs

gleichen Inhalts:
(F) Milestone 2C178-96405/06
mit weiteren Stücken: *New Orleans Rhythm Kings,* vol. 1 (1922–23) und vol. 2 (1923)
(I) Kings of Jazz NLJ 18009 und NLJ 18010
(S) Classic Jazz Masters CJM 12 und CJM 13
Stücke: 1–10, 12–17:
(I) *New Orleans Rhythm Kings,* BYG 19
Stücke 18–31 und weitere:
(GB) *New Orleans Rhythm Kings featuring Jelly Roll Morton,* Rhapsody RHA 6022
(I) *New Orleans Rhythm Kings,* BYG 27
Stücke 1–8, 12, 18, 20, 31: *New Orleans Rhythm Kings*
(USA) Riverside RLP 12–146; Orpheum ORP 102 (falsche Stereoversion)
(F) BYG 529.057
(I) Joker SM 3092
Stücke 9, 13–16, 22–25, 27, 29–30: *New Orleans Rhythm Kings*
(USA) Riverside RLP 12-102
(F) BYG 529.069
Stücke 1–9, 12–15, 17–18, 21–4, 26–7, 29–31 und weitere:
(GB) *The Complete New Orleans Rhythm Kings,* vol. 1, 1922–23 und vol. 2, 1923–25, Neovox 797 and 799

CDs

mit den Stücken 1–21 und einer weiteren Aufnahme von *Shim-me-sha-wabble* (Take B):
(D) *New Orleans Rhythm Kings,* Village VILCD004-2   ○
ohne Zweitversionen:
(USA) *New Orleans Rhythm Kings,* Milestone MCD 47020-2

King Oliver:
The Complete King Oliver Creole Jazz Band

Nach dem enormen Erfolg der Original Dixieland Jazz Band und ihren Nachahmern war «New Orleans» 1920 zu einer nationalen Institution geworden. Überall versuchten junge Musiker, die neue Musik zu spielen, und eiferten ihren Vorbildern aus New Orleans nach. Dieses Jazz-Fieber zog viele der besten Musiker aus New Orleans fort, darunter auch King Oliver, der ungefähr seit 1919 mit seiner Creole Jazz Band in Chicago spielte. Nachdem die ersten Platten erschienen waren, wurde die Gruppe sehr schnell das wichtigste Orientierungsmodell für Jazzmusiker in Chicago – und anderswo.

Die Besetzung dieser Gruppe wechselte wie bei allen frühen Jazzbands im Laufe der Zeit, aber die meisten Aufnahmen entstanden mit Oliver, Kornett; Honore Dutrey, Posaune; Johnny Dodds, Klarinette; Baby Dodds, Schlagzeug; Bill Johnson, Banjo; Lil Hardin, Piano, und verschiedenen Saxophonisten. 1922 nahm Oliver als zweiten Kornettisten Louis Armstrong hinzu. Alle Aufnahmen dieser wichtigen frühen Formation um Oliver wurden 1932 für vier verschiedene Plattenfirmen gemacht: Gennett, Paramount, Okeh und Columbia. Die Serien für Gennett und Okeh sind länger und gelten als das Herzstück von Olivers Aufnahmen.

Wie die meisten anderen Bands aus New Orleans erarbeitete diese Gruppe ihre Musik im voraus, die Soli eingeschlossen. Das zeigt sich z. B. bei den verschiedenen Masterbändern für den *Riverside Blues*, die absolut identische Soli von Armstrong enthalten. Die Gruppe spielt als Rhythmus einen leichten Zweiertakt-Rock, der sich von dem Viertakt-Swing der 20er Jahre leicht unterschied. Oliver wollte keine wilde, treibende Band. Er glaubte an eine kontrollierte, gut organisierte Darbietung voller Swing, aber ohne Druck. Als Folge halten die drei Hauptmelodie-Instrumente ihre Linien deutlich und sauber. Das Tempo ist gemäßigt, bewegt sich zwischen 140 und 190 Schlägen pro Minute. Die Saxophone fügen nichts hinzu, sondern vervollständigen nur den Sound.

Die bekannteste Melodie der Band war ein Solo für Oliver, mit seiner Spezialität, den Dämpfern. Es war der *Dippermouth Blues*, in späteren Versionen als *Sugar Foot Stomp* bekannt. Olivers Solo zeigt den starken Einfluß des Blues auf den frühen Jazz. Am Anfang steht die traurige Terz, die in die Tonika übergeht und durch das Öffnen und Schließen des Dämpfers überschattet wird. Die Ähnlichkeit mit einer klagenden Bluesgitarre, besonders wenn sie mit Bottleneck gespielt wird, ist unverkennbar und wohl auch beabsichtigt. In diesem Solo hört man genau, wie Oliver die Noten um den Taktschlag herum gruppiert und nicht genau auf den Takt – ein wichtiges Charakteristikum des Jazz.

Heute wissen wir, daß *Chimes Blues* und *Froggie Moore* ebenso wichtig sind, weil sie die ersten beiden Soli von Louis Armstrong auf Platte beinhalten. Der *Chimes Blues* ist so gründlich ausgearbeitet, daß die Musiker ihn genausogut vom Blatt hätten spielen können. Armstrongs Solo ist geradlinig, vermutlich auf Olivers Anweisung hin. Es gehörte zu Olivers Markenzeichen, Figuren zu benutzen, die die Betonung verschieben und so dem herrschenden Taktmaß widersprechen. Die Hauptfigur in Armstrongs Solo gehört zu diesem Typ. Sie verwirrt Armstrong, so daß er mitten im Solo den Takt verliert und nur mit einem schnellen Sprung wieder zurückfindet.

Armstrongs Solo auf *Froggie Moore*, einer Melodie von Jelly Roll Morton, ist wohl das erste wichtige Jazz-Solo auf Platte. Sobald Armstrong zu spielen beginnt, wird der Unterschied zwischen seinem Rhythmus und dem der restlichen Band deutlich. Durch ein Schlußvibrato (ein Vibrato, das während einer gehaltenen Note intensiver wird), veränderte Betonung, ungleiche Takteinteilung und Verschiebung der Noten um den Beat definiert Armstrong, was in der Zukunft «Swing» genannt werden sollte.

Damals jedoch galt Oliver, nicht etwa Armstrong, als die Schlüsselfigur in der Gruppe. Besonders beeindruckend war das Duett der beiden Kornette, die gemeinsam einen Break in perfekter Harmonie zu improvisieren schienen. Tatsächlich jedoch, behauptet Armstrong, spielte Oliver ihm in einem geeigneten Moment die beabsichtigte Figur vor; für einen geübten Musiker war es kein Problem, dazu eine Harmonie zu improvisieren. Diese Duette tauchen bei einigen Plattenaufnahmen der Creole Jazz Band auf, besonders aber beim *Snake Rag*.

Die Creole Jazz Band bezeichnen viele Jazzfachleute als die einflußreichste Gruppe der frühen Jahre. 1922 kamen junge Musiker, darunter auch viele weiße, nach Lincoln Gardens, um die Band zu hören. Mitte der 20er Jahre war King Oliver nicht nur den Insidern ein Begriff, sondern auch einem größeren Publikum der Hot-Dance-Music-Szene. 1924 konnte eine Showzeitung behaupten: «King Oliver, der schwarze Jazztrompeter, ist der ‹heißeste› Jazzmusiker. Er hat das Tempo vorgegeben, dem alle Jazzkornettisten folgen.» (Abel Green in *The Clipper*, 10. April 1924, 14).

Die Wiederveröffentlichung auf Milestone enthält auch einige Mitschnitte einer Gruppe namens Red Onion Jazz Babies. Mitte der 20er Jahre baute der aus New Orleans stammende schwarze Komponist Clarence Williams in New York ein kleines Musik-Imperium auf. Unter anderem organisierte er für verschiedene Firmen Aufnahmesessions, wofür er auch Musiker aus New Orleans engagierte. Häufig zum Einsatz kamen Louis Armstrong, der mit der Fletcher Henderson Band in New York spielte, und der brillante, aber kratzbürstige Klarinettist und Sopransaxophonist Sidney Bechet. Diese beiden Giganten des frühen Jazz sind auf einigen Aufnahmen zusammen zu hören. Die wichtigste ist *Cake Walking Babies (from Home)*, eine glühend heiße Version des Titels, bei der Bechet dominiert, weil er zu laut spielt. Das ist nicht die disziplinierte Arbeit der Oliver-Truppe, aber vielleicht repräsentativer für die Art, wie Jazz in den Honky Tonks von New Orleans gespielt wurde.

CD

(F) The Complete King Oliver Creole Jazz Band, Music Memoria 30.295

King Oliver, Louis Armstrong (c), Honore Dutrey (tb), Johnny Dodds (cl), Lil Hardin (p), Bill Johnson (bj), Baby Dodds (d)

Richmond, Indianapolis	05. 04. 1923	**Just Gone**	
		Canal Street Blues	
		Mandy Lee Blues	
		I'm Going Away to Wear You off my Mind	
		Chimes Blues	5
	06. 04. 1923	**Weather Bird Rag**	
mit Johnson (v-Break)		**Dippermouth Blues**	
ohne (v-Break)		**Froggie Moore**	
		Snake Rag	
Bud Scott (bj, v) anstatt Johnson			
Chicago	22. 06. 1923	**Snake Rag**	10

ohne (v)	**Sweet Lovin' Man**
	High Society Rag
mit Armstrong (Pfeifen)	**Sobbin' Blues**
ohne (Pfeifen)	
23. 06. 1923	**Where Did You Stay Last Night?**
mit Scott (v)	**Dipper Mouth Blues** 15
ohne (v)	**Jazzin' Babies' Blues**

mit Stump Evans (csx); Johnny St Cyr (bj) anstatt Johnson
05. 10. 1923   **Alligator Hop**
   Zulu's Ball
   Working Man's Blues
   Krooked Blues   20

Oliver, Armstrong (c), Eddie Atkins (tb), Jimmie Noone (cl), Hardin (p), Johnny St Cyr (bj), Baby Dodds (d)
15. 10. 1923   **Chattanooga Stomp**

Buster Bailey (cl) anstatt Noone
16. 10. 1923   **London (Cafe) Blues**
   Camp Meeting Blues
   New Orleans Stomp

Oliver (c), Armstrong (c, Pfeifen), Dutrey (tb), Johnny Dodds (cl), Hardin (p), St Cyr (bj), Charlie Jackson (bsx), Baby Dodds (d)
25. 10. 1923   **Buddy's Habit**   25

ohne (Pfeifen)   **Tears**
   I Ain't Gonna Tell Nobody
   Room Rent Blues
26. 10. 1923   **Riverside Blues**   30
   Sweet Baby Doll
   Working Man's Blues
   Mabel's Dream

ohne St Cyr, mit Jackson (bb)
Chicago   24. 12. 1923   **Mabel's Dream** (Take 1)
   Mabel's Dream (Take 2)
   The Southern Stomps (Take 1)   35
   The Southern Stomps (Take 2)
   Riverside Blues

(Butterbeans and Susie:) Oliver (c), Clarence Williams (p), Josie und Susie Edwards (v)
New York   12. 09. 1924   **Kiss Me Sweet**
                                          Construction Gang

Oliver (c), Jelly Roll Morton (p)
Chicago   00. 12. 1924   **King Porter**   40
                                          Tom Cat

Andere CDs

mit den Stücken 1–9, 17, 20:
    (F) *The Jazz Collection: Louis Armstrong, vol. 1, 1923–1925,* BYG 9299.432
gleichen Inhalts:
    (D) *Louis Armstrong with King Oliver, vol. 1,* Village VILCD003-2; *vol. 2,* Village VILCD012-2 ○
mit den Stücken 1–9, 17–20, 33–37 und Red Onion Jazz Babies, vgl. S. 27
    (USA) *Louis Armstrong and King Oliver,* Milestone MCD 47017-2
mit den Stücken: 1–9, 17–20, 40–41:
    (GB) *The Classic New Orleans Jazz of the King & Mister Jelly Lord,* Parade PAR2303
mit den Stücken: 5–6, 10–13, 21, 33, 36–37, 40:
    (GB) *King Oliver, vol. 1, 1923–1929,* BBC RPCD787
mit den Stücken: 10–16, 25–32:
    (F) *King Oliver Jazz Band 1923,* Jazz Archives ZET746
mit den Stücken 1–34, 37:
    (F) *Louis Armstrong, Vol. 1, 1923,* Masters of Jazz MJCD 1; *Vol. 2, 1923–1924,* Masters of Jazz MJCD2

LPs

Die Stücke 1–37:
    (I) *The Saga of King Oliver's Creole Jazz Band,* Kings of Jazz NLJ 18003 und NLJ 18004
Stücke 1–9, 17–20, 33–37, 40–41, mit Red Onion Jazz Babies:
    (USA) *King Oliver – Louis Armstrong,* Milestone M 47017
    (F) *King Oliver – Louis Armstrong,* Milestone M 47017; Milestone 2C178-96402/03
    (I) *Louis Armstrong and King Oliver,* Milestone HB 6028
Stücke 1–9, 17–20, 33–37:
    (GB) *King Oliver's Creole Jazz Band,* VJM VLP 49

Stücke 1–9, 17–20, 33–34, 36 zweimal (nicht 35–36), 37:
(GB) *King Oliver and his Creole Jazz Band 1923,* Riverside RLP 8805
(F) *King Oliver's Creole Jazz Band 1923: Classic Jazz Masters 1923,* Mercury 6332.995
King Oliver's Creole Jazz Band 1923, Pierre Cardin PC 93508;
King Oliver and his Creole Jazz Band 1923, S.F.P. 5502
(D) *King Oliver and his Creole Jazz Band 1923,* Classic Jazz Masters 22023
(I) Titel unbekannt, Music Parade LEL 187
(NL) *King Oliver and his Creole Jazz Band 1923,* Classic Jazz Masters 88502, Riverside RM 8805
Stücke 1–9, 17–20:
(USA) *King Oliver: the Great 1923 Gennetts,* Herwin H 106
(GB) *King Oliver: Gennett Sides of April and October 1923,* Rhapsody RHA 6023
(I) *King Oliver,* I Grandi del Jazz GDJ 65
Stücke 1–9, 17–19:
(I) *King Oliver's Original Creole Jazz Band,* BYG 12
Stücke 1–9, 17, 20:
(USA) *The King Oliver Creole Jazz Band – 1923, featuring Louis Armstrong,* Olympic OL 7133; *The Great Louis Armstrong 1923,* Orpheum ORP 105
(F) *Archive of Jazz vol. 1: Louis Armstrong,* BYG 529.051
(I) *La Storia del Jazz: King Oliver 1923,* Joker SM 3089
Stücke 1–9, 36, 40:
(D) *Classic Jazz,* Jazz Story 40002
Stücke 1–3, 5–9, 34, 36–37 (die letzten beiden Titel umgedreht): *Louis Armstrong 1923*
(USA) Riverside RLP 12–122
(Europa) Riverside 12–122
(NL) Riverside 122
(J) Riverside R 5019
(AUS) *Louis Armstrong 1923 with King Oliver's Creole Jazz Band,* Top Rank International TRL 8569
mit den Stücken 10–16, 21–32, 38–39:
(USA) *King Oliver's Jazz Band 1923,* Smithsonian R 001
Stücke 10–16, 25–32:
(GB) *King Oliver's Jazz Band: the OKeh Sessions 1923,* Parlophone PC 7032; *The OKeh Sessions 1923,* EMI-Retrospect EG 26-0579-1; *The OKeh Sessions 1923,* World Records SH 358
(I) *King Oliver's Jazz Band: the OKeh Sessions 1923,* Parlophone C 054-05639
(NL) *Early Jazz Moments, vol. 1: King Oliver's Jazz Band,* Odeon OPXH 1016

(AUS) *King Oliver's Jazz Band: the OKeh Sessions 1923*, Parlophone PMCO 7032; *King Oliver's Jazz Band 1923*, Swaggie S 1257; *The OKeh Sessions 1923*, World Record Club R 08417
Stücke 10–13, 15, 22–23, 27–28, 30–32:
(USA) *King Oliver*, Epic LN 3208; Epic LA 16003
(GB) *King Oliver*, Philips BBL 7181
(Europa) *King Oliver*, Philips B 07435 L
(F) *King Oliver*, Epic LA 16003; *King Oliver and his Orchestra*, Epic LN 24255
Stücke 10–13, 22–23, 27–32:
(USA) *Lincoln Gardens*, Jazz Panorama 1205
mit den Stücken 17–20, 34, 36:
(D) *Young Satchmo*, Jazz Story 40031
mit den Stücken 2, 5, 9, 21, 23, 29, 40:
(I) *King Oliver*, Giants of Jazz LPJT 21
mit den Stücken 20, 33–37:
(I) *Riverside Blues*, BYG 25

LP

(USA) King Oliver – Louis Armstrong, Milestone M 47017 ☐
die gleichen Stücke wie oben und zusätzlich:

(Alberta Hunter und die Red Onion Jazz Babies:) Louis Armstrong (c), Aaron Thompson (tb), Buster Bailey (cl), Lil Armstrong (p), Buddy Christian (bj), Hunter (v)
New York   08. 11. 1924   **Texas Moaner Blues**

(Red Onion Jazz Babies:) ohne Hunter
                           Of All the Wrongs You Done to Me
26. 11. 1924   **Terrible Blues**
                           Santa Claus Blues

(Hunter und Red Onion Jazz Babies:) Louis Armstrong (c), Charlie Irvis (tb), Sidney Bechet (cl, ss), Lil Armstrong (p), Christian (bj), Hunter (v)
22. 12. 1924   **Nobody Knows the Way I Feel 'dis Mornin'**
                           Early Every Morn

(Red Onion Jazz Babies:) Eva Taylor (v) anstatt Hunter; mit Clarence Todd (v)
                           Cake Walking Babies (from Home)

Andere LPs

mit dem Stück der Red Onion Jazz Babies: *Louis Armstrong / Freddie Keppard*
(GB) Fountain FJ 107; Retrieval FJ 107
(AUS) Swaggie 804

CDs

gleichen Inhalts:
(USA) *Louis Armstrong and King Oliver,* Milestone MCD 47017-2
mit weiteren Stücken:
(D) *Louis Armstrong 1924–25,* Village VILCD009-2   ○

Jelly Roll Morton:
The Gennett Piano Solos; The Pearls

Jelly Roll Morton war eine der faszinierendsten Gestalten der frühen Jazzgeschichte. Ein Aufschneider, der sich als Falschspieler und Zuhälter bezeichnete, aber trotzdem ein brillanter Musiker war und als einer der drei oder vier großen Pioniere des Jazz gilt. Er wurde in New Orleans geboren, absolvierte dort seine Lehrzeit und folgte dann dem Jazz aus dem Süden an die Westküste und schließlich nach Chicago. Anfang der 20er Jahre zeigte sich, daß er einer der herausragenden Jazzpianisten war mit einem ganz eigenen Stil, durchdrungen vom Blues des Südens. Mortons Dominanz wurde durch Earl Hines und Fats Waller und später durch die Swing-Spieler gebrochen. Zu Anfang des Jahrzehnts jedoch dominierte er. Morton begann seine Plattenkarriere 1923; die wichtigsten Aufnahmen jener Zeit waren eine Serie von Piano-Soli, darunter seine Klassiker *Wolverine Blues, The Pearls, Kansas City Stomp* und *King Porter* (in der Swing-Ära sollte dieser Titel in der Version von Benny Goodman, arrangiert von Fletcher Henderson, ein Hit werden).

Mortons Pianostücke basieren wie ein Großteil des damaligen Jazz auf Rags. Sie alle enthalten zwei oder mehr Abschnitte mit Zwischenspielen, so wie die Rags und Märsche, von denen sie abgeleitet wurden. Der *Wolverine Blues* z. B. hat ein Zwischenspiel, das in eine

Quart höher moduliert. Die ersten beiden Chorusse des folgenden Abschnitts sind besonders interessant: Der erste Chorus wird in ganzen Noten ohne rhythmische Begleitung gespielt und ist so arhythmisch wie vieles im frühen Jazz; der zweite ist eine phantasievolle Variation desselben Themas mit Trillern und Verzierungen verschiedener Art, typisch für den Ragtime. Die Figuren der rechten Hand in der Eröffnungsmelodie von *Grandpa's Spells* sind reiner Ragtime.

Auffallend ist, daß Morton seine Musik mit einem Viertelnotenbeat unterstützt und nicht mit dem im Ragtime fast unverzichtbaren Zweiviertel-Takt. Diese Änderung war bei dem Sprung vom Ragtime zum Jazz entscheidend. Morton behauptete, daß er als erster diesen Kunstgriff anwandte, und das stimmt wahrscheinlich. Morton ist aber auch mit dem Blues aufgewachsen und hat ihn stärker in sein Spiel einfließen lassen, als es die Musiker im Nordosten taten. Beachtenswert etwa sind die Septime, mit der *New Orleans Joys* endet, ein charakteristisches Blues-Merkmal, und die exzentrischen Cluster in der zweiten Strophe von *Grandpa's Spells,* die die Kleinintervalle des Blues andeuten. Morton ließ das Piano eine Band imitieren und benutzte Triller, um Holzbläser vorzutäuschen, und Posaunenfiguren im Baß, sehr deutlich in *New Orleans Joys.*

Als Jelly Roll Morton auf dem Gipfel seines Erfolgs und Einflusses stand, arbeitete er in erster Linie mit einer klassischen New-Orleans-Jazzband und setzte die übliche Kornett/Posaune/Klarinette-Linie zusammen mit einer Rhythmusgruppe ein, bekannt als Jelly Roll Morton's Red Hot Peppers. Viele ihrer Nummern waren improvisiert, wie es für New-Orleans-Bands üblich war, für die Plattenaufnahmen jedoch machte Morton sorgfältige Arrangements. Sie sind detailliert ausgearbeitet und wahre Kompositionen, so wie die Arrangements von Duke Ellington. So gesehen kann Morton als der erste bedeutende Jazzkomponist betrachtet werden.

Die Sorgfalt, mit der Morton seine Musik präsentierte, wird durch die Liebe zum Detail deutlich. Individuelle Melodien der Blech- und Holzbläser werden von Riffs begleitet, die durch treibende Figuren eingeführt und abgeschlossen werden. Wie üblich wurden viele Soli vorher von Morton ausgearbeitet, wie z. B. das Klarinettensolo, das im *Black Bottom Stomp* dem Pianosolo vorausgeht. Für den *Sidewalk Blues* brachte Morton zwei zusätzliche Klarinetten ins Studio, nur um einen Chorus mit Klarinettentrio zu spielen. Nichts wurde dem Zufall überlassen.

Besonders auffallend ist die musikalische Vielfalt, die Morton mit seinem kleinen Orchester gelingt, oft durch einfache Hilfsmittel. Der *Sidewalk Blues* z. B. beginnt mit einer Autohupe und etwas Geplapper/Klatschen. Es folgen kurze Pausen der Hörner, um eine Einführung zu geben. Danach kommt eine Melodie des Kornetts, begleitet von dem Backbeat der Band, dann folgen ein zweiter, gemeinsam gespielter Blues-Chorus und ein Klarinettensolo mit demselben Backbeat. Ein auf absteigenden Tonleitern basierendes Zwischenspiel führt von dem Blues in ein harmonisches Trauerlied, in das plötzlich die heisere Autohupe platzt. Wenn dieser zweite Abschnitt endet und wiederholt wird, gibt es ein stärkeres Zusammenspiel, danach folgt das Klarinettentrio und ein letztes improvisiertes Zusammenspiel, dieses Mal mit einem Dämpfer. Zum Abschluß hören wir noch einmal die Autohupe und ein letztes Plappern/Klatschen. Diese konstante Veränderung von Ton, Farbe, Tonart, Thema und Orchestrierung ist grundlegend für Mortons Arbeit.

Auf solchen Aufnahmen führte Morton den New-Orleans-Stil einen Schritt weiter; sie vermitteln zwar noch das New-Orleans-Feeling, aber mit Hilfe eigener Erfindungen und von anderer Seite übernommener Ideen hob Morton den frühen Jazz auf ein neues Niveau musikalischer Raffinesse. Mit den Aufnahmen der Jelly Roll Morton's Red Hot Peppers erlebte der New-Orleans-Stil, der schon im Niedergang begriffen schien, einen neuen Höhepunkt.

1939 war Morton in Vergessenheit geraten. Als sich jedoch ein historisches Interesse am Jazz zu etablieren begann, ging Morton noch im selben Jahr ins Studio – mit einer Band, die sowohl den alten Stil als auch den moderneren Swing beherrschte. Die neuen Aufnahmen sind im Grunde so wie die fünfzehn Jahre zuvor eingespielten: Die Stücke sind nicht improvisiert, sondern ausgearbeitet, mit arrangierten Passagen, wie z. B. die Figuren hinter Sidney Bechets Solo auf *I Thought I Heard Buddy Bolden Say* und auch hinter der Posaunenführung auf *Winin' Boy*. Bei dieser letzten Passage bekommt Bechet eine selbständige Begleitstimme, und wie immer spielt er zu laut. Die berühmten Worte bei diesen beiden Aufnahmen singt Morton. Seine Stimme hat zwar etwas von ihrer alten Kraft und ihrem Selbstvertrauen verloren, und er leidet an Intonationsproblemen, besonders auf *Winin' Boy*, aber alles in allem wird deutlich, daß er immer noch ein erstklassiger Jazzer war.

LP

(AUS) The Gennett Piano Solos, Swaggie 801

Jelly Roll Morton (p)

Richmond, Indianapolis	17. 07. 1923	King Porter – a Stomp [sic] New Orleans (Blues) [sic] Joys New Orleans (Blues) [sic] Joys (Take A)	
	18. 07. 1923	Grandpa's Spells Kansas City Stomp Wolverine Blues The Pearls (a Stomp)	5
	09. 06. 1924	Tia Juana Shreveport Stomps Mamamita Jelly Roll Blues Big Foot Ham Bucktown Blues Tom Cat Blues Stratford Hunch Perfect Rag	10 15

Andere LPs

mit weiteren Stücken:
   (I) *The Jelly Roll Morton's First Recordings Thesaurus,* Kings of Jazz NLJ 18007 und NLJ 18008
mit den Stücken 1–2, 4–16:
   (GB) *Ferd «Jelly Roll» Morton,* Fountain FJ 104; Retrieval FJ 104
mit den Stücken 1–2, 4–12, 14–16: *Jelly Roll Morton*
   (USA) Milestone M 47018   O
   (F) Milestone 47018; Milestone 2C 178-96.407 und 2C 178-96.408
mit den Stücken 1–2, 4–10:
   (I) *Jelly Roll Morton,* BYG 14
mit den Stücken 1–2, 4–6, 9, 11–16: *Classic Piano Solos*
   (USA) Orpheum ORP 103; Riverside 12-111
   (F) BYG 529.056
   (I) Joker SM 3091; Penny REL-ST 19324
mit den Stücken 1–2, 4–6, 9, 11, 13, 15–16:
   (USA) *Jelly Roll Morton Plays Jelly Roll,* Olympic OL 7131
mit den Stücken 2, 4–5, 8–16:
   (USA) *Thirty-six Minutes with Jelly Roll Morton,* Jazz Panorama 1206

mit den Stücken 3–5, 7–8, 10: *The Incomparable Jelly Roll Morton*
(GB) Riverside RLP 8816
(F) BASF 10-29842-6; Mercury 6332 986; Pierre Cardin PC 93.512
(NL) Riverside RM 8816

Andere CDs

mit weiteren Stücken, incl. p. 14, Stücke 40–41:
(USA) *Jelly Roll Morton*, Milestone MCD 47018-2
mit weiteren Stücken:
(F) *The Complete Piano Solos 1923–1939*, Virgin 34000
mit den Stücken 1–2 (oder 3), 4–6, 9, 11–12, 15–16:
(USA) *The Pianist and Composer*, Smithsonian RD 043

CD

(USA) *The Pearls*, Bluebird 6588-2 RB ○

George Mitchell (c), Kid Ory (tb), Omer Simeon (cl), Morton (p), Johnny St Cyr (bj), John Lindsay (sb), Andrew Hilaire (d)
Chicago 15. 09. 1926 **Black Bottom Stomp**
   Smoke-House Blues
   The Chant

mit Morton, St Cyr (Dialog), Barney Bigard, Darnell Howard (cl), Marty Bloom (Soundeffekte)
   21. 09. 1926 **Sidewalk Blues**
   Dead Man Blues 5

mit Simeon (bcl); ohne Bigard, Howard
   Steamboat Stomp

ohne (Dialog), ohne (bcl); mit St Cyr (g)
   16. 12. 1926 **Grandpa's Spells**
   Original Jelly-Roll Blues

mit Morton (v) **Doctor Jazz**

ohne (v) **Cannon Ball Blues** 10

Mitchell (c), Gerald Reeves (tb), Johnny Dodds (cl), Stump Evans (as), Morton (p), Bud Scott (g), Quinn Wilson (bb), Baby Dodds (d)
   10. 06. 1927 **The Pearls**

Johnny Dodds (cl), Morton (p), Baby Dodds (d)
          Wolverine Blues
          Mr. Jelly Lord

Ward Pinkett (tpt), Geechie Fields (tb), Simeon (cl), Morton (p), Lee Blair (bj), Bill Benford (bb), Tommy Benford (d)
New York   11. 06. 1928   **Georgia Swing**
                              Kansas City Stomps   15

Simeon (cl), Morton (p), Benford (d)
                              Shreveport

mit Fields (tb)   **Mournful Serenade**

Ed Anderson, Edwin Swayze (tpt), William Kato (tb), Russell Procope (cl, as), Paul Barnes (ss), Joe Garland (ts), Morton (p), Blair (g), William «Bass» Moore (bb), Manzie Johnson (d)
             06. 12. 1928   **Red Hot Pepper**
                              Deep Creek

Morton (p)
Camden,   08. 07. 1929   **Freakish**   20
New Jersey

Boyd «Red» Rosser, Walter Briscoe (tpt), Charlie Irvis (tb), George Baquet (cl), Barnes (ss), Joe Thomas (as), Foots Thomas (ts), Morton (p), Barney Alexander (bj), Harry Prather (bb), William Laws (d)
             12. 07. 1929   **Tank Town Bump**

Sidney De Paris (tpt), Claude Jones (tb), Albert Nicholas (cl), Sidney Bechet (ss), Happy Caldwell (ts), Morton (p, v), Lawrence Lucie (g), Wellman Braud (sb), Zutty Singleton (d)
New York   14. 09. 1939   **I Thought I Heard Buddy Bolden**
                              Say
                              Winin' Boy Blues

Andere CDs

gleichen Inhalts:
   (Europa) RCA ND 86588
mit weiteren Stücken:
   (USA) *The Jelly Roll Morton Centennial: His Complete Victor Recordings*, Bluebird 2361-2 RB
mit den Stücken 1, 3, 5, 7–8, 15, 19:
   (GB) *Jazz Classics in Digital Stereo*, BBC 604

mit weiteren Stücken:
The Jelly Roll Morton Centennial: His Complete Victor Recordings
(Europa) Bluebird ND82361 ○
mit den Stücken 1–21:
(GB) *Jelly Roll Morton*, vol. 1, JSP CD321; vol. 2, JSP CD 322; vol. 4, JSP CD324; vol. 5, JSP CD 325
(F) *Jelly Roll Morton 1924–1926*, Classics 599; ... *1926–1928*, Classics 612; ... *1928–1929*, Classics 627
mit den Stücken 1, 3, 7–10, 12–16, 19, 22–23:
(I) *Red Hot Peppers, New Orleans Jazzmen & Trios*, Giants of Jazz CD53018
mit den Stücken 1–11, 14–15:
(F) *The Complete Jelly Roll Morton Red Hot Peppers, 1926–1930*, Music Memoria 30380
mit den Stücken 1, 3, 5, 7–8, 15, 19:
(AUS) *Jazz Classics in Digital Stereo*, ABC CD38416, ABC 836.199

LPs

mit weiteren Stücken:
Jazz Tribune no. 9: the Complete Jelly Roll Morton, volumes 1/2,
Jazz Tribune no. 11: the Complete Jelly Roll Morton, volumes 3/4, und
Jazz Tribune no. 38: the Complete Jelly Roll Morton, volumes 7/8
(Europa) RCA NL 89768, NL 89769, NL 89748
(F) RCA PM 42405, PM 43170, PM 45372
mit den Stücken 1–19, 21–23:
(J) Titel unbekannt, RCA RA 9/10/11/12
mit den Stücken 1–17, 21–23:
(I) *The Saga of Mr Jelly Lord, vols.1–3, 5–6,* Joker SM 3550 (auch RIS R.10.550), SM 3551, SM 3552, SM 3554, SM 3555
mit den Stücken 1–15, 20–21:
(J) Titel unbekannt, RCA RA 9019-9120
Titel unbekannt, Victor SHP 5693 M und 5694 M
mit den Stücken 1–15, 17: *The Pearls*
(USA) Bluebird 6588-1 RB
(Europa) RCA NL 86588
mit den Stücken 1–15: *King of New Orleans Jazz*
(USA) RCA LPM 1649
(GB) RCA RD 27113
(D) RCA LPM 1649 c
(I) RCA LPM 1649
(J) Victor LS 5151
(AUS) RCA L 10654

(AR) RCA LPM 1649; Argentina AVS 4466
mit den Stücken 1, 3–17:
(F) *Jelly Roll Morton,* vol. 3, RCA 731.059, vol. 4, RCA 741.040
mit den Stücken 1, 3, 6–12, 14–20:
(F) *Jelly Roll Morton,* vol. 1, RCA 430.268, vol. 2, 430.269
mit den Stücken 1–10, 12, 15–17:
(J) Titel unbekannt, RCA RPM 5104
mit den Stücken 1–3, 5–11, 14–15:
(Europa) *King of New Orleans Jazz,* RCA NL 89015
mit den Stücken 1–5, 8–9, 11, 15, 18:
(GB) *Doctor Jazz,* RCA CL 89808
mit den Stücken 1, 5, 8–9, 12–13, 15, 17, 20:
(I) Titel unbekannt, RCA NL 47359
mit den Stücken 1, 5, 8, 9, 12–13, 15, 17, 20–21:
(USA) *Giants of Jazz: Jelly Roll Morton,* Time-Life STL J07
mit den Stücken 1, 3, 5, 7–8, 15, 19:
(GB) *Jazz Classics in Digital Stereo,* BBC REB 604

Louis Armstrong:
The Hot Fives and Hot Sevens, vol. 1–3;
Louis Armstrong and Earl Hines, vol. 4

Louis Armstrong gilt als der einflußreichste aller Jazzmusiker. Andere, besonders Charlie Parker und John Coltrane, haben die Musik drastisch verändert, aber mit Armstrong fing alles an. Als er berühmt wurde, war Jazz Ensemblemusik; innerhalb von fünf Jahren hatte er ihn in eine Solistenkunst verwandelt. Armstrong absolvierte seine Lehrzeit in New Orleans, arbeitete in Chicago mit Oliver's Creole Jazz Band und ging dann nach New York als Jazzspezialist in das Fletcher Henderson Orchester. Hier hatte er häufig die Gelegenheit, als Solist zu glänzen, und bewies schnell, daß er ein besonderes Talent war. 1925 kehrte er nach Chicago zurück, wo er unter seinem Namen und mit ständig wechselnder Besetzung die als «Hot Fives» bekannten Aufnahmen machte.

Die «Hot Fives» sind in der Jazzgeschichte umstritten. Hört man sie sich chronologisch an, enthüllen sie zwei Dinge: Erstens die Entwicklung von Armstrongs Stil. Zuerst heiter und unbekümmert, wird er emotional bewegter während der Aufnahmen, bis wir auf tieftraurige Augenblicke in *Tight Like This* und *West End Blues* treffen. Zweitens erkennt man sehr gut das Hervortreten von Armstrong als Solist. Bei den früheren Aufnahmen agiert er in erster Linie als Kornettführung in einem klassischem New-Orleans-Ensemble. Als den Plattenproduzenten klar wurde, daß Armstrong das Zugpferd war und die anderen Musiker nur die Begleitmusik spielten, wurde Louis mehr und mehr in den Vordergrund gehoben, als Sänger und als Jazzsolist, bis er gegen Ende der Serie gut die Hälfte der Aufnahmen für sich beanspruchte. Von diesem Moment an zählte das Jazz-Solo und nicht mehr die Band. 1928, als die letzte der «Hot Fives»-Aufnahmen entstand, war der alte New-Orleans-Stil dem Tode geweiht.

Die Besetzung der ersten der «Hot Fives» bestand aus: Armstrong, Kornett; Johnny Dodds, Klarinette; Kid Ory, Posaune; Johnny St. Cyr, Banjo; Armstrongs Frau Lil, Piano. Hin und wieder kamen andere Musiker hinzu oder ersetzten die Originalmusiker. Besonders zu erwähnen sind der Pianist Earl Hines und der Schlagzeuger Zutty Singleton. Armstrong selbst wechselte mitten in den Aufnahmen vom Kornett zur Trompete.

Die erste wichtige Veröffentlichung ist *Heebie Jeebies,* eine Novelty-Nummer mit einem nichtssagenden Text. Es war nicht die erste Vokalaufnahme Armstrongs, aber die erste, die Aufsehen erregte. Armstrong hielt sich nicht an den Text, sondern sang während der zweiten Hälfte des Chorus unsinnige Silben («Scat Singing»). Dadurch wurde die Aufnahme zu einem für damalige Verhältnisse großen Hit: Innerhalb kurzer Zeit wurden 40 000 Exemplare verkauft. (Es gibt eine Legende, nach der Armstrong nach der ersten Hälfte das Blatt mit dem Text fallen ließ und deshalb den Rest «Scat» singen mußte, aber da der Wechsel an einer natürlichen Trennlinie des Stückes eintritt, ist diese Geschichte fragwürdig.)

Gleich nach *Heebie Jeebies* nahm die Band *Cornet Chop Suey* auf. Der Höhepunkt von Armstrongs Aufnahme ist ein 16taktiger Stop-Time-Chorus, der zu einer Serie von Breaks wird, die viele spezifische Elemente seines Stils enthalten. Beachtenswert ist, daß er nie lange in eine Richtung geht, sondern immer wieder die Linie auf sich selbst zurückführt. Interessant ist ebenfalls die große rhythmische Vielfalt mit vielen rhythmisch undefinierbaren Figuren. *Cornet Chop Suey* begeisterte Musiker und Fans gleichermaßen und wurde von Trompetern im ganzen Land nachgespielt.

Eine andere Aufnahme, die bei Musikern großen Widerhall fand, war *Big Butter and Egg Man,* eine Melodie, die Armstrong im Sunset Café spielte und sang. Das Solo ist leichter und leidenschaftsloser, als es damals für Armstrong typisch war, und besteht aus einer Serie zusammenhängender Figuren, von denen jede für sich allein ein melodisches Schmuckstück ist. Armstrong war sich inzwischen seiner Fähigkeiten bewußt und bereit für das, was kommen würde. Von da an folgten die Meisterwerke in einem schier unendlichen Strom. Sie hier alle zu erwähnen, ist unmöglich. Besonders wichtig ist *Hotter Than That,* von einigen Kritikern als beste von Armstrongs schnellen Nummern aus dieser Zeit bezeichnet. Er spielt sie mit einem halsbrecherischen Tempo, beginnend mit einer feurigen achttaktigen Einführung. Bemerkenswert die Figur am Anfang des zweiten Taktes. Ein weniger phantasievoller Musiker hätte sie im nächsten Takt beendet, aber Armstrong entwickelt sie weiter. *Hotter Than That* enthielt auch einen Scat-Teil mit einer Reihe von Noten in einer polyrhythmischen Passage, von zwei gegen drei über dem normalen Vierviertel-Takt – heute ein Klischee, aber damals neu und richtungsweisend.

Don Redman arbeitete Arrangements aus und heuerte meist durchreisende Musiker an. Seine Aufnahmen wurden zu einer Bühne für Armstrong. Zu den bekanntesten dieser Aufnahmen gehört *Muggles.* Sie beginnt als langsamer Blues, dann springt Armstrong mit einem Solo ein, um das Tempo zu verdoppeln, ein meisterliches Beispiel für ein zweideutiges Tempo, das sich schließlich auflöst. Er läßt dann ein Solo folgen, das um eine wiederholende Tonika arrangiert ist, die er mit schnellen Phrasen füllt, um immer wieder zu der wiederholten Note als Bezugspunkt zurückzukehren. Noch berühmter als *Muggles* ist *Tight Like This.*

Die bekannteste Armstrong-Aufnahme ist *West End Blues,* von einigen Kritikern als die größte Jazzaufnahme überhaupt gefeiert. Sie beginnt mit einer ausgefeilten Kadenzeinführung, die fällt, aufsteigt und wieder fällt, gefolgt von einem sehr einfachen Blues-Chorus, der im weiteren Verlauf immer komplexer wird. Es gibt Soli von anderen Instrumenten und einen introvertierten Scat-Chorus von Armstrong. Dann folgt der großartige Schlußchorus von Armstrong. Er beginnt mit einer lang anhaltenden Note, fällt dann in eine Folge absteigender Figuren, die schließlich in einer Art stiller Resignation enden. Dann ein kurzes Piano-Zwischenspiel und ein ruhiger Schluß von Armstrong. *West End Blues* ist ein Meisterwerk im Aufbau, ein vollständiges, wenn auch kleines Drama mit Anfang, Mittelteil und Schluß. Es ist voller Bewegung und Vielfalt, steuert jedoch unbarmherzig auf den kritischen Schlußchorus und die leise Auflösung zu, so daß das Stück nicht nur ein Ende hat – wie so viele Jazzauftritte –, sondern einen echten Schluß.

Obwohl Armstrong schließlich die «Hot Fives» dominierte, gehörten zu der Besetzung viele der besten Jazzmusiker jener Tage, darunter der Posaunist Kid Ory, der vermutlich den alten, verwischten Stil am besten spielte, und der Klarinettist Johnny Dodds, der als besonders guter Bluesspieler angesehen wird. In *Gut Bucket Blues* führt Dodds eine selbständige Begleitstimme aus, die phantasievoller ist, als es für New-Orleans-Musiker typisch war: voller hoher Spritzer und auf- und absteigender Linien.

Aber auch Earl Hines hat zu diesen Aufnahmen wichtige Beiträge geleistet. Im Gegensatz zu den Stride-Pianisten hatte er in seiner Jugend viel Blues gehört und pflegte einen weniger pianistischen Stil, indem er mit der rechten Hand Oktaven und Ein-Finger-Läufe/Single-Note-Linien spielte und zerrissene, gebrochene Figuren mit der linken. Sein bekanntestes Stück mit Armstrong ist *Weather Bird*, ein Duett, das genaugenommen nicht zu den «Hot Fives» gehört, aber meist dazugezählt wird. In Hines' Solo, das dem Eröffnungschorus folgt, hören wir die für ihn typischen Elemente: die Oktaven der rechten Hand, die unregelmäßigen Ostinati der linken Hand.

Den Qualitäten der anderen Musiker zum Trotz – allein auf Louis Armstrong kam es an. Die «Hot Fives»-Serie spielt in der Jazzgeschichte eine ähnliche Rolle wie die Meisterwerke von Bach in der klassischen Musik.

CDs

(USA) *The Hot Fives and Hot Sevens*, vol. 1, CBS 460821-2 Masterpieces ○
***The Hot Fives and Hot Sevens*, vol. 2, CBS 463052-2** ○
***The Hot Fives and Hot Sevens*, vol. 3, CK 44422**
***Louis Armstrong and Earl Hines*, vol. 4, Columbia Jazz Masterpieces CK 45142**

Louis Armstrong (c), Kid Ory (tb), Johnny Dodds (cl), Lil Armstrong (p), Johnny St Cyr (bj)
Chicago 12. 11. 1925 **My Heart**
Yes! I'm in the Barrel

Die ersten Hot Bands

mit Louis Armstrong (Sprechgesang) und Kid Ory
        Gut Bucket Blues

ohne Sprechgesang; mit Dodds (as)
    22. 02. 1926 Come Back, Sweet Papa

mit Louis und Lil Armstrong (v)
    26. 02. 1926 Georgia Grind   5

ohne Lil Armstrong (v)   Heebie Jeebies

ohne (v)   Cornet Chop Suey
            Oriental Strut
            You're Next
            Muskrat Ramble   10

mit Louis Armstrong (v); Dodds (as, keine cl)
    16. 06. 1926 Don't Forget to Mess Around

Dodds (cl, kein as)   I'm Gonna Gitcha
            Dropping Shucks

ohne (v); mit Louis Armstrong (Pfeifen)
            Whosit

ohne Pfeifen; mit Louis und Lil Armstrong, Clarence Babcock (Sprechgesang)
    23. 06. 1926 The King of the Zulus   15

(ohne Sprechgesang); mit Louis Armstrong (v)
            Big Fat Ma and Skinny Pa
            The Hot Fives
            Lonesome Blues

ohne (v)   Sweet Little Papa
    16. 11. 1926 Jazz Lips   20

mit Louis Armstrong (v) Skid-dat-de-dat

mit May Alix (v)   Big Butter and Egg Man

ohne Armstrong (v)   Sunset Cafe Stomp

Louis Armstrong (v) anstatt Alix; Henry Clark (tb) anstatt Ory?
27. 11. 1926   **You Made Me Love You**
                Irish Black Bottom   25

Louis Armstrong (c), John Thomas (tb), Johnny Dodds (cl), Lil Armstrong (p), St Cyr (bj), Pete Briggs (bb), Baby Dodds (d)
07. 05. 1927   **Willie the Weeper**
                Wild Man Blues

Armstrong, Bill Wilson (c), Honore Dutrey (tb), Boyd Atkins (cl, ss, as), Joe Walker (as, bar), Albert Washington (ts), Earl Hines (p), Rip Bassett (bj, g), Briggs (bb), Tubby Hall (d), Carroll Dickerson (Direktor)
09. 05. 1927   **Chicago Breakdown**

wie **Willie the Weeper**
10. 05. 1927   **Alligator Crawl**
                Potato Head Blues   30
10. 05. 1927   **Melancholy Blues**
                Weary Blues
                Twelfth Street Rag

mit Louis Armstrong (v)
13. 05. 1927   **Keyhole Blues**
                S. O. L. Blues   35
14. 05. 1927   **Gully Low Blues**

mit Lil Armstrong (v)   **That's When I'll Come Back to You**

Louis Armstrong (c, v), Ory (tb), Johnny Dodds (cl), Lil Armstrong (p), St Cyr (bj, g)
02. 09. 1927   **Put 'em Down Blues**

ohne (v)   **Ory's Creole Trombone**

mit Louis Armstrong (v)
06. 09. 1927   **The Last Time**   40

ohne (v)   09. 12. 1927   **Struttin' with Some Barbecue**
                Got No Blues
10. 12. 1927   **Once in a While**

mit Louis Armstrong (v), Lonnie Johnson (g); St Cyr (bj, nicht g)
                I'm not Rough

Die ersten Hot Bands

	13. 12. 1927	**Hotter Than That** 45
ohne (v)		**Savoy Blues**

Armstrong (tpt), Fred Robinson (tb), Jimmy Strong (cl, ts), Earl Hines (p), Mancy Carr (bj), Zutty Singleton (d)

	27. 06. 1928	**Fireworks**
		Skip the Gutter
mit Armstrong, Hines (v)		**A Monday Date**
ohne (v)	28. 06. 1928	**Don't Jive Me** 50
mit Armstrong (v)		**West End Blues**
		Sugar Foot Strut
ohne (v)	29. 06. 1928	**Two Deuces**
mit Armstrong, Hines, Carr (v)		**Squeeze Me**
wie **Fireworks,** *aber mit Strong (cl)*		**Knee Drops** 55

(Dickerson:) Armstrong, Homer Hobson (tpt), Robinson (tb), Bert Curry, Crawford Wethington (as), Strong (cl, ts), Hines (p), Carr (bj), Briggs (bb), Singleton (d)

	05. 07. 1928	**Symphonic Raps**
		Savoyageurs' Stomp

wie **Fireworks,** *aber mit Hines (Celesta)*

	04. 12. 1928	**No (No, Papa, No)**
mit Armstrong, Hines, Carr (v)		**Basin Street Blues**

Armstrong (tpt, v), Robinson (tb), Don Redman (cl, as), Hines (p), Dave Wilborn (bj), Singleton (d)

	05. 12. 1928	**No One Else But You** 60
		(arr Redman)
		Beau Koo Jack (arr Alex Hill)
		Save it, Pretty Mama
		(arr Redman)
Armstrong (tpt), Hines (p)		**Weather Bird**
wie **Fireworks**	07. 12. 1928	**Muggles**

mit Armstrong (Sprechgesang), Redman (cl, as), Strong (cl, ts)
12. 12. 1928 **Heah Me Talkin' to Ya** 65
ohne Sprechgesang, aber mit Armstrong (v)
St James Infirmary
ohne (v), aber mit Armstrong, Redman, Hines (Sprechgesang)
Tight Like This

Andere CDs

gleichen Inhalts:
(Europa) CBS Jazz Masterpieces vol. 1: 460821-2, vol. 2: 463052-2, vol. 3: 465189-2, vol. 4: 466308-2 ○
Näheres unbekannt:
(GB) *Louis Armstrong: vol. 2: Hot Fives and Sevens,* JSP CD 313
gleichen Inhalts:
(F) *Louis Armstrong and his Orchestra 1925–1926,* Classics 600; ... *1926–1927,* Classics 585; ... *1928–1929,* Classics 570
mit weiteren Stücken:
(GB) *Louis Armstrong Hot Fives & Sevens,* vol. 1, JSP CD 312; vol. 2, JSP CD313; vol. 3, JSP CD314
mit den Stücken 1–22, 24–26, 28–49:
(D) *Louis Armstrong: the Span of the Years (1925–1950),* vol. 1, Bellaphon 625.50.004; vol. 2, Bellaphon 625.50.009; vol. 3, Bellaphon 625.50.013; vol. 4, Bellaphon 625.50.018 ○
mit den Stücken: 1–3, 6–7, 10, 20–21, 38, 40, 42–45:
(I) *The Essential Hot Five Sides,* Suisa JZCD324
mit den Stücken 2, 4, 7, 10, 20, 25–26, 28–35, 37–38, 40, 44–45, 48, 50, 58:
(I) *Hot Five and Hot Seven (1925–1928),* Giants of Jazz CD0242, CD53001

LPs

gleichen Inhalts:
(USA) Columbia Jazz Masterpieces CJ 44049, CJ 44253, CJ 44422, CJ 45142
(Europa) CBS Jazz Masterpieces 460821-1, 463052-1, 465189-1 sowie 466308-1 ○
dito: *His Greatest Years,* vols. 1–4
(GB) Parlophone PMC 1140, PMC 1142, PMC 1146, PMC 1150
(F, D) Odeon 2C.152-05166-2C.152-05169 ○
(AUS) Swaggie S 1230, S 1233, S 1236, S 1239

mit weiteren Stücken:
(GB) *The Louis Armstrong Legend 1925–26,* World SH 404; ... *1926–27,* World SH 405; ... *1927–28,* World SH 406; ... *1928–29,* World SH 407
mit weiteren Stücken: *Very Special Old Phonography*
(F) CBS 64270-64274; CBS 8800-88003; Odeon XOC-170P-XOC-174P Stücke 2–3, 6–7, 10, 20, 25–36, 38–41, 43–44, 47, 49, 50–53, 57–58, 62–63, 65–66: *The Louis Armstrong Story,* vols. 1–3
(USA) Columbia CL 851, CL 852, CL 853

Johnny Dodds: *Johnny Dodds, 1926–1928*

Seit er mit der Creole Jazz Band in Lincoln Gardens gespielt hatte, galt Johnny Dodds als bedeutendster Klarinettist von New Orleans. Neben Oliver stach er bei vielen Aufnahmen am stärksten hervor. Dann wurde er der wichtigste Klarinettist für Armstrongs «Hot Fives»-Serien. Abgesehen von Shields mit der erfolgreichen Original Dixieland Jazz Band, hatte Dodds mehr Möglichkeiten zur Selbstdarstellung als jeder andere Klarinettist. Der Klang seiner Klarinette wurde typisch für den New Orleans Jazz.

Wie viele Klarinettisten aus New Orleans studierte Dodds bei Lorenzo Tio jr., und wie bei vielen Klarinettisten mit formaler Ausbildung ist sein Spiel voll, mit langen, gleichmäßig gespielten Passagen. Dodds bewies jedoch, daß er weitaus temperamentvoller war als Jimmie Noone und Barney Bigard. Die unbarmherzig treibende Kraft seines Spiels zieht noch heute Jazzfans in seinen Bann.

Dodds verließ Oliver wegen Geldstreitigkeiten. Er übernahm für sechs Jahre eine Band in Kelly's Stables und wurde dadurch in Chicago immer bekannter. In den Jahren 1926 bis 1929 machte er eine Reihe von Aufnahmen unter seinem eigenen Namen – darunter auch Sessions mit den Black Bottom Stompers – sowie als Mitglied der New Orleans Wanderers, der New Orleans Bootblacks und der Chicago Footwarmers. Einige zeigen die übliche Dixieland-Instrumentierung, andere waren Duos oder Trios oder gar Quartettbesetzungen.

Ein gutes Beispiel für Dodds' Stil ist der schnelle *Grandma's Ball* mit Dominique am Kornett. Dodds ist immer in Bewegung, nimmt sich kaum Zeit, Luft zu holen. Dieses Wirbeln bei schnellen Passagen war typisch für Dodds. Beim Blues hingegen zeigt er sich von einer anderen Seite. Er spielt die Einführung zu dem Moll-Abschnitt des *Perdido Street Blues* mit einer Folge von Glissandi – lange tiefe Stöße, wie sie typisch für den Blues sind. In seinem Solo zeigt er ein typisches Merkmal für das New-Orleans-Klarinettenspiel: Er setzt bei lang gehaltenen Tönen ein schnelles Schlußvibrato ein und bricht plötzlich ab, um eine Kaskade schneller Töne herabstürzen zu lassen. Diese typische Technik zeigt sich auch beim Spiel von Larry Shields bei den frühesten Aufnahmen der Original Dixieland Jazz Band.

Dodds war der Prototyp eines New-Orleans-Musikers: *Gate Mouth* wird fast durchgehend vom gesamten Ensemble gespielt, mit Ausnahme eines kurzen Saxophon-Solos und charakteristischer Breaks. Das Stück wird mit langen Schlenzern von Orys Posaune zusammengehalten und zeigt eine sparsame Führung von Mitchell (Kornett), der seinen Dämpfer manchmal wie Oliver einsetzt.

Die am stärksten anerkannten Aufnahmen von Dodds sind die Quartette aus den Sessions der Chicago Footwarmers, mit Kornett, Piano, Washboard und Klarinette. Solche Formationen traten häufig in den Spelunken von New Orleans auf. Typisch ist das schnelle *Ballin' a Jack*, in dem Kornettist Dominique beim Wiedereinstieg nach Dodds' Solo den Dämpfer benutzt.

Dodds lieferte die Grundlage für ein New-Orleans-Revival und hatte enormen Einfluß auf den Stil der Jazzklarinette.

CD

(GB) *Johnny Dodds, 1926–1928*, JSP CD 319

(New Orleans Wanderers:) George Mitchell (c), Kid Ory (tb), Johnny Dodds (cl), Lil Armstrong (p), Johnny St Cyr (bj)
Chicago   13. 07. 1926   **Perdido Street Blues**

mit Joe Clark (as)   **Gate Mouth**

mit St Cyr (Sprechgesang)   **Too Tight**

ohne Sprechgesang   **Papa Dip**

*(New Orleans Bootblacks:) wie **Gate Mouth***
                14. 07. 1926   **Mixed Salad**   5
                                 I Can't Say
                                 Flat Foot
                                 Mad Dog

(Johnny Dodds' Black Bottom Stompers:) Mitchell, Natty Dominique (c), John Thomas (tb), Johnny Dodds (cl), Charlie Alexander (p), Bud Scott (bj), Baby Dodds (d)
        08. 10. 1927   Come on and Stomp, Stomp, Stomp

mit (v) unbekannt   After You've Gone   10

ohne (v)   After You've Gone
Joe Turner Blues
When Erastus Plays his Old Kazoo

(Chicago Footwarmers:) Dominique (c), Johnny Dodds (cl), Jimmy Blythe (p), Baby Dodds (wbd)
    03. 12. 1927   Ballin' a Jack
                       Grandma's Ball   15
    15. 12. 1927   My Baby
                       Oriental Man

mit Ory (tb), Bill Johnson (sb)
    02. 07. 1928   Get 'em Again Blues
                       Brush Stomp
                       My Girl   20

Honore Dutrey (tb) anstatt Ory
    04. 07. 1928   Sweep 'em Clean
                       Lady Love
                       Brown Bottom Bess

Andere CDs

mit den Stücken 1, 6, 14–15: *Jazz Classics in Digital Stereo: Johnny Dodds*
   (GB) BBC CD 603
   (AUS) ABC CD 38556; ABC 836.202-2
mit weiteren Stücken:
   (F) *Johnny Dodds 1926,* Classics 589; ... *1927–1928,* Classics 617
mit den Stücken 1–8, 14–15:
   (D) *Johnny Dodds, Volume 1,* Village VILCD002-2
mit den Stücken 1–8:
   (GB) *Johnny Dodds 1926–1940, part 1,* Affinity CDAFS1023-3
mit den Stücken 1–3, 10 oder 11, 14–18, 22:
   (I) *Johnny Dodds: The Myth of New Orleans,* Giants of Jazz CD53077

LPs

Stücke 1–8, 14–23:
(GB) *The Immortal Johnny Dodds,* VJM VLP 48
(AUS) *Johnny Dodds, 1926–1928,* Swaggie 807
mit den Stücken 1–3, 14–15, 17–18, 22:
(I) *The Myth of New Orleans,* Giants of Jazz LPJT 47
mit den Stücken 1–8, 16–17, 22–23: *Johnny Dodds with Kid Ory*
(USA) CSP JLA 16004; Epic LN 3207; Epic LA 16004; Jazz Panorama 1203
(GB) Philips BBL 7181
(F) Epic LN 24255; Philips 07872 RF
(NL) Philips B 07428 L
mit den Stücken 1, 6, 14–15: *Jazz Classics in Digital Stereo: Johnny Dodds*
(GB) BBC REB 603
(AUS) ABC L 38556; ABC 836.202-1

Jimmie Noone: *At the Apex Club*

Viele Jazzexperten trennen die New-Orleans-Klarinettisten von der kreolischen Schule. Gemeint ist mit dem Begriff «kreolisch» die Subkultur einer gemischtrassigen Bevölkerung in New Orleans, die von den französisch sprechenden Siedlern dort und in der Karibik abstammte. Musikalisch orientierten sie sich am French Opera House und klassischer Musik. Und so näherten sich kreolische Klarinettisten der Jazzmusik denn auch in eher klassisch orientierter Form. Sie bevorzugten einen reineren Klang, vermieden nach Möglichkeit die gebeugten Noten und Growls der schwarzen Musiker, spielten gleichmäßiger, und ihre Intonation war oft besser als die der Autodidakten.

Jimmie Noone studierte kurz bei dem Kreolen Sidney Bechet und dann bei dem noch formaleren Lorenzo Tio jr. So hatte er schon früh einen klassischen Zugang zu seinem Instrument. Wie viele Musiker verließ er während des Ersten Weltkrieges New Orleans und landete schließlich bei der berühmten Creole Jazz Band – deren Mitglieder in der Hauptsache keine Kreolen waren. Mit ihnen machte Noone 1923 ein paar Aufnahmen in typisch kreolischem Stil.

Ungefähr zur gleichen Zeit nahm Noone Unterricht bei dem

klassischen Klarinettisten Franz Schoepp, der neben vielen Holzbläsern des Chicago Symphony Orchestra auch Einwanderer und schwarze Jugendliche unterrichtete, darunter Benny Goodman und Buster Bailey. Die von Schoepp vermittelten Grundlagen machten Noone und Goodman zu den technisch ausgereiftesten Musikern.

Mit dieser Ausbildung im Rücken, machte Noone 1928 mit einer eigenen Band im Apex Club die Aufnahmen, die ihm einen Platz in der Geschichte des Jazz sicherten. Die Besetzung: Joe Poston, Altsaxophon; Bud Scott, Banjo; Johnny Wells, Schlagzeug; Earl Hines, Piano.

Die Hauptfigur dieser Sessions ist zweifellos Noone, und die bekannteste Aufnahme des Apex Club Orchestra ist *I Know That You Know*. Nach der Einführung der Melodie übernimmt Noone einen langen, gleichmäßigen Chorus. Dem folgt ein typisches Solo von Earl Hines mit einer gebrochenen Baßlinie. Im letzten Chorus wechselt Noone plötzlich zu treibenden Viertelnoten im oberen Register – völlig konträr zum generellen Tenor der Aufnahme.

Zum Besten aus dieser Serie gehört *Sweet Sue – Just You*, ein sehr langsames, fast klagendes Stück. Dieser leichte, gemessene Stil war typisch für das kreolische New Orleans – im Gegensatz zu dem viel schärferen Stil des Klarinettisten Johnny Dodds.

Dieser Gegensatz wird in Noones Umgang mit dem Blues noch deutlicher. In *Apex Blues* spielt er viel weniger gebeugte Töne, als im Blues üblich, und vermeidet vollkommen die Kratz- und Kehllaute, die sonst ein Charakteristikum des Blues sind.

Noones Apex Club Orchestra hat zwar nicht die Zusammensetzung der üblichen New-Orleans-Dixieland-Band, wohl aber deren entspannten Swing. Noone hat eine ganze Schule von Klarinettisten beeinflußt, darunter Buster Bailey und Barney Bigard – nicht jedoch Benny Goodman, obwohl es oft behauptet wird. Goodman fand seinen Stil, bevor er Noone hörte, übernahm allerdings Techniken von ihm. Seine Quartettversion von *Sweet Sue – Just You* ist genauso bedächtig gespielt wie Noones.

LP

(USA) At the Apex Club, MCA 1313 ☐

Jimmie Noone (cl), Joe Poston (cl, as), Earl Hines (p), Bud Scott (bj), Johnny Wells (d)

Chicago	16. 05. 1928	**I Know That You Know**
		Sweet Sue – Just You
mit Noone, Poston (v)		**Four or Five Times** (Take B oder C?)
ohne (v)		**Every Evening (I Miss You)** (Take B)
		Every Evening (I Miss You) (Take C) 5
mit Noone, Poston (v)	14. 06. 1928	**Ready for the River**
ohne (v)		**Forevermore**
mit Lawson Buford (bb)	23. 08. 1928	**Apex Blues**
		A Monday Date (My Monday Date)
		Blues my Naughty Sweetie Gives to Me 10
	25. 08. 1928	**Oh, Sister! Ain't That Hot?**
		King Joe
		Sweet Lorraine (Take A)
		Sweet Lorraine (Take B)

Andere LPs

gleichen Inhalts:
  (USA) Decca 79235
  (F) MCA 510.039
mit weiteren Stücken:
  (AUS) *Jimmie Noone's Apex Club Orchestra, vol. 1, 1928* und *vol. 2, 1928–1929*, Swaggie S 841 und S 842
mit den Stücken 1–5, 8–14:
  (I) *The Amazing Soft World of Jimmie Noone*, Kings of Jazz NLJ 18005

mit den Stücken 2–4, 8–14:
 (GB) *Apex Club Blues,* Affinity AFS 1023   ○
mit den Stücken 1–10:
 (S) *Jimmie Noone,* vol. 1, CJM 29
mit den Stücken 1–2, 4 oder 5, 8, 10–12, 13 oder 14:
 (I) *Jimmie Noone 1928–1940,* Giants of Jazz LPJT 75
mit den Stücken 3, 4 oder 5, 6–7, 9:
 (GB) *Jazz at the Apex Club,* Ace of Hearts AH 84

CDs

mit weiteren Stücken und zusätzlich Zweitversionen:
 (GB) *Jimmy Noone: the Complete Recordings, Vol. 1,* Affinity CDAFS1027-3
mit den Stücken 1–4 (Take B von *Four or Five Times*), 6–13:
 (F) *Jimmie Noone 1928–1929,* Classics 611
unbekannten Inhalts:
 (J) *Apex Blues,* WEA WMC5-332

Bix Beiderbecke:
Bix Beiderbecke, vol. 1: Singin' the Blues

Bix Beiderbecke gilt nach Louis Armstrong als der bedeutendste Jazzmusiker der 20er Jahre. Wie Armstrong begeisterte er Kollegen und Jazzfans mit der Klarheit seines glockenähnlichen Kornettsounds, der Frische seiner Ideen und der Intensität seiner Gefühle. Eine ganze Schule schwarzer wie weißer Spieler folgte seinem Weg, der sich von dem Armstrongs vollkommen unterschied. Wo Armstrong eine möglichst große Bandbreite schuf, beschränkte sich Beiderbecke auf ein enges Spektrum. Während Armstrong alle Möglichkeiten seines Instruments nutzte, spielte Beiderbecke hauptsächlich im mittleren Register. Während Armstrong manchmal überladen wirkte und auf Show machte, war Beiderbecke immer bescheiden.

Wie viele der damaligen Jazzmusiker war Beiderbecke Autodidakt. Seine ersten wichtigen Aufnahmen entstanden mit den Wolverines, einer typischen Dixieland-Gruppe jener Zeit. Danach arbeitete er mit den großen Tanzorchestern von Jean Goldkette und Paul Whiteman, bei dem er Starsolist wurde. Unglücklicherweise starb Beiderbecke 1930 an den Folgen seines Alkoholismus.

Trotz der exzellenten Soli, die er mit Whiteman produzierte, entstammen die bekanntesten Aufnahmen Beiderbeckes einer Serie, die zwischen 1924 und 1928 unter seinem eigenen Namen, unter Pseudonymen wie Sioux City Six und Chicago Loopers oder unter der Leitung von Frankie Trumbauer entstand. Die Besetzung bei diesen Sessions war eher zufällig. Die meisten der Musiker stammten aus den Bands, mit denen Beiderbecke gerade arbeitete. Viele wurden wegen ihrer Fähigkeiten, andere aus Freundschaft engagiert. Einige dieser Männer waren exzellente Jazzmusiker, andere gerade gut genug. Hätte Beiderbecke sich intensiver um die Besetzung gekümmert, dann hätte er eine wesentlich bessere Begleitung haben können.

Der wichtigste Mitspieler war der C-Saxophonist Frankie Trumbauer, bekannt als Tram. Trumbauer war kein großer Improvisierer, aber technisch versiert, bewundert von vielen anderen Musikern. Seine Soli erarbeitete er oft im voraus. Trumbauer half Bix zweifellos, den Ansatz zu den bedächtigen Improvisationen zu finden, der so typisch für sein Spiel war. Dieser Partnerschaft entstammen einige von Bix' besten Arbeiten.

Eines der bekanntesten Soli von Beiderbecke ist auf *Royal Garden Blues* zu hören. Er beginnt mit einer aufsteigenden und fallenden Linie von Triolen, die dann wiederholt wird. Bix' Eigenart war es, die Noten um den Beat zu plazieren, wie z.B. die ersten Viertelnoten seines Solo auf *'Way Down Yonder in New Orleans*.

Beiderbeckes Meisterwerke sind *I'm Coming, Virginia* und insbesondere *Singin' the Blues* – ein Stück, das von jungen Musikern überall in den Vereinigten Staaten nachgespielt wurde. Fletcher Henderson ließ es für seine Band orchestrieren, und Rex Stewart spielte Beiderbeckes berühmten Chorus.

Beiderbecke dachte mehr über Improvisationsmethoden nach als viele andere Jazzmusiker. So entwickelte er die Idee des «korrelativen Chorus», in dem auf zwei Takte einer Idee zwei oder mehr Takte einer ähnlichen folgen, worauf das gesamte (in der Regel viertaktige) Segment in den folgenden vier Takten neu aufgenommen wird. Diese Methode wandte er an in dem Eröffnungsteil seines Solos auf *Singin' the Blues,* in dem die zweite Figur eine Reflektion der ersten bildet und die nächste die beiden vorhergehenden aufnimmt. Sein *I'm Coming, Virginia* ist nicht so präzise ausgearbeitet, aber auch hier stehen die Figuren immer im Zusammenhang. Viele sind um Alterierungen von Noten aufgebaut, die eine Terz auseinander liegen, und weisen plötzliche Umkehrungen der Spielanweisung auf. Beiderbecke konnte jedoch auch weniger introvertiert spielen. Im Schlußchorus von *Goose Pimples* spielt er eine harte, scharfe Figur dreimal leicht abgewandelt, variiert sie dann und dehnt sie auf ihre doppelte Länge aus.

Bix wurde seinerzeit auch wegen seines Pianospiels bewundert, besonders wegen einer Anzahl schneller Kompositionen, die von modernen Komponisten wie Debussy oder Ravel abgeleitet waren. Bix spielte sie bei jeder Vorstellung anders; auf Platte erschien *In a Mist*, eine Fassung, die sehr bekannt wurde.

CD

(USA) *Bix Beiderbecke, vol. 1: Singin' the Blues*, **Columbia Jazz Masterpieces CBS 466309-2** ○

(Frankie Trumbauer:) Bix Beiderbecke (c), Bill Rank (tb), Jimmy Dorsey (cl, as), Trumbauer (csx), Paul Mertz (p), Eddie Lang (bj, g), Chauncey Morehouse (d)

New York   04. 02. 1927   **Trumbology** (arr Mertz)

mit Doc Ryker (as)   **Clarinet Marmalade**
               Singin' the Blues

Don Murray (cl, bar) anstatt Dorsey, Itzy Riskin (p) anstatt Mertz
      09. 05. 1927   **Ostrich Walk** (arr Bill Challis)
                        Riverboat Shuffle (arr Challis)   5
      13. 05. 1927   **I'm Coming, Virginia** (arr Riskin)
                        'Way Down Yonder in New
                        Orleans (arr Murray)

(Trumbauer:) Beiderbecke (c, p), Trumbauer (csx), Lang (g)
                        For No Reason at All in C

(Trumbauer:) Beiderbecke (c), Rank (tb), Murray (cl, bar), Ryker (as), Trumbauer (csx), Adrian Rollini (bsx), Riskin (p), Lang (g), Morehouse (d)
      25. 08. 1927   **Three Blind Mice**
                        (arr Trumbauer, Murray)

mit Seger Ellis (v)   **Blue River**   10
                        There's a Cradle in Caroline

(Beiderbecke:) Beiderbecke (p)
        09. 09. 1927   **In a Mist**

(Trumbauer:) Beiderbecke (c, p), Trumbauer (csx), Lang (g)
        17. 09. 1927   **Wringin' and Twistin'**

(Trumbauer:) Beiderbecke (c), Rank (tb), Murray (cl, bar), Bobby Davis (as), Trumbauer (csx), Rollini (bsx), Joe Venuti (vln), Frank Signorelli (p), Lang (g), Morehouse (d)
        28. 09. 1927   **Humpty Dumpty**
                              (arr Fud Livingston)
                              Krazy Kat (arr Murray)   15
                              Baltimore

(Broadway Bell Hops:) Beiderbecke (c), Hymie Farberman (tpt), Rank (tb), Murray (cl), Davis (as), Trumbauer (csx), Venuti (vln), Signorelli (p), John Cali (bj), Joe Tarto (bb), Vic Berton (d), Irving Kaufman (v)
        29. 09. 1927   **There Ain' No Land Like Dixieland**
                              There's a Cradle in Caroline

*(Trumbauer:) wie **Humpty Dumpty**, aber Lang (bj) und mit Sylvester Ahola (tpt), Kaufman (v)*
        30. 09. 1927   **Just an Hour of Love**
                              I'm Wonderin' Who   20

Andere CDs

gleichen Inhalts:
    (Europa) CBS Jazz Masterpieces 466309-2   O
Stücke 1–11, 13–20:
    (GB) *Bix Beiderbecke and Frankie Trumbauer,* JSP CD 316
mit weiteren Stücken:
    (I) *The Complete Bix Beiderbecke in Chronological Order,* vol. 2, IRD BIX2; vol. 3, IRD BIX3
mit den Stücken 1, 3, 5–7, 12, 14, 16, 20:
    (GB) *The Golden Age of Bix Beiderbecke,* Music for Pleasure CDMFP6046, 791439-2
mit den Stücken 3–7, 9:
    (I) *The Bix Beiderbecke Collection,* Deja Vu DVCD2049
mit den Stücken 1–2, 4–7:
    (I) *The Bix Beiderbecke Story,* Deja Vu RECD14

LPs

gleichen Inhalts:
  (USA) Columbia Jazz Masterpieces CJ 45450
  (GB) CBS Jazz Masterpieces 466309-1
mit weiteren Stücken:
  (USA) *Sincerely Bix Beiderbecke*, BIX1-BIX20 (20-bändige Ausgabe)
  (I) *The Bix Beiderbecke «Records Story» in Chronological Order*, Joker SM 3557 bis SM 3570
  (GB) *The Studio Groups 1927*, EMI EG 260527-1; World Records SH 413; *The Studio Groups, late 1927*, World Records SH 414
mit den Stücken 1–9, 11, 13, 15, 20:
  (AUS) *Bix & Tram 1927*, Swaggie S 1242
mit den Stücken 10, 14, 16–19: *The Rare Bix*
  (GB) Parlophone PMC 1237
  (AUS) Swaggie S 1218
mit den Stücken 2–7, 9–11, 14–16, 19–20:
  (GB) *Bix and Tram 1927*, Parlophone PMC 7064
mit den Stücken 1, 3, 5–7, 12, 14, 16, 20:
  (GB) *The Golden Age of Bix Beiderbecke, 1927*, Golden Age TC-GX 2513
mit den Stücken: 2–8, 13: *The Bix Beiderbecke Story, vol. 1–3*
  (USA) Columbia CL 844, CL 845, CL 846
  (Europa) CBS 62373, 62374, 62375   O
  (F) CBS 66317
mit den Stücken 2–8, 13:
  (GB) *Young Man with a Horn*, CBS 22179
mit den Stücken 2–7:
  (GB) *«The Beiderbecke File» (Featuring the Real Bix)*, Saville SVL 201
mit den Stücken 3, 6–8, 12:
  (I) *Bix Beiderbecke*, Giants of Jazz LPJT 25

Red Nichols: *Red Nichols, vol. 1*

Red Nichols hatte das Pech, daß sein Stil dem des großen Bix Beiderbecke ähnelte und er deshalb als dessen Nachahmer angesehen wurde. Noch mehr litt Nichols' Ruf darunter, daß er nach dem Zweiten Weltkrieg mit einer recht flotten Dixieland-Band populär war. Doch das alles ändert nichts daran, daß er in den 20er Jahren einer der besten Jazzkornettisten war, mit einem außergewöhnlich sauberen Spiel und guten, wenn nicht großartigen Ideen. Er verdient wirklich mehr Beachtung.

1926 begann Nichols mit Plattenaufnahmen. Zu seiner Gruppe gehörten damals Miff Mole (Posaune) und Jimmy Dorsey (Klarinette, Altsaxophon), zwei der technisch versiertesten Jazzmusiker. So überrascht es nicht, daß diese frühe Nichols-Formation schnell Beachtung fand. In den nächsten Jahren machte Nichols Aufnahmen mit wechselnder Besetzung, mal arrangiert, mal im Dixieland-Stil improvisiert. Seine wechselnde Gruppe war im allgemeinen als Red Nichols and his Five Pennies bekannt, machte aber auch Aufnahmen unter einer Reihe von Pseudonymen.

Die ersten dieser Aufnahmen entstanden im Dixieland-Stil und enthielten zum großen Teil Jams. Daß sie nur wenige arrangierte Passagen enthielten, zeigt, daß Nichols' Spieler musikalisch recht erfahren waren. Das zeigt sich auch im Gebrauch ungewöhnlicher Instrumente wie Mellophon und Kesselpauken.

All dies hört man im *Boneyard Shuffle*. Herausragende Soli finden sich vor allem bei der alten New-Orleans-Melodie *Buddy's Habits;* das Spiel dieser weißen New Yorker war viel kräftiger als das der New-Orleans-Musiker. Nichols' Solo auf *Buddy's Habits* steckt voller Ideen, die an Beiderbecke erinnern. Eine – von Nichols nie geleugnete – Anlehnung an Beiderbecke zeigt z. B. der Rip, den Nichols in der Mitte seines Solos auf *Alabama Stomp* spielt. Doch sein eigener klirrender Sound macht diese Soli unverwechselbar.

Hurricane gehört zum Besten aus dieser Serie. Im Grunde genommen ist es eine Aneinanderreihung von Soli, mit relativ kurzen Bandpassagen zur Ein- und Ausleitung. Besonders unter dem Einfluß von Armstrong wurde der Jazz schnell zu einer Solistenmusik. Der Dixieland-Stil wurde bereits von den Big Bands verdrängt, als *Hurricane* entstand. Als der Dixieland später ein Revival erlebte, nahm er die von Nichols kreierte Form an.

Ende der 20er Jahre galt die Vorliebe des Publikums den aus zehn bis zwölf Musikern bestehenden Hot-Dance-Bands. Nichols nahm Musiker hinzu und folgte dieser Mode. Seine späteren Aufnahmen bieten erstklassigen Jazz, einschließlich Soli von ihm selbst und hervorragenden Musikern wie Benny Goodman, Jack Teagarden und vielen anderen. Diese Tendenz zeigte sich bereits in der 1927 entstandenen Aufnahme *Cornfed*, die kurze arrangierte Passagen enthält und auf vier oder acht Takte beschränkte Soli.

Der Einfluß von Red Nichols in den späten 20er Jahren war groß.

54 | Die ersten Hot Bands

Viele Musiker, die im Sog der Swing-Bands ein Jahrzehnt später erfolgreich waren, hatten bei Nichols gelernt. Es war sein Ansatz, der den Jazz dominieren sollte, und nicht der schwere Blues-Stil.

LP

(S) Red Nichols, vol. 1, CJM 24-120; vol. 2 CJM 25-120; vol. 3 CJM27-120

Red Nichols (c), Jimmy Dorsey (cl, as), Arthur Schutt (p), Eddie Lang (g), Vic Berton (d, Pauken)

New York	08. 12. 1926	Washboard Blues	
		Washboard Blues	
		That's No Bargain	
		That's No Bargain	

mit Miff Mole (tb)

	20. 12. 1926	Buddy's Habits	5
		Boneyard Shuffle	
		Boneyard Shuffle	
	12. 01. 1927	Alabama Stomp	
		Alabama Stomp	
		Alabama Stomp	10
		Hurricane	
		Hurricane	

mit Joe Venuti (vln)

	03. 03. 1927	Bugle Call Rag
		Back Beats

Adrian Rollini (bsx) anstatt Venuti (vln)

	20. 06. 1927	Cornfed	15
		Cornfed	

CDs

gleichen Inhalts:
  (Europa) *Red Nichols,* BBC 664-140
mit den Stücken 5–6, 8, 11, 16:
  (GB) *Rhythm of the Day,* Living Era CD AJA 5025

Andere LPs

gleichen Inhalts:
(AUS) *Red Nichols and his Five Pennies, vol. 1,* Swaggie S 836
mit den Stücken 1, 3, 5–6, 13:
(GB) *Feelin' No Pain,* Affinity AFS 1038
mit den Stücken 2, 4, 5–6, 13:
(D) *Red Nichols 1926–1928,* Coral COPS 6795   ○
mit den Stücken 5–6, 8, 11, 16:
(GB) *Rhythm of the Day,* Living Era AJA 5025

Joe Venuti und Eddie Lang:
Jazz Classics in Digital Stereo: Joe Venuti/Eddie Lang

In den frühesten Jazzbands aus New Orleans war oft eine Violine vertreten, die die Führung des Kornetts ungefähr verdoppelte. Ihre Gegenwart war zum einen der Tatsache zu verdanken, daß sie zu den Basisinstrumenten der Dance Bands gehörte, zum anderen waren Violinisten geübt im Notenlesen und konnten daher den Holzbläsern, die oft nicht nach Noten spielen konnten, neue Melodien beibringen. Als sich jedoch die Jazzbands in New Orleans und anderswo weiterentwickelten, verschwand die Violine, die mit dem Volumen der Bläser nicht mithalten konnte.

Einer der frühen Spezialisten auf diesem Streichinstrument war Joe Venuti. Er wurde dem Dance-Band-Publikum durch die vielen Aufnahmen mit seinem Schulfreund, dem Gitarristen Eddie Lang, bekannt, der ebenfalls als Violinist begonnen hatte. Sie arbeiteten sowohl im Duo als auch in kleinen Gruppen zusammen.

Ein gutes Beispiel für ihre Fähigkeiten ist *Stringing the Blues,* das sich kaum verhohlen an den *Tiger Rag* anlehnt. Beide Musiker spielen während der gesamten Aufnahme. Venutis Spiel ist typisch schillernd und unbekümmert, ohne Verzierungen. Er streicht nur selten Doppelgriffe und dann meist, um die Linie während der Breaks zu betonen. Lang, der sowohl die Harmonien als auch den Grundbeat spielen muß, bringt notgedrungen ständig ganze Akkorde. Sein Zeitmaß ist so einwandfrei, daß er den Takt von Anfang bis Ende beinahe gleichmäßig hält.

Bei seinen Kollegen galt Lang als kühl und geschäftsmäßig. Venuti war das Gegenteil: hitzköpfig, ungehobelt, berüchtigt für seine Streiche. Adrian Rollini, ein Saxophonist, der oft Aufnahmen mit Venuti und Lang machte, war der Don Quichotte der Truppe.

Lang und Venuti spielen exzellente Soli, und Rollini zeigt seine Qualitäten am Baßsaxophon und der «Hot Fountain Pen» (eine kleine Klarinette, eines der von ihm selbst entwickelten und gefertigten Instrumente). Rollini war ein ausgezeichneter Musiker mit präzisem Begriffsvermögen, guter Intonation und hervorragendem Swing. Neben dem Baßsaxophon und seinen selbstentwickelten Instrumenten spielte Rollini, der als Junge Klavierunterricht genommen hatte, auch Vibraphon – damals ein seltenes Instrument. Hätte er sich für ein gewöhnlicheres Instrument, z. B. das Altsaxophon entschieden, dann hätte er heute einen großen Ruf.

Die kleinen Venuti/Lang-Kombinationen waren beim Publikum recht populär. Im Rückblick jedoch erscheint eine Aufnahmesession mit einer größeren Gruppe bedeutender, die sich 1931 unter dem Namen Venuti-Lang and their All-Star Orchestra zusammenfand. Es spielten Posaunist Jack Teagarden, Klarinettist Benny Goodman und Trompeter Charlie Teagarden, Jacks Bruder. Goodman, Jack Teagarden, Lang und Venuti waren zu der Zeit vielleicht die besten Jazzmusiker auf ihren jeweiligen Instrumenten, die anderen waren Durchschnitt.

Die BBC-Anthologie enthält eine der vier Aufnahmen der Session: *Beale Street Blues*. Sie beginnt mit einer sorgfältig ausgearbeiteten Einführung von Venuti und Lang. Charlie Teagarden führt ein ruhiges, entspanntes Ensemble. In den darauffolgenden Jahren konnte der Trompeter sehr mechanisch sein, aber hier spielt er ungezwungen und locker. Jack Teagarden singt seinen berühmten Text zur Begleitung von Goodman, der immer ein exzellenter Begleiter von Sängern war. Manchmal spielt er nicht mehr als eine einzige unaufdringliche Note, die wie ein Ausrufungszeichen zu Teagardens musikalischer Phrase wirkt. Insgesamt ist *Beale Street Blues* eine entspannte, fast zarte Aufnahme. Selbst der ungewöhnlich leidenschaftliche Venuti paßt sich dieser Stimmung an. Die Session mit diesen Jazzgiganten ist ein Meisterstück der damaligen Zeit.

CD

(GB) Jazz Classics in Digital Stereo: Joe Venuti/Eddie Lang, BBC CD 644-140

(Venuti:) Joe Venuti (vln), Eddie Lang (g)
New York   29. 09. 1926   **Stringing the Blues**

(Red Nichols:) Nichols (c), Miff Mole (tb), Jimmy Dorsey (cl, as), Venuti (vln), Arthur Schutt (p), Lang (g), Vic Berton (d)
                03. 03. 1927   **Bugle Call Rag**

(Lang:) Schutt (p), Lang (g)
                01. 04. 1927   **Eddie's Twister**

(Frankie Trumbauer:) Bix Beiderbecke (c), Bill Rank (tb), Trumbauer (csx), Don Murray (cl, bar), Bobby Davis (as), Adrian Rollini (bsx), Venuti (vln), Frank Signorelli (p), Lang (g), Chauncey Morehouse (d)
                28. 09. 1927   **Krazy Kat**

(Venuti:) Murray (cl, bar), Venuti (vln), Signorelli (p), Lang (g), ?Justin Ring (Becken)
                15. 11. 1927   **Four String Joe**   5

(Red McKenzie:) Venuti (vln), Lang (g), Eddie Condon (bj), McKenzie (Kamm, v)   28. 05. 1928   **My Baby Came Home**

(Venuti:) Dorsey (cl, as, bar), Venuti (vln), Rube Bloom (p, v), Lang (g), Paul Graselli (d)
                27. 09. 1928   **Sensation**

(Blind Willie Dunn:) Signorelli (p), Lang (g), Ring (Glockenspiel)
                05. 11. 1928   **Church Street Sobbin' Blues**

(Lang:) Leo McConville (tpt), Tommy Dorsey (tb), Jimmy Dorsey (cl, as), Schutt (p), Lang (g), Joe Tarto (sb), Stan King (d)
                22. 05. 1929   **Hot Heels**

(Trumbauer:) Charlie Margulis (tpt), Andy Secrest (c), Bill Rank (tb), Charles Strickfaden (as), Trumbauer (csx), Izzy Friedman (cl, ts), Min Leibrook (bsx), Venuti (vln), Lennie Hayton (p), Lang (g), George Marsh (d)   22. 05. 1929   **Shivery Stomp**   10

(Venuti:) Trumbauer (Fagott), Venuti (vln), Hayton (p), Lang (g)
        18. 10. 1929   **Runnin' Ragged (Bamboozlin' the Bassoon)**

(Venuti:) Rollini (bsx, Hot Fountain pen), Venuti (vln), Itzy Riskin (p), Lang (g)
        07. 05. 1930   **Put and Take**

(Venuti:) Pete Pumiglio (cl, bar), Venuti (vln), Signorelli (p), Lang (g)
        07. 10. 1930   **The Wild Dog**

(Nichols:) Nichols (tpt), Jimmy Dorsey (cl, as), Venuti (vln), Fulton McGrath (p), Eddie Lang (g), Vic Berton (d)
        16. 09. 1931   **Oh! Peter (You're so Nice)**

(Venuti-Lang:) Charlie Teagarden (tpt), Jack Teagarden (tb), Benny Goodman (cl), Venuti (vln), Signorelli (p), Lang (g), Ward Lay (sb), Neil Marshall (d)
        22. 10. 1931   **Beale Street Blues**   15

(Venuti:) Jimmy Dorsey (tpt, cl, as), Rollini (vb, Soundeffekte), Venuti (vln, sb), Phil Wall (p), Dick McDonough (g), unbekannt (Kazoo)
        08. 05. 1933   **Vibraphonia**

Andere CD

mit den Stücken 1, 5, 7, 11–13:
    (GB) *Joe Venuti and Eddie Lang,* JSP CD 309 und CD 310

LPs

gleichen Inhalts:
    (GB) BBC REB 644
mit den Stücken 1, 7–8, 10, 15:
    (USA) *Stringing the Blues,* Columbia C2L24; Columbia Special Products JC2L 24
    (GB) CBS BPG 62143 und BPG 62144
    (F) CBS 88142
mit den Stücken 1, 10–12:
    (AUS) *Joe Venuti and Eddie Lang,* Swaggie S 817
mit der All-Star-Session von 1931:
    (USA) (Benny Goodman und andere:) *A Jazz Holiday,* MCA 2-4018
    (AUS) *Joe Venuti and Eddie Lang,* Swaggie S 819

Eddie Condon: *Chicago Style*

Die Anwesenheit einiger der besten schwarzen und weißen Bands aus New Orleans nach 1920 in Chicago gab den jungen weißen Musikern wichtige Impulse. Viele dieser Jugendlichen fühlten sich zur neuen Jazzmusik hingezogen und verbrachten soviel Zeit wie möglich damit, King Oliver, den New Orleans Rhythm Kings, Louis Armstrong, Jimmie Noone und anderen zuzuhören. Manche kopierten ihre Idole sehr deutlich: Muggsy Spanier folgte Oliver; Gene Krupa Baby Dodds; die Klarinettisten Johnny Dodds, Noone und Leon Roppolo; und jeder folgte Armstrong.

Der Kern dieser jungen weißen Musiker bestand aus einer Gruppe, die die Chicago Austin High School besuchte. Zu ihnen gehörten der Kornettist Jimmy McPartland, sein Bruder, der Gitarrist Dick McPartland, der Bassist Jim Lanigan und der Klarinettist Frank Teschemacher. Sie jammten zusammen nach der Schule, spielten bei Tanzveranstaltungen und zogen gleichgesinnte Jugendliche an, darunter den Tenorsaxophonisten Bud Freeman, den Pianisten Joe Sullivan, die Schlagzeuger Krupa und Dave Tough, den Klarinettisten Benny Goodman und schließlich andere aus dem Mittleren Westen, so den Schlagzeuger George Wettling, den Kornettisten Wild Bill Davison, den Klarinettisten Pee Wee Russell und den Banjospieler Eddie Condon, einen extrovertierten, geistreichen Iren, der zum Katalysator für die Gruppe wurde. Diese Musiker entwickelten aus dem New-Orleans-Stil den «Chicago-Stil», der als Richtung innerhalb des Dixieland betrachtet werden kann.

Die wohl wichtigsten vier Aufnahmen dieser Subrichtung entstanden im Dezember 1927: *Sugar, China Boy, Nobody's Sweetheart* und *Liza* (nicht George Gershwins *Liza*, sondern eine von Condon geschriebene Melodie). Sie erschienen unter dem Namen McKenzie and Condon's Chicagoans. Red McKenzie war ein schlechter Sänger und Kammspieler, der sich seinen Ruf mit Novelty-Gruppen erworben hatte. Obwohl er der Gruppe den Namen gab, hatte er nur wenig mit diesen Aufnahmen, die die Urform des Chicago-Stils darstellen, zu tun. Anstelle der Posaune gibt es ein Tenorsaxophon und mehr arrangierte Passagen als im normalen New Orleans Jazz. Nach dem ersten Chorus von *Sugar* und den Eröffnungschorussen der anderen drei Titel spielen Teschemacher und Freeman in erster Linie Harmonien parallel zur Kornettführung, anstatt, wie im Dixieland üblich, mit Klarinette und Posaune eine Gegenbewegung zu führen. Im Vergleich zur New-Orleans-Musik sind sehr viel mehr Soli zu hören. Einige der langsameren Nummern, wie *Sugar,* sind relativ entspannt, aber selbst dieser Titel gerät am Schluß in Fahrt. Typischer ist der durch und durch scharfe *China Boy.* Diese Aufnahme sprach damals junge Hörer besonders an. *China Boy* bot etwas Neues – eine Spielweise, die weit entfernt war von der expressionistischen Koloratur Ellingtons, dem mitreißenden Ideenreichtum Armstrongs oder den sorgfältig ausgearbeiteten Skulpturen von Bix. Die Soli sollten nicht bedächtig sein. Joe Sullivan, deutlich von Earl Hines beeinflußt, spielt ein treibendes rhythmisches Piano, und von Bud Freeman (Tenorsaxophon) hört man ein Solo, das ebenso rauh und treibend ist. Teschemacher (Klarinette) gilt im allgemeinen als der wichtigste Chicago-Musiker. *China Boy* zeigt ihn mit einem breiten Vibrato, einem schrillen, klagenden Timbre. Trotz zweifelhafter Intonation und vieler Schnitzer (z. B. die fünfmal falsch wiederholte Note im letzten Teil seines Solos), wurde er von den Musikern, die mit ihm arbeiteten, sehr bewundert. Einige waren überzeugt, er wäre einer der größten Klarinettisten des Jazz geworden, wäre er nicht 1932 bei einem Autounfall umgekommen.

Wie viele geographische Definitionen des frühen Jazz ist auch «Chicago» ein Begriff, der leicht irreführt. Viele Musiker dieser Richtung kamen von anderswo, und manche arbeiteten kaum oder nie in Chicago. Jack Teagarden z. B. wurde im Südwesten geboren und lebte während des Höhepunktes des Chicago-Stils in New York. Bei dem Klassiker *Makin' Friends,* der unter Condons Namen aufgenommen wurde und dessen Höhepunkt die Moll-Schlußpassage der Posaune ist, vollführte er ein Kunststück, das zu seinem Markenzeichen wurde: Er entfernt den Stürzer von der Posaune, stülpt statt dessen ein normales Wasserglas über das Ende und spielt weiter.

Eine andere der bekanntesten Aufnahmen der Chicago-Schule war *The Eel,* geschrieben von Bud Freeman, um seine Virtuosität zu zeigen. Freeman rast durch die idiosynkratische Melodie und improvisiert dann ein Solo. Nach einem Zwischenspiel des Ensembles improvisiert er zwei Chorusse über den Blues. Andere Mitspieler der Band spielen ebenfalls Soli darüber, dann spielt Freeman das Thema noch einmal für das Finale. Die Aufnahme war eine Art Tour de force und begründete Freemans Ruf als einer der besten Tenorsaxophonisten des Jazz.

LP

(GB) *Chicago Style*, **VJM VLP 55**

(McKenzie and Condon's Chicagoans:) Jimmy McPartland (c), Frank Teschemacher (cl), Bud Freeman (ts), Joe Sullivan (p), Eddie Condon (bj), Jim Lanigan (bb, sb), Gene Krupa (d)
Chicago 08. 12. 1927 **Sugar**
   China Boy
 16. 12. 1927 **Nobody's Sweetheart**
   Liza

(Chicago Rhythm Kings:) Muggsy Spanier (c), Teschemacher (cl), Mezz Mezzrow (ts), Sullivan (p), Condon (bj), Lanigan (bb), Krupa (d), Red McKenzie (v)
 06. 04. 1928 **There'll Be Some Changes Made** 5

ohne (v) **I've Found a New Baby**

(McKenzie:) Joe Venuti (vln), Eddie Lang (g), Condon (bj), McKenzie (v)
New York 28. 05. 1928 **My Baby Came Home**
   From Monday on

(Miff Mole:) Red Nichols (tpt), Mole (tb), Teschemacher (cl), Sullivan (p), Condon (bj), Krupa (d)
 06. 07. 1928 **One Step to Heaven**
   Shim-me-sha-wabble 10

(Condon:) Teschemacher (cl), Sullivan (p), Condon (bj), Krupa (d)
 28. 07. 1928 **Oh! Baby**

ohne (v) **Indiana**

McPartland (c), Jack Teagarden (tb), Mezzrow (cl), Sullivan (p), Condon (bj, v), Art Miller (sb), Johnny Powell (d)
 30. 10. 1928 **I'm Sorry I Made You Cry**

mit Mezzrow (Sprechgesang), Teagarden (v) anstatt Condon (v)
   Makin' Friends

Leonard Davis (tpt), Teagarden (tb, v), Mezzrow (cl), Happy Caldwell (ts), Sullivan (p), Condon (bj), George Stafford (d)
 08. 02. 1929 **I'm Gonna Stomp, Mr Henry Lee**
   (Take 1) 15
   That's a Serious Thing (Take 2)

Max Kaminsky (tpt), Floyd O'Brien (tb), Pee Wee Russell (cl), Freeman (ts), Alex Hill (p), Condon (bj), Artie Bernstein (sb), Sid Catlett (d)
21. 10. 1933   **The Eel**
Tennessee Twilight (Take A)
Madame Dynamite (Take A)
Home Cooking   20

Andere LPs

mit den Stücken 1–4, 9–14: *That Toddlin' Town*
(GB) Parlophone PMC 7072
(I) Parlophone 3C054.05641
(AUS) Swaggie S 1256
mit den Stücken 1–4:
(USA) (mit Paul Mares und anderen:) *Chicago Jazz*, Columbia CL 632
mit den Stücken 5–6, 17:
(AUS) *Chicago Jazz*, Swaggie S 809
mit den Stücken 17–20:
(I) *Eddie Condon 1929–1933*, Family SFRDP 697
(S) (Bud Freeman:) *Home Cooking*, Tax M 8019
(AUS) *Chicago Styled*, vol. 2, Swaggie S 1358

Sidney Bechet: *Bechet of New Orleans*

Viele der ersten und auch der besten Jazzmusiker waren Kreolen, so z. B. Jelly Roll Morton und auch Sidney Bechet. In den frühen Jahren der Jazzaufnahmen waren es in erster Linie diese beiden Musiker – neben Louis Armstrong –, die das spielten, was später «Swing» genannt werden sollte.

Bechet war eigentlich Klarinettist. Er studierte eine Zeitlang bei Lorenzo Tio jr. und anderen, war aber im Grunde Autodidakt. In den frühen 20ern spielte er Sopransaxophon, damals gebräuchlicher als in den Jahren danach. Obwohl er im Laufe seiner Karriere weiter Klarinette spielte und damit einige ausgezeichnete Aufnahmen machte – so den bewegenden Blues *Blue Horizon* –, gilt er in erster Linie als Sopransaxophonist. Seine Soli sind gleichmäßiger und klarer strukturiert als sonst im Jazz, weil er sie gerne vorher ausarbeitete. Das Wichtigste an seinem Spiel jedoch sind sein charakteristischer Drive, die scharf angesetzten Noten und das bestimmte Schlußvibrato.

All das hört man auf *Maple Leaf Rag*, aufgenommen 1932. Die Melodie ist die bekannteste aller Rags. Der Komponist Scott Joplin wollte, daß sie zart und gemäßigt gespielt wird. Bechet jedoch nimmt sie in einem atemberaubenden Tempo und läßt die anderen Musiker auf dem trockenen sitzen. Abgesehen von einem kurzen Piano-Solo, trägt Bechet das gesamte Stück. Er schleudert unbekümmert einen Phrasenfetzen nach dem anderen heraus. Wir sind jetzt weit entfernt vom New-Orleans-Stil der frühen Jahre, obwohl Bechet und Trompeter Tommy Ladnier, der oft mit Sidney arbeitete, aus New Orleans stammten. Armstrong hatte gerade den Jazz zur Solistenmusik umgestaltet, und Bechets Spiel ist eine Solistenmusik par excellence – eines der wenigen Beispiele im Jazz, bei denen ein Musiker über die gesamte Länge einer drei Minuten dauernden 78er-Platte ein Solo spielt.

Bechet spielte gerne «orientalisch» ausgearbeitete Stücke – in den ersten beiden Jahrzehnten des Jazz war sogenannte orientalische Musik beim amerikanischen Publikum sehr beliebt. *Egyptian Fantasy* ist z. B. ein Stück mit einem leicht gespenstischen Thema in Moll, das in einen Dur-Abschnitt übergeht. Hier und beim *Wild Man Blues* – ursprünglich von Louis Armstrong als Teil der «Hot Fives»-Serie aufgenommen – kehrt Bechet zu seinem ersten Instrument, der Klarinette, zurück. Trotz Bechets kreolischer Herkunft entsprach sein Ansatz eher dem von Dodds als dem von Noone. Es stimmt, daß sein Klarinettensound typisch kreolisch flüssig war und daß er auf der Klarinette ein knapperes Vibrato spielt als auf dem Sopransaxophon. Während Noone jedoch durchweg einen klaren, sauberen Ton bevorzugte, ist Bechets Sound außerordentlich vielseitig – manchmal flüssig, manchmal schrill, manchmal fängt er sogar etwas vom Klang eines mit Dämpfer gespielten Kornetts ein.

Gelegentlich spielte Bechet bei derselben Aufnahme sowohl Sopransaxophon als auch Klarinette, so beim *Texas Moaner Blues,* den er unter Clarence Williams mit Louis Armstrong am Kornett 1924 aufnahm. Er ist ein klassischer New-Orleans-Blues in der Art, wie er für die Huren und ihre Freier in den Spelunken gespielt worden war. Bechet wechselt bei der unvorbereiteten Modulation in eine andere Tonart zum Sopransaxophon. Hier ist sein Spiel kräftiger und nicht so zart wie manchmal auf der Klarinette. Bei dieser Aufnahme spielt auch der Trompeter Charlie Shavers mit, den man normalerweise bravura spielend mit Big Bands kennt, der aber hier durchblicken läßt, daß er durchaus auch den Blues beherrscht.

64 | Die ersten Hot Bands

Eine weitere interessante Aufnahme ist die berühmte Ein-Mann-Band-Version von *The Sheik of Araby*, bei der Bechet alle Instrumente spielt – Klarinette, Sopran- und Tenorsaxophon, Baß und Schlagzeug. Vielleicht kein großartiger Jazz, aber in gewisser Hinsicht ein technischer Triumph in einer Zeit, in der Mehrspuraufnahmen noch nicht bekannt waren.

Sweetie Dear entstand bei derselben Session wie *Maple Leaf Rag* und wurde gemeinsam mit ihm veröffentlicht. Bechet war an diesem Tag in Höchstform. Er spielt Klarinette, und mit diesem sanfteren Instrument dominiert er nicht wie bei *Maple Leaf Rag* die Musik: Trompeter Ladnier kann sich gerade noch an der Oberfläche halten. Das Stück endet mit einer Reihe von Riffs. Auch das ist typisch für Bechet, der bei aller Leidenschaft auch sehr streng spielen konnte.

LP

(USA) Bechet of New Orleans, RCA LPV 510

(New Orleans Feetwarmers:) Tommy Ladnier (tpt), Teddy Nixon (tb), Sidney Bechet (cl), Hank Duncan (p), Wilson Myers (sb), Morris Morland (d)
New York   15. 09. 1932   **Sweetie Dear**

wie **Sweetie Dear**, *aber mit Bechet (ss)*
Maple Leaf Rag

(Ladnier:) Ladnier (tpt), Bechet (cl, ss), Mezz Mezzrow (cl), Cliff Jackson (p), Teddy Bunn (g), Elmer James (sb), Manzie Johnson (d)
28. 11. 1938   **Weary Blues**

(Jelly Roll Morton:) Sidney De Paris (tpt), Claude Jones (tb), Albert Nicholas (cl), Bechet (ss), Happy Caldwell (ts), Morton (p, v), Lawrence Lucie (g), Wellman Braud (sb), Zutty Singleton (d)
14. 09. 1939   **I Thought I Heard Buddy Bolden Say**

(Bechet:) De Paris (tpt), Sandy Williams (tb), Bechet (ss), Jackson (p), Bernard Addison (g), Braud (sb), Sid Catlett (d)
04. 06. 1940   **Shake it and Break it** (Take 1)   5

wie **Skake it and Brake it**, *aber mit Bechet (cl)*
Wild Man Blues (Take 1)

Rex Stewart (c), Bechet (cl, ss), Earl Hines (p), John Lindsay (sb), Baby Dodds (d)
Chicago 06. 09. 1940 **Save it, Pretty Mama**

(Henry Levine:) Levine (tpt), Jack Epstine (tb), Alfie Evans (cl), Bechet (ss), Rudolph Adler (ts), Mario Janarro (p), Tony Colucci (g), Harry Patent (sb), Nat Levine (d)
New York 11. 11. 1940 **Muskrat Ramble**

(Bechet:) Henry «Red» Allen (tpt), J. C. Higginbotham (tb), Bechet (cl), James Tolliver (p), Braud (sb), J. C. Heard (d)
08. 01. 1941 **Egyptian Fantasy**

wie **Egyptian Fantasy**, *aber mit Bechet (ss)*
Baby, Won't You Please Come Home? 10

Bechet (cl, ss, ts, p, sb, d)
18. 04. 1941 **The Sheik of Araby** (Take 4R)

Gus Aiken (tpt), Williams (tb), Bechet (ss), Lem Johnson (ts), Jackson (p), Myers (sb), Arthur Herbert (d)
28. 04. 1941 **When it's Sleepy Time Down South** (Take 2)
I Ain't Gonna Give Nobody None of This Jelly Roll

Charlie Shavers (tpt), Bechet (ss), Willie «the Lion» Smith (p), Everett Barksdale (elg), Braud (sb), Johnson (d)
13. 09. 1941 **Georgia Cabin** (Take A)

mit Bechet (cl) **Texas Moaner** 15

wie **Georgia Cabin**, *aber mit Bechet (cl), Catlett (d) anstatt Johnson*
24. 10. 1941 **12th Street Rag**

CDs

mit weiteren Stücken:
  (Europa) *Sidney Bechet 1932–1943: The Bluebird Sessions*, Bluebird ND 90317 ○
enthält die Stücke 2–3, 5–8, 10, 11–12, 16: *The Legendary Sidney Bechet, 1932–1941*
  (USA) Bluebird 6590-2 RB
  (Europa) Bluebird ND 86590 ○

mit weiteren Stücken:
(USA) *Sidney Bechet: The Victor Sessions, Master Takes, 1932–43,*
RCA 2402-2 RB
mit den Stücken 1–2, 5–6:
(F) *Sidney Bechet 1923–1936,* Classics 583; ... *1940,* Classics 619

Andere LPs

gleichen Inhalts:
(GB) RCA RD 7696
(D) RCA LPM 510   O
mit weiteren Stücken: *Sidney Bechet 1932–1943: The Bluebird Sessions*
(Europa) Bluebird NL 90317   O
mit den Stücken 1–3, 5–16: *Jazz Tribune no. 10: The Complete Sidney Bechet, vol. 1/2* und *Jazz Tribune no. 18: The Complete Sidney Bechet, vol. 3/4*
(Europa) RCA NL 89760 und NL 89759   O
(F) RCA PM 42409 und PM 43262
mit den Stücken 1–3, 5–7, 9–16:
(USA) *Master Musician,* Bluebird AXM 2-5516
mit den Stücken 2–3, 6, 8, 11–12, 16: *The Legendard Sidney Bechet, 1932–1941*
(USA) Bluebird 6590-1 RB
(Europa) Bluebird NL 86590   O
mit den Stücken 1–2, 5–7, 13, 15:
(F) *Sidney Bechet, vol. 2,* RCA 730.593
mit den Stücken 8–10, 12, 16:
(F) *Sidney Bechet, vol. 1,* RCA 730.560; *Horizons du Jazz no. 2: Blues in the Air,* RCA 430.216
(I) *Sidney Bechet, vol. 1,* Vik KLPV 181
(AUS) *Sidney Bechet, vol. 1,* Victor LPV 1001
mit den Stücken 11, 14:
(F) *Sidney Bechet, vol. 3,* RCA 430.639; RCA 741.069
mit den Stücken 1–2, 5–9, 11 (Take 3):
(USA) Titel unbekannt, RCA LPM 9885

KAPITEL 2

Solo-Stride- und Swing-Pianisten

Barry Kernfeld

Als die Hot Combos und Big Bands entstanden, rückten die Pianisten in den Vordergrund. Ihre Dominanz wurde später immer wieder mal durch Sologitarristen in Frage gestellt, und seit den 70er Jahren, seit den ausgedehnten unbegleiteten Träumereien des Tenorsaxophonisten Sonny Rollins etwa und dem Free Jazz hat jedes nur vorstellbare Instrument ganz neue Möglichkeiten. Doch das Piano hat seine Vorherrschaft behalten, und zwar aus einem ganz einfachen Grund: Ein Pianist übertrifft jeden anderen Musiker in der Fähigkeit, mit einer einzigen Hand Beat, Baß, Akkorde und Melodien zu spielen. Nur die Hammond-B-3-Orgel mit ihren Baßpedalen und den zwei Keyboards wäre für den Jazz vielleicht ein noch vielseitigeres Solo-Instrument gewesen; doch in der Praxis zeigt sich dieses Instrument als zu schwerfällig.

Dieses Kapitel stellt drei Pianisten vor, die den unbegleiteten Stride- und Swing-Stil schufen – James P. Johnson, Fats Waller und Earl Hines –, und zwei, die diese Stilarten zum Extrem führten: Art Tatum und Thelonious Monk. Von Jelly Roll Mortons Solospiel war bereits im ersten Kapitel die Rede. Andere wichtige Pianisten dieser Ära werden bei den betreffenden Gruppen erwähnt: Joe Sullivan spielte in verschiedenen Rhythmusgruppen mit Eddie Condon; Teddy Wilson mit Benny Goodman und Billie Holiday; Nat King Cole und Erroll Garner mit ihren Trios; Count Basie mit Combos und seiner Big Band; Duke Ellington mit seiner Big Band. Jedoch sei darauf hingewiesen, daß Sullivan, Wilson und Garner auch sehr gute unbegleitete Aufnahmen gemacht haben.

James P. Johnson: *From Ragtime to Jazz*

Gegen Ende des Ersten Weltkrieges bildeten James P. Johnson, Luckey Roberts und Willie «the Lion» Smith den Mittelpunkt einer Gruppe aus Harlem stammender Stride-Pianisten. Bald gesellte sich Fats Waller zu ihnen, der Johnsons Protegé wurde, nachdem er dessen *Carolina Shout* gelernt hatte, indem er die auf Klavierwalze aufgenommene Version kopierte. Bei diesen Walzenaufnahmen spielte Johnson noch Ragtime. Seine frühesten Aufnahmen für die CBS im Jahre 1921 jedoch sind im jazzigen Stride-Stil gehalten.

Leicht herauszuhören und schnell mit diesem Stil zu identifizieren ist eine bestimmte wiederkehrende Bewegung der linken Hand. Gespreizt «stakst» *(to stride)* die Hand immer wieder hin und her zwischen einem Intervall der tiefen Stimmlage (bestehend aus einer Baßnote mit dem kleinen Finger und einer anderen mit dem Daumen) und einem Akkord (mehrere Noten umfassend) im mittleren Bereich. Diese Methode, die linke Hand einzusetzen, kommt direkt aus dem Ragtime, unterscheidet sich aber von diesem leicht: durch den Einsatz von Intervallen (normalerweise Dezimen) anstelle einzelner Baßnoten und in der Weise, diese Intervalle von oben nach unten anzuschlagen (umgekehrte Dezimen), d.h. der Daumen schlägt kurz vor dem kleinen Finger an, um einen speziellen rhythmischen Drive zu erzeugen.

Aber der Stride ist mehr als dies. Grob gesagt, entwickelte Johnson eine virtuose, schlagzeugartige, swingende Adaption von Ragtime-Piano-Formen und -Figuren. In gewisser Hinsicht repräsentiert seine Arbeit einen orchestralen und formalen Ansatz, der im direkten Gegensatz zum Folk-ähnlichen Boogie-Woogie-Blues-Stil steht. (Dies wird indirekt dadurch unterstrichen, daß er anstrebte, Symphonien und ähnliches zu schreiben.) Er hatte eine großartige klassische Technik, die ihn zu ausgefeilten Begleitungen befähigte, während seine rechte Hand mühelos mit komplizierten Figuren fertig wurde. Sein Gebrauch der Harmonie/Satztechnik ist normalerweise einfach, wenn auch mit einem Hauch von Blues behaftet, und folgt – wie auch der Ragtime – der Western Music. Die wichtigen frühen Titel, *The Harlem Strut, Keep off the Grass* und *Carolina Shout,* alles Johnsons eigene Kompositionen, folgen typischen Ragtime-Strukturen, indem sie 16taktige Themen präsentieren, die symmetrisch aufgeteilt sind in acht Takte führende und acht Takte nachahmende Stimme: Johnson trägt eine Idee vor, sie wird fortgeführt ohne Auflösung, er trägt die Idee noch einmal vor, und eine variierte Fortsetzung löst sie auf. (Das zweite Thema von *Keep off the Grass* ist nicht 16, sondern 32 Takte lang.)

Mehr als bei jedem anderen Stride-Pianisten ist es jedoch irreführend, Johnson eher als Konzert- denn als Folk-Pianisten zu klassifizieren. Er hat einen Anschlag, als sei das Piano ein Schlagzeug. In *The Harlem Strut* ist dauernde Bewegung, und *Keep off the Grass* ist kaum weniger schnell. *Carolina Shout* wirkt entspannter, da es langsamer ist, aber es hat denselben Ansatz. In diesen Stücken vermittelt Johnson den Swing mit der rechten Hand, indem er die Noten abwechselnd ein bißchen länger und ein bißchen kürzer hält, und durch seinen Anschlag. Seine linke Hand ist selten gleichmäßig. In der Tradition von Ragtime-Komponisten wie Scott Joplin oder Pianisten wie Eubie Blake durchbricht Johnson mit Absicht das Muster, indem er sukzessive Baßnoten oder -akkorde einsetzt. Diese sprunghaften Off-Beat-Akzente wurden zum Markenzeichen des Stride. Bei dem populären Song *If Dreams Come True* vernachlässigt er die Melodie erst in einem Strom schmetternder Dissonanzen, dann in überladenen Ausschmückungen, schnellen Figuren und einem kaskadenartigen Riff. Wenn die Idee in einer rhythmisch veränderten Form wiederkehrt, macht sie anderen rhythmischen Ideen Platz.

Diese Sammlung konzentriert sich auf Johnsons wichtigste Beiträge zum Jazz, seine hervorragenden Stride-Stücke. Er war jedoch auch in anderen Genres ein herausragender Musiker. Er begleitete Blues- und Vaudeville-Sänger, darunter Bessie Smith und Ethel Waters, und komponierte viele populäre Songs, darunter *The Charleston, Old Fashioned Love* und *If I Could Be With You One Hour Tonight*. *All That I Had is Gone* (1927) zeigt einen anderen Ansatz. Die Bewegung im Baß erinnert an Boogie-Woogie, und Johnson spielt eine elegante Passage ineinanderfließender unabhängiger Linien. Der passend benannte Titel *Feelin' Blue* (1929) folgt der Stride-Technik. Schließlich gibt es noch zwei Dialogaufnahmen mit Clarence Williams von 1930. Die Witze wirken schnell langweilig, sind aber in schöne Stride-Beispiele eingebettet, besonders am Ende von *I Found a New Baby*. Die beiden Pianos auf diesen beiden Aufnahmen mit Williams, angeblich immer präsent, sind kaum zu identifizieren. Die tieferen Linien sind immer klar, als ob nur einer spielte, die oberen ein wenig verschwommen. Begriff Williams, daß er als Pianist nicht Johnsons Klasse hatte, und hielt sich deshalb zurück?

CD

(Europa) *From Ragtime to Jazz,* CBS 465651-2

James P. Johnson (p)

New York	00. 08. 1921	The Harlem Strut	
	18. 10. 1921	Keep off the Grass	
		Carolina Shout	
	28. 06. 1923	Weeping Blues	
		Worried and Lonesome Blues	5
	08. 08. 1923	Scouting Around	
		Toddlin'	
	25. 02. 1927	All That I Had is Gone	
		Snowy Morning Blues	
	29. 01. 1929	Riffs	10
		Feelin' Blue	

Johnson und Clarence Williams (p)

New York	31. 01. 1930	How Could I be Blue?	
		I've Found a New Baby	

Johnson

New York	14. 06. 1939	If Dreams Come True	
		Fascination	15
		A-Flat Dream	
		The Mule Walk	
		Lonesome Reverie	
		Blueberry Rhyme	

Andere CD

mit den Stücken 8–11:
(GB) *Feelin' Blue,* Halcyon CHDL 107

LPs

gleichen Inhalts:
(Europa) CBS 85387 ○
mit den Stücken 8–11:
(GB) *Feelin' Blue,* Halcyon HDL 107

Fats Waller: *Fats Waller Piano Solos (1929–1941)*

Fats Waller tanzte auf vielen Hochzeiten: als Komponist, Songschreiber, Pianist, Organist, Bandleader und Entertainer für Musiktheater, populäre Musik und Jazz. Das Bluebird-Doppelalbum ist eine Zusammenstellung seiner besten Solo-Aufnahmen als Jazzpianist. Vorher sollte man jedoch noch zwei Aufnahmen erwähnen, die er im Duett mit Bennie Payne aufgenommen hat. Im Gegensatz zu Wallers Duetten mit Johnson 1928 oder Wallers Big-Band-Schlacht mit seinem zweiten Pianisten Hank Duncan 1935 bei *I Got Rhythm* sind dies schwerfällige Vorträge mit zahlreichen Kollisionen in Harmonie, Melodie und Rhythmus.

Waller, der bei Johnson gelernt hatte, übernahm und erweiterte dessen Stride-Technik der linken Hand – das Rückgrat dieser Aufnahmen. Seine 1941 aufgenommene Version von Johnsons *Carolina Shout* orientiert sich eng am Original. Wallers eigene Kompositionen *Valentine Stomp, Smashing Thirds* (beide 1929) und *Russian Fantasy* imitieren Johnsons Stil. *Smashing Thirds* basiert auf einem 16taktigen Thema in verschiedenen Tonarten nach dem Muster AABABBBA und enthält ungewöhnliche einleitende und überleitende Passagen. Wie Johnson es getan hätte, komponiert Waller eine rhythmische Melodie und setzt sie erst eine Oktave hinauf, dann eine weitere, während er das erste Thema immer wieder präsentiert. In den ersten beiden A-Abschnitten tauchen Akkordbegleitungen auf, im dritten eine synkopierte Baßlinie. Die Stride-Technik ist jedoch dominant, mit rhythmischen Überraschungen à la Johnson in der zweiten Hälfte.

Bei seinen bekanntesten Stride-Kompositionen *Handful of Keys* (1929), *Gladyse* (1929), *African Ripples, Alligator Crawl* und *Viper's Drag* (alle 1934) findet Waller einen glücklichen Weg zwischen Innovation und Tradition. Alle Stücke enthalten zwei stark kontrastierende Themen, aber mit Ausnahme des zweiten in *Handful of Keys* basiert jedes Thema auf der AABA-Form populärer Songs und nicht auf älteren Ragtime-Phrasen. Angesichts Wallers anderer Aktivitäten ist das kaum verwunderlich. In *Gladyse* und *African Ripples* hören wir von Waller Variationen über dasselbe Thema. Ein Tanzmotiv (das auch in *Valentine Stomp* wiederkehrt) wird im ersten Thema durch schlichte Swing-Akkorde unterstützt. Sehr geschickt dient diese Akkordbewegung auch als Einleitung, die mit dem Thema so verschmilzt, daß dessen erstes Auftauchen und die Wiederholung nicht 16, sondern 18 Takte (in *Gladyse*) bzw. 20 Takte (in *African Ripples*) lang ist. Bei der Wiederholung des Themas erhöht Waller die Intensität, indem er die Legato-Akkorde durch Stride ersetzt. Beide Stücke enthalten eine viertaktige Überleitung zur neuen Tonart ihres 32taktigen B-Themas. Dann verlassen sie dieses abrupt, und hier endet die Gemeinsamkeit. In *Gladyse,* der früheren Version, herrscht der konventionelle Stride vor, der eine stark synkopische Melodie und dann das Tanzmotiv unterstützt. In *African Ripples* erfindet Waller eine Melodie und lockert den Rhythmus, indem er frei und vorwiegend langsam spielt.

Die Bluebird-Collection enthält drei 12taktige Blues. *Numb Fumblin', My Feelin's Are Hurt* (beide 1929) und *E Flat Blues* (1935) sind zart und elegant und legen mehr Wert auf die Musikalität als auf die emotionale Tiefe des Blues. Das Spiel erinnert daran, daß Waller von Willie «the lion» Smith ebensoviel gelernt hat wie von Johnson. (1939 machte Smith Solo-Aufnahmen und verband dabei Stride und französischen Impressionismus.) Der letzte Chorus von *Numb Fumblin',* bei dem sich eine 10 Takte lange Reihe im hohen Register kaskadenartig mit und gegen den Stride-Baß bewegt, ist ein Höhepunkt von Wallers Schaffen.

Waller interpretiert auch populäre Songs. Sessions aus dem Jahr 1929 enthalten einige Routine-Aufnahmen (Routine nur, wenn man Fats Waller ist!) eigener und fremder Songs. Repräsentativ sind sein *Sweet Savannah Sue* und *Ain't Misbehavin'. Rockin' Chair* (1941) ausgenommen, nahm er sich in späteren Jahren mehr Freiheiten. In *Keepin' out of Mischief Now* und *Star Dust* (beide 1937) wird die Melodie durch filigrane Piano-Ornamente ausgeschmückt. Im *Basin Street Blues* (1937) zollt Waller der Melodie ungewöhnlich wenig Aufmerksamkeit und konzentriert sich statt dessen auf die rhythmischen Baßlinien und Akkorde. *Tea For Two* (1937) und *Honeysuckle Rose* (1941) sind spielerisch. Das erste Stück beginnt mit übertrieben dramatisch-komischen Pausen im Eröffnungsteil der Melodie, während das zweite vollkommen fragmentiert ist und zeigt, wie die bekannte Melodie von Waller phrasiert, ausgeschmückt und harmonisiert werden kann in Stilarten, die vom wilden Stride bis zum romantischen Walzer reichen. In einer nachdenklichen Version von *I Ain't Got Nobody* (1937) enthält die Eröffnung eine kontrapunktische Linie im mittleren Register, die stärker ist als die Melodie. Später lösen sich Blues-Passagen auf, indem Waller gegen eine sich verlangsamende Stride-Begleitung sehr elegant ein klingendes Motiv setzt.

Ring Dem Bells (1941) ist Wallers radikalste Umformung vorhandenen Materials; seine düstere Version steht in scharfem Kontrast zu den heiteren Versionen von Duke Ellington (1930), Lionel Hampton (1938) und Andy Kirk (1941). Diese Aufnahme zeigt, daß sich Wallers Kreativität als Pianist in seinen letzten Lebensjahren noch erheblich weiterentwickelte.

LP

(USA) *Fats Waller Piano Solos (1929–1941)*, **Bluebird ND 82482** ○

Fats Waller (p)

New York	01. 03. 1929	**Handful of Keys**	
		Numb Fumblin'	
Camden,	02. 08. 1929	**Ain't Misbehavin'**	
New Yersey		**Sweet Savannah Sue**	
		I've Got a Feeling I'm Falling	5
		Love Me or Leave Me	
		Gladyse	
		Valentine Stomp	
	29. 08. 1929	**Waiting at the End of the Road**	
		Baby, oh! Where Can You Be?	10
New York	11. 09. 1929	**Goin' About**	
		My Feelin's Are Hurt	
	24. 09. 1929	**Smashing Thirds**	
	04. 12. 1929	**My Fate is in your Hands**	
		Turn on the Heat	15

Waller und Bennie Payne (p)

	21. 03. 1930	**St Louis Blues**	
		After You've Gone	

Waller

	16. 11. 1934	**African Ripples**	
		Clothes Line Ballet	
		Alligator Crawl	20
		Viper's Drag	
	11. 03. 1935	**Russian Fantasy**	
		E Flat Blues	
	11. 06. 1937	**Keepin' out of Mischief Now**	
		Star Dust	25
		Basin Street Blues	
		Tea for Two	
		I Ain't Got Nobody	

74 | Solo-Stride- und Swing-Pianisten

        13. 05. 1941   Georgia on my Mind
                            Rockin' Chair   30
                            Carolina Shout
                            Honeysuckle Rose
                            Ring Dem Bells

CDs

Stücke 1–13 und andere:
(F) *Piano Masterworks, vol. 1: Hot'n Sweet,* FDC 5106 (Bd. 2 gepl.)
mit den Stücken 1–3, 13, 18, 20–21, 27–8, 31: *The Joint is Jumpin'*
(USA) Bluebird 6288-2-RB
(GB) Bluebird ND 86288
mit den Stücken 1–2, 8, 18, 21, 24, 31:
(DK) *Fats Waller,* Official 83030-2
mit den Stücken 1–21, 24–33: *Turn on the Heat: the Fats Waller Piano Solos*
(USA) Bluebird 2482-2 RB
(Europa) Bluebird ND82482(2) O
mit den Stücken 3, 13, 18, 24–25 und Zweitversionen der Stücke 8 und 31 sowie weiteren, auf S. 137 angegebenen Stücken:
(J) *Fats Waller,* Bluebird BVCJ9023, BVCJ9024 (2-CD set)
mit den Stücken 14–21, 24–8:
(F) *Piano Masterworks, Vol. 2, 1929–1943,* Hot'n Sweet FDC5113
mit dem Stück 1 und dem auf S. 137 angegebenen Material:
(GB) *The Cream Series: Fats Waller,* Flapper PASTCD9742
mit den Stücken 2–3, 10, 14:
(GB) *You Rascal, You,* Living Era CDAJA5040
mit den Stücken 29, 31 und dem auf S. 137 angegebenen Material:
(GB) *Diamond Series: Fats Waller,* RCA CD90117

Andere LPs

gleichen Inhalts:
(D) *Masters of Jazz, vol. 2,* RCA CL 42343DP O
ohne **Russian Fantasy**:
(F) *Piano Solos,* RCA PM43270
ohne die Aufnahmen von 1937:
(F) *Jazz Tribune no. 23: Fats Waller Piano Solos,* RCA NL 89471; RCA PM 43270
mit weiteren Stücken:
(F) *Fats Waller Complete Recordings,* RCA 730.570, 730.660, 731.054, 731.057, 731.058, 741.076, 740.086, 741.094, 741.112, FXM1-7074

mit den Stücken 1–3, 13, 18, 20–21, 27–28, 31:
(USA) *The Joint is Jumpin'*, Bluebird 6288-1-R
mit den Stücken 1–2, 8, 18, 21, 24, 31:
(DK) *Fats Waller,* Official 3030-1

Earl Hines: *Paris Session*

Ein paar Tage nach der Aufnahme von *Weather Bird* mit Louis Armstrong im Dezember 1928 begann Earl Hines mit drei Aufnahmesessions als Solist. Diese hatten auf seine Studiokarriere, die zwischen 1929 und 1956 nur gelegentlich durch Solo-Aktivitäten unterbrochen wurde, wenig Auswirkung und gar keine auf seine Auftritte. Nach dem rauschenden Erfolg dreier Konzerte 1964 im Little Theater in New York, in das David Himmelstein und Dan Morgenstern ihn eingeladen hatten, pendelte er für den Rest seines Lebens zwischen Solo-Auftritten, Aufnahmen und Bandleader-Aktivitäten.

Die PARIS SESSION entstand 1965 während einer Europatournee, als Hines bereits ein Veteran kontinuierlicher Bandarbeit war, der von Trad Jazz bis Bop alles beherrschte, und sämtliche Elemente seines Piano-Stils waren voll ausgebildet. Daher überraschte es ihn, als er unvermittelt «wiederentdeckt» wurde. Man muß jedoch die Piano-Aufnahmen dieser späten Periode hervorheben. Hines widersteht der Versuchung, alle Register seiner Technik zu ziehen. Einen Chorus von *I Can't Give You Anything but Love* singt er entspannt und in der Stimme ähnlich wie Doc Cheatham.

All diese Aufnahmen sind von einem erstaunlich lockeren Swing durchdrungen. Um das zu erreichen, verwendet Hines keine bestimmte Methode. Von einem Moment zum anderen hören wir eine laufende Baßfiguration und eine hastende Melodie, Off-Beat-Akzente mit einzelnen Noten und Akkorden, sich jagende Oktaven und klassisch inspiriertes Arpeggio. Inmitten dieser scheinbar zusammenhanglos kombinierten Elemente finden sich stets genug Baßnoten und gut plazierte Akkorde, um den Beat zu halten, auch auf so entspannten Aufnahmen wie *I Cover the Waterfront* und *Blue Because of You*. Auf mehr als der Hälfte der LP können wir ein metronomisches Klicken von Hines' Schuhen hören. Hines war noch nicht daran gewöhnt, ohne die Unterstützung von Baß und Drums zu spielen. Vielleicht benutzte er deshalb seinen Schuh als Metronom.

LP

(F) *Paris Session*, Ducretet Thomson 300V140

Earl Hines (p und *v)
Paris   27. 05. 1965

I Surrender Dear
I Cover the Waterfront
Second Balcony Jump
A Pretty Girl is Like a Melody
I Can't Give You Anything but Love (*v)   5
Blue Because of You
Somebody Loves Me
Sixty-Five Faubourg
On the Sunny Side of the Street
Sweet Sue   10

Andere LPs

gleichen Inhalts:
  (USA) Inner City IC 1142
  (GB) Columbia 33SX6030
  (F) Dux 40262; Emidisc C 048-50756; Pathé 1552611
  (I) *Europe Session,* Ducretet Thomson KTLP 158   ○

CD

mit weiteren Stücken:
  (F) *Special Earl Hines 1928–1965,* Jazz Time 253.624-2

Art Tatum: *Art Tatum Solos 1940*

Art Tatum, der technisch versierteste Jazzpianist, ist eine umstrittene Figur. Es gibt den legendären Tatum und den verfügbaren Tatum. Der legendäre Tatum, vielleicht der wichtigste Improvisator des Jazz (neben Keith Jarrett und Chick Corea), bleibt, was er ist – legendär. Doch die Platten vermitteln kaum etwas von seinen Qualitäten. Der verfügbare Tatum – der für große Labels in guten Studios Aufnahmen machte – verzichtete nicht auf Improvisationen, aber sein Plattenvermächtnis zeugt keineswegs von dem phantasievollen Spiel, über das seine Kollegen immer wieder in Interviews berichteten.

Lauscht man den Studio-Aufnahmen, wird man mit dem nächsten Problem konfrontiert: Combo-Aufnahmen. Daß Tatum sich mit seinen Mitspielern auf einen Rhythmus und eine Harmonie einigen mußte, unterband die von ihm geliebten Tempovariationen und plötzlichen Akkordveränderungen. Sein Stil konnte andere in Schwierigkeiten bringen. Besonders deutlich wird das bei seinen Trios mit Slam Stewart (dessen eigene Soli mit Tatum nicht zu den Glanzleistungen seiner Karriere gehören). In seinen untypischen Combo-Sessions mit dem Blues-Shouter Joe Turner und auf seinen Mitte der 50er Jahre entstandenen Alben wird dieses Problem nicht so deutlich, aber die Chemie stimmt immer noch nicht.

Bei Tatums Solo-Aufnahmen taucht ein neues Problem auf: Auf späten Platten für Capitol und Norman Granz' Labels Clef und Verve ist der Glanz seiner frühen Soli gewichen. Teils sind die Titel langweilig und ohne jeden Swing. Es bleiben also nur die wunderbaren und glanzvollen Decca-Aufnahmen, auch wenn sie von vielen als seicht kritisiert wurden. Ein gutes Beispiel ist *Get Happy*. Wie kann jemand nur so gut Klavier spielen? Ausgehend von so leichter Kost wie Jules Massenets *Elegie* und Anton Dvořáks *Humoresque,* konnte Tatum bei der Verjazzung kaum Schaden anrichten. Das Material wird sogar durch seine Arrangements besser, besonders bei der Adaption der *Humoresque* in Fats Wallers Stride-Stil.

Für einen Jazzmusiker seiner Zeit hat Tatum ein ungewöhnliches Rhythmusgefühl. Über lange Strecken spielt er neben dem Zeitmaß. Geschmeidige, langsame, rhapsodische Passagen, unterbrochen von plötzlichen Abschweifern über die Tastatur, stammen direkt vom europäischen romantischen Klavierstil ab und fließen in den von ihm inspirierten jazzigen «Cocktail-Piano-Stil». Aber Tatum kann auch rasch eine Melodie herunterrattern, wie am Beginn von *Emaline*. Dieses vom Zeitmaß losgelöste Tempo scheint der Jazz-Tradition näher zu sein, wurde jedoch zunächst nicht von anderen Musikern aufgenommen; erst später entwickelten Free-Jazz-Musiker das Konzept der rhythmischen «Energie», die losgelöst ist vom Takt.

Tatum spielt auch im Jazztakt, manchmal von Anfang an, manchmal erst in der Mitte eines Stückes. Der gleichförmige Beat sorgt für einen organischen Kontrast zu den rhapsodischen Teilen. Auf *Sweet Lorraine* unterbrechen heftige Ausbrüche eine Stride-Bewegung, aber der Beat bleibt gleichmäßig, und das Stück swingt wunderbar. Auf *Indiana*, ebenfalls in relaxtem Swing-Tempo, gibt es weniger Stride, dafür gleitet Tatums linke Hand durch diese chromatisch gefärbte Version der Harmonien. *Get Happy* ist ebenfalls gleichmäßig, aber wilder. Wenn das für Ihren Geschmack zu schnell ist, vergessen Sie Ihren Geschmack, und staunen Sie über die Technik. In einem fortlaufenden Ausbruch – wie in den unregelmäßigen Attakken, die andere Stücke zieren – zeigt Tatum einen außergewöhnlichen Anschlag, und jede Hand spielt blitzschnell und sehr klar.

Tatums andere große Leistung ist subtiler und hier nicht zu würdigen; seine Fähigkeit, Songs zu reharmonieren, kann man nur durch musikalische Beispiele verdeutlichen. In den späten 50er und frühen 60er Jahren kam in der Jazzimprovisation der Trend auf, «*outside*» zu spielen – besonders durch die Arbeit von Eric Dolphy, der absichtlich Tonhöhen betonte, die mit der Begleitung nicht harmonisierten. Tatum war bereits ein Meister in dieser Technik. Im letzten Chorus von *Indiana* bricht er in den ersten drei Phasen aus der Tonart aus und arbeitet sich dann wieder zurück. Dasselbe passiert am Anfang des zweiten und dritten Chorus von *Emaline*.

CD

(USA) *Art Tatum Solos 1940*, MCA MCAD 42327

Art Tatum (p)
Los Angeles   22. 02. 1940   **Elegie**
                               Humoresque
                               Sweet Lorraine
                               Get Happy
                               Lullaby of the Leaves   5
                               Tiger Rag
                               Sweet Emaline, my Gal (Take A)
                               Sweet Emaline, my Gal (Take B)
                               Emaline
                               Moonglow   10
                               Love Me
                               Cocktails for Two
               26. 07. 1940   **St Louis Blues**
                               Begin the Beguine
                               Rosetta   15
                               Indiana

Andere CD

mit den Stücken 1–7, 9–10, 12–13:
(F) *Art Tatum, 1934–1940,* Classics 560

LPs

mit den Stücken 1–7, 9, 11–16:
(USA) MCA 42327
mit den Stücken 1–6, 9, 11–16:
(USA) *Art Tatum Masterpieces,* MCA 2-4019
(F) *The Art of Tatum,* vol. 2, MCA 510082
(D) *The Art of Tatum,* Brunswick LPBM 87507 ○
(I) Titel unbekannt, MCA MAPD 7028
(J) Titel unbekannt, MCA 3073-3075
mit den Stücken 1–6, 9, 11, 13–16:
(GB) *Pure Genius,* Affinity AFF 118
mit den Stücken 1–6, 9, 11–12, 16: *The Art of Tatum*
(USA) Decca DL 8715
(GB) Ace of Hearts AH 133; Brunswick LAT 8375; Coral CP 62
(F) MCA MAP 2686
(D) Coral COP 2686 ○
(AUS) Swaggie S 1223
mit den Stücken 5–6, 9, 11–13:
(F) Titel unbekannt, Cathala BLP 100.005

Thelonious Monk: *Solo Monk*

Was hat Thelonious Monk inmitten von Stride- und Swing-Pianisten zu suchen? Er war schließlich einer der wichtigsten Bop-Musiker, wie ein späteres Kapitel zeigen wird, und die meisten seiner Aufnahmen entstanden mit Bop-Gruppen. Als Komponist und Improvisator hat er neue Melodieformen geschaffen, die aus seiner untraditionellen Vorstellung von rhythmischer Plazierung, Betonung, Klavierabstimmung (wie einzelne Akkorde auf der Tastatur ausgedrückt werden können) und harmonischer Fortschreitung (wie Akkorde aufeinander folgen) erwuchsen. All diese Elemente flossen in seine Bop-Aufnahmen. Doch zugleich blieb Monk auch ein traditioneller Melodiker, was sich darin beweist, daß er eingängige Melodien ständig wechselnden komplizierten Linien vorzog. Auf dem Album SOLO MONK zeigt sich diese Vorliebe besonders deutlich, wie auch sein Faible für frühere Jazzstile.

Das Album läßt Monks große Bop-Kompositionen zweitrangig erscheinen. Es finden sich zwei Blues, aufgebaut auf sich wiederholenden Figuren: Das Thema von *North of the Sunset* nimmt ein unregelmäßiges Bop-Motiv auf, das von Monks Komposition *Well You Needn't* besser bekannt ist. *Monk's Point* nutzt benachbarte Tonhöhen, als wolle er an Blue Notes erinnern. Dazu kommen zwei Balladen: *Ruby, my Dear* und *Ask Me Now*. Letztere gehört weder zu seinen bekanntesten noch zu seinen besten Aufnahmen. Die restlichen acht Stücke sind Popsongs. Dies an sich ist schon ungewöhnlich, doch noch ungewöhnlicher ist die Art der Bearbeitung. Bop-Künstler nutzen häufig die Struktur eines Popsongs als Basis für ihre Improvisation, setzen die Melodie in den Hintergrund, ignorieren sie oder schreiben sie neu. Monk indes borgt sich nicht nur Strukturen, er spielt die Songs. Gefangen von ihren Melodien, kann er sich kaum von ihnen lösen. Er schmückt eine Melodie kaum aus und verändert ihr Verhältnis zum Beat nur leicht. Das wird deutlich, wenn man sich z. B. die erste Phrase von *Dinah* anhört: Sie beginnt am Anfang auf den ersten Taktschlag, bei der Wiederholung acht Takte später auf den zweiten. Monk improvisiert nie lange, bevor er zur Melodie zurückkehrt, und Showeinlagen (wie am Ende von *I Surrender Dear*) sind selten. Das gilt nicht nur für die Standards, sondern auch für seine eigenen Balladen. *Ruby, my Dear* ist im Grunde eine Meditation über ein Thema, dessen zweite Hälfte er immer und immer wiederholt.

Um die Melodien zu unterstreichen, spielt Monk langsam, nie schneller als in gemäßigtem Gehtempo. Damit nimmt er eine rhythmische Idee auf, die auf die früheste Tradition des südlichen Jazz zurückgeht. Aber genauso evoziert er den Vergleich mit den Pianisten aus Harlem. Auf dem gesamten Album tauchen gleichmäßige Rhythmen auf, von den heiteren Aufnahmen wie *Dinah*, *I'm Confessin'* und *These Foolish Things* bis zu den beiden Bluesstücken, die als Beispiel für sein Bop-Spiel herhalten könnten, würde er nicht am Beginn seiner Improvisation in den Stride fallen. Bei manch seltsamem Schluß und am Ende der Melodie von *Sweet and Lovely* tauchen altmodische Tremoli auf (ein Markenzeichen von Earl Hines).

Andere Elemente in Monks Spiel stehen abseits von etablierten Stilrichtungen. Er bevorzugt starre, dissonante, lebhafte Kombinationen der Noten. Ein typisches Beispiel taucht in *Sweet and Lovely* auf.

Ohne die Melodie zu unterbrechen, harmonisiert Monk die erste Phrase neu, so daß die Begleitung in parallelen verminderten Septimen (Schritt für Schritt von b mit As darüber bis zu c mit b darüber) tiefer rutscht. Der Anschlag seiner rechten Hand ist hart und klar. Denkwürdigerweise verbirgt er diese Reinheit gern dadurch, daß er viele Noten anschlägt, die durch Benutzung des Fußpedals in einer widerhallenden Klangmasse untergehen. Beispiele dafür tauchen auf in seiner Version von *I Should Care,* wo dichte Akkorde mit individuellen Noten abwechseln und überlappende Klänge abbrechen, wenn er das Pedal losläßt. Ein anderes Beispiel ist das Notendickicht vor dem Schluß von *Ask Me Now*. In dieser Hinsicht war sein Spiel sehr eigen und wurde selten erfolgreich imitiert.

LP

(USA) *Solo Monk*, CBS 471248-2 ○

Thelonious Monk (p)

Los Angeles	31. 10. 1964	**I Surrender Dear**	
		Sweet and Lovely	
		Everything Happens to Me	
		I Should Care	
		North of the Sunset	5
	11. 11. 1964	**These Foolish Things**	
		I Hadn't Anyone Till You	
		Dinah	
		I'm Confessin'	
		Monk's Point	10
New York	23. 02. 1965	**Ask Me Now**	
	02. 03. 1965	**Ruby, my Dear**	

CDs

mit weiteren Stücken:
   (USA) Columbia Jazz Masterpieces CK 47854
   (Europa) CBS Jazz Masterpieces, Nummer unbekannt

Andere LPs

gleichen Inhalts:
   (Europa) CBS 62549 und S 62549
   (J) CBS Sony 149; CBS Sony 20 AP 1497

KAPITEL 3
Big Bands
Barry Kernfeld

Die Leiter der ersten Big Bands waren Pragmatiker. Sie erweiterten Mitte der 20er Jahre ihre kleinen Gruppen zu Big Bands, um den Anforderungen der Nightclub- und Dance-Hall-Besitzer gerecht zu werden – und nicht etwa, weil sie einen neuen Jazz-Stil entwickeln wollten, der großen Ensembles adäquat war. Es war das «Jazz-Zeitalter». Wegen des großen Publikumsandrangs mußte die Musik oft riesige Räume füllen – ohne Hilfe von Verstärkern. Also verstärkte jeder die Anzahl seiner Instrumentalisten und nahm Blech- und Holzbläser dazu. Schnell entwickelte sich auf dieser Grundlage eine neue Musik. Als sich ein paar Jahre später die Blechbläser in zwei Untergruppen teilten, hatte die Big Band ihre typische Form angenommen: Trompeten, Posaunen, Holzbläser (Saxophone und Klarinetten) und Rhythmusgruppe (Piano, Banjo oder Gitarre, Tuba oder Baß, Schlagzeug). Diese Entwicklung verlieh den Komponisten oder Arrangeuren große Bedeutung, da sie die vier Gruppen auf vielfältigste Art und Weise einsetzen und kombinieren konnten.

Die Idee der Gruppen (jedoch mit einer Vorherrschaft der Streicher) und der Wichtigkeit guter Komponisten hatte sich bereits gegen 1910 in der populären Tanzmusik durchgesetzt, und Jazz-orientierten Bandleadern war nicht entgangen, wieviel Geld man damit machen konnte, besonders wenn Paul Whiteman den Taktstock schwang. Weniger als ein Jahrzehnt später jedoch erwies sich die Verschmelzung von zügellosem Jazz und Streichern als so erfolgreich, daß der zahmere «symphonische Jazz» Whitemans unmodern wurde. Es reichte nicht mehr, ein paar Solisten zu engagieren – ganze Bands lernten zu swingen. Bald erreichte der Big-Band-Jazz seine höchste Verbreitung, als die amerikanische populäre Musik und der Jazz für eine Zeit verschmolzen und sich die Grenzen zwischen Dance-Big-Bands, Swing-Big-Bands und Jazz-Big-Bands verwischten.

Dieses Kapitel beschäftigt sich mit den innovativsten und kreativsten Jazz-Big-Bands zwischen den 20ern und den 50er Jahren. In dieser Zeit regierten die Blech- und Holzbläser. Das Kapitel endet mit der originellen und erfolgreichen Zusammenarbeit von Gil Evans und Miles Davis, die nicht in dieser Tradition steht. Kapitel 10 wird einen Überblick über die vollkommen andere Tradition des Free Jazz seit Mitte der 60er Jahre geben und beschäftigt sich u. a. mit John Coltrane, Don Cherry, Sun Ra und Alexander von Schlippenbach. Gleichzeitig tauchten auch wieder konventionelle Jazz-Big-Bands auf. Doch deren Ansatz hatte sich inzwischen abgenutzt, und nicht einmal das Orchester von Thad Jones und Mel Lewis konnte die Bedeutung von Gillespie erlangen – ganz zu schweigen von Ellington oder Basie.

Fletcher Henderson:
First Impressions, 1924–1931;
Swing's the Thing, 1931–1934

Fletcher Hendersons Orchester war führend in der New Yorker Jazz-Szene und trug an zwei entscheidenden Punkten zur Entwicklung eines stilistischen Vokabulars für Big Bands bei: zum einen, als sich solche Bands erstmals formierten, und später, kurz bevor Big-Band-Swing den Höhepunkt seiner Popularität erreichte. Von den zahlreichen und unterschiedlichen Aufnahmen Hendersons deckt die Decca/MCA-Anthologie diese Punkte am besten ab, trotz der schlechten Klangqualität. Bei der ersten dieser Aufnahmen im Oktober 1924 war Louis Armstrong gerade seit einem Monat der Hauptsolist (er blieb insgesamt 13 Monate). Bei der letzten Aufnahme im September 1934 stand Hendersons stark veränderte Gruppe kurz vor ihrer Auflösung. Im darauffolgenden Jahr lieferte ihre Musik, zum großen Teil von Henderson selbst arrangiert, das Material für Benny Goodmans Big Band.

Diese Anthologie präsentiert ein Orchester, das bis in die 30er Jahre tief in frühen Jazztraditionen verwurzelt ist. Abgesehen vom

Spiel der Rhythmusgruppe, gibt es viele Passagen gemeinsamen Improvisierens. In gewisser Weise übertreffen Hendersons Blech- und Holzbläser ihre Vorgänger. Wenn früher drei, vier oder fünf Musiker improvisierten, so waren es jetzt sieben (später acht). Das Ergebnis fiel dann auch leicht überladen aus, wie in *Clarinet Marmalade* (1926) nach dem Tenorsaxophonsolo. Aber es ging auch anders: In *Copenhagen* (1924) und am Schluß von *Fidgety Feet* (1927) und *Hop Off* (1928) gelingt ihnen ein aufregender Sound.

Bemerkenswert ist aber auch das Repertoire selbst. Dazu gehören viele Standards (*I'm Crazy 'bout my Baby*) und Instrumentals wie *Radio Rhythm* (beide 1931). Es ist jedoch kein Zufall, daß die Decca/MCA-Zusammenstellung von 1924 bis 1931 *Copenhagen* enthält, früher aufgenommen von den Wolverines (mit Bix Beiderbecke), oder *Clarinet Marmalade*, *Fidgety Feet* und *Sensation*, alle von der Original Dixieland Jazz Band übernommen. *Sugar Foot Stomp* war unter seinem ursprünglichen Titel, *Dippermouth Blues*, mit King Olivers Creole Jazz Band bekannt geworden. *The House of David Blues* hatten die Original Memphis Five aufgenommen, und *Singin' the Blues* Frankie Trumbauer (wieder mit Bix Beiderbecke). Dieser letzte Titel ist die deutlichste Hommage an die Vergangenheit. Eine arrangierte Passage für Saxophone erinnert an Trumbauers Linie, und der Kornettist Rex Stewart kopiert Beiderbeckes Solo, spielt jedoch ein paar Blue Notes, und seine letzten Phrasen klingen mehr nach schwarzen New-Orleans-Bläsern.

Den entscheidenden Unterschied zum New-Orleans-Stil machte die Suche nach neuen Einsatzmöglichkeiten für alle Blasinstrumente aus. Gemeinsames Improvisieren funktionierte bei einer großen Anzahl von Musikern nur ein paar Sekunden lang. (Von der getragenen freien, kollektiven Improvisation auf John Coltranes ASCENSION war man noch vierzig Jahre entfernt.) Als Lösung wurde anfangs das Orchester auf eine Combo, bestehend aus Solist und Rhythmusgruppe, reduziert, während die anderen schwiegen. Nach und nach jedoch begleiteten mehr und mehr Bläser die Soli – mit einem gehaltenen Akkord, einem Riff oder einer kontrapunktischen Melodie, wobei die Solisten in Hendersons Orchester nie so in den Hintergrund gedrängt wurden wie bei einigen mehr auf Popularität abzielenden Nachahmern.

Bei einem anderen Lösungsversuch konzentrierte man sich auf Bläsergruppen, arrangierte Themen und Riffs für das gesamte Ensemble rhythmisch unisono oder teilte es in Gruppen auf: Holzbläser (Saxophonisten und Klarinettisten; einige Musiker spielten zwei oder mehrere Blasinstrumente) und Blechbläser, die wiederum unterteilt wurden in Trompeter (manchmal auch zwei Trompeten und ein Kornett) und einen Posaunisten (später zwei). Don Redman, Hendersons erster wichtiger Arrangeur, bevorzugte bei dieser Aufteilung Trios (Trompeten-, Saxophon- und Klarinettentrios), was man bei allen frühen Aufnahmen heraushört. Meist nutzte er einfach die vorhandenen Instrumente. Die Band hatte drei Trompeter. Das Saxophontrio verschwand, als mehr Saxophonisten kamen. Das Klarinettentrio hielt sich auch noch, als der Klang inzwischen altmodisch geworden war und Reedman das Orchester längst verlassen hatte. Es taucht an unerwarteter Stelle im letzten Chorus von *Down South Camp Meetin'* (1934) auf, das ansonsten zu den archetypischen Aufnahmen des Big-Band-Swing gehört. Diese Komposition von Henderson nutzte Benny Goodman, nachdem Hendersons Band sich aufgelöst hatte und er Henderson engagierte. Alles strahlt eine unglaubliche Energie aus: der treibende Vierertakt, die straffen Saxophon- und Blech-Riffs; das Trompetensolo von Henry «Red» Allen; die Saxophonlinie, die im folgenden Chorus von den Blechbläsern aufgenommen wurde. Nur das anachronistische Klarinettentrio nimmt der Darbietung den Dampf. Das liegt jedoch vielleicht eher an dem nachlässig gespielten Schluß als am Klarinettentrio an sich.

Obwohl Hendersons Rhythmusgruppe nicht zu den besten ihrer Zeit gehörte, zeigt diese Anthologie sehr schön, wie sich die Jazz-Rhythmusgruppen innerhalb von zehn Jahren entwickelt haben. In den 20er Jahren ist der Beat lebendig und scharf. Die Tuba spielt nur den ersten und dritten Taktschlag, das Banjo alle vier. Das Piano ist kaum hörbar, unterstützt aber das Banjo. Schlagzeuger Kaiser Marshall ist für das Taktmaß kaum verantwortlich. Die meiste Zeit liefert er als Solist ausschmückende Akzente (wie in *Fidgety Feet* und *Sensation*), oder er spielt überhaupt nicht. Auf *Hot Mustard* (1926) und *Have it Ready* (1927) wird der Beat besonders dünn. Beide Arrangements sehen die Tuba als Blechbläser und nicht als Baß-Instrument. Henderson spielt bei *Hot Mustard* ein kurzes Blues-Piano-Solo, bei *Have it Ready* ein Stride-Solo, aber wenn der Rest der Band spielt, kann seine linke Hand die Tuba nicht ersetzen.

Seit 1930 setzte John Kirby bei Hendersons Aufnahmen ab und zu den Kontrabaß ein, aber auf allen hier genannten Aufnahmen von 1931 hört man immer noch den Tuba-Rhythmus. Statt des Banjos kommt jetzt eine Rhythmusgitarre dazu, und das Piano steht mehr im

Vordergrund – alles untermauert von Walter Johnsons weichem Cymbal-Muster. Der Schlagzeuger ist jetzt mehr für das Taktmaß verantwortlich, und bei *Low Down on the Bayou* (hier stehen antiphonische Swingriffs und ein Klarinettentrio nebeneinander) treibt Johnson den Beat ebenso an wie Kirby. Einzige Ausnahme ist das Stück *Just Blues*, in dem Tuba und Saiteninstrumente den Beat ohne Schlagzeug spielen.

Mit Hinzunahme des Kontrabasses bieten die 1934 entstandenen Sessions beinahe eine ausgewachsene Swing-Rhythmusgruppe. Elmer James wird zu einer Art Verbindungsstück zu vergangenen Stilarten. Er hat eine harte Spielweise und verfällt regelmäßig in die New-Orleans-Schlagbaß-Technik, konnte aber wohl mit schnellen Tempi nicht umgehen. Bei *Limehouse Blues, Happy as the Day is Long, Wild Party* (basierend auf Duke Ellingtons Aufnahme *Old Man Blues*) und *Hotter Than 'ell* (ein Jahr früher als *Yeah Man!* aufgenommen) hält James konstant zwei Taktschläge gegen die wild gespielten vier des Ensembles und verhindert so einen endgültigen Ausbruch der vulkanartigen Energie dieser Stücke.

Hendersons Solisten sind immer hervorragend. Die Aufnahmen zeigen, daß Buster Bailey der beste Klarinettist ist, dessen lebhafte Spielweise sich von den mittleren 20er Jahren bis zu seiner Rückkehr zur Band 1934 nicht groß geändert hat.

Die Soli der Holzbläser mögen manchmal nur passabel sein, die der Blechbläser sind immer gelungen. Als erster Solist spielt Louis Armstrong 1924 Kornett. Es ist sehr aufschlußreich, die beiden Versionen von *Shanghai Shuffle* zu vergleichen. Die erste entstand 1924, als Armstrong als einziges Bandmitglied wußte, was Swing ist. Die zweite Aufnahme von 1934 ist ganz im Swing verankert. Armstrongs Beiträge ausgenommen, sind Hendersons Blechbläser nicht immer klar zu identifizieren. Über einen Zeitraum von zwei Jahren spielten z. B. die drei Posaunisten Charlie Green, Jimmy Harrison und Benny Morton regelrecht «Reise nach Jerusalem» um die beiden Posaunistensitze. Green, den man auf *Copenhagen* im Tailgate-Stil und auf der ersten Version von *Shanghai Shuffle* – hier etwas melodischer – hören kann, läßt sich leicht von Harrison unterscheiden, der höhere, fließende Linien bevorzugte. Morton stand genau zwischen den beiden und kann mit beiden verwechselt werden. Typisch für die unglaubliche Verwirrung ist die französische Veröffentlichung der MCA, die das erste Posaunen-Solo auf *Stockholm Stomp* (1927) Green zuschreibt, der zu der Zeit gar nicht in der Band war (laut

Walter C. Allen in seinem Buch *Hendersonia: the Music of Fletcher Henderson and his Musicians: a Bio-discography,* Highland Park, New Jersey, 1973). Man sollte jedoch bedenken, daß die Blechbläser meist nur tradierte Rollen ausfüllten und nicht ihre Individualität zur Geltung bringen wollten. Die fraglichen Soli machen nur einen geringen Anteil aus. Welcher Beitrag genau von welchem der drei Posaunisten stammt, scheint mir deshalb nicht so wichtig. Das gilt auch für die Posaunisten Morton und Claude Jones, Jones und Keg Johnson, die Trompeter Tommy Ladnier und Joe Smith, Trompeter Bobby Stark und Kornettist Rex Stewart, die Trompeter Irving «Mouse» Randolph und Henry «Red» Allen.

LP

(USA) *First Impressions, 1924–1931,* **Decca DL9227 und DL79227**

Elmer Chambers, Howard Scott (tpt), Louis Armstrong (c), Charlie Green (tb), Buster Bailey (cl, as), Don Redman (as, cl), Coleman Hawkins (ts, cl), Fletcher Henderson (p), Charlie Dixon (bj), Bob Escudero (bb), Kaiser Marshall (d)

New York   30. 10. 1924   **Copenhagen** (arr Redman)

wie **Copenhagen,** *mit Buster Bailey (cl, as, ss)*
                07. 11. 1924   **Shanghai Shuffle** (arr Redman)

wie **Copenhagen,** *mit Russell Smith, Joe Smith, Tommy Ladnier (tpt) anstatt Scott, Chambers, Armstrong; June Cole (bb) anstatt Escudero*
                08. 12. 1926   **Clarinet Marmalade**
                                    (arr ?Redman)
                                Hot Mustard (arr ?Redman)

Benny Morton, Jimmy Harrison (tb) anstatt Green
                22. 01. 1927   **Stockholm Stomp**   5
                                Have it Ready
                                (arr Ken Macomber)
ohne Morton   19. 03. 1927   **Fidgety Feet**
                                  Sensation

Russell Smith, Joe Smith, Bobby Stark (tpt), Morton, ?Green (tb), Bailey (cl, as), Redman (as), Hawkins (ts), Henderson (p), Dixon (bj), Cole (bb), Marshall (d)
                14. 09. 1928   **Hop Off**

Russ Smith, Stark (tpt), Rex Stewart (c), Claude Jones, Morton (tb), Russell Procope, Harvey Boone (as, cl), Hawkins (ts), Henderson (p), Clarence Holiday (g), John Kirby (bb), Walter Johnson (d)

	10. 04. 1931	**I'm Crazy 'bout my Baby** 10
		Sugar Foot Stomp (arr Henderson)
		Just Blues
		(arr wahrscheinlich Henderson)
		Singin' the Blues
		(arr wahrscheinlich Bill Challis)

wie **I'm Crazy 'bout my Baby**, *mit Edgar Sampson (as, cl, vln) anstatt Boone; Hawkins (ts, cl)*
                17. 07. 1931   **Low Down on the Bayou**

Andere LPs

gleichen Inhalts:
   (USA) MCA 1310 ○
   (F) MCA 510.035
   (ROU) Decca DUSL 80503
ohne **Hop Off** und **Low Down on the Bayou:**
   (D) *First Impressions,* Coral COPS 3450; MCA Coral 6.21852 AG ○
mit den Stücken 4–6, 8, 10–14 und den unten aufgeführten:
   (GB) *Fletcher Henderson with the Connie's Inn Orchestra,* Ace of Hearts AH 41

CD

mit den Stücken 3–9:
   (F) *Fletcher Henderson and his Orchestra, 1926–1927,* Classics 597; ... *1927,* Classics 580; ... *1927–1931,* Classics 572

LP

(USA) *Swing's the Thing, 1931–1934,* Decca 9228 und 79228

Russell Smith, Stark (tpt), Rex Stewart (c), Claude Jones, Morton (tb), Russell Procope, Sampson (as, cl), Hawkins (ts, cl), Henderson (p), Clarence Holiday (g), John Kirby (bb), Walter Johnson (d)
New York   17. 07. 1931   **The House of David Blues**
                                         Radio Rhythm (arr Nat Leslie)

Russell Smith, Irving «Mouse» Randolph, Henry «Red» Allen (tpt), Jones, Keg Johnson (tb), Bailey (cl), Procope, Hilton Jefferson (as), Ben Webster (ts), Henderson (p), Lawrence Lucie (g), Elmer James (b), Johnson (d)

        11. 09. 1934   **Limehouse Blues**
                            (arr Benny Carter)

Horace Henderson anstatt Fletcher Henderson (p)
                            Shanghai Shuffle
                                (arr Fletcher Henderson)
                            Big John's Special
                                (arr Horace Henderson)   5
                            Happy as the Day is Long
                                (arr Carter)

wie oben, aber mit Procope, Jefferson (as, cl), Fletcher Henderson (p)
        12. 09. 1934   **Tidal Wave**
                              (arr Russ Morgan)
                            Down South Camp Meetin'
                              (arr Fletcher Henderson)

Procope, Jefferson (as); Horace anstatt Fletcher (p)
                            Wrappin' it up
                              (arr Fletcher Henderson)
                            Memphis Blues
                              (arr Fletcher Henderson)   10
        25. 09. 1934   **Wild Party** (arr ?Morgan)

Fletcher anstatt Horace (p)
                            Rug Cutter's Swing
                              (arr Horace Henderson)
                            Hotter Than 'ell
                              (arr Horace Henderson)

mit Benny Carter (as); Fletcher und Horace Henderson im Wechsel (p)
                            Liza

Andere LPs

gleichen Inhalts:
   (USA) MCA 1318   ○
   (F) MCA 510.060
   (I) Coral COPS 1912
   (ROU) Decca SUDL 80512
mit den Stücken 1–2 und den oben angegebenen Stücken:
   (GB) *Fletcher Henderson with the Connie's Inn Orchestra*, Ace of Hearts AH 41

Stücke 3–14:
  (GB) *Fletcher Henderson 1934,* Ace of Hearts AH 61; Wild Party!, Hep 1009
mit den Stücken 1–2:
  (GB) *Yeah Man!,* Hep 1016; *Blue Rhythm July 1931 to March 1932,* VJM VLP 64

Duke Ellington:
Early Ellington; The Blanton-Webster Band

Während Henderson 1924 im Roseland-Ballroom spielte und dank Louis Armstrongs Mitwirkung sofort großen Eindruck machte, arbeitete Duke Ellington ein paar Blocks weiter im Kentucky Club. Sukzessive stellte er dort eine Big Band zusammen, die die größte werden und bleiben sollte. Das reichhaltige Plattenvermächtnis seines Orchesters umfaßt ein halbes Jahrhundert, und die hier getroffene Auswahl stammt von seinen beiden besten Studio-Sessions, beide für das Victor-Label produziert. Die erste beschreibt die Band im Cotton Club und ihre Entwicklung bis Mitte der 30er Jahre. Die zweite stammt aus den frühen 40er Jahren, als die Swing-Ära in voller Blüte stand.

Von ihren Anfängen im Cotton Club an spielte Ellingtons damals zehnköpfige Big Band nicht wie Henderson in erster Linie Tanzmusik. Statt dessen spielten sie für Shows. Diese Shows brachten einen unvergeßlichen pseudo-afrikanischen Stil hervor, der als «Dschungelmusik» bekannt wurde. Die zentrale Figur dieses neuen Stils war der Trompeter Bubber Miley, der auf diesen frühen Victor-Aufnahmen im «Growl-and-plunger»-Bluesstil spielt: Durch Brummen wurde der Klang des Instruments intensiviert, ein Dämpfer sorgte für die Wa-Wa-Effekte.

Mileys neue Technik sprach sich sehr schnell herum und sorgte für Aufsehen. Sam Nanton übertrug die Technik geschickt auf die Posaune und blieb dadurch für viele Jahre Hauptsolist des Orchesters. Ihn kann man auf *Black and Tan Fantasie* zwischen Ellingtons geschicktem Stride-Solo und Miley gut heraushören. Auch Adelaide Hall kopierte Miley. Nachdem Ellington ihre Impromptu-Imitation gehört hatte, komponierte er den *Creole Love Call,* dessen erstes

«Instrument» Halls Stimme ist. (Halls zweite Aufnahme in dieser Sammlung, *The Blues I Love to Sing,* ist unwichtig, jedoch interessant, weil sie zeigt, wie weit ihre normale Vaudeville-Stimme von diesem Bluesklang entfernt ist.) Als Miley später die Band verließ, erwartete man von seinen Nachfolgern, daß sie seinen Ansatz übernahmen. Man sollte noch anmerken, daß die Identität des Solisten, der Anfang und Schluß von *The Mooche* spielt, strittig ist. Angeblich war Miley nicht dabei und wurde bei der Session am 30. Oktober 1928 durch Freddie Jenkins ersetzt. Wie auch immer: Wenn es nicht Miley selbst ist, so wird er doch imitiert.

Die Dschungelmusik zeichnete sich noch durch weitere Elemente aus, die jedoch alle nicht so wichtig wie Mileys Beitrag waren. So wird z. B. mehr Wert auf Moll-Harmonien gelegt, wie beim Anfang von *Black and Tan Fantasie, East St Louis Toodle-oo* und *The Mooche;* Harry Carneys dunkles, schneidendes Baritonsaxophon führt seine Mitspieler von unten durch *East St Louis Toodle-oo; Creole Love Call* wird durch einen exotischen Akkord beendet; das Klarinettentrio verfällt bei *The Mooche* aus einem kreischenden Akkord in eine harmonisch abfallende Linie; ebenfalls auf *The Mooche* hören wir eine Kombination aus Barney Bigards tiefer Klarinette und Sonny Greers Holztrommel. Außer dieser Holztrommel hatte Greer in seinem Drumkit noch unglaublich viele andere Dinge zu bieten, die sowohl optisch als auch akustisch die Dschungelshows bereicherten.

Sehr wichtig für den frühen Erfolg der Band war auch Wellman Brauds Kontrabaß, den die Techniker von Victor hervorragend aufnahmen. Braud hatte zwei Ansätze, die ihn von Bop-Bassisten unterschieden und eindrucksvolle Ergebnisse brachten. Auf *Black and Tan Fantasie* streicht er sein Instrument, das am Schluß wie eine Tuba klingt, nur weicher. Auf *Washington Wobble* zupft er es in der treibenden Slap-Baß-Technik, die man aus New Orleans, Brauds Heimat, kannte. Seine Solo-Breaks auf *Black Beauty* deuten spätere Entwicklungen an, auf die wir noch zu sprechen kommen.

Auf der frühesten dieser Aufnahmen tastete sich Ellington mit seinen Männern an die Beherrschung formaler Elemente heran. *Creole Love Call* bildet eine Ausnahme; hier liegt der Dschungel-Sound über einem schönen, aber einfachen Bluesriff des Orchesters. Auf *Black and Tan Fantasie* und *East St Louis Toodle-oo* werden stark variierte Themen aneinandergereiht. Das muß zwar prinzipiell kein Nachteil sein, klingt hier jedoch holprig. Mit *The Mooche* erreicht Ellington zum erstenmal eine perfekte Balance zwischen Komposition und Improvisation, Ensemble und Individuum, Wiederholung und Kontrast. Das Stück ist nicht nur wegen der bereits beschriebenen Details erwähnenswert, sondern auch wegen der formalen Anmut und Logik. Außerdem wird hier eine weitere Stütze des Orchesters eingeführt: Johnny Hodges, der in diesem Stück im Dialog mit einem an Miley erinnernden Trompeter Altsaxophon spielt.

Mit Beginn der 30er Jahre wuchs die Band langsam, das jahrelange Engagement im Cotton Club ging zu Ende, der Dschungelstar Miley war seit über einem Jahr nicht mehr dabei. Cootie Williams hatte seinen Platz übernommen. Alle drei Stücke vom Beginn dieses Jahrzehnts – *Ring dem Bells, Old Man Blues* und *Mood Indigo* – sind gute Beispiele für Ellingtons damalige Arbeit. Die letzte, *Mood Indigo,* ist ein weiterer Meilenstein in der Geschichte der Band: Gedämpfte Trompete, gedämpfte Posaune und Klarinette präsentieren ein samtiges, trauriges Thema in Phrasen zauberhafter Orchestrierung und Harmonie. Die Sammlung endet 1934 mit *Solitude* – hier werden das Gefühl und die Orchestrierung von *Mood Indigo* zu einer der komplexesten populären Balladen des Jazz verbunden.

Die nächsten und noch wichtigeren Meisterwerke stammen aus den Jahren 1940–42. Sie wurden in einer großen Anthologie veröffentlicht, THE BLANTON-WEBSTER BAND. Zu diesem Zeitpunkt umfaßte die Band fünfzehn Musiker, darunter den Kornettisten Rex Stewart (dessen Leistungen Mitte der 30er Jahre man nicht vergessen sollte), Williams, Nanton, Bigard, Hodges, Carney und Greer. Daneben spielten der Kontrabassist Jimmy Blanton und Tenorsaxophonist Ben Webster. In den weniger als zwei Jahren, die Blanton dabei war, bevor er an Tuberkulose starb, setzte er neue Maßstäbe für den Jazz-Baß. Nicht nur, indem er Rollen ausfüllte, die vorher einem eher melodischen Instrument zugeteilt wurden, sondern vor allem durch die erstmalige Kombination von vollem Klang – mit der Fähigkeit, Pizzicati zu halten –, sicherem Rhythmus und der Fähigkeit, harmonisch korrekte Baßlinien melodisch zu spielen. Webster war inzwischen zu einem der größten Solisten geworden. Als ernst zu nehmender Rivale von Coleman Hawkins und Lester Young verband er Intensität und Arabesken des einen mit Vornehmheit und Wohlklang des anderen.

Um 1940 endete die Zeit der Shows. Statt dessen stützte sich Ellington von nun an für den Rest seiner Karriere auf Tourneen. Mit den Shows war die Dschungelmusik jedoch nicht gestorben. Ihren Höhepunkt erreichte sie in dem launischen, brodelnden Stück

Ko-Ko. Am Anfang brummen Carneys Baritonsaxophon und Greers Tomtom gegen einen Posaunenriff, aufsteigende Saxophonakkorde und gedämpfte Blechbläser unterstützen Nantons Piano. Nanton macht seltsamen atonalen Stößen von Ellingtons Piano Platz, dann übernehmen die Blechbläser den Saxophonriff. Das führt zu einer Reihe von Breaks für Blantons Baß-Solo und schließlich zum Höhepunkt mit dem ganzen Ensemble.

Concerto for Cootie bot Williams noch einmal eine Plattform, bevor er seinen ersten langen Aufenthalt bei Ellington beendete. (Er kam in den 60er und 70er Jahren wieder.) Wenn Ihnen die Melodie bekannt vorkommt, liegt es vielleicht daran, daß sie drei Jahre später in einer gemäßigteren Version und mit Text als *Do Nothin' Till You Hear From Me* ein größeres Publikum erreichte. Das komplexe Original wurde im März 1940 kurz nach *Ko-Ko* aufgenommen. Bei der Einführung preßt Williams seinen Plunger leicht über einen kleinen geraden Dämpfer. Er spielt das erste Thema (ungewöhnliche 10 Takte lang, anstatt 8 oder 12) mit leicht geöffnetem Plunger, bei den Wiederholungen jedoch drückt er ihn wieder fest auf. Als Ellington das Stück dann in eine andere Tonart führt, spielt Williams ein neues Thema meist offen. Das erste Thema mit seinen charakteristischen Timbres beendet dann die Nummer wieder.

Neben Williams' Leistung ist auch die von Blanton bemerkenswert. Immer wieder verläßt der Bassist den Rhythmus, um bei den Blech- und Holzbläsern mitzuspielen. Er spielt genau ihre arrangierten Linien und Riffs und fügt ein kleines Solo ein, als Übergang zwischen dem zweiten Thema und der Wiederkehr des ersten.

Kurz nach diesen beiden Demonstrationen, daß Big-Band-Jazz hohe Kunst sein kann, bewies Ellingtons Orchester, daß man auch bei erdigem Jazz mit ihm rechnen mußte. Einige künstlerische Elemente von *Cotton Tail* sollte man sich nicht entgehen lassen, besonders nicht die Art und Weise, wie Ben Webster sorgfältig die Intensität seines Solos ausbaut und mit dem Schwung der Blechbläser verzahnt, und ebensowenig den virtuosen, von ihm geschriebenen Saxophonchorus. Das Entscheidende dieses Stückes ist jedoch sein unglaublicher, in die Fußspitzen gehender Swing, an dem Blanton und Greer keinen geringen Anteil haben.

Never No Lament, bei derselben Session aufgenommen wie *Cotton Tail,* entstand schon früher als Gegenmelodie zu einem Stück, das Ellington 1938 aufgenommen hatte: *I Let a Song Go out of my Heart.* 1940 war es ein eigenständiges Stück, und wie bei *Concerto for Cootie* wurde das Instrumentalstück *Never No Lament* ein paar Jahre später überarbeitet und mit Text versehen und dann unter dem neuen Titel *Don't Get Around Much Any More* veröffentlicht. Das Highlight der 1940 entstandenen Victor-Aufnahmen ist Johnny Hodges' überladener Altsaxophonchorus, in dem er die Melodie sanft paraphrasiert.

Harlem Air Shaft ist ein weiteres brillant orchestriertes Stück. Es tanzt zwischen swingender Einfachheit und künstlerischer Komplexität, sowohl in der Form als auch in den begleitenden Figuren. Das Thema klingt täuschend nach Blues, bricht aber nach acht Takten ab, die sich als die ersten acht einer klassischen 32taktigen ABBA-Liedform erweisen (nicht eines 12taktigen Blues). Wie so oft in Ellingtons Musik suchen die begleitenden Figuren eine Balance zwischen wiederholten Riffs und arrangierten Linien. Diese Figuren führen eine Reihe von stark kontrastierenden Soli ein, die charakteristisch sind für die Persönlichkeiten der Band.

Diese wunderbaren Aufnahmen von *Ko-Ko* bis *Harlem Air Shaft* entstanden innerhalb von viereinhalb Monaten. Die Sessions der Band für Victor liefen weiter, aber diese Meisterwerke blieben unerreicht. Es entstanden jedoch weitere hervorragende Aufnahmen. Die wichtigsten aus der Blanton/Webster-Periode sind *In a Mellotone*, *Take the «A» Train* und *Perdido*, letzteres aus dem Januar 1942, kurz nachdem Blantons Krankheit ihn zwang, sich zurückzuziehen. Auf allen drei Aufnahmen übernimmt Carneys ausgelassenes Baritonsaxophon die Melodie, entweder mit der Gruppe oder allein. Diese Melodien sind eingängig, und die Harmonien von *Take the «A» Train* und *Perdido* machten beide immer wieder zu Lieblingsstücken bei Jam-Sessions. Aber wie immer bei Ellingtons Aufnahmen gehört freies Jammen nicht zu den Originalen, die großen Wert auf Details legen – wie z. B. in den ausgeschmückten harmonisierten Posaunenlinien, die als Kommentar zur Melodie in *In a Mellotone* dienen. Das bemerkenswerte Ensemble-Spiel in *Take the «A» Train* enthält eine Übergangspassage, die für einen Moment in einen Walzerrhythmus fällt, und gegen Ende von Ray Nances oft imitiertem Trompetensolo eine fließende, dissonante Klangpyramide, die die Wiederaufnahme der Melodie ankündigt. *Take the «A» Train* wurde mehr als jedes andere Stück mit Ellington in Verbindung gebracht – aber er betonte immer wieder, daß er es nicht geschrieben hatte. Es stammt von Billy Strayhorn, dem zweiten Pianisten, Mit-Arrangeur und -Komponisten Ellingtons.

Meilensteine wie *I Don't Mean a Thing if it Ain't Got That Swing* mit

Ivie Anderson (aufgenommen 1932) und Mary Lou Williams' ungeheuer aufregendes Arrangement von *Blue Skies* mit dem Titel *Trumpets No End* (aufgenommen 1946) sowie Dutzende von «unwichtigeren» Meisterwerken, die ganz oben stünden, ginge es um eine andere Big Band, müssen in diesem Buch unbesprochen bleiben, da ich mich auf die beiden hier behandelten Anthologien beschränken mußte.

CD

(USA) *Early Ellington***, Bluebird ND 86852** ○

Bubber Miley, Louis Metcalf (tpt), Sam Nanton (tb), Otto Hardwick (ss, as, bar), Harry Carney (cl, as, bar), Rudy Jackson (cl, ts), Duke Ellington (p), Fred Guy (bj), Wellman Braud (sb), Sonny Greer (d), Adelaide Hall (v)

Camden, New Jersey	26. 10. 1927	**Creole Love Call** **The Blues I Love to Sing** (Take 2)

ohne (v)

		Black and Tan Fantasie **Washington Wobble**	
New York	19. 12. 1927	**East St Louis Toodle-oo** (Take 2)	5

Arthur Whetsol (tpt) anstatt Metcalf, Barney Bigard (cl, ts) anstatt Jackson
                26. 03. 1928   **Black Beauty**

Whetsol, Freddie Jenkins (tpt), Nanton (tb), Johnny Hodges (cl, ss, as), Carney (cl, as, bar), Bigard (cl, ts), Ellington (p), Guy (bj), Braud (bb), Greer (d)
                30. 10. 1928   **The Mooche**

mit Miley (tpt); Braud (sb, nicht bb)
                16. 01. 1929   **Flaming Youth** (Take 2)
                                       Saturday Night Function

Cootie Williams (tpt) anstatt Miley
                03. 05. 1929   **Cotton Club Stomp**   10

mit Williams (v), Juan Tizol (valve tb), Charlie Barnet (Glockenspiel)
Hollywood   20. 08. 1930   **Ring dem Bells** (Take 3)

ohne (v) und (Glockenspiel)
                26. 08. 1930   **Old Man Blues** (Take 6)
New York   10. 12. 1930   **Mood Indigo**

	16. 01. 1931	**Rockin' in Rhythm** (Take 1)	
Camden,	11. 06. 1931	**Creole Rhapsody**	15
New Jersey	16. 06. 1931	**Echoes of the Jungle**	

mit Louis Bacon (tpt); Lawrence Brown (tb) anstatt Tizol; und Hardwick (cl, as, bar)

Chicago	04. 12. 1933	**Daybreak Express**
	09. 01. 1934	**Delta Serenade**
		Stompy Jones

mit Tizol	10. 01. 1934	**Solitude**	20

Andere CDs

gleichen Inhalts:
  (Europa) RCA Bluebird ND 86852 ○
  (J) Victor B20D-47007
mit den Stücken 10–16:
  (F) *Duke Ellington and his Orchestra 1929,* Classics 569; ... *1930, Vol. 2,* Classics 596; ... *1930–1931,* Classics 605; ... *1931–1932,* Classics 616
mit den Stücken 1–7, 10–14, 16 (unbekannte Takes):
  (I) *Duke Ellington and his Orchestra 1927–1931,* Giants of Jazz CD53030

LPs

mit weiteren Stücken:
  (F) *The Works of Duke Ellington,* vol. 1–3, 5–6, 8, RCA 731.043, 741.028, 741.029, 741.048, 741.068, 741.114
mit weiteren Stücken:
  Jazz Tribune no. 21: The Indispensable Duke Ellington, vols. 1/2 und *Jazz Tribune no. 28: The Indispensable Duke Ellington, vols. 3/4*
  (Europa) RCA NL 89749 und NL 89762 ○
  (F) RCA PM 43687 und PM 43696
mit weiteren Stücken, mit Take 6 von Stück 11:
  (J) *Duke Ellington Story, vol. I,* RCA RA 30-RA 35
Stücke 1, 3, 5–8, 11–17, 19–20: *Early Ellington*
  (USA) Bluebird 6852-1 R
  (Europa) RCA Bluebird NL 86852 ○
mit den Stücken 1–2, 5, 8, 10–11, 14:
  (F) *Duke Ellington et son Orchestre, 1927–1931,* RCA 430666
mit den Stücken 1–2, 5–9:
  (J) *Flaming Youth,* Victor RA 5299

mit den Stücken 3–7, 10–11, 14–15:
  (USA) *Mood Indigo,* Camden ADL 2-0152
mit den Stücken 1–3, 5–8: *Flaming Youth*
  (USA) RCA LPV 568
  (GB) RCA RD 8089
  (D) RCA LPM 568   ○
  (I) RCA LPM 34049
mit den Stücken 1–7, 10–13, unterschiedliche Versionen:
  (I) *Duke Ellington and His Orchestra, 1927–1930,* Giants of Jazz LPJT 35
mit den Stücken 1, 3, 5, 7, 11 (Take 6), 13, 18, 20, und weiteren (s. u.): *This is Duke Ellington*
  (USA) RCA VPM 6042 und VPS 6042-1/2
  (D) RCA 26.28036 DP; RCA NL 89234   ○
mit den Stücken 1, 3, 6, 11 (Take 6):
  (USA) *Giants of Jazz: Duke Ellington,* Time-Life STL J02
mit den Stücken 16–20: *Daybreak Express*
  (USA) RCA LPV 506
  (D) RCA LPM 506   ○
  (I) RCA LPM 34078

CD

(USA) *The Blanton-Webster Band,* Bluebird 5659-2 RB

Wallace Jones, Williams (tpt), Rex Stewart (c), Nanton, Brown (tb), Tizol (valve tb), Bigard (cl), Hodges (cl, ss, as), Carney (cl, as, bar), Hardwick (as, bsx), Ben Webster (ts), Guy (g), Ellington (p), Jimmy Blanton (sb), Greer (d), Herb Jeffries (v)

Chicago	06. 03. 1940	**You, You Darlin'**	
ohne (v)		**Jack the Bear**	
		Ko-Ko	
		Morning Glory	
mit Ivie Anderson (v)		**So Far, So Good**	5
ohne (v)	15. 03. 1940	**Conga Brava**	
		Concerto for Cootie (Do Nothin' Till You Hear from Me)	
mit Anderson (v)		**Me and You**	

ohne (v)			
Hollywood	04. 05. 1940	Cotton Tail	
		Never No Lament (Don't Get Around Much Any More)	10
Chicago	28. 05. 1940	Dusk	
		Bojangles (A Portrait of Bill Robinson)	
		A Portrait of Bert Williams	
		Blue Goose	
New York	22. 07. 1940	Harlem Air Shaft (Rumpus in Richmond)	15

mit Anderson (v) — At a Dixie Roadside Diner

ohne (v)
- All too Soon
- Rumpus in Richmond (Brasserie)

24. 07. 1940
- My Greatest Mistake
- Sepia Panorama (Night House) 20

mit Jeffries (v)
Chicago   05. 09. 1940   There Shall Be No Night

ohne (v) — In a Mellotone

mit Anderson (v) — Five O'Clock Whistle

ohne (v)
17. 10. 1940
- Warm Valley
- The Flaming Sword 25

28. 10. 1940
- Across the Track Blues
- Chloe (Song of the Swamp)

mit Jeffries (v) — I Never Felt This Way Before

Ray Nance (tpt, vln) anstatt Williams
28. 12. 1940   Sidewalks of New York

Billy Strayhorn (p) anstatt Ellington; und Jeffries (v)
Flamingo 30

Ellington (p) anstatt Strayhorn — The Girl in my Dreams Tries to Look Like You

ohne (v)
Hollywood   15. 02. 1941   Take the «A» Train

		Jumpin' Punkins	
		John Hardy's Wife	
		Blue Serge	35
Strayhorn (p) anstatt Ellington		**After All**	
Ellington (p) anstatt Strayhorn	05. 06. 1941	**Bakiff**	
		Are You Sticking?	
		Just a-Settin' and a-Rockin'	
		The Giddybug Gallop	40
mit Anderson (v) 26. 06. 1941		**Chocolate Shake**	
		I Got it Bad and That Ain't Good	
ohne (v)	02. 07. 1941	**Clementine**	
mit Jeffries (v)		**The Brown Skin Gal (in the Calico Gown)**	
		Jump for Joy	45
ohne (v)		**Moon over Cuba (Puerto Rican Gal)**	
	26. 09. 1941	**Five O'Clock Drag**	

Strayhorn (p) anstatt Ellington; mit Anderson (v)
                                          Rocks in my Bed

Ellington (p) anstatt Strayhorn, Nance (v) anstatt Anderson
                                          Bli-Blip

Strayhorn (p) anstatt Ellington, Junior Raglin (sb) anstatt Blanton; ohne (v)   02. 12. 1941   **Chelsea Bridge**   50

Ellington (p) anstatt Strayhorn   **Raincheck**

Strayhorn (p) anstatt Ellington; und Jeffries (v)
                                          What Good Would it Do?

Ellington (p) anstatt Strayhorn   **I Don't Know What Kind of Blues I Got**

ohne (v)			
Chicago	21. 01. 1942	**Perdido**	
		The «C» Jam Blues	55
		Moon Mist (Atmosphere)	
New York	26. 02. 1942	**What Am I Here For?**	

mit Anderson (v)		**I Don't Mind**	
ohne (v)		**Someone (You've Got my Heart)**	

Strayhorn (p) anstatt Ellington; mit Jeffries (v)
Hollywood	26. 06. 1942	**My Little Brown Book**	60

Ellington (p) anstatt Strayhorn; ohne (v)
	Main Stem (Altitude)	

Strayhorn (p) anstatt Ellington	**Johnny Come Lately**

Chauncey Haughton (cl) anstatt Bigard, Ellington (p) anstatt Strayhorn; und Anderson (v)
Chicago	28. 07. 1942	**Hayfoot, Strawfoot**	
ohne (v)		**Sentimental Lady (Someone)**	
mit Nance (v)		**A Slip of the Lip (Me and my Wig)**	65
ohne (v)		**Sherman Shuffle (Fussy Puss)**	

Andere CDs

gleichen Inhalts:
   (Europa) Bluebird PD 85659 ○
mit den Stücken 2–4, 11–12, 15, 20, 22, 26–27, 29, 33, 35, 39:
   (I) *Duke Ellington: the Jimmy Blanton Era 1939–1941,* Giants of Jazz CD53048

LPs

gleichen Inhalts:
   (USA) Bluebird 5659-1 RB
   (Europa) Bluebird PL 85659 ○
mit weiteren Stücken:
   (F) *The Works of Duke Ellington,* vol. 9–12, 14–18, RCA FPM 1-7002, FPM 1-7047, FXM 1-7072, FXM 1-7094, FXM 1-7134, FXM 1-7135, FXM 1-7201, FXM 1-7274, FXM 1-7301
mit den Stücken 2–4, 6–7, 9–18, 20, 22–24, 26–27, 29: *Jazz Tribune no. 33: the Indispensible Duke Ellington, vols. 5/6, 1940*
   (Europa) RCA NL 89750 ○
   (F) RCA PM 45352

Stücke 32–36, 38–45, 47–51, 53–66:
(Europa) *Jazz Tribune no. 55: the Indispensible Duke Ellington, vols. 7/8, 1941–1942,* RCA NL 89274
Stücke 9, 13, 17–18, 20, 22, 25, 32, 35, 39, 42, 48, 53–54, 57, 61: *In a Mellotone*
(USA) RCA LPM 1364
(GB) RCA RD 27134; RCA LSA 3069
(D) RCA LPM 1364C   O
Stücke 4, 11, 34, 37–38, 40, 43, 46–47, 50, 55–56: *The Duke and his Men*
(USA) LPM 1092
(F) RCA 430.227
mit den Stücken 2–3, 7, 15, 24, 26–27: *At his Very Best*
(USA) RCA LPM 1715
(GB) RCA RD 27133; RCA LSA 3071
mit den Stücken 4, 10, 12, 50–51, 64: *The Indispensible Duke Ellington*
(USA) RCA LPM 6009
(GB) RCA RD 27258 und RD 27259
mit den Stücken 2–3, 7, 9–10, 15, 22, 24, 32, 42, 54–55:
(USA) *Giants of Jazz: Duke Ellington,* Time-Life STL J02
mit den Stücken 6–7, 9–10, 13, 22, 24, 32, 54–55:
(I) *Duke Ellington and his Orchestra,* Giants of Jazz LPJT 66
mit den Stücken 7, 9–10, 32, 42, 54–55 und den oben angegebenen: *This is Duke Ellington*
(USA) RCA VPM 6042 und VPS 6042-1/2
(D) RCA 26.28036; RCA NL 89234   O

Bennie Moten: *Bennie Moten's Kansas City Orchestra: Basie's Beginnings;*
Count Basie: *The Best of Count Basie; Lester Leaps In; April in Paris*

Während New York zwei der drei innovativsten Jazz-Big-Bands als Basis diente – Duke Ellington und Fletcher Henderson –, entwickelte sich die Count-Basie-Gruppe aus Bands, die aus dem Südwesten und mittleren Westen stammten. In den späten 20er Jahren waren Walter Pages Blue Devils und Bennie Motens Kansas City Orchestra die größten Rivalen. Für Sessions bei Victor 1929 heuerte Moten Basie und Eddie Durham (Posaune, Gitarre und Arrangement) sowie Jack

Washington (Saxophon) an. 1930 kamen dann Trompeter Hot Lips Page und Sänger Jimmy Rushing hinzu, 1932 dann Walter Page selbst. Diese Aufnahmen nehmen einiges vom späteren Stil des Pianisten Count Basie vorweg, zeigen aber auch Richtungen, die Basie niemals eingeschlagen hätte.

Basies Soli gehören sicher zu den besten. Er ist stark beeinflußt vom Stride-Stil, den er in New York erlernt hatte. Die Session 1932 entstand nach einigen personellen Veränderungen und inmitten einer ermüdenden Tour. Trotzdem bildeten diese Aufnahmen die Grundlage für Rhythmus-, Riff- und Solo-Stil von Basies zukünftiger Gruppe.

Basie hat danach beinahe vier Jahre lang keine Aufnahmen mehr gemacht. Ein Jahr nach Motens Tod 1935 kamen dessen ehemalige Musiker unter Basies Leitung wieder zusammen. Da Basies Aufnahmen sowohl die Arbeit mit ad hoc entstandenen Combos als auch die normale Big-Band-Arbeit repräsentieren und Basies Stil problemlos von einer Band-Größe auf eine andere umschwenken kann, durchbrechen wir hier das Ordnungsprinzip des Buches und besprechen beide nebeneinander. (Andere Swing-Combos werden später besprochen.)

Im November 1936 brachte Basie ein Instrumental-Quintett und Jimmy Rushing in ein Studio, um Aufnahmen unter dem Pseudonym Jones-Smith Inc. zu machen. Hinter «Jones» verbarg sich der Schlagzeuger Jo Jones, der mit Basie und Page die Rhythmusgruppe bildete. «Smith» war der Trompeter Carl Smith. Zu ihm gesellte sich der Starsolist der Big Band, Tenorsaxophonist Lester Young. So entstand u. a. *Lady be Good,* vermutlich Lesters bestes Solo. In der Zeit von 1937 bis Februar 1939 machte die Big Band eine Reihe hervorragender Aufnahmen für ihre Plattenfirma Decca. Später entstanden einige unbedeutende Combo-Sessions. Die Anthologien enden mit Aufnahmen für Vocalion und Okeh, einschließlich einer guten Session von Basies Kansas City Seven. Beim Remake von *Moten Swing* hatte die Gruppe das Gewicht von improvisierten Soli und freien (aber spektakulär gespielten) Riffs auf andere, weniger erfolgreiche formale Arrangements verlagert.

Basies Gruppe führt den unter Moten entwickelten Stil bei diesen Aufnahmen zu höchster Vollendung. Die besten Songs basieren zweifellos auf konventionellen Standards und Entwicklungen innerhalb des Blues.

Die Rhythmusgruppe ist die beste ihrer Zeit. Gelegentlich zeigt

Jones – so bei seinem Solo auf *Swingin' the Blues* –, daß er die extrovertierte Schule des Swing-Drummers beherrscht. Ganz selten zeigt er Spezialeffekte, wie bei den auf Holztrommeln gespielten Phrasen am Ende von Claytons Solo auf *Swingin' at the Daisy Chain* und bei der schmalzigen Darbietung des Themas von *Twelfth Street Rag*. Er ist vor allem ein sehr feinfühliger Schlagzeuger, was der Band die Möglichkeit zu Abstufungen in der Lautstärke gibt, mit plötzlichen Wechseln von Getöse zu Sanftheit und mit Ausblendungen am Schluß. Page ist wie immer ein solider Baßspieler. Unterstützt wird er von dem Gitarristen Freddie Green, den man eher fühlt als hört, wie z. B. beim Anfang von *Swingin' the Blues*. Immer wieder beginnt Basie ein Stück allein – er war berühmt für seine Fähigkeit, immer das perfekte Tempo festzusetzen. Bei der Begleitung spielt er noch ab und zu, wie unter Moten, Stride, doch er bevorzugt es jetzt, den rhythmischen Fluß der anderen drei mit Akkordakzenten zu unterbrechen. Das geht so weit, daß man es bei manchen Aufnahmen (besonders bei *Lester Leaps In* mit der Combo) mit einem Solo verwechseln kann.

Bei den Combo-Aufnahmen kommen die Riffs gut heraus. Youngs Riff im tiefsten Register seines Instruments ist so eindrucksvoll, daß es die Aufmerksamkeit von Smiths Trompetensolo ablenkt. Es geht jedoch nichts über Gruppenriffs in der Big Band. *One O'Clock Jump* ist ein gutes Beispiel dafür: Leckerbissen einer Melodie werden entweder als begleitende Figuren wiederholt oder in Verbindung gesetzt mit anderen Teilstücken, um daraus Themen zu bilden. Basie setzt mit seinem Boogie-Woogie-Piano das Tempo fest, unterstützt von der Rhythmusgruppe. Nach zwei Blues-Chorussen zeigt ein abrupter Wechsel der Tonart den Beginn der Riffs an. Sie bilden einen wirkungsvollen Kontrast zum Solisten: gedämpftes Blech gegen Herschel Evans' Tenorsaxophon, Saxophone gegen Posaunist George Hunt, beißendes Blech gegen Youngs Tenorsaxophon, Saxophone gegen Trompeter Clayton. Ebenso berühmt ist *Jumpin' at the Woodside* – Young, hier in Höchstform, zeigt, wie die Band denselben Ansatz bei einem Standard benutzt. Es ist typisch, daß die Musiker eine herausragende Serie von Riffs erfinden, die sich von Chorus zu Chorus verändern. Das gilt jedoch nur für die A-Teile der AABA-Struktur. B bestreitet ein Solist mit Rhythmus. Mit dieser rhythmischen Unterstützung gehen viele Starinstrumentalisten, und auch Rushing, zum Mikrofon. Der kreativste ist Lester Young. Als Tenorsaxophonist ist er gleichbleibend großartig. Sein weicher Klang und melodischer Ansatz boten die erste wichtige Alternative zu Coleman

Hawkins. Young swingt auf subtile Weise in seinen unendlich phantasievollen Improvisationen.

Young konkurrierte mit Herschel Evans, der von Hawkins beeinflußt war. Auf diesen Aufnahmen taucht jedoch keine der Konfrontationen auf wie später beim Bop und Hard Bop. So ist Evans der einzige Tenorsolist bei *Swingin' at the Daisy Chain, Sent for You Yesterday* und *Texas Shuffle,* und er spielt getrennt von Young auf *One O'Clock Jump, John's Idea, Doggin' Around* und *Swingin' the Blues.* Bei der Ballade *Blue and Sentimental* spielt Evans einen ganz eigenen Stil, der zwischen Hawkins und Young liegt. Man hört auch nichts von der Konkurrenz mit Evans' zeitweiligem Ersatz Chu Berry, der auf *Lady be Good* vor dem Trompeten-Solo spielt, oder mit Buddy Tate, der nach Evans' frühem Tod 1939 in die Band kam.

Bei so starken Tenören bleibt wenig Raum für den Baritonsaxophonisten Jack Washington. Sein bestes Solo ist *Topsy*. Gelegentlich übernimmt Altsaxophonist Earle Warren ein Solo. Doch es liegen Welten zwischen seinem Versuch, zum schnellen Tempo von *Clap Hands, Here Comes Charlie* Ideen zu entwickeln, und Lester Youngs Demonstration, wie man es wirklich macht.

Bei den Trompetern sind Buck Clayton und Harry «Sweets» Edison (er stieß 1938 zur Band) die wichtigsten. Wie ihr Vorgänger Hot Lips Page sind beide swingende Stegreifmusiker und geübt im Gebrauch von Dämpfern, jedoch nicht im Dschungelstil, den Page Ellingtons Band abgeschaut hatte. Das wird besonders deutlich bei *Blues in the Dark* oder auch *Topsy*. Weder Clayton noch Edison konnten mit dem überaus ehrgeizigen Trompeter Bobby Moore verwechselt werden, der bei *Out the Window* ein paar Prachtstücke einstreut. Zwischen Edison und Clayton zu unterscheiden ist jedoch nicht einfach. Noch stärker als bei den Tenorsaxophonisten vermeidet es Basie, Clayton und Edison direkt zu konfrontieren. Auf *Sent for You Yesterday* untermalt Claytons gedämpfte Trompete Rushings Gesang, während Edisons offener Klang Rushings letzten Blueszeilen folgt.

Die Posaunisten der Band spielten bis Mitte 1938 nur hin und wieder Soli. Dann ersetzte Dicky Wells den Posaunisten Eddie Durham, der als Gitarrist und vor allem als Arrangeur weitaus wichtiger gewesen war. Benny Morton war seit September 1937 bei der Band, da Basie seinen Ansatz aber für altmodisch hielt, bekam er kaum Soli. Wells, ein sehr gelobter Musiker, gehört nicht zu meinen Favoriten. Ich finde seinen Ansatz schwerfällig, z.B. bei seinem Morton folgenden Solo auf *Cherokee*. Ein zwingendes Argument, die

Band über die hier besprochenen Aufnahmen hinaus zu verfolgen, ist das trockene, geschickte Posaunenspiel von Vic Dickenson, der im Februar 1940 kam und zusammen mit Lester Young am Ende desselben Jahres die Band wieder verließ.

Neben Rushing, Young, Evans, Clayton und Edison ist Pianist Basie der weitere Star, obwohl er unberechenbar ist. Mal fällt er in gedankenlose Muster zurück mit starker Betonung auf dem Beat, was sich am gleitenden Swing der Rhythmusgruppe unangenehm reibt. Mal spielt er traditionelle Stride- und Boogie-Woogie-Figuren. Wenn er wollte, konnte er einen der originellsten Jazzpiano-Stile hervorbringen. *Texas Shuffle* von der Big Band und *Lester Leaps In* mit dem Septett sind zwei der besten Beispiele dafür.

Der dritte große Abschnitt in Basies Karriere begann, als er, nachdem er wegen nachlassender Geschäfte mit der Big Band von 1950 bis 1951 ein Oktett leitete, eine neue Big Band gründete. Bis Ende der 60er Jahre verfügte die Gruppe über namhafte Solisten. Auf dem Album APRIL IN PARIS aus den Jahren 1955/56 spielen die Trompeter Thad Jones und Joe Newman, die Posaunisten Henry Coker, Benny Powell und Bill Hughes, Tenorsaxophonist Frank Foster, Saxophonist und Flötist Frank Wess und natürlich Basie selbst. Der Grund, sich diese Aufnahmen anzuhören, liegt vor allem in der gut geprobten und swingenden Umsetzung eines einzigen Konzepts: Melodien, die in Blockakkorden harmonisiert sind. Diese Idee prägt das Album, und deshalb kommt den individuellen Arrangeurstilen von Wild Bill Davis (beim Titelstück), Frank Foster (dem als Komponist besondere Ehre für *Shiny Stockings* gebührt), Ernie Wilkins, Neal Hefti und Freddie Green keine allzu große Bedeutung zu.

Bei diesen Aufnahmen zeigt die Gruppe dieselbe Sensibilität für verschiedene Lautstärken wie frühere Basie-Bands, aber in erster Linie zeigt sie sich als Power-Band. Regelmäßig gibt es große Höhepunkte, angeführt von einer kreischenden Leadtrompete und Sonny Paynes Schlagzeug. Dazu kommen perfekt koordinierte Shakes.

In den 50ern genossen die Solisten nicht so hohes Ansehen wie Ende der 30er Jahre – ausgenommen Count Basie und der Tenorsaxophonist Eddie «Lockjaw» Davis. Doch es ist vor allem Basies Gruppe, die Beachtung verdient: Hier wurde in unübertroffener Weise ein geschlossener Ensemblestil geschaffen.

CD

(USA) Bennie Moten's Kansas City Orchestra: Basie's Beginnings, Bluebird 89768-2 RB ☐

Ed Lewis, Booker Washington (tpt), Eddie Durham, Thamon Hayes (tb), Harlan Leonard (cl, ss, as), Woodie «Hots» Walder (cl, ts), Jack Washington (cl, ss, bar), Count Basie (p), Buster Moten (Akkordeon), Leroy Berry (bj), Vernon Page (bb), Mack Washington (d)
Chicago 23. 10. 1929 **The Jones Law Blues** (Take 3)

mit Durham (g) **Small Black** (Take 2)
Every Day Blues

ohne (g), mit Mack Washington (v)
24. 10. 1929 **Rit-Dit-Ray** (Take 2)

mit Durham (g), ohne (v) **New Vine Street Blues**
(arr Durham) 5
Sweetheart of Yesterday
(arr Bennie Moten)

Lewis, Booker Washington, Hot Lips Page (tpt), Durham, Hayes (tb), Leonard (cl, ss, as), Walder (cl, ts), Jack Washington (cl, ss, bar), Basie (p), Buster Moten (Akkordeon), Berry (bj), Vernon Page (bb), Mack Washington (d, vb), Jimmy Rushing (v)
Kansas City 27. 10. 1930 **Won't You be my Baby?**

ohne (vb) und (v)
28. 10. 1930 **Oh! Eddie** (arr Durham)

mit Durham (g), Rushing (v), Buster oder Bennie Moten (p-Solo)
That Too, Do
(arr Basie und Durham; Take 2)

ohne (g) und (v); Buster Moten (nur Akkordeon)
29. 10. 1930 **The Count** 10

mit Durham (g), Mack Washington (vb), Rushing (v)
Liza Lee
(arr Basie und Durham; Take 1)

wie That Too, Do mit Buster oder Bennie Moten (zweites p)
30. 10. 1930 **When I'm Alone**

ohne (zweites p) und (v)	**New Moten Stomp** (arr Basie und Durham)	
ohne (g), mit Basie (v) 31. 10. 1930	**Somebody Stole my Gal**	
ohne Basie (v), mit Rushing (v)	**Now that I Need You**	15

Joe Keyes, Hot Lips Page, Dee Stewart (tpt), Durham (tb, g), Dan Minor (tb), Eddie Barefield (cl, as), Ben Webster (ts), Jack Washington (as, bar), Basie (p), Berry (g), Walter Page (sb), Mack Washington (d)

Camden, 13. 12. 1932 New Jersey	**Toby** (arr Barefield) **Moten Swing** (arr Basie und Durham)	
*wie **Toby**, aber mit Durham (tb)*	**The Blue Room** (arr ?Barefield)	
*wie **Toby**, aber mit Rushing (v)*	**New Orleans**	
*wie **Toby**, aber mit Durham (tb)*	**Milenberg Joys** (arr ?Durham) **Lafayette** (arr Durham) **Prince of Wails** (arr Durham)	20

Andere CDs

gleichen Inhalts:
  (Europa) RCA ND 90403
gleichen Inhalts (aber Take 3 von *Small Black*):
  (F) *Bennie Moten's Kansas City Orchestra 1929–1930,* Classics 578; ... *1930–1932,* Classics 591
mit weiteren Stücken:
  (F) *Count Basie, vol. 1, 1929–30, Count Basie, vol. 2, 1930–32,* Masters of Jazz MJCD 3, MJCD 4
mit Stück 15 und den unten angegebenen:
  (GB) *Count Basie Volume One 1932–1938,* BBC RPCD785

LPs

mit weiteren Stücken:
  (F) *Bennie Moten's Kansas City Orchestra,* vol. 3–5, RCA 741.108, FPM1-7004 und FXM1-7062
  Jazz Tribune no. 31 und *no. 40: The Complete Bennie Moten, vol. 3–4* und *vol. 5–6,* RCA NL 89616, NL 89617; PM 43693, PM 45688

(J) *The Big Band Era*, pt. 1, RCA RA 45-53
Stücke 1–2, 4–5, 8–11, 14–19, 21–22: *Bennie Moten's Kansas City Orchestra: Basie's Beginnings*
  (USA) Bluebird 9768-1 RB
  (Europa) RCA NL 90403   ○
Stücke 1 (Take 2), 2, 5, 7–9, 12, 14, 16–22: *Count Basie in Kansas City*
  (USA) RCA LPV 514
  (GB) RCA RD 7904
  (D) RCA LPM 514   ○
  (J) RCA VRA 5008
  Count Basie: Kansas City Style
  (USA) RCA AFM 1-5186
Stücke 1 (Take 2), 2, 5, 7–9, 12, 14, 16–22: *Treasury of Jazz no. 59: Bennie Moten*
  (F) RCA 430.690

LP

(Europa) *The Best of Count Basie*, Decca DXB 170 und DXSB 7170   □

Buck Clayton, Joe Keyes, Carl Smith (tpt), George Hunt, Dan Minor (tb), Caughey Roberts (as), Herschel Evans, Lester Young (ts), Jack Washington (bar, as), Basie (p), Claude Williams (g), Walter Page (sb), Jo Jones (d)
New York   21. 01. 1937   **Honeysuckle Rose**
                                Swingin' at the Daisy Chain
                                  (arr ?Buster Smith)
                                Roseland Shuffle
                                  (arr Fletcher Henderson)

Ed Lewis und Bobby Moore (tpt) anstatt Keyes und Smith, Freddie Green (g) anstatt Williams; mit Jimmy Rushing (v)
              26. 03. 1937   **Boogie Woogie**

Earle Warren (as, bar) anstatt Roberts; ohne Rushing (v)
              07. 07. 1937   **One O'Clock Jump**
                                  (arr Eddie Durham und Buster
                                  Smith)   5
                                John's Idea (arr Durham)

Clayton, Lewis, Moore (tpt), Hunt, Minor (tb), Warren (as), Evans, Young (ts), Washington (bar, as), Basie (p), Green (g), Durham (elg), Page (sb), Jones (d)
              09. 08. 1937   **Time Out** (arr Durham)

wie **Time Out,** *aber mit Durham (tb)*
        Topsy (arr Durham)

Benny Morton anstatt Hunt
    13. 10. 1937 **Out the Window** (arr Durham)

Karl George (tpt) anstatt Moore; mit Rushing (v)
    03. 01. 1938 **Blues in the Dark** (arr Clayton) 10

Harry «Sweets» Edison (tpt) anstatt George
    16. 02. 1938 **Sent for You Yesterday**

Clayton, Edison, Ed Lewis (tpt), Durham, Minor, Morton (tb), Warren (as), Evans, Young (ts), Washington (bar, as), Basie (p), Green (g), Page (sb), Jones (d)
        Every Tub (arr Durham)
        Swingin' the Blues (arr Durham)

wie **Every Tub,** *aber mit Young (ts, cl)*
    06. 06. 1938 **Blue and Sentimental**
        (arr Durham)

wie **Every Tub,** *aber mit Evans (ts, cl)*
        Doggin' Around
        (arr Edgar Battle und Evans) 15

wie **Every Tub,** *aber Dicky Wells (tb) anstatt Durham; Young (ts, cl)*
    22. 08. 1938 **Texas Shuffle** (arr Evans)

wie **Texas Shuffle,** *aber mit Evans (ts, cl), Young (ts)*
        Jumpin' at the Woodside

ohne (cl) 16. 11. 1938 **Shorty George** (arr Andy Gibson)
        Panassié Stomp

Shad Collins (tpt), Young (ts), Basie (p), Green (g), Page (sb), Jones (d), Rushing (v)
    02. 02. 1939 **You Can Depend on Me** 20

Clayton, Collins, Edison, Lewis (tpt), Minor, Morton, Wells (tb), Warren (as), Chu Berry, Young (ts), Washington (bar, as), Basie (p), Green (g), Page (sb), Jones (d)
    03. 02. 1939 **Cherokee** (arr Jimmy Mundy)

mit Helen Humes (v)   **Blame it on my Last Affair**

Clayton, Collins, Edison *(tpt),* Wells *(tb),* Young *(ts),* Washington *(bar),*
Basie *(p),* Green *(g),* Page *(sb),* Jones *(d)*
      04. 02. 1939 **Jive at Five** (arr Edison)

wie **Cherokee**   **Lady be Good**

CDs

mit weiteren Stücken:
 (Europa) *The Chronological Count Basie and his Orchestra 1936–38,*
 Classics 503; ... *1938–39,* Classics 504; ... *1939,* Classics 513
mit den Stücken 1–19:
 (GB) *«Listen ... You Shall Hear»,* Hep CD 1025, und *Do You Wanna*
 Jump ...?, Hep CD 1027
mit den Stücken 1–18:
 (USA) *One O'Clock Jump,* MCA MCAD 42324
mit weiteren Stücken: *The Original American Decca Recordings*
 (USA) MCA, Nummer unbekannt
 (Europa) MCA GRP36112 ○
mit den Stücken 1–18:
 (D) *One O'Clock Jump,* MCA 872.081 ○
mit den Stücken 1, 3, 5–7, 10–15 und dem oben genannten:
 (GB) *Count Basie Volume One 1932–1938,* BBC RPCD785
mit den Stücken 4–5, 8, 12–13, 16–17, 23–4 und den unten genannten:
 (I) *Count Basie with his Orchestra and his Rhythm Section 1937–1943,*
 Giants of Jazz CD53072
mit den Stücken 1–3, 5–6, 10–11, 18:
 (GB) *Blue and Sentimental,* Jazz Collection OR 0097

Andere LPs

gleichen Inhalts:
 (USA) MCA 2-4050
 (F) MCA MAPS 1979 und MAPS 1980
 (D) Coral COPS 1788 D/1-2 ○
 The Best of Basie, Vol. 1, The Best of Basie, Vol. 2
 (F) MCA 510.013 und 510.019
mit weiteren Stücken:
 (USA) *Count Basie in Discographical Order,* vols. 1–5, Ajax LP 126, LP
 129, LP 137, LP 143, LP 150
 (F) *The Best of Count Basie and his Orchestra,* MCA 251.212;

Early Count, MCA 510.167-510.170
(J) *The Best Collection of Count Basie,* MCA 3059-3062; *The Golden Age of Count Basie,* MCA VIM 5501-5504
ohne Stück 4:
  (Europa) *Count Basie: 28 Golden Memories,* MCA 301.393-370 ○
mit den Stücken 1–19:
  (GB) *«Listen... You Shall Hear»,* Hep 1025, und *Do You Wanna Jump ...?,* Hep 1027
mit den Stücken 6–9, 11–20, 23–24:
  (GB) *Swingin' the Blues,* Affinity AFS 1010
mit den Stücken 1–2, 5–6, 10, 13–14, 16, 19, 23: *Count Basie and his Orchestra*
  (USA) Decca DL 8049
  (GB) Decca BKL 8028; Decca LAT 8028
  (F) CID UMT 263.137
  (J) JDL 5006
mit den Stücken 1–2, 5–6, 11, 13–14, 18–19, 23:
  (Europa) *The Count Swinging the Blues,* Decca BLK 87014 P ○
  (F), (D) *Swinging the Blues,* Brunswick 87.036 LPBM
mit den Stücken 1, 4–6, 11, 13, 16–17, 19, 22, 24: *Rendezvous with Count Basie*
  (B) MCA 4C0456-96715
  (F) MCA MAPS 8021
mit den Stücken 2, 5–6, 8, 11–17, 19, 23:
  (USA) *Giants of Jazz: Count Basie,* Time-Life STL J 22
mit den Stücken 2–3, 5–6, 9–14, 19:
  (D) *Count Basie and his Orchestra,* Coral PCO 8263; Coral 6.22420 AK
mit den Stücken 1, 3–6, 8, 10, 13–15, 17, 21, 23–24:
  (J) *One O'Clock Jump: the Best of Count Basie,* MCA 7034; MCA VIM 7505
mit den Stücken 1, 3–6, 8, 10, 13–15, 17, 21:
  (J) *The Best of Count Basie,* Decca SDL 18
mit den Stücken 12, 15, 17–18 und anderen:
  (DK) *Lester Young,* Official 3035-2

LP

(USA) ***Lester Leaps In,*** **Epic LN 3107** □

(Jones–Smith Inc:) Carl Smith (tpt), Young (ts), Basie (p), Page (sb), Jones (d)
Chicago   09. 11. 1936   **Shoe Shine Boy** (Take 1)

mit Rushing (v) **Boogie Woogie**

wie **Shoe Shine Boy** **Lady be Good**

Clayton, Collins, Edison, Lewis (tpt), Minor, Morton, Wells (tb), Warren (as), Buddy Tate, Young (ts), Washington (bar, as), Basie (p), Green (g), Page (sb), Jones (d)

New York	19. 03. 1939	**Rock-a-Bye Basie** (arr Mundy)	
		Taxi War Dance	5
	20. 03. 1939	**Jump for Me** (arr Gibson)	
	05. 04. 1939	**Twelfth Street Rag**	
	04. 08. 1939	**Song of the Islands** (arr ?Clayton)	
		Clap Hands, Here Comes Charlie (arr Mundy)	

Clayton (tpt), Wells (tb), Young (ts), Basie (p), Green (g), Page (sb), Jones (d)

	05. 09. 1939	**Dickie's Dream** (Take 4) 10
		Lester Leaps In (Take 2)

Clayton, Al Killian, Edison, Lewis (tpt), Minor, Vic Dickenson, Wells (tb), Tab Smith (as), Tate, Young (ts), Washington (bar), Basie (p), Green (g), Page (sb), Jones (d)

08. 08. 1940   **Moten Swing**

CDs

mit den Stücken 4–7, 9–11: *The Essential Count Basie,* vol. 1–2
   (USA) Columbia Jazz Masterpieces CK 40608 und CK 40835
   (Europa) CBS Jazz Masterpieces 460061-2 und 460828-2 ○
mit den Stücken 4–6, 7–9, 12 und den ersten Aufnahmen der Stücke 10, 11 und weiteren:
   (F) *Count Basie and his Orchestra, 1939,* Classics 513; ... *1939 Vol. 2,* Classics 533; ... *1939–1940,* Classics 563
mit den Stücken 7, 9, 10 (unbekannter Take) und den oben genannten:
   (I) *Count Basie with his Orchestra and his Rhythm Section 1937–1943,* Giants of Jazz CD53072

Andere LPs

mit weiteren Stücken:
(USA) *Count Basie in Discographical Order,* vols. 1, 5–7, 9, Ajax LP 126, LP 150, LP 157, Ajaz [sic] LP 163, LP 208
(Europa) *The Complete Count Basie, vol. 1–10: 1936–41,* CBS 66101 ○
mit weiteren Stücken:
(Europa) *Count Basie vol. 1, 1936 and 1939: «the Count & the President»,* CBS 88667; *Count Basie vol. 2, 1939–40: «Lester Leaps In»,* CBS 88668; *Count Basie vol. 3, 1940–1941,* CBS 88672 ○
mit den Stücken 4–7, 9–11: *The Essential Count Basie,* vol. 1–2
(USA) Columbia Jazz Masterpieces CJ 40608 und CJ 40835
(Europa) CBS Jazz Masterpieces 460061-1 und 460828-1 ○

CD

(D) *April in Paris,* Verve 825.575-2 ○

Wendell Culley, Reunald Jones, Thad Jones, Joe Newman (tpt), Henry Coker, Bill Hughes, Benny Powell (tb), Marshall Royal, Bill Graham (as), Frank Wess, Frank Foster (ts), Charlie Fowlkes (bs), Count Basie (p), Freddie Green (g), Eddie Jones (sb), Sonny Payne (d)
New York   26. 07. 1955   **April in Paris** (arr Wild Bill Davis)
                                        Corner Pocket (arr ?Greene)
                                        Did'n You? (arr Foster)
                                        Sweetie Cakes (arr Ernie Wilkins)

*wie **April in Paris**, aber mit Wess (as, ts)*
                 04. 01. 1956   **Shiny Stockings** (arr Foster)   5
                                        What am I Here for? (arr Foster)
                                        Magic (arr ?Foster)

Newman (tpt), Wess (fl), Basie (p), Green (g), Jones (sb), Payne (d)
                                        Midgets

*wie **April in Paris**, aber mit Green (g, per) und José Mangual, Ubaldo Nieto (per)*
                 05. 02. 1956   **Mambo Inn** (arr Foster)

*wie **April in Paris***   **Dinner with Friends**
                                        (arr Neal Hefti)   10

Andere CD

gleichen Inhalts:
  (J) Verve POCJ1826

LPs

gleichen Inhalts:
  (USA) Verve MGV 8012
  (GB) Columbia 33CX 10088
  (Europa) Verve 711.117
  (F) Blue Star GLP 3596; Verve 2304.408
  (J) Verve MV 2641; Verve 18MJ 9022; Verve 20MJ 0023; Verve 23MJ 3233
ohne **Mambo Inn:**
  (D) *The King of Jazz,* Historia DLP 2-770
ohne **Dinner with Friends:**
  (GB) *April in Paris,* Encore ENC 153

Chick Webb:
A Legend, vol. 1 (1929–1936); King of the Savoy, vol. 2. (1937–1939)

Den Kern der Studio-Aufnahmen von Chick Webbs Big Band findet man auf zwei Alben, die 1967 bei Decca erschienen sind und später bei MCA wiederveröffentlicht wurden. Sie sind vor allem wegen Webb, einem der besten Swing-Drummer, hörenswert. Selbst wenn alle technischen Möglichkeiten Mitte der 30er Jahre ausgeschöpft wurden, kann man oft nur schwer die einzelnen Trommeln, Becken, Schellen und andere Einzelheiten des Drumkits heraushören. Das Dubbing von Decca erschwert die Sache unnötig, und deshalb muß ein weiteres Album erwähnt werden, auch wenn es lange nicht mehr gepreßt wird: Nach MIDNITE IN HARLEM, erschienen bei Ace of Hearts, sollte man in Secondhandläden Ausschau halten. Das Album enthält zehn der zwölf besten Aufnahmen aus den Jahren 1934–39, die man bei Decca findet – doch ist der Klang hier viel klarer.

Die Decca-Sammlung beginnt 1929, als Webbs drei Jahre alte Gruppe zwei Titel als Jungle Band aufnahm und damit Duke Ellingtons Orchester nachahmte (einige Labels veröffentlichten die 78er Scheiben fälschlich unter Ellingtons Namen). *Dog Bottom* ist quasi eine Zusammenfassung der unterschiedlichen zeitgenössischen Arrangements für Big Bands. Elmer James (Tuba) und John Trueheart (Banjo) können nie über längere Zeit einen Rhythmus etablieren. Zu den Highlights gehören der Break des Saxophontrios, Webbs Becken-Break, die sich überschneidenden Klangpyramiden von Blech- und Holzbläsern, Elmer Williams' Tenorsaxophonsolo und Ward Pinketts Scat-Gesang. Bei *Jungle Mama* hingegen dienen einfache, traditionelle Bluesriffs als Thema und als Untermalung aufeinanderfolgender Soli. Webb ist die meiste Zeit nicht zu hören.

1931 machte Webb die ersten Aufnahmen unter eigenem Namen. Der beste der drei Titel, die bei dieser Session eingespielt wurden, ist Benny Carters Arrangement von *Heebie Jeebies*. Louis Armstrong hatte dieses Stück populär gemacht. Der schwungvolle Rhythmus der Aufnahme wird durch James' Wechsel zum Kontrabaß in keiner Weise beeinträchtigt. Neben den exzellenten Soli des Tenorsaxophonisten Williams (dessen Spiel hier und bei *Soft and Sweet* rhythmisch ungewöhnlich frei ist), des Pianisten Don Kirkpatrick und des Posaunisten Jimmy Harrison zeigt *Heebie Jeebies* eine spezielle Eigenart Carters: Die Melodie wird von den Saxophonen in Akkorden gespielt.

Webbs Band hatte seit 1927 gelegentlich im New Yorker Savoy-Ballroom gespielt, seit Ende 1931 regelmäßig. Es dauerte jedoch noch weitere zwei Jahre, bis Webb regelmäßig Aufnahmen machte. Die Decca-Collection nimmt den Faden erst im Herbst 1934 wieder auf. Bei zwei Aufnahmen ist Taft Jordan zu hören. Bei *It's Over Because We're Through* und *That Rhythm Man* imitiert er offensichtlich Louis Armstrongs Spielweise und Gesang.

Die herausragenden Merkmale der Band sind Edgar Sampsons Kompositionen, Ella Fitzgeralds Gesang und Webbs Schlagzeugspiel. Daneben gehören Tenorsaxophonist Elmer Williams, Posaunist Sandy Williams und Trompeter Bobby Stark zu den kreativsten Solisten. John Kirby am Baß und Trueheart an der Gitarre unterstützen Webbs treibenden Rhythmus. Trueheart ist besonders bei *Blue Minor*, *It's Over Because We're Through* und *Blue Lou* herauszuhören.

Sampson hatte 1933 für Rex Stewarts Band *Stomping at the Savoy* und *Don't Be That Way* geschrieben. Später wurden diese Titel durch Benny Goodman zu Hymnen der Swing-Ära. Bereits zuvor nahm Webb beide Stücke schneller und lebhafter als Goodman auf. *Don't Be That Way* zeigt das Wesentliche des Big-Band-Stils in der Präsentation von Themen und begleitenden Figuren, die zwischen wiederholten Riffs und arrangierten Melodien schwanken. *Blue Minor* zeigt Sampson von einer anderen Seite. Das Stück besteht aus zwei Teilen. Dschungelmusik im Stile Ellingtons mit gedämpften Wa-Wa-Blechbläsern in Moll werden gegen ein lebhafteres Thema in Dur gesetzt. Eine Phrase des Moll-Themas beendet dann das Stück.

Ella Fitzgerald kam 1935 zur Band und machte mit ihr von 1936 bis 1942 Plattenaufnahmen. Nach Webbs Tod 1939 übernahm sie die Leitung. Ihr großer Hit war *A-tisket, A-tasket*, aber in meinem grausamen Herzen ist kein Platz für Jazzversionen von Kinderliedern. (Jimmy Rushings Version von *London Bridge is Falling Down* mit Count Basie ist genauso schrecklich.) *Undecided*, eine Adaption von Charlie Shravers Komposition für John Kirbys Sextett, leidet an unentschlossenem Rhythmus und dem halbherzigen Gesang von Ella Fitzgerald. Ihre beste Aufnahme hier ist *A Little Bit Later On*, die ihren unwiderstehlichen Swing einfängt.

Nun aber zum Star dieser Aufnahmen: Webb. Ein perfektes Schlagzeug-Solo spielt er im letzten Teil von *Don't Be That Way*, endend mit einer genau konstruierten Serie von Breaks, die von Triolen über eine Verdopplung des Beats bis zu einer Serie von Schlägen auf den Takt immer langsamer werden. Zum Schluß klingt es, als würde über den Swing ein Walzertakt gesetzt. *Facts and Figures* (komponiert und arrangiert von Sampson) endet mit einem Break von Webb auf Holztrommeln. Bei *Go Harlem* (arrangiert von Sampson) steht Webb von Anfang an im Vordergrund. Wieder hat er eine ungewöhnliche Idee, indem er am Ende von Teddy McRaes kurzem Tenorsaxophonsolo acht Schläge lang genau auf den Takt spielt. Am Schluß übernimmt er eine Reihe von Solo-Breaks und spielt mit sämtlichen Möglichkeiten seines Drumkits. Dasselbe gilt für die schnelle Swing-Version von *Clap Hands! Here Comes Charley* (wieder von Sampson arrangiert), mit Schlagzeugbreaks am Anfang und nach den Soli von Jordan und Sandy Williams. Im Gegensatz zu diesen kraftvollen Darbietungen spielt Webb bei einer schwülen Version von *Squeeze Me* ganz entspannt. *Harlem Congo* endet mit einem 24taktigen Schlagzeug-Solo, bei dem Webb sich auf dynamische Synkopierungen der Snare-Drums konzentriert. Seinen einzigen schlechten Augenblick hat Webb bei *Spinnin' the Webb*. Der A-Teil dieses AABA-Themas klingt nach Rhythm & Blues. Stark spielt sein bestes Solo darüber und entwickelt eine entspannte Melodie. Webbs Break unterbricht den Fluß, und die Bandmitglieder sind unsicher, wo sie einsetzen sollen. *Liza* (arrangiert von Benny Carter) jedoch zeigt Webb bei vier Soli von seiner besten Seite.

Die Decca-Zusammenstellung enthält eine Aufnahme, die eine Band innerhalb einer Band zeigt: das Quintett Chick Webb and his Little Chicks. Dessen niedliche Version von *I Got Rhythm* ist deshalb bemerkenswert, weil Jazzflötist Wayman Carver hier – erfolglos – versucht, als erster die Flöte zu einem überzeugenden Soloinstrument im Swing zu machen.

LP

(USA) *A Legend, vol. 1 (1929–1936)*, Decca DL 9222 und DL 79222 ☐

(The Jungle Band:) Ward Pinkett (tpt, v), Edwin Swayze (tpt), Robert Horton (tb), Hilton Jefferson, Louis Jordan (as), Elmer Williams (ts), Don Kirkpatrick (p), John Trueheart (bj), Elmer James (sb), Chick Webb (d)
New York   14. 06. 1929   **Dog Bottom**

wie **Dog Bottom,** *aber mit Jefferson, Jordan, Williams (cl), Trueheart (g); ohne (v)*
Jungle Mama

Shelton Hemphill, Louis Hunt, Louis Bacon (tpt), Jimmy Harrison (tb), Benny Carter, Hilton Jefferson (as), Williams (ts), Kirkpatrick (p, Celesta), Trueheart (g), James (sb), Webb (d)
                30. 03. 1931   **Heebie Jeebies** (arr Carter)

wie **Heebie Jeebies,** *aber mit Carter, Jefferson (cl, as), Williams (cl, ts), Kirkpatrick (p)*
Soft and Sweet (arr Carter)

Mario Bauza, Bobby Stark (tpt), Taft Jordan (tpt, v), Sandy Williams, Claude Jones (tb), Pete Clarke, Edgar Sampson (as), Elmer Williams, Wayman Carver (ts), Kirkpatrick (p), Trueheart (g), John Kirby (sb), Webb (d)
                10. 09. 1934   **That Rhythm Man**   5

wie **That Rhythm Man,** *aber mit Jordan (tpt), Clarke (cl, as)*
Blue Minor (arr Sampson)

wie **That Rhythm Man**
    19. 11. 1934 **It's Over Because We're Through**

wie **That Rhythm Man,** *aber mit Jordan (tpt)*
        Don't Be That Way (arr Sampson)
        What a Shuffle (arr Sampson)
        Blue Lou (arr Sampson)   10

wie **That Rhythm Man,** *aber mit Jordan (tpt), Clarke (cl, as), Carver (fl, ts), Elmer Williams (ts, bcl)*
    12. 06. 1935 **Down Home Rag** (arr Carver)

wie **Down Home Rag,** *aber ohne (bcl); Bill Thomas (sb) anstatt Kirby*
    12. 10. 1935 **Facts and Figures** (arr Sampson)

Bauza, Stark, Jordan (tpt), Sandy Williams, Nat Story (tb), Clarke (as, cl), Sampson (as), Teddy McRae, Carver (ts), Kirkpatrick (p), Trueheart (g), Thomas (sb), Webb (d)
    02. 06. 1936 **Go Harlem** (arr Sampson)

wie **Go Harlem,** *aber mit Clarke (as), Ella Fitzgerald (v)*
        A Little Bit Later On

CDs

mit den Stücken 1–10:
 (Europa) *The Chronological Chick Webb and his Orchestra 1929–1934,* CD Classics 502
mit den Stücken 11–13 und den unten angegebenen:
 (F) *Chick Webb and his Orchestra 1935–1938,* Classics 517
mit den Stücken 13, 14 und den unten angegebenen:
 (F) *The Best of Ella Fitzgerald and Chick Webb,* Virgin 34002
mit den Stücken 8, 14 und den unten angegebenen:
 (GB) *Ella Fitzgerald with the Chick Webb Band,* Flapper PASTCD9762

Andere LPs

gleichen Inhalts:
 (USA) MCA 1303
 (F) MCA 510.014
 (D) Coral COPS 3453

mit den Stücken 5–7, 11, 12, 14 und anderen unten angegebenen:
(GB) *Spinning the Webb,* Coral CP3; Coral CRLM 1021
mit den Stücken 8, 10 und anderen unten angegebenen:
(USA) *The Best of Chick Webb,* MCA 2-4107
mit den Stücken 6, 8–10, 13 und anderen unten angegebenen:
(GB) *Midnite in Harlem,* Ace of Hearts AH 32
mit den Stücken 8–10, 13 und anderen unten angegebenen:
(GB) *In the Groove,* Affinity AFS 1007

LP

(USA) *King of the Savoy, vol. 2 (1937–1939),* Decca DL 9223 und DL 79223

Bauza, Stark, Taft Jordan (tpt), Williams, Story (tb), Clarke (cl, as), Louis Jordan (as), McRae, Carver (ts, bar), Tommy Fulford (p), Trueheart (g), Beverly Peer (sb), Webb (d)
New York   24. 03. 1937   **Clap Hands! Here Comes Charley**
                                        That Naughty Waltz
                                        (arr Charlie Dixon)

Chauncey Haughton (cl), Carver (fl), Fulford (p), Peer (sb), Webb (d)
                   21. 09. 1937   **I Got Rhythm**

wie **Clap Hands! Here Comes Charley,** *aber Haughton (cl, as) anstatt Clarke, ?Carver (?bar oder bsx), Bobby Johnson (g) anstatt Trueheart*
                   01. 11. 1937   **Squeeze Me**
                                        Harlem Congo (arr Dixon)   5

Bauza, Stark, Jordan (tpt), Williams, Story (tb), Garvin Bushell (cl, as), Jordan (as), McRae, Carver (ts), Fulford (p), Johnson (g), Peer (sb), Webb (d), Fitzgerald (v)
                   17. 12. 1937   **The Dipsy Doodle**

wie **The Dipsy Doodle,** *aber mit Carver (fl, ts)*
                                      Hallelujah

wie **The Dipsy Doodle,** *aber mit Bushell (as); ohne Fitzgerald*
                                      Midnite in a Madhouse (Midnite in Harlem)

mit George Matthews (tb), Fitzgerald (v)
                   02. 05. 1938   **A-tisket, A-tasket**

ohne Fitzgerald 03. 05. 1938 **Spinnin' the Webb**
                                              (arr Benny Carter)   10
                                              Liza (arr Carter)

Bauza, Stark, Jordan (tpt), Williams, Story, Matthews (tb), Bushell (as, cl), Hilton Jefferson (as), McRae (ts), Carver (fl, ts), Fulford (p), Johnson (g), Peer (sb), Webb (d)
                          18. 08. 1938   **Who Ya Hunchin'?**

mit Fitzgerald (v) 17. 02. 1939   **Undecided**

wie **Who ya Hunchin'?**   **In the Groove at the Grove**

CDs

mit den Stücken 1–5, 8, 10–11 und den oben angegebenen:
    (F) *Chick Webb and his Orchestra, 1935–1938,* Classics 517
mit den Stücken 1–2, 4–14 und den oben angegebenen:
    (F) *The Best of Ella Fitzgerald and Chick Webb,* Virgin 34002
mit den Stücken 4–5, 8–9, 11 und den oben angegebenen:
    (GB) *Ella Fitzgerald with the Chick Webb Band,* Flapper PASTCD9762

Andere LPs

gleichen Inhalts:
    (F) MCA 510.020
    (I) Coral COPS 1921
mit den Stücken 2–3, 5–7, 9–10, 12–13 und anderen oben angegebenen:
    (GB) *Spinning the Webb,* Coral CP3; Coral CRLM 1021
mit den Stücken 3–7, 9–11, 13–14 und anderen oben angegebenen:
    (USA) *The Best of Chick Webb,* MCA 2-4107
mit den Stücken 1, 4, 8, 11, 14 und anderen oben angegebenen:
    (GB) *Midnite in Harlem,* Ace of Hearts AH 32
mit den Stücken 4, 9–11, 13–14 und anderen oben angegebenen:
    (GB) *In the Groove,* Affinity AFS 1007

Jimmie Lunceford: *Strictly Lunceford*

Zart und hot, traditionell und modern, einfach und komplex, steif und swingend, gesittet und zügellos, sentimental und bluesig, imitierend und originell, lustig und ernst, naiv und hip – Jimmie Luncefords Orchester zeigte all diese Eigenschaften in ständig wechselnden Kombinationen. Die Gruppe hat viele großartige Aufnahmen gemacht, die aber schwer zu finden sind. Ich habe mich für eine Wiederveröffentlichung auf Affinity entschieden, denn hier finden sich repräsentative Beispiele für die Aufnahmen zwischen 1934 und 1944. Luncefords Name wird nicht noch einmal auftauchen. Er gründete die Band 1927 und leitete sie bis zu seinem Tod zwei Jahrzehnte später. Er komponierte und spielte selbst ab und zu Altsaxophon, Posaune, Flöte oder Gitarre, aber auf den hier vorgestellten Aufnahmen tritt er weder als Arrangeur noch als Musiker in Erscheinung.

Sophisticated Lady ist eine gewagte Neuauflage von Duke Ellingtons Ballade, arrangiert von Willie Smith, dem Altsaxophonisten und stärksten Solisten der Band (nicht zu verwechseln mit dem Pianisten Willie «the Lion» Smith). Smith führt ungewöhnliche und komplizierte Linien ein, und viele andere Saxophonisten hätten Schwierigkeiten gehabt, das so sauber zu spielen.

Die Rhythmusgruppe des Orchesters war bekannt für ihre Fähigkeit, einen kräftigen Rhythmus zu erzeugen, wie z. B. in dem Stück mit dem treffenden Titel *Rhythm is our Business* (1934) oder bei *Four or Five Times* (1935). Gitarrist Al Norris, Pianist Ed Wilcox und Schlagzeuger Jimmy Crawford zeigen hier einen anderen Ansatz als bei der jazzigen Version von *My Blue Heaven* (1935).

Alle Aufnahmen aus der Zeit von 1935 bis 1938 auf diesem Album wurden von Sy Oliver arrangiert, dessen Eklektizismus und Humor gut zur Band paßten. Er hatte keine Bedenken, mit ungewöhnlichem Material zu arbeiten. Ich wüßte allerdings gern, ob der Band das wirklich immer gefiel. Soll das überzogene Piano-Solo auf *Swanee River* (1935) wirklich komisch sein – oder ist es Wilcox einfach nur peinlich?

Olivers bekannteste Stücke sind *Organ Grinder's Swing* (1936) und *For Dancers Only* (1937). Wie *My Blue Heaven* ist das erste eine Studie in Strukturänderungen. Ganz anders *For Dancers Only*, eine geradlinige Melodie zum Tanzen. Der Hauptriff ist dem von *Christo-*

pher Columbus nachempfunden, ein Jahr zuvor von Benny Goodman, Fletcher Henderson und Fats Waller aufgenommen. Es ist eines der Stücke, die Raum für ausgedehnte Soli boten, während die Tänzer auf der Tanzfläche bleiben konnten. Aber im Studio war nur Zeit für Soli von Smith (hier am Altsaxophon) und Paul Webster (im höchsten Register der Trompete).

Olivers Arrangement von *Annie Laurie* war ein Versuch, aus Maxine Sullivans Hitversion von *Loch Lomond* Kapital zu schlagen, aufgenommen im selben Jahr. Es kommt zu einem erstaunlichen Mißverhältnis zwischen dem ursprünglichen schottischen Lied und dem Solo von Joe Thomas. *Margie* aus dem darauffolgenden Jahr führt Trummy Youngs entspannten Gesang und Posaunenspiel ein.

Die Highlights der späteren Aufnahmen in dieser Zusammenstellung sind die Soli in *Blue Prelude, Blues in the Night* und *Strictly Instrumental. Blues in the Night* sang Harold Arlen in einem Film, in dem die Band 1941 mitwirkte. *Strictly Instrumental* ist ein gutes Beispiel dafür, welcher Riff- und Solo-Swingstil 1942 vorherrschte. Die Soli von Joe Thomas und Smith gehen mehr denn je in Richtung Rhythm & Blues. Norris verstärkte diese Tendenz durch seine elektrische Gitarre. Es verwundert nicht, daß Luncefords Gruppe gegen Ende des Jahrzehnts eine R&B-Band wurde.

LP

(Europa) Strictly Lunceford, Affinity AFS 1003 ☐

Eddie Thompkins, Tommy Stevenson, Sy Oliver (tpt), Henry Wells, Russell Bowles (tb), Willie Smith (as, cl), Laforet Dent (as), Joe Thomas (ts, cl), Earl Carruthers (bar), Eddie Wilcox (p), Al Norris (g), Moses Allen (sb), Jimmy Crawford (d, vb)
New York   04. 09. 1934   **Sophisticated Lady** (arr Smith)

wie **Sophisticated Lady,** *aber mit Smith (as, v), Crawford (d), Band (v)*
     18. 12. 1934   **Rhythm is our Business**
                            (arr Wilcox)

Thompkins, Paul Webster (tpt), Oliver (tpt, v), Bowles, Elmer Crumbley, Eddie Durham (tb), Smith, Dent, Dan Grissom (as), Thomas (ts), Carruthers (bar), Wilcox (p), Norris (g), Allen (sb), Crawford (d)
     29. 05. 1935   **Four or Five Times** (arr Oliver)

wie **Four or Five Times,** *aber mit Oliver (tpt)*
        23. 09. 1935   **Swanee River** (arr Oliver)

wie **Four or Five Times,** *aber mit Norris (g, vln), Smith (bar, v), Grissom (v)*
        23. 12. 1935   **My Blue Heaven** (arr Oliver)   5

wie **Four or Five Times,** *aber mit Oliver (tpt), Smith (cl), Wilcox (Celesta)*
        31. 08. 1936   **Organ Grinder's Swing**
                                (arr Oliver)

wie **Four or Five Times,** *aber mit Oliver (tpt); Ed Brown (as) anstatt Dent*
        15. 06. 1937   **For Dancers Only** (arr Oliver)

Thompkins, Webster, Oliver (tpt), Bowles, Crumbley, Trummy Young (tb), Smith, Ted Buckner, Dan Grissom (as), Thomas (ts), Carruthers (bar), Wilcox (p), Norris (g), Allen (sb), Crawford (d)
Los Angeles   05. 11. 1937   **Annie Laurie** (arr Oliver)

mit Young (v)
New York   06. 01. 1938   **Margie** (arr Oliver)

Grissom (v); ohne Young (v)
        12. 04. 1938   **Down by the Old Mill Stream**
                                (arr Oliver)   10

Snooky Young, Webster, Gerald Wilson (tpt), Bowles, Crumbley, Trummy Young (tb), Smith, Buckner (as), Thomas (ts), Carruthers (bar), Wilcox (p), Norris (g), Allen (sb), Crawford (d), Grissom (v)
        26. 03. 1941   **Blue Prelude** (arr Roger Segure)

wie **Blue Prelude,** *aber mit Trummy Young (v, tb), Grissom (as), Band (v)*
                             Twenty-four Robbers (arr Segure)

wie **Blue Prelude,** *aber mit Smith (cl, as); ohne (v)*
Los Angeles   23. 06. 1941   **Siesta at the Fiesta**

wie **Blue Prelude,** *aber mit Smith (as, v), Grissom (as), Band (v)*
New York   22. 12. 1941   **Blues in the Night**

wie **Blue Prelude** 14. 04. 1942   **I'm Gonna Move to the Outskirts**
                                   of Town (arr Wilcox)   15

Freddy Webster, Paul Webster, Bob Mitchell, Harry Jackson (tpt), Fernando Arbello, Bowles, Trummy Young (tb), Smith, Benny Waters,

Grissom (as), Thomas (ts), Carruthers (bar), Wilcox (p), Norris (elg), Truck Parham (sb), Crawford (d)
Los Angeles 26. 06. 1942 **Strictly Instrumental**
(arr Edgar Battle)

Melvin Moore, Ralph Griffin, William «Chiefie» Scott, Russell Green (tpt), Arbello, Earl Hardy, John «Streamline» Ewing (tb), Omer Simeon (cl, as), Chauncey Jarret (as), Thomas, Ernest Purce (ts), Carruthers (bar), Wilcox (p), Norris (g), Parham (bs), Joe Marshall (d)
New York 08. 02. 1944 **Back Door Stuff** (arr Segure)

Andere LPs

mit weiteren Stücken: *vol. 1: Rhythm is our Business (1934–1935), vol. 2: Harlem Shout (1935–1936), vol. 3: For Dancers Only (1936–1937), vol. 4: Blues in the Night (1938–1942), vol. 5: Jimmie's Legacy (1934–1937), vol. 6: The Last Sparks (1941–1944)*
(USA) Decca DL 9239 und DL 9240, DL 79239 und DL 79240 (nur vol. 1–2); MCA 1302, 1305, 1307, 1314, 1320, 1321 ○
(F) MCA 510.012, 510.018, 510.032, 510.040, 510.066, 510.067
mit den Stücken 1–6:
(GB) *Stratospheric,* Hep 1011; *Rhythm Business,* Hep 1013; *Oh Boy,* Hep 1017; *Harlem Shout,* Hep 1022
mit den Stücken 6–7, 9, 12, 14–15, 17:
(I) *Jimmie Lunceford and His Orchestra: Masterpieces,* Giants of Jazz LPJT 22

CDs

mit den Stücken 1–6:
(Europa) *The Chronological Jimmie Lunceford and His Orchestra, 1930–1934,* Classics 501; ... *1934–1935,* Classics 505; ... *1935–1937,* Classics 510 ○
mit den Stücken 7–14:
(F) *Jimmie Lunceford and his Orchestra 1937–1939,* Classics 520; ... *1941,* Classics 622

KAPITEL 4
Swing-Combos

Barry Kernfeld

Im Laufe der 30er Jahre machten die Hot Bands den Swing-Combos Platz. Der Übergang erfolgte allerdings nicht so abrupt wie das Auftauchen des Bop in den frühen 40ern oder des Free Jazz Ende der 50er. Zunächst fast unmerklich wurden Elemente des frühen Jazz zurückgenommen und durch neue Tendenzen ersetzt. Es gab weniger gemeinsames Improvisieren, statt dessen wurde den Solisten mehr Platz eingeräumt. Größere Teile von Themen wurden allein oder unisono oder in arrangierten Blockharmonien gespielt; andere Teile einfach wiederholter Melodieschnipsel («Riffs») wurden sowohl als Themen als auch als begleitende Figuren eingesetzt. Mehrthematische Stücke (Rags, Märsche, mehrteilige Blues) wurden durch Standards ersetzt, während der 12taktige Blues seinen Platz behauptete. Mit dieser Reduzierung des Repertoires ging eine Zunahme der Komplexität der Interpretation einher; die Untermauerung fundamentaler Drittel- und Viertelnotenharmonien wurde für Begleitung und Solisten weniger transparent. Die Rollen der Instrumente veränderten sich. Das Saxophon verdrängte die Trompete als das wichtigste Jazzinstrument. Da im Laufe der Jahre der Rhythmus weicher geworden war, ersetzte die Gitarre das Banjo, der Kontrabaß die Tuba, und das Schlagzeug gab immer häufiger nur den Takt an. Ganze Combos begannen den «Swing» zu begreifen, den Musiker wie Jelly Roll Morton, Sidney Bechet und vor allen Dingen Louis Armstrong bereits bei Aufnahmen, die zehn Jahre zurücklagen, beherrscht hatten.

Der Swing war für die ersten 40 Jahre des Jazz so elementar, daß Swing-Combos sich mit Hot- und mit Bop-Combos in jeder nur vorstellbaren Weise kreuzten – mit dem Ergebnis, daß Swing-Combos ganz unterschiedlicher Ausprägung entstanden, abhängig von der

Zeit und den jeweiligen Einflüssen. Deshalb sind den Swing-Combos in diesem Buch drei Kapitel gewidmet.

Dieses und das folgende Kapitel beginnen mit Combos, die von Mitte der 30er an bis zum Höhepunkt der Swing-Ära in den 40er Jahren erfolgreich waren. Die frühen Swing-Combos, so die von Benny Goodman und Bob Crosbys Bob Cats, gehörten jeweils zu einer Big Band, aus der sie zumindest zum Teil ihre Musiker rekrutierten und durch die sie ein weitaus größeres Publikum erreichten als nur die Jazzgemeinde. Die späteren Combos, wie die von Sid Catlett in der 52. Straße in New York und das Quintett von Django Reinhardt und Stephane Grappelli in Paris, erreichten über den Jazz hinaus kaum ein Publikum. In dieser Hinsicht sind zwei Gruppen atypisch: Fats Waller and his Rhythm und das Trio von Nat «King» Cole; beide etablierten sich auch auf dem populären Markt. Etliche Swing-Combos sind Ad-hoc-Gründungen für Studio-Aufnahmen, meist zur Begleitung eines Solisten. Dies gilt z. B. für die ständig wechselnden All-Star-Combos, die auf Billie Holidays Sessions zu hören sind. Bisweilen wurden auch spontan Combos gegründet, um von den Big-Band-Arrangements wegzukommen und ein wenig Dampf abzulassen, wie bei der Jam-Session, die von Roy Eldridge und Chu Berry aufgenommen wurde.

Dieses Kapitel springt zum Schluß zu einer Aufnahme von 1964, bei der Swingstar Ella Fitzgerald – immer noch auf der Höhe ihres Könnens – eine Konzertveranstaltung leitete, in der der Swing eine enge Verbindung mit dem Mainstream einging. Kapitel 5 behandelt Combos, die Swing und Dixieland miteinander verschmelzen, und geht bis in die 50er Jahre, um die Weiterentwicklung dieser Richtung zu verfolgen. Kapitel 8 ist Combos gewidmet, die Swing und Bop miteinander verbinden.

Benny Goodman: *Trio-Quartet-Quintet;*
Charlie Christian: *The Genius of the Electric Guitar*

Benny Goodman leitete nicht nur die populärste Big Band seit 1935, sondern auch eine Swing-Combo. Zusammenstellungen für Victor und Columbia dokumentieren die Ausweitung des Trios auf sechs, sieben und – für eine Plattenaufnahme – acht Musiker (wobei merkwürdigerweise die Bezeichnung «Sextett» beibehalten wurde). Sie bieten Gelegenheit, Goodmans makelloses Klarinettenspiel zu hören.

Unter den frühen Jazzaufnahmen finden sich viele wichtige von gemischtrassigen Gruppen. Beispiele sind Jelly Roll Morton mit den New Orleans Rhythm Kings 1923, Eddie Lang (in der Verkleidung als Blind Willie Dunn) mit King Oliver und Lonnie Johnson 1929; Billy Banks' Rhythmakers 1932. Es war jedoch eine Sache, eine Ad-hoc-Session für ein spezielles Publikum zu spielen, und eine andere, daß Amerikas populärster Musiker nach einer Jam-Session mit Teddy Wilson am Piano und dem Schlagzeuger Gene Krupa Wilson in seine Gruppe aufnahm – erst für Sessions, dann auch für Live-Auftritte. Die weiße Big Band wurde nun ergänzt durch eine gemischte Combo. Später kamen andere große schwarze Musiker hinzu, so Vibraphonist Lionel Hampton (der Mitte 1939 auch als Schlagzeuger in der Big Band spielte), Gitarrist Charlie Christian und Trompeter Cootie Williams (der ebenfalls mit der Big Band spielte); der Pianist Count Basie gab mehrere Gastspiele.

Diese Aufnahmen zeugen von Goodmans Sensibilität für den speziellen Sound der Instrumente. Es hatte vorher nur selten Jazz-Trios mit Klarinette, Piano und Schlagzeug gegeben (Morton mit Barney Bigard und Zutty Singleton 1929). Die Kombination wurde durch Hinzunahme des Vibraphons noch ungewöhnlicher. Die Hinzunahme von Kontrabaß, Tenorsaxophon und Trompete führte den Gesamtklang der Combo wieder ins Konventionelle. Dieser Effekt wurde allerdings wiederum unterminiert durch Charlie Christian, der die elektrische Gitarre so spielte, als sei sie ein Blasinstrument.

Das erste hier vorgestellte Album stammt aus der Zeit bei Victor. Es gibt viele spätere Veröffentlichungen, die zusätzliche, allerdings nicht unbedingt hörenswerte Titel enthalten. Deshalb konzentriere ich mich auf die klassische LP; sie repräsentiert am besten die Arbeit der Gruppe.

Bei den Trio-Aufnahmen ist Krupa weitaus weniger unbeholfen als bei den Aufnahmen in größerer Besetzung. Wilson improvisiert neue Melodien und erweist sich als sanfter Spieler. Goodman spielt mit einem leichten, schnellen Vibrato und bewegt sich frei zwischen perfektem Spiel und Blue Notes. Auf der Basis dieser individuellen Ansätze produzieren die drei Musiker einen abwechslungsreichen Sound, besonders beim *Tiger Rag*.

Kommt Hampton hinzu, schöpft er alle Möglichkeiten seines Instruments aus. Auffallend bei diesen Aufnahmen sind nicht nur die Instrumente, sondern auch die Art ihrer Kombination. Repertoire und Rhythmus gehen in Richtung Swing, andere Aspekte aber mehr in Richtung von Mortons Vorstellung von kleinen Jazzbands: eine sorgfältig geprobte Balance zwischen Komposition und Improvisation zu finden und mit wenigen Musikern stark variierende Strukturen zu schaffen. Beispiele finden sich in *Dinah, Runnin' Wild, The Man I Love* und *Smiles*. Das komplexeste Arrangement findet man in *Opus* $^1/_2$. Dieses Stück und eine geradlinige Version von *Sweet Georgia Brown* wurden 1938 aufgenommen, als Krupa die Gruppe verlassen hatte, um eine eigene Band zu gründen, und damit die Zeit der hohen Personalfluktuation in Goodmans Band einleitete. Dave Tough spielt bei diesen Aufnahmen für Krupa, hat aber keine Gelegenheit, sich zu profilieren. Die einzige langweilige Aufnahme dieser klassischen LP ist die letzte, *Pick-a-Rib* (1939), bei der Buddy Schutz Schlagzeug spielt und John Kirbys Kontrabaß übermäßig Wilsons linke Hand unterstützt.

Zur Zeit der Columbia-Aufnahmen mit Charlie Christian (1939–41) legte Goodman bei seinen «Sextetten» den Schwerpunkt auf Riffs und Improvisation, das Arrangement war auf ein Minimum reduziert. Zu den Solisten zählte Count Basie, der in dem knappen Stil spielt, den man von der Arbeit mit seiner eigenen Band kennt. Cootie Williams versteckte sich weiterhin hinter seiner Duke-Ellington-Maske und spielte gedämpfte «Dschungelmusik»-Soli. Die einzige Ausnahme bildet *Waitin' for Benny* – Williams wußte nicht, daß es aufgenommen wurde. Tenorsaxophonist Georgie Auld lehnt sich in seinem Spiel stark an Ben Webster an. Goodman setzt dort an, wo er bei den Victor-Sessions aufgehört hat. Auf *Wholly Cats, Gone With «What» Wind* und *Breakfast Feud* kann er zeigen, welch guter Bluessolist er ist. Jedoch ist diese Platte vor allem wegen Christian hörenswert.

Christian stand nur kurz im Rampenlicht: zwischen September 1939, als er zu Goodman kam, und Juni 1941, als seine Tuberkulose ihn zwang, ein Sanatorium aufzusuchen. In diesen beiden Jahren hat er das Spiel der elektrischen Jazzgitarre stark beeinflußt. Er war nicht der erste, der zu diesem Instrument griff, aber er war der erste brillante Solist darauf. Erst 30 Jahre später, nachdem Blues- und Rockmusiker ihnen den Weg gezeigt hatten, hörten Jazzgitarristen auf, Christian zu imitieren, und begannen, selbst zu experimentieren. Christian zeichnete sich vor allem durch seinen phantasievollen

Umgang mit Melodien aus. Alle kommerziellen Aufnahmen enthalten kreative Gitarrensoli, die besten finden sich vermutlich auf *Rose Room*, *Boy Meets Goy* (der Titel wurde später in *Grand Slam* geändert), *Breakfast Feud* und *I Found a New Baby*. Außerdem sind auf dem Album auch Probeaufnahmen enthalten, die wegen Christians phantastischem Spiel veröffentlicht wurden: *Blues in B* und *Waitin' for Benny*. *Waitin' for Benny* beginnt als Jam und wird mit dem Einsatz des Pianisten zu einer schnellen Version von *A Smoo-o-o-oth One*. (Die offizielle Version des Stückes findet sich auf einem Album der Columbia-Jazz-Masterpieces-Serie: THE BENNY GOODMAN SEXTET 1939–41 FEATURING CHARLIE CHRISTIAN).

Normalerweise spielte Christian nicht mit der Big Band Goodmans, die einen eigenen Rhythmusgitarristen hatte. Von seinen gelegentlichen Aufnahmen mit der Band ist die bekannteste *Solo Flight*.

LP

(USA) *Trio-Quartet-Quintet*, **RCA LPM 1226** ☐

Benny Goodman (cl), Teddy Wilson (p), Gene Krupa (d)
New York   13. 07. 1935   **Body and Soul** (Take 1)
Chicago   27. 04. 1936   **Oh, Lady be Good!**

Goodman (cl), Wilson (p), Krupa (d), Lionel Hampton (vb)
Hollywood   26. 08. 1936   **Dinah**
New York   18. 11. 1936   **Sweet Sue – Just You**

Goodman, Wilson, Krupa
                 02. 12. 1936   **Tiger Rag**   5

Goodman, Wilson, Krupa, Hampton
                 02. 12. 1936   **Whispering**
                 03. 02. 1937   **Runnin' Wild**
Hollywood   30. 07. 1937   **The Man I Love**
                 02. 08. 1937   **Smiles**

Goodman (cl), Wilson (p), Dave Tough (d), Hampton (vb)
Chicago   12. 10. 1938   **Opus $^1/_2$**   10
                                  Sweet Georgia Brown

Goodman (cl), Wilson (p), John Kirby (sb), Buddy Schutz (d), Hampton (vb)
New York   29. 12. 1938   **Pick-a-Rib**

CDs

mit den Stücken 1–7: *After You've Gone: the Original Trio & Quartet Sessions vol. 1*
(USA) Bluebird 5631-2 R
(Europa) RCA ND 85631   ○
mit den Stücken 1–7, 11 und den unten angegebenen:
(I) *Small Combos 1935–1941*, Giants of Jazz CD53039
mit den Stücken 8–12: *Avalon: the Small Bands, Volume 2 (1937–1939)*
(USA) Bluebird 2273-2-RB
(Europa) Bluebird ND82273   ○

Andere LPs

gleichen Inhalts:
(F) *Trio, Quartet, and Quintet*, RCA 430 230
mit weiteren Stücken: *Jazz Tribune no. 13: «The Complete Small Combinations» vols. 1/2 (1935–1937)* und *Jazz Tribune no. 22: «The Complete Small Combinations» vols. 3/4 (1937/1939)*
(Europa) RCA NL 89753 und NL 89754
(F) RCA PM 43176 und PM 43684
mit weiteren Stücken und Alternativtake von Teil 2 von **Pick-a-Rib:**
(USA) *The Complete Benny Goodman* vols. 1–4, 6, 7, Bluebird AXM2-5505, AXM2-5515, AXM2-5532, AXM2-5537, AXM2-5566, AXM2-5567
(J) Titel unbekannt, RCA RA 72, RA 73, RA 74
mit den Stücken 1–7: *After You've Gone: the Original Trio & Quartet Sessions vol. 1*
(USA) Bluebird 5631-1 R
(Europa) RCA NL 85631
mit den Stücken 2, 3, 5, 6, 8, 10, 11:
(F) *Trio and Quartet vol. 2*, RCA 730629

CD

(USA) Charlie Christian: *The Genius of the Electric Guitar*, Columbia Jazz Masterpieces CK 40846   □

Goodman (cl), Fletcher Henderson (p), Christian (elg), Artie Bernstein (sb), Nick Fatool (d), Hampton (vb)
New York   02. 10. 1939   **Rose Room**
                 22. 11. 1939   **Seven Come Eleven**

Count Basie anstatt Henderson
  07. 02. 1940 **Till Tom Special**
  Gone with «What» Wind

Johnny Guarnieri anstatt Basie
  16. 04. 1940 **Boy Meets Goy (Grand Slam)** 5

Dudley Brooks anstatt Guarnieri
Los Angeles 20. 06. 1940 **Six Appeal**

Cootie Williams (tpt), Goodman (cl), Georgie Auld (ts), Basie (p), Christian (elg), Bernstein (sb), Harry Jaeger (d)
New York 07. 11. 1940 **Wholly Cats**
  Royal Garden Blues
  As Long as I Live
  Benny's Bugle 10

Jo Jones anstatt Jaeger
  15. 01. 1941 **Breakfast Feud**
  I Found a New Baby

Goodman (cl, dir), Alec Fila, Jimmy Maxwell, Williams, Irving Goodman (tpt), Lou McGarity, Cutty Cutshall (tb), Skippy Martin, Gus Bivona (as), Auld, Pete Mondello (ts), Bob Snyder (bar), Johnny Guarnieri (p), Christian (elg), Bernstein (sb), Tough (d), Jimmy Mundy (arr)
  04. 03. 1941 **Solo Flight**

Williams, Auld, Guarnieri, Christian, Bernstein, Tough
  13. 03. 1941 **Blues in B**

ohne Bernstein **Waitin' for Benny** 15

mit Benny Goodman und Artie Bernstein
  Good Enough to Keep (Air Mail Special)

Andere CDs

gleichen Inhalts:
  (Europa) CBS Jazz Masterpieces 460612-2 ○
Inhalt unbekannt:
  (J) *Charlie Christian with Benny Goodman Sextet and Orchestra,* CBS 25 DP 5301

mit den Stücken 1, 5 und den oben angegebenen:
(I) *Small Combos 1935–1941,* Giants of Jazz CD53039
mit den Stücken 2–4, 6–12:
(I) *Charlie Christian, Genius of the Electric Guitar,* Giants of Jazz CD 53049

LPs

gleichen Inhalts:
(USA) Columbia Jazz Masterpieces CJ 40846
(Europa) CBS Jazz Masterpieces 460612-1   O
mit weiteren Stücken:
(J) *Charlie Christian Album,* CBS Sony SOPZ 4-6; CBS Sony 56AP 674-6
mit alternativen und komponierten Aufnahmen: *The Genius of Charlie Christian: Solo Flight*
(USA) Columbia G 30779
(Europa) CBS 67233
mit alternativen und komponierten Aufnahmen und den Stücken 2–4, 6, 7, 11, 13–16:
Charlie Christian with the Benny Goodman Sextet and Orchestra
(USA) Columbia CL 652
(Europa) CBS Realm Jazz Series RM 52538; Philips B 07247 L; Philips BBL 7172
(F) CBS 62387
(J) CBS Sony SOPM 155; CBS Sony XM 4
(AUS) Coronet KPL 510

Fats Waller: *Jazz Tribune no. 32:*
The Indispensible Fats Waller, vols. 3/4 (1935–1936)

Das Sextett Fats Waller and his Rhythm wurde 1934 gegründet und machte bis zum Aufnahmeverbot 1942, kurz vor Wallers Tod, Platten für Victor und dessen Unterlabel Bluebird. Der beste chronologische Querschnitt durch Wallers umfassende Arbeit stammt aus der frühen Periode 1935/36. Er konzentriert sich auf die normale Form des Sextetts mit Waller am Piano und als Sänger. Bei zwei Stücken spielt Waller Orgel, bei vier Piano und Celesta oder nur Celesta; drei

Aufnahmen entstanden mit einer Big Band, die er seit diesen Aufnahmen mit Unterbrechungen leitete.

Streng genommen gehört Rhythm als instrumentale Swing-Combo nicht in dieses Buch. Die meisten Hornsoli sind schwach; Wallers bester Bläser, Trompeter Bill Coleman, ist bei diesen Aufnahmen wenig vertreten. Al Caseys Gitarrensoli haben keinen Schwung, bestehen immer aus synkopiertem Gezupfe. Waller selbst spielt hier häufiger mühelose Stride-Piano-Paraphrasen als auf den unbegleiteten Aufnahmen, die in Kapitel 2 angesprochen wurden.

Dennoch verdienen manche Instrumentals unsere Beachtung. Die Rhythmusgruppe kocht geradezu bei den im Dixieland-Stil gemeinsam improvisierten Finale von *(Oh Susannah) Dust Off that Old Pianna* und *12th Street Rag*. Bei vielen Stücken, wie z. B. *Sweet Sue, Got a Bran' New Suit, It's a Sin to Tell a Lie* und *Why Do I Lie to Myself about You?*, produzierten sie temperamentvollen Swing.

Eugene Sedrics Hornsolo bei *Christopher Columbus* ist überdurchschnittlich, und auf Wallers Komposition *Black Raspberry Jam* spielt er Tenorsaxophon im Stil von Coleman Hawkins. Waller ist bei weitem der beste Solist. Sein zartes Pianospiel zeigt sich am Anfang von *I'm Gonna Sit Right Down and Write Myself a Letter,* wild entschlossen ist sein Solo auf *(Oh Susannah) Dust off that Old Pianna.* Von den Big-Band-Aufnahmen ist die interessanteste die Schlacht zwischen dem zweiten Pianisten Hank Duncan und Waller bei *I Got Rhythm.*

Seine Großartigkeit bezieht das Material aus Wallers Gesang, einer einzigartigen Mischung aus Jazzimprovisation, Standard und Comedy. Und das, obwohl Wallers Stimme an sich rauh und nicht sehr voll ist und er sie nicht gut kontrollieren kann. Aber wie Louis Armstrong, der trotz einer ähnlichen Stimme zum besten Jazzsänger wurde, hat Waller ein phantastisches Gefühl für den Swing. Hören Sie sich dazu *12th Street Rag* und *I Got Rhythm* an. Ebenso wie Armstrong vermittelt Waller durch die Rauheit seiner Stimme eine besondere Energie, die ihn von den Schnulzensängern und zwitschernden Sängerinnen anderer Bands unterscheidet. Im Gegensatz zu Armstrong setzt Waller nicht regelmäßig Scat-Gesang ein. Und wenn, kopiert er eher Cab Calloways Ansatz, wie in *I've Got My Fingers Crossed, Dinah* und *Sweet Sue.*

Wallers Witz und seine Redegewandtheit machten es für ihn unnötig, auf die Nonsens-Form des Scat zurückzugreifen. Seine Stärke liegt in improvisierten Textänderungen, in an seine Mitspieler gerichteten Kommentaren und Instruktionen sowie in respektlosen und beiläufigen Bemerkungen. Er ist sentimental und bissig, witzig und komisch. Er sagt dem Klarinettisten Rudy Powell, was er tun soll, spricht während eines Trompeten-Solos übers Essen oder sagt: «Mein Gott, sie werfen die Babys vom Balkon!»

Fat and Greasy ist vielleicht ein bißchen ekelhaft, und Waller verarbeitet dieselbe Idee ein paar Jahre später erfolgreicher mit seinem Hit *Your Feet's Too Big* (1939). *Christopher Columbus,* nur eine bzw. zwei Wochen nach den Versionen von Fletcher Henderson und Benny Goodman aufgenommen, zeigt Waller von seiner verrücktesten Seite: alberne Stimmen (von Falsett bis Bariton), alberne Reime und alberne Wortspiele. Das höchst alberne *Big Chief De Sota* wird von Waller mitten in einer Phrase abgebrochen mit den Worten: «Cease, cease, De Sota has went.» (Aufhören, aufhören, De Sota ist schon weg.)

Der größte Hit bei diesen Aufnahmen und für mich eingängigste Titel ist *I'm Gonna Sit Right Down and Write Myself a Letter.* Waller vermittelt hier ernsthaft die Gefühle eines zutiefst verletzten Mannes. Bei anderen, ähnlich gelagerten Songs würde er nach der letzten Note des Stücks sicher eine witzige Bemerkung machen. Hier widersteht er der Versuchung und beläßt es bei der Stille.

LP

(Europa) *The Indispensible Fats Waller, vols. 3/4 (1935–1936),* **RCA NL 89819** □

Bill Coleman (tpt), Gene Sedric (cl), Fats Waller (org, v), Albert Casey (g), Charlie Turner (sb), Harry Dial (d)
New York   05. 01. 1935   **Night Wind**

wie **Night Wind,** *aber mit Waller (p)* **Because of Once upon a Time**

wie **Night Wind**   **I Believe in Miracles**

wie **Night Wind,** *aber mit Waller (p)* **You Fit into the Picture**

Herman Autrey (tpt), Rudy Powell (cl), Waller (p, v), Casey (g), Turner (sb), Dial (d)
         06. 03. 1935   **I Ain't Got Nobody** (Take 1)   5
                Whose Honey are You? (Take 1)

wie *I Ain't Got Nobody,* aber mit Waller (Celesta, v)			
		Rosetta (Take 1)	
wie *I Ain't Got Nobody*		**What's the Reason?** (Take 1)	
wie *I Ain't Got Nobody,* aber mit Waller (p, Celesta, v)			
		(Oh Susannah) Dust Off that Old Pianna	
wie *I Ain't Got Nobody*			
	08. 05. 1935	**Lulu's Back in Town**	10
		I'm Gonna Sit Right Down and Write Myself a Letter	

Autrey (tpt), Powell (cl), Waller (p, v), James Smith (g), Turner (sb), Arnold Boling (d)

Camden, New Jersey	24. 06. 1935	**Dinah**	
		My Very Good Friend the Milkman	
		Blue Because of You	
		12th Street Rag	15

wie *Dinah,* aber mit Powell (as)		**Sweet Sue** (Take 1)	
wie *Dinah*	02. 08. 1935	**Truckin'**	
		Georgia Rockin' Chair	
	20. 08. 1935	**Got a Bran' New Suit**	

Autrey (tpt), Sedric (ts), Waller (p, v), Smith (g), Turner (sb), Yank Porter (d)

New York	29. 11. 1935	**I've Got my Fingers Crossed**	20

Autrey, unbekannt (tpt), Benny Morton (tb), Emmett Mathews (ss), Powell (cl, as), Sedric, Bob Carroll (ts), Waller (p, vb, v), Hank Duncan (p), Smith (g), Turner (sb), Porter (d)

	04. 12. 1935	**Fat and Greasy** (Take 2)
		Functionizin'
ohne (vb)		**I Got Rhythm**

Autrey (tpt), Sedric (cl), Waller (p, Celesta, v), Smith (g), Turner (sb), Porter (d)

	01. 02. 1936	**Sugar Rose**

wie *Sugar Rose,* aber mit Sedric (cl, ts), Waller (p, v)		
	West Wind	25

Autrey (tpt), Sedric (ts), Waller (p, v), Casey (g), Turner (sb), Boling (d)
        08. 04. 1936   **Christopher Columbus**

wie **Christopher Columbus,** aber mit Waller (p, Celesta, v)
                              Cabin in the Sky

wie **Christopher Columbus,** *aber mit Sedric (cl), Yank Porter (d)*
        05. 06. 1936   **It's a Sin To Tell a Lie**
                              Why Do I Lie to Myself about You?

wie **Christopher Columbus,** *aber mit Porter (d)*
                              Big Chief De Sota   30
        08. 06. 1936   **Black Raspberry Jam**
                              Paswonky

Autrey (tpt), Sedric (cl), Waller (p, v), Casey (g), Turner (sb), Slick Jones (d)
        01. 08. 1936   **I'm Crazy 'bout my Baby**

Andere LPs

gleichen Inhalts:
   (F) RCA PM 43696
mit weiteren Stücken:
   (F) *Fats Waller Complete Recordings,* RCA 730.571, 730.572, 731.054, 731.055, 741.112, 741.113, FPM1-7001, FPM1-7008, FPM1-7025
mit den Stücken 1–11:
   (GB) *Dust Off That Old Pianna,* Saville SVL 189
mit den Stücken 12–18:
   (GB) *Take It Easy,* Saville SVL 194
mit den Stücken 19–20, 24–26:
   (GB) *Spreadin' Rhythm Around,* Saville SVL 204
mit den Stücken 1–6:
   (GB) *From the Beginning,* vol. 2, JSP 1108
mit den Stücken 7–8:
   (GB) *From the Beginning,* vol. 3, JSP 1113
mit den Stücken 6, 8–10, 26, 28, 30:
   (GB) *Jazz Classics in Digital Stereo: Fats Waller and his Rhythm,* BBC REB 684
mit den Stücken 10–11, 16, 23, 28:
   (DK) *Fats Waller,* Official 3030-1

CDs

mit den Stücken 6, 8–10, 26, 28, 30:
(GB) *Jazz Classics in Digital Stereo: Fats Waller and his Rhythm*, BBC CD 684 ○
mit den Stücken 10–11, 16, 23, 28:
(DK) *Fats Waller*, Official 83030-2
mit den Stücken 1–11:
(GB) *Dust off that Old Pianna*, The Compact Selection TQ202
mit den Stücken 3, 11, 13, 20, 28, 33:
(GB) *Fats & His Rhythm*, Stagedoor SDC8085
mit den Stücken 5, 12, 15–16, 20, 23, 29, 33:
(I) *Ain't Misbehavin' 1934–43*, Giants of Jazz CD53078
mit den Stücken 5, 10–12, 28:
(I) *Fats Waller: the Pop Singer*, Suisa JZCD349
mit den Stücken 15, 23, 26:
(I) *Fats Waller: the Jazz Singer*, Suisa JZCD350
mit den Stücken: 6, 8, 10, 16, 26:
(E) *Ain't Misbehavin'*, Rockin' Chair CD25
mit den Stücken 11–13, 16–17, 28, 31 und den auf S. 74 angegebenen:
(GB) *The Cream Series: Fats Waller*, Flapper PASTCD9742
mit den Stücken 11–16, 23:
(GB) *Fats at his Finest*, Parade PAR 2003
mit den Stücken 10, 13, 33 und den auf S. 74 angegebenen:
(GB) *Diamond Series: Fats Waller*, RCA CD90117
mit den Stücken 22, 26, 28, 30–31 und den auf S. 74 angegebenen:
(J) *Fats Waller*, Bluebird BVCJ9023, BVCJ9024 (2-CD set)
mit den Stücken 5, 8–10, 26, 28, 30:
(GB) *Fats Waller Jazz Classics in Digital Stereo*, BBC CD 684

Quintette du Hot Club de France: *Souvenirs*

Obwohl in seinem Namen «hot» vorkommt und dieser Begriff mit frühen Jazzstilen verbunden wird, spielt das Quintette du Hot Club de France Swing, der durch Zigeunermusik aufgeweicht wird. Die Combo entstand nach und nach aus Jam-Sessions von Mitgliedern der Band des Pariser Kontrabaßspielers Louis Vola. Den Namen erhielt das Quintett 1934 unter der Leitung des Gitarristen Django Reinhardt und des Violinisten Stephane Grappelli (damals «Grappelly» geschrieben). Zwei weitere Gitarristen und Vola ergänzten die

Rhythmusgruppe. Eine Decca-Sammlung von Aufnahmen aus London belegt die Zeit vor dem Zweiten Weltkrieg sowie eine Session aus dem Jahre 1946, zu der Grappelli, der sich in England niedergelassen hatte, und Reinhardt noch einmal zusammenkamen.

Reinhardt spielt bei diesen Aufnahmen am eindrucksvollsten. Der in Belgien geborene und in Frankreich lebende ungarische Zigeunergitarrist war der erste bedeutende nicht-amerikanische Jazzmusiker und der einzige Europäer, der die Entwicklung der afro-amerikanischen Musik nachhaltig beeinflußte. Meiner Meinung nach ist er bisher unerreicht, auch vor der internationalen Entwicklung des Jazz seit den 50er Jahren. Der Hauptgrund liegt nicht in Reinhardts stechendem, metallenem Klang, den ich als Alternative zu dem vorherrschenden klaren Klang anderer Jazzgitarristen bewundere und der im Swing und Bop nur wenig Nachahmer fand (viele jedoch im Blues). Er liegt auch nicht in seiner erstaunlichen Technik (um so erstaunlicher, als er seit einem Brandunfall zwei Finger der linken Hand nicht benutzen konnte); sie zeigt sich am besten in unzähligen schnellen Passagen, in den Oktaven am Schluß seines Solos auf *Sweet Georgia Brown* und dem Beginn seines Solos auf *My Sweet* sowie darin, wie er die Obertöne kontrolliert, die er auf *H.C.Q. Strut* zeitweise mit Grappelli zusammen spielt. Der Hauptgrund für meine Wertschätzung sind auch nicht seine phantasievollen Harmonien, zu denen einige wüst dissonante Tremoli im ersten Chorus des erwähnten Solos in *Sweet Georgia Brown* gehören. Es ist auch nicht seine Fähigkeit als Rhythmusgitarrist, die sich in den lebhaften schnellen Triolen im letzten Chorus von *Sweet Georgia Brown* zeigt oder auch in *My Sweet*.

So großartig all diese Dinge sind, sie sind nicht verantwortlich für Reinhardts speziellen Status. Was mich an seinem Spiel überwältigt, ist die Art, wie er lange, atemlos improvisierte Melodien mit einer Note entwickelt. Seine Auffassung steht im Widerspruch zu Bläsern oder Sängern, den eigentlichen Quellen der Jazzphrasierung. Er nutzt die Stille reichlich, aber sie läßt nicht Zeit zum Luftholen, sondern seine Phrasen überspannen die Stille. Das Ende eines Melodiesegments wird logisch im nächsten weitergeführt. Manchmal gelingt ihm das, indem er eine Idee nacheinander in verschiedenen Tonhöhen wiederholt, aber normalerweise ist der Prozeß komplexer: Eine Idee bricht einfach ab, Reinhardt läßt uns einen dramatischen Moment lang warten, bis er sie wieder aufnimmt – nicht um sie zu beenden, sondern um sie in eine neue Richtung zu führen und dann wieder in eine neue. Sein Konzept geht auf die Barockmusik zurück, in erster Linie auf Johann Sebastian Bach. Aber dies ist ungestüm improvisierter Jazz und keine leichte Fusion aus Jazz und Klassik. All seine Soli in dieser Sammlung – abgesehen von *Daphne* – sind Beispiele für Reinhardts Konzept.

Der andere Solist, Grappelli, ist immer ein fröhlicher Spieler. Wie Reinhardt kann es dieser passionierte Improvisator nicht abwarten, Themen loszuwerden und seine eigenen Melodien zu schaffen. Sein Stil ist umfassender als Reinhardts, schließt in den erwähnten Chorussen auch ausgelassenen Swing ein, in *Honeysuckle Rose* einen fröhlichen Effekt und romantische Chorusse in *Night and Day,* Reinhardts «Gypsy Blues»-Komposition *Nuages* und seiner *Love's Melody.* Grappelli macht aus dem letzten Titel süße europäische Dinnermusik, bis Reinhardt das Stück mit seinem Solo zum Jazz zurückführt.

Seltsam ist, daß beide Männer Blue Notes vollkommen zusammenhanglos einsetzten. Vielleicht wurde dieser amerikanische Ausdruck mißverstanden.

Wenn man Reinhardts Beiträge ausnimmt, sind die Rhythmusgruppen rein funktional. Vola kann gezupfte Noten nicht durchhalten und versucht leider, das durch gestrichene, gehaltene Noten auszugleichen, so in *Souvenirs.* Erfolgreicher ist sein Schlagbaß bei *My Sweet.* Sein Gegenspieler, der verbannte jamaikanische Bassist Coleridge Goode, leidet mehr als jeder andere unter der schlechten Aufnahmetechnik der Nachkriegs-Session. Goodes kurzes Solo auf *Liza* ist eine Imitation des Summens von Slam Stewart – ein damals recht abgegriffenes Stilmittel.

CD

(GB) *Souvenirs,* **London 820.591-2** □

Stephane Grappelli (vln), Django Reinhardt, Roger Chaput, Eugène Vées (g), Louis Vola (sb)
London 31. 01. 1938 **Honeysuckle Rose**
Sweet Georgia Brown
Night and Day
My Sweet
Souvenirs 5
Daphne
Stompin' at Decca

Grappelli (vl, p), Reinhardt (g)
        01. 02. 1938   **Nocturne**

Grappelli (p), Reinhardt (g)   **I've Got my Love to Keep me Warm**
        01. 09. 1938   **Please be Kind**   10
        10. 09. 1938   **Louise**

Reinhardt (g)   **Improvisation no. 2**

wie **Honeysuckle Rose,** *aber Roger Grasset (sb) anstatt Vola*
        30. 08. 1938   **Lambeth Walk**

Grappelli (vln), Django Reinhardt, Joseph Reinhardt, Vées (g), Emmanuel Soudieux (sb), Beryl Davis (v)
        25. 08. 1939   **Undecided**

ohne (v)   **H.C.Q. Strut**   15

mit Davis (v)   **Don't Worry 'bout Me**

ohne (v)   **The Man I Love**

Grappelli (vln), Django Reinhardt, Jack Llewellyn, Alan Hodgkiss (g), Coleridge Goode (sb)
London   01. 02. 1946   **Love's Melody**
                                    Nuages
                                    Liza   20

Andere CD

mit den Stücken 1–4, 6, 13, 15:
    (GB) *Swing in Paris,* Living Era CDAJA 5070

LPs

mit weiteren Stücken:
    (F) *Django Reinhardt et le Quintette du Hot Club de France,* Decca 115.120–115.124
mit den Stücken 1–7, 13, 15, 18–20: *Django Reinhardt & Stephane Grappelli with the Quintet of the Hot Club of France*
    (GB) Ace of Clubs ACL 1158
    (USA) GNP Crescendo GNP 9001
    (F) Decca 168.003

mit den Stücken 1–2, 7, 13–14, 19–20:
  (D) *The Very Best of Django Reinhardt,* Decca 6.28441 DP
mit den Stücken 3–6, 8–12, 15–17:
  (D) *The One and the Only,* Decca 6.28589 DP
mit den Stücken 1–4, 6, 13, 15:
  (GB) *Swing from Paris,* Living Era AJA 5070
mit den Stücken 2–4, 6, 15:
  (USA) *Swing from Paris,* London LL 1344

Billie Holiday:
The Quintessential Billie Holiday, vol. 5, 1937–1938;
The Quintessential Billie Holiday, vol. 9, 1940–1942

Vom Charakter her war die Sängerin Billie Holiday nicht stabil genug, um über längere Zeit eine Gruppe zusammenzuhalten oder unter einem anderen Bandleader zu arbeiten. Doch musikalisch war sie nach Louis Armstrong die beste Stimme des Jazz. Ergebnis war, daß sie in ihrer regelmäßigen Studio-Arbeit ab 1935 ein Star wurde, um den Ad-hoc-Combos gebildet wurden. Da sie einen gängigeren Stil als beispielsweise das Quintette du Hot Club oder Fats Waller pflegte, konnte sie bis auf wenige Aufnahmen die berühmtesten Bläser und Rhythmusmusiker jener Zeit für Aufnahmen gewinnen. Zwei Sessions ragen aus ihrem Vermächtnis besonders heraus.

Die Platte aus den Jahren 1937 und 1938 enthält Billie Holidays Arbeiten mit fünf Musikern aus Count Basies Orchester: Trompeter Buck Clayton, Tenorsaxophonist Lester Young, Gitarrist Freddie Green, Bassist Walter Page und Schlagzeuger Jo Jones. Dazu kamen verschiedene Pianisten, am häufigsten Teddy Wilson, und ein guter Klarinettist – Benny Goodman, Edmond Hall, Buster Bailey – oder ein Posaunist von Basie, wie Benny Morton oder Dicky Wells. Folge 5 der chronologisch geordneten CBS-Jazz-Masterpieces-Serie bietet einen guten Querschnitt ihrer Leistungen.

Hier ordneten sich nicht Musiker einer virtuosen Sängerin unter, es war eine wirkliche Zusammenarbeit zwischen den Besten des Swing. Normalerweise sang Holiday den ersten Chorus und übergab dann an die Instrumentalisten. Die Arbeit der Instrumentalisten zeigt Entspannung und Understatement.

Musikalisch verstand sich Holiday besonders gut mit Lester Young, dessen Spiel sehr melodisch war. Er entwickelte bei diesen Sessions seine Ideen noch behutsamer und schmeichelnder als sonst. Besonders hervorzuheben ist sein Solo bei der dritten Aufnahme von *When You're Smiling*.

Bereits vor diesen Sessions hatte Holiday ihren einzigartigen Gesangsstil entwickelt. Als erstes fällt die emotionale Tiefe ihrer Stimme auf. Die Tragödie steht bei ihr im Mittelpunkt. Sie konnte durch ihren Bluesgesang und das klagende Timbre ihrer Stimme die Bedeutung eines Songs verändern, Phrasen neu konstruieren und die Tragik herausstellen, wie bei *He's Funny That Way*. Bei *When You're Smiling* schreit sie die Worte «smiling» und «smiles» immer wieder, und man weiß, es sind die Tränen eines Clowns. Sie arbeitete auch mit Songs, die einen tragischen Charakter aufwiesen: *Trav'lin' all Alone* oder *When a Woman Loves a Man*. Holiday machte einen Text glaubhaft. Das krasse Gegenteil ihrer Zeitgenossin Ella Fitzgerald, war sie nie ausgelassen, und eine der wenigen nicht erfolgreichen Aufnahmen dieser Sammlung ist das im Fitzgerald-Stil gehaltene Liedchen *Now They Call it Swing*. Ein verhaltener, verletzlicher Optimismus wie bei *My First Impression of You* und *Back in your own Back Yard* war das höchste der Gefühle.

Auf der anderen Seite steht ihre Musikalität. Eine Jazzsängerin, die nicht Scat singt, also kein Instrument imitiert, wird an ihrer Fähigkeit gemessen, eine vorgegebene Melodie zu überarbeiten – und darin war Holiday ausgezeichnet, meist um Klassen besser als das Original. Obwohl sie eine wunderschöne Stimme und trompetenähnliche Artikulation hatte, war ihr Stimmumfang gering. Das merkt man bei dem für sie hoch angelegten *He's Funny That Way*. Also arbeitete sie an Feinheiten, um die Konturen eines Songs neu aufzubauen, meist, indem sie ihn erniedrigte. Und sie entwickelte einen kraftvollen Swing. Das beste Beispiel dafür ist *When You're Smiling,* weil Posaunist Benny Morton das Thema zuerst schnurgerade spielt und damit einen Hintergrund liefert, gegen den Billie Holiday angeht.

1940–42 hat sich das Gleichgewicht in Holidays Sessions verschoben. Die Begleitung ist immer noch mit berühmten Namen durchsetzt – Young, Wilson, Roy Eldridge, Kenny Clarke, Eddie Heywood, Emmett Berry, Shad Collins, Jimmy Hamilton, Al Casey, J. C. Heard, Benny Carter –, aber es spielen auch viele Unbekannte mit, da jetzt nicht mehr die Jam-Session, sondern Billie Holiday im Vordergrund steht. Es bleibt aber immer noch Raum für Solos. Die häufigsten sind von Heywood, der am Piano swingt, das wichtigste von Young – sein Break im doppelten Tempo bei *All Of Me*.

Von den vielen Versionen von Hoagy Carmichaels Hit *Georgia on My Mind* kann nur Ray Charles' gefühlvolle Soul & Country-Version mit Holidays Interpretation mithalten, die eine faszinierende Stimmung wehmütiger Erinnerung vermittelt.

Die nächsten drei Sessions zeigen einige der dunkelsten Momente im Jazz. Am Schluß übertreibt Holiday. *Mandy is Two* ist vollkommen bizarr: eine tränenreiche Klage am zweiten Geburtstag eines kleinen Mädchens. Diese Aufnahmen aus der Zeit zwischen Mai und August 1941 sind deprimierend, aber wunderschön. Herausragend sind ihr eigener Song *God Bless the Child*, *I Cover the Waterfront* (im Gegensatz zu früheren Aufnahmen singt Holiday das gesamte Stück hindurch) und *Gloomy Sunday*.

Bei den letzten beiden Sessions hat niemand festgehalten, wann die Holzbläser Klarinetten anstelle von Saxophonen eingesetzt haben, aber ich glaube, daß die Musiker im August Klarinetten verwendeten und ihre Saxophone nur für den Break in *Jim* auspackten. Auf *Love Me or Leave Me* jedoch gibt es ein Tenorsolo, vermutlich von Russin. Bei den Tracks 1 und 3 aus dem Februar 1942 tauchen die Klarinetten wieder auf, Russin spielt noch einmal die Tenorsoli. Diese Frage erscheint vielleicht unwichtig; es gibt in der Geschichte des Jazz viele Stücke, wo wir nicht erkennen können, wer welches Blasinstrument wann spielt. Hier jedoch haben die Klarinetten meiner Meinung nach eine besondere Bedeutung: Der Arrangeur setzt sie meist in ihrem tiefsten Register ein, und ihr düsterer Klang verstärkt Holidays düstere Stimmung.

CD

(USA) *The Quintessential Billie Holiday, vol. 5, 1937–1938*, **Columbia Jazz Masterpieces CK 44423** ○

Buck Clayton (tpt), Edmond Hall (cl), Lester Young (ts), James Sherman (p), Freddie Green (g), Walter Page (sb), Jo Jones (d), Billie Holiday (v)
New York   15. 06. 1937   **Born to Love**
                              Without your Love (Take 1)

Buster Bailey (cl) anstatt Hall, Claude Thornhill (p) anstatt Sherman
                13. 09. 1937   **Getting Some Fun out of Life**

       Who Wants Love?
       Trav'lin' all Alone   5
       He's Funny That Way

(Teddy Wilson:) Clayton (tpt), Prince Robinson (cl), Vido Musso (ts), Wilson (p), Allan Reuss (g), Page (sb), Cozy Cole (d), Holiday (v)
    01. 11. 1937 **Nice Work if You Can Get it**
           Things are Looking up
           My Man
           Can't Help Lovin' dat Man 10

(Wilson:) Clayton (tpt), Benny Morton (tb), Young (ts), Wilson (p), Green (g), Page (sb), Jones (d), Holiday (v)
    06. 01. 1938 **My First Impression of You**
            (Take 4)
           When You're Smiling (Take 3)
           I Can't Believe that You're in Love with Me (Take 4)
           If Dreams Come True

(Holiday:) wie **My First Impression of You**
    12. 01. 1938 **Now They Call it Swing** (Take 2) 15
          On the Sentimental Side (Take 2)
          Back in your own Back Yard (Take 1)
          When a Woman Loves a Man

Andere CDs

gleichen Inhalts:
 (Europa) CBS Jazz Masterpieces 465190-2 O
mit den Stücken 2–3, 5–6, 13, 17 und anderen, unten angegebenen:
 (I) *Lady Day & Prez, 1937–1941*, Giants of Jazz CD 0218 AAD
mit den Stücken 6, 7, 13, 15 und anderen, unten angegebenen:
 (DK) *The Most Important Recordings of Billie Holiday*, Official 83048-2
mit den Stücken 1–4:
 (F) *Billie Holiday and her Orchestra, 1933–1937*, Classics 582
mit den Stücken 5–7, 9, 13, 18 und den unten angegebenen: *The Legacy (1933–1958)*
 (USA) Columbia Jazz Masterpieces C3K-47724
 (Europa) CBS Jazz Masterpieces 469049-2 O

LPs

gleichen Inhalts:
  (USA) Columbia Jazz Masterpieces CJ 44423
  (Europa) CBS Jazz Masterpieces 465190-1
mit weiteren Stücken:
  (J) *Billie Holiday*, CBS-Sony SOPH 61-SOPH 70
mit den Stücken 2 (anderer Take), 3, 5, 12, 14, 16 (anderer Take), 17–18:
  (USA) *The Golden Years*, Columbia C3L 21
  (Europa) *The Golden Years*, vol. 2, CBS BPG 62038; *The Billie Holiday Story*, vol. 1, CBS 68228
  (J) *The Golden Years*, vol. 2, Columbia PMS 94
  (AUS) *The Billie Holiday Story*, vol. 1, Avan Guard B2VL 228
mit den Stücken 6–7, 9–11, 13, 15 (anderer Take):
  (USA) *The Golden Years*, vol. 2, Columbia C3L 40
  (Europa) *The Golden Years*, vol. 2, CBS 66301; *The Golden Years*, vol. 5, CBS BPG 62815; *The Billie Holiday Story*, vol. 3, CBS 68230
  (J) *The Golden Years*, vol. 5, Columbia SL 1330C
mit den Stücken 3–6, 11–15, 17–18 und anderen Aufnahmen: *The Lester Young Story, vol. 2: A Musical Romance*
  (USA) Columbia JG 34837
  (GB) CBS 88263
mit den Stücken 2, 5, 12–13, 15:
  (I) *Lady Day & Prez*, Giants of Jazz LPJT 45
mit den Stücken 3, 6, 10, 17 und den unten angegebenen:
  (I) *The Golden Years of «Lady Day»*, Giants of Jazz LPJT 10
mit den Stücken 6, 7, 13, 15 und den unten angegebenen:
  (DK) *The Most Important Recordings of Billie Holiday*, Official 3048-2

CD

(USA) The Quintessential Billie Holliday, vol. 9, 1940–1942, Columbia Jazz Masterpieces CK 47031 □

Bill Coleman (t), Morton (tb), Benny Carter (cl, as), Georgie Auld (ts), Sonny White (p), Ulysses Livingston (g), Wilson Myers (sb), Yank Porter (d), Holiday (v)
New York   15. 10. 1940   **St Louis Blues** (Take 1)
                                   Loveless Love

Shad Collins (t), Leslie Johnakins, Eddie Barefield (as), Young (ts), Eddie Heywood (p), John Collins (g), Ted Sturgis (sb), Kenny Clarke (d), Holiday (v)   21. 03. 1941   **Let's do it**

> **Georgia on my Mind**
> **Romance in the Dark** 5
> **All of Me**

Roy Eldridge (tpt), Lester Boone, Jimmy Powell (as), Ernie Powell (ts), Heywood (p), Paul Chapman (g), Grachan Moncur (sb), Herbert Cowens (d), Holiday (v)
> 09. 05. 1941 **I'm in a Low Down Groove**
> **God Bless the Child**
> **Am I Blue?**
> **Solitude** 10

Emmett Berry (tpt), Jimmy Hamilton (cl), Hymie Schertzer (cl, as), Babe Russin (cl, ts), Teddy Wilson (p), Al Casey (g), John Williams (sb), J. C. Heard (d), Holiday (v)
> 07. 08. 1941 **Jim**
> **I Cover the Waterfront**
> **Love Me or Leave Me**
> **Gloomy Sunday**

Gene Fields (g) anstatt Casey
> 10. 02. 1942 **Wherever You Are** 15
> **Mandy is Two**
> **It's a Sin to Tell a Lie**
> **Until the Real Thing Comes Along**

Andere CDs

mit den Stücken 3–6 und weiteren, oben angegebenen:
  (I) *Lady Day & Prez, 1937–1941,* Giants of Jazz CD 0218 AAD
mit den Stücken 3–4, 8, 11, 13 und weiteren, oben angegebenen:
  (DK) *The Most Important Recordings of Billie Holiday,* Official 83048-2
mit den Stücken 3, 6, 8, 14, 18 und den oben angegebenen: *The Legacy (1933–1958)*
  (USA) Columbia Jazz Masterpieces C3K-47724
  (Europa) CBS Jazz Masterpieces 469049-2 ○

LPs

gleichen Inhalts:
  (USA) Columbia Jazz Masterpieces C-J 47031
mit weiteren Stücken:
  (J) *Billie Holiday,* CBS-Sony SOPH 61–SOPH 70

mit den Stücken 1, 3, 5, 7–8, 10, 12–13, 16–17 und anderen Versionen der
Stücke 2, 4, 6, 9, 11, 14, 18: *God Bless the Child*
(USA) Columbia KG 30782
(GB) CBS M 66267
mit den Stücken 4–6, 8–9, 12, 14 und weiteren wie oben angegeben:
(USA) *The Golden Years,* Columbia C3L 21
(Europa) *The Golden Years,* vol. 3, CBS BPG 62039; *The Billie Holiday Story,* vol. 2, CBS 68229
(J) *The Golden Years,* vol. 3, Columbia PMS 95
(AUS) *The Billie Holiday Story,* vol. 2, Avan Guard B2VL 229
mit den Stücken 1 (Zweitversion), 3, 7, 10, 16–17 und weiteren, oben angegebenen:
(USA) *The Golden Years,* vol. 2, Columbia C3L 40
(Europa) *The Golden Years,* vol. 2, CBS 66301; *The Golden Years,* vol. 5, CBS BPG 62815; *The Billie Holiday Story,* vol. 3, CBS 68230
(J) *The Golden Years,* vol. 5, Columbia SL 1330 C
mit den Stücken 4, 6, 9–10, 13 und weiteren, oben abgegebenen:
(I) *The Golden Years of «Lady Day»,* Giants of Jazz LPJT 10
mit den Stücken 3–4, 8, 11, 13 und weiteren, oben angegebenen:
(DK) *The Most Important Recordings of Billie Holiday,* Official 3048-2

Coleman Hawkins: *Body and Soul; The Man I Love*

Während seiner Zeit mit Fletcher Hendersons Big Band hat Coleman Hawkins mehr als jeder andere das Tenorsaxophon als Solo-Instrument im Jazz etabliert. Aber erst, nachdem er Henderson 1934 verlassen hatte, nahm er seine besten Soli auf. Dazu gehören neben einigen Stücken von einer Session in Paris 1937 *Body and Soul* (1939) und *The Man I Love* (1943). Multi-Instrumentalist Benny Carter und Gitarrist Django Reinhardt gehörten zu Hawkins' Mitspielern bei den Pariser Sessions. Zwei Jahre zuvor hatte er bei einer Session mit dem ausgezeichneten Trompeter Arthur Briggs gespielt; doch bei diesen und anderen Aufnahmen aus der Zeit, da Hawkins fern der Heimat spielte, hatte er nicht die besten Sidemen zur Verfügung – Europa verfügte zu jener Zeit noch nicht über einen großen Pool von erstklassigen Musikern. Wie weit der Weg noch war, hört man auf diversen Anthologien, vor allem auf denen, die den Titel *Blue Light Blues* enthalten, der 1938 unter Carter entstand und bei dem Alix Combelle Hawkins' Platz einnimmt: Abgesehen von Carters ausgezeichnetem

Trompetenspiel steckt das Stück voller falscher Noten und hat überhaupt keinen Swing; selbst Reinhardt kämpft mit dem Blues.

Hawkins' Meisterwerk *Body and Soul* entstand für RCA Victor, kurz nachdem er nach seinem fünfjährigen Europa-Aufenthalt in die USA zurückgekehrt war, aber die mir bekannten RCA-Alben enthalten entweder zu viele schlechte Aufnahmen oder repräsentieren eine spätere Phase in Hawkins' Karriere. *The Man I Love* entstand während des Streiks der Musikergewerkschaft gegen die großen Companies und wird heute oft mit Material kombiniert, das musikalisch uninteressant ist. Deshalb setzte ich mich über das System dieses Buches hinweg und behandle hier nur die beiden letztgenannten Stücke, die Pariser Sessions jedoch im Kapitel 7 zusammen mit Carters Album FURTHER DEFINITIONS.

Ende der 30er Jahre hatte Lester Young eine Alternative zu Hawkins' Ansatz des Tenorsaxophonspiels entwickelt. Aber Hawkins zeigte, daß er, obwohl er fern des Jazz-Zentrums New York war, noch nicht zum alten Eisen gehörte. Eine Vorstellung von seiner Bedeutung kann man sich machen, wenn man weiß, daß sein Solo in *Body and Soul* als einziges dreimal in der Zeitschrift *Down Beat* veröffentlicht wurde, damit andere Fans und andere Musiker es in allen Einzelheiten studieren konnten.

Ein Meilenstein in der Entwicklung des Solos ist, wie Hawkins das Timbre, die Lautstärke, den Ansatz und die Stimmlage variiert. Über 64 Takte entwickelt sich sein Spiel im Schneeballsystem zu einem ungeheuren Höhepunkt. Hawkins beginnt sanft mit einem kontrollierten Vibrato, und in der Anfangsphase des Solos kann man die Melodie von *Body and Soul* leicht erkennen. Sie verschwindet jedoch schnell und macht schnelleren, neuen Linien Platz, die sich um die Akkordfolgen des Stücks ranken. Hawkins verändert seinen Sound nach und nach, wird lauter und schärfer und arbeitet einem Höhepunkt entgegen, der oberhalb der normalen Tonhöhe seines Instrumentes liegt.

Ende 1943 begann der große Altsaxophonist Charlie Parker einen Stil durchzusetzen, der als Bop bekannt wurde, und die Szene damit zu revolutionieren. Hawkins folgte ihm stilistisch bald ebenso wie der Bassist und der Drummer des Quartetts, das *The Man I Love* aufnahm: Oscar Pettiford und Shelly Manne. Der Titel, ein klassisches Swing-Combo-Stück, läßt noch nicht ahnen, daß eine Veränderung in der Luft liegt. Anders als bei *Body and Soul* ist die Begleitung diesmal erstklassig, und Hawkins hat ihren Stil seinem überladenen

Piano-Stil angepaßt. *The Man I Love* ist wie *Body and Soul* eine langsame Ballade, wird aber im doppelten Tempo gespielt, so daß aus dem 32-taktigen Stück ein 64-taktiges wird. Obwohl er Besen statt Stöcke benutzt, erzeugt der Schlagzeuger Manne einen eindringlichen Rhythmus auf den Snare- und Baß-Drums. Pettiford spielt laufende Baßfiguren, und Hawkins hält im Hintergrund leise Noten, so daß Pianist Eddie Heywood in ein tiefes, originelles Solo fällt. Er bezieht sich kurz auf Fragmente der Melodie, konzentriert sich aber auf einen Ansatz, der einen erfrischenden Kompromiß zwischen sich wiederholenden Riffs und der Entwicklung immer neuer Melodien bildet.

Am Ende von Heywoods Chorussen ändert sich das Gleichgewicht, als Pettifords Solo eingefangen wird. Zu jener Zeit gab es bereits viele Beispiele, daß Bassisten anstelle einer Baßlinie für den Chorus eine Melodie schufen. Musiker wie Israel Crosby (mit Gene Krupa), Milt Hinton (mit Cab Calloway) und Jimmy Blanton (mit Duke Ellington) hatten Soli aufgenommen. Aber bei Pettifords Solo stimmt zum erstenmal alles: Intonation, Tonqualität, Swing und melodische Phrasierung. So ist es auch Pettiford und nicht Heywood oder Hawkins, der sich an die Melodie des Songs hält und einen Teil von ihr paraphrasiert, um die zweite Hälfte seines Solos zu beginnen.

Hawkins beendet das Stück. Sein Solo hebt eine andere Seite seiner musikalischen Persönlichkeit hervor: Er swingt hart über dem Beat. Da Pettiford und Heywood schon heftig waren, mußte er nicht sanft sein. Also beginnt er mit größerer Intensität als bei *Body and Soul*. Alles andere entspricht seiner Ästhetik: Arabesken um die Akkordfolgen, ausgedehntes Vibrato und Schärfe im Ton. Für die hohen Noten wird eine besondere Härte reserviert.

CD-«Single»

(Europa) *Body and Soul*, **Bluebird PD 43188** ☐

Tommy Lindsay, Joe Guy (tpt), Earl Hardy (tb), Jackie Fields, Eustis Moore (as), Coleman Hawkins (ts), Gene Rodgers (p), William Oscar Smith (sb), Arthur Herbert (d)
New York   11. 10. 1939   **Body and Soul**

Andere CDs

mit *Body and Soul:*
  (USA) *Body and Soul,* Bluebird 5717-2 RB
  (Europa) *Body and Soul,* Bluebird ND 85717
  (USA) *Three Great Swing Saxophones,* Bluebird 9683-2 RB
  (GB) *Coleman Hawkins 1927–1939,* BBC CD698
  (Europa) *Three Great Swing Saxophones,* Bluebird ND 90405
  (F) *Coleman Hawkins 1926–1940,* Jazz Archives 997.582; *Coleman Hawkins 1939–1940,* Classics 634

LPs

mit *Body and Soul:*
  (USA) *Body and Soul: a Jazz Autobiography,* RCA Victor LPV 501 *Giants of Jazz: Coleman Hawkins,* Time-Life STL J06; *Body and Soul,* Bluebird 5658-1 RB 11
  (Europa) *Body and Soul,* RCA PL 85658
  (F) *Body and Soul: a Jazz Autobiography,* RCA 730.566; *Jazz Tribune no. 52: the Indispensible Coleman Hawkins 1927–1956: Body and Soul,* RCA NL 89277; *His Greatest Hits,* RCA 730.625; *Coleman Hawkins, vol. 1,* RCA FXM1-7325
  (D) *Body and Soul: a Jazz Autobiography,* RCA LPM 501
  (I) *The Bean,* Giants of Jazz LPJT 51

CD

(USA) *Classic Tenors: Coleman Hawkins and Lester Young,* CBS Special Products AK 38446

Hawkins (ts), Eddie Heywood (p), Oscar Pettiford (sb), Shelly Manne (d)
New York   23. 12. 1943   **The Man I Love**

Andere CD

gleichen Inhalts:
  (USA) Doctor Jazz WK 38446

LPs

mit *The Man I Love:*
(USA) Contact CM3; Doctor Jazz FW 38446; Flying Dutchman FD 10146
(GB) Doctor Jazz ASLP 1004; Philips 6369410; Stateside SL 10117
(F) Barclay 84107; Jazz Anthology 30 CV 1252
(I) Joker SM 3259
(J) Contact LAX 3064; Flying Dutchman PG 83; Flying Dutchman RJL 2571
(F) *Saxophone Giants,* RCA FXM 3-7324
(I) *The Bean,* Giants of Jazz LPJT 51
(F) *Great Tenor Saxophones,* Jazz Archives 999721; *Coleman Hawkins, Ben Webster, Julian Dash,* Doctor Jazz FDC5008

Ben Webster and Don Byas: *Two Kings of the Tenor Sax*

Bereits nach den ersten erfolgreichen Jazzaufnahmen von Columbia und Victor bildeten sich in den USA kleine, unabhängige Gesellschaften, die sich auf Jazz spezialisierten. Sie bildeten einen wichtigen Bestandteil der Jazz-Szene, bis sie in der Weltwirtschaftskrise entweder in den Bankrott gingen oder von den Großen geschluckt wurden. Die Wiederkehr der unabhängigen Gesellschaften begann 1938 mit der Gründung des Labels Commodore durch Milt Gabler. Mit seinem Gespür für gute kleine Combos machte Gabler sein Label zum wichtigsten seiner Zeit.

Unter den vielen guten Commodore-Veröffentlichungen befindet sich die hier vorgestellte. Auf ihr finden sich die Ergebnisse zweier Sessions, die 1944 im Studio aufgenommen wurden: das Quartett des Schlagzeugers Sid Catlett mit dem Tenorsaxophonisten Ben Webster sowie Hot Lips Pages Septett mit dem Tenorsaxophonisten Don Byas. Der dritte Teil des Albums ist ein Auszug aus einem Konzert in der New Yorker Town Hall ein Jahr später. Don Byas spielt hier im Duett mit dem Bassisten Slam Stewart und im Trio mit Stewart und Teddy Wilson.

Die vier Titel der Catlett/Webster-Session entstanden zu einer Zeit, als die beiden Männer zusammen im Onyx Club in New York spielten. Langweilig sind John Simmons' Baß-Soli und Catletts Stück *Just a*

Riff, das auf einem schwerfälligen Riff basiert. Die restliche Session, die jeweils zwei Takes der anderen drei Titel enthält, ist großartig.

Bandleader Catlett hat hier Gelegenheit zu zeigen, wie gut er den Swing beherrscht, besonders durch sein kompliziertes Snare-Drumming. Der Pianist Marlowe Morris, der im selben Jahr mit Catlett, Simmons, Lester Young und anderen für den Film *Jammin' the Blues* gespielt hatte, leistet hier seinen wichtigsten Beitrag zur Jazzgeschichte. Man spürt den Einfluß von Bop-Pianisten im New York des Jahres 1944, aber Morris zeigt noch nicht deren rhythmische Durchtriebenheit. Morris arbeitete viel allein. Er gehört zu den Musikern, die in dieser Hinsicht mit Art Tatum vergleichbar sind, den er bei diesen Aufnahmen manchmal zitiert (z. B. in der zweiten Hälfte eines Solos bei *Sleep*).

Star der Session ist Ben Webster. Vergleicht man verschiedene Takes, erkennt man, wie er komplexe und überzeugende neue Melodien entwickelt. Mit dem schnellen *Sleep* kommt er ebensogut zurecht wie mit dem mittelschnellen *Linger Awhile* und der Ballade *Memories of You.* Sein Sound steckt voller Gegensätze, die sich manchmal nach und nach aufbauen, wie bei *Sleep.* Er beginnt sanft und mit einem hervortretenden, jedoch nicht zu schweren Vibrato, dann, nach Catletts Soli, wird sein Ton brummend und steigert sich zu wiederholten hohen Noten. Manchmal kommt der Wechsel ganz unvermittelt, wie bei dem Sprung von einem scharfen Solo zu einer zarten, melodischen Phrase am Schluß von *Linger Awhile* und bei den explosiven Rips in der Mitte des ersten Takes der ansonsten einschmeichelnden Version von *Memories of You.*

Hörenswert sind auch die Aufnahmen mit Don Byas. Bei *You Need Coachin'* fallen Pages fröhlicher Bluesgesang und seine Soli und Earl Bostics unpassendes Solo, das weder Blues noch Swing ist, auf. Im Mittelpunkt jedoch steht hier und bei den restlichen Aufnahmen Byas: sein entspanntes Solo auf *You Need Coachin',* sein sanftes, üppiges Balladenspiel auf *These Foolish Things* und *Candy* sowie seine flinken Variationen auf *Indiana* und *I Got Rhythm.* Die beiden letzten Titel sind Duette mit Stewart und folgen demselben Format. *Indiana* beginnt sogar (unbeabsichtigt) mit den ersten 16 Takten der Baßlinie von *I Got Rhythm*! Dann setzt Don Byas mit der Melodie von *Indiana* ein und reißt Stewart mit. Bei beiden Titeln spielt Byas das Thema, bevor er mit der Improvisation beginnt, die die Technik und die Phantasie der Saxophonisten ahnen läßt, denen aber wie bei Morris die überraschende Betonung eines charakteristischen Solos fehlt. Während des Solos hält Stewart eine starke Baßlinie und ersetzt manchmal das fehlende Schlagzeug durch Schlagbaßtechnik. Zwischen Byas' Improvisationen ist Stewarts melodisches Solo eingeklemmt, gleichzeitig gestrichen und gesummt in seinem typisch humorvollen Stil. Die beiden Balladen mögen weniger aufregend sein als diese beiden Duette, aber ihr melodischer Inhalt hat mehr Substanz. Mit seinem sanften, gehauchten Sound und seiner blühenden Phantasie hält Byas dem Vergleich mit jedem Konkurrenten stand.

LP

(D) Ben Webster and Don Byas: *Two Kings of the Tenor Sax*, Commodore 6.24058 AG □

Ben Webster (ts), Marlowe Morris (p), John Simmons (sb), Sid Catlett (d)
New York 18. 03. 1944 **Sleep**
Sleep no. 2
Linger Awhile
Linger Awhile no. 2
Memories of You 5
Memories of You no. 2
Just a Riff

Hot Lips Page (tpt), Don Byas (ts), Earl Bostic (as), B. G. Hammond (as), Clyde Hart (p), Al Lucas (sb), Jack Parker (d)
New York 29. 09. 1944 **You Need Coachin'**
These Foolish Things

Byas (ts), Slam Stewart (sb)
New York 09. 06. 1945 **Indiana** 10
I Got Rhythm

mit Teddy Wilson (p) **Candy**

CDs

mit den Stücken 1–3, 5, 7–12:
  (USA) *Giants of the Tenor Sax*, Commodore CCD 7005
mit den Stücken 1–7:
  (D) *Classics in Swing: Ben Webster–Chu Berry*, Commodore 9031-72726-2 ○

mit den Stücken 8–9:
  (D) *Classics in Swing: Buck Clayton–Jonah Jones–Hot Lips Page,* Commodore 9031-72735-2 ○
mit den Stücken 10–12:
  (D) *Classics in Swing: Town Hall Concert,* Commodore 9031-72739-2 ○

Andere LPs

gleichen Inhalts:
  (USA) Commodore XFL 14938
  (D) Commodore 6.24058 AG
mit weiteren Stücken:
  (USA) *The Complete Commodore Jazz Recordings,* Mosaic MR 23-123
mit den Stücken 1, 3, 7–9:
  (GB) *Sax Scene,* London HMC 5004
mit den Stücken 1–3, 5, 7–12:
  (USA) *Giants of the Tenor Sax,* Commodore CCL 7005
mit den Stücken 1, 3, 5, 7:
  (USA) *The Commodore Years: the Tenor Sax: Lester Young, Chu Berry, Ben Webster,* Atlantic 2-307
mit den Stücken 10–12:
  (USA) *The Commodore Years: Town Hall Concert, 1945,* Atlantic 2-310
  (GB) *Town Hall Concert, vol. 3,* London HMC 5003

Nat «King» Cole: *The King Cole Trio*

Nat «King» Cole hatte zwei Karrieren. 1937 gründete er ein Swing-Trio, in dem er neben dem Gitarristen Oscar Moore und dem Kontrabassisten Wesley Prince Piano spielte; alle drei sangen auch. 1951, nachdem der Bassist einige Male gewechselt hatte, löste Cole das Trio auf, um nur noch, begleitet von Studio-Orchestern, romantische, populäre Lieder zu singen. Eine Zusammenstellung in der italienischen Serie Giants of Jazz konzentriert sich auf seine erste, weniger bekannte Karriere. Sie enthält verschiedene Formen von Standards, Jazz und Blues und dokumentiert damit die ungewöhnlich talentierte Vielseitigkeit Coles und des Trios.
  Eine lose Verbindung zwischen den Gesangstiteln wird durch das

sorgfältige Arrangement hergestellt. Bei den frühesten Aufnahmen von 1941 singen die drei Männer perfekt unisono. Am deutlichsten zeigt sich das in der Mitte von *I like to Riff*. Ein weiteres Beispiel ist der Refrain von Coles erstem Hit, seiner Eigenkomposition *Straighten up and Fly Right* (Prince war hier durch Johnny Miller ersetzt). Man braucht nicht viel Phantasie, um hinter dem niedlichen Lied über einen Bussard und einen Affen eine Metapher für die Rassenprobleme in den USA zu erkennen.

Zwei Wochen später nahm er die entspannten Versionen von *Sweet Lorraine* und *It's Only a Paper Moon* und eine sinnliche Adaption der Ballade *Embraceable You* auf. Er bleibt dicht an den bekannten Melodien, und mit der sehr deutlichen Aussprache konzentriert sich der Vortrag auf seine schöne, weiche Stimme. Als vierte Ballade nahm er 1946 *For Sentimental Reasons* auf, und man spürt, daß er das Rüstzeug für seine zweite Karriere bereits hatte.

Die letzte Gesangsnummer dieser Platte, *Route 66!*, steht in deutlichem Gegensatz zu den drei instrumentalen Blues-Titeln *Easy Listening Blues*, *This Way Out* und *Rhumba Azul*. Sie basiert zwar auf Blueswechseln, ist aber emotional meilenweit vom Blues entfernt. Cole beherrschte jedoch auch dieses Genre, am besten zu sehen beim *Easy Listening Blues*. *This Way Out* enthält ausgezeichnete improvisierte Blues-Soli im Swing-Stil. Weniger gelungen ist dagegen *Rhumba Azul* mit seinem lateinamerikanisch angehauchten Rhythmus.

Als Instrumentalisten besaßen die drei ein hervorragendes Gefühl für Swing. Und nur wenn Cole und Moore wiederholt einen stampfenden Riff spielen, scheint ein Swing-Drummer zu fehlen, ansonsten nicht. Coles Ansatz lag zwischen Swing und Bop. Mit seiner Flexibilität und seinem Tempo konnte Moore manchmal nicht mithalten. Neben seiner bereits erwähnten stilistischen Vielseitigkeit zeigt Coles Version von Fats Wallers *Honeysuckle Rose*, daß er auch mit der Geschwindigkeit und dem klaren Anschlag eines Art Tatum oder Bud Powell spielen konnte. Daß ihn auch der straffe Rhythmus des Bop reizte, hört man in seinem Piano-Solo auf dem Titel *Bop Kick*, der ansonsten wie *Rhumba Azul* zu den wenigen nicht gelungenen Aufnahmen des Trios gehört.

LP

(I) The King Cole Trio, Giants of Jazz LPJT 14 □

Nat «King» Cole (p, v), Oscar Moore (elg, v), Wesley Prince (sb, v)
New York   16. 03. 1941   **I Like to Riff**
                23. 10. 1941   **Call the Police**

Johnny Miller (sb, v) anstatt Prince
Los Angeles   30. 11. 1943   **Straighten up and Fly Right**

Cole (p, v), Moore (elg), Miller (sb)
                15. 12. 1943   **Sweet Lorraine**
                                  Embraceable You   5
                                  It's Only a Paper Moon

ohne (v)   17. 01. 1944   **The Man I Love**
                                  What is This Thing Called Love?
                06. 03. 1944   **Easy Listening Blues**
                23. 05. 1945   **Sweet Georgia Brown**   10
                01. 11. 1945   **This Way Out**

wie **Straighten up and Fly Right**
                15. 03. 1946   **Route 66!**

wie **Sweet Lorraine**
New York   22. 08. 1946   **For Sentimental Reasons**

wie **The Man I Love**
Los Angeles   25. 06. 1947   **Honeysuckle Rose**
                00. 08. 1947   **Rhumba Azul**   15

Cole (p), Irving Ashby (elg), Joe Comfort (sb), Jack Costanzo (Bongos)
New York   00. 03. 1949   **Bop Kick**

Andere LPs

mit den Stücken 3–6:
   (USA) *Vocal Classics,* Capitol T 591
mit den Stücken 3–4, 6, 12–13:
   (USA) *Nat King Cole Story,* Capitol WCL1-1613 und SWCL1-1613

mit den Stücken 7–11, 14–16:
(USA) *Instrumental Classics,* Capitol T 592
(GB) *Capitol Jazz Classics: King Cole Trio: Trio Days,* EMI One-up OU 2007
(NL) *Capitol Jazz Classics: King Cole Trio: Trio Days,* Capitol 5C 052.80-804

CDs

mit den Stücken 3–16:
(GB) *The Complete Capitol Recordings of the Nat King Cole Trio,* Mosaic MD 18-138
mit den Stücken 1, 3–4, 6, 8, 11–16:
(I) *Nat King Cole Trio (and Guests),* Giants of Jazz CD0231, CD53005
mit den Stücken 3–6, 8, 12–13:
(GB) *Jumpin' at Capitol: the Best of the Nat King Cole Trio,* Rhino R2 71009
mit den Stücken 3–4, 6, 12–23: *The Nat King Cole Story*
(USA) Capitol C21Y-91529
(GB) Capitol 795129-2
mit den Stücken 7–11, 14–16:
(USA) *The Best of the Nat King Cole Trio,* Capitol CDP 7-98288-2

Ella Fitzgerald: *Ella at Juan-les-Pins*

Zu Beginn des Abschnitts über Ella Fitzgerald muß ich gestehen, daß ELLA AT JUAN-LES-PINS nicht ihr bestes Album ist. Dieser Titel gebührt ELLA FITZGERALD SINGS THE GEORGE AND IRA GERSHWIN SONG BOOK (1959), einer Sammlung populärer amerikanischer Songs, bei denen die Sängerin von einem Studioorchester unter der Leitung von Nelson Riddle begleitet wurde. Es gibt nur wenig auf der Welt, das schöner ist als ihre Version von *Embraceable You.* Fitzgerald in ihrer Vielseitigkeit als Jazzsängerin wird jedoch das hier besprochene Album am besten gerecht. Aufgenommen wurde es in Frankreich beim fünften Festival Mondial du Jazz Antibes-Juan-les-Pins 1964. Trompeter Roy Eldridge leitet ein Quartett, zu dem zwei langjährige Mitglieder von Ellas normalem Trio gehören: Gus Johnson, früher einer der besten Schlagzeuger von Count Basie, und Tommy Flana-

gan, dessen Erfolge als Bop-Pianist in Detroit und New York niemanden über seine Fähigkeiten als Swingmusiker hinwegtäuschen sollten.
 Wie immer bilden populäre Songs den Grundstock von Ellas Repertoire. (Eine Ausnahme bildet *The Cricket Song*, der als Reaktion auf die Insekten entstand, die den zweiten Abend ihrer Vorstellung störten.) Erstaunlich bei diesem Album ist Ellas Wandlungsfähigkeit, das breite Spektrum ihrer Interpretationen. Am nächsten an die Studio-Arbeiten kommen die Aufnahmen ohne Eldridge heran. *Summertime* zeigt die Schönheit ihrer Stimme bei einer für sie recht hohen Melodie. Mit der zu dem Text passenden trägen Intonierung bleibt sie dicht am Original, modifiziert es nur durch Bluestöne und Gospelmelismen. Im Gegensatz dazu bietet *Somewhere in the Night*, ein Duett mit dem Piano, ihr zu Anfang Gelegenheit, im tiefen, weichen Bereich ihres Stimmumfangs zu schwelgen. Eldridge ist auch bei der balladenähnlichen Einführung von *I've Got You Under my Skin* ausgeschlossen, das sich zu einer nicht ganz geglückten Mixtur aus Swing und Bossa Nova entwickelt, und er fehlt in *How High the Moon* bis auf die letzte Note. Auch bei diesen Songs bleibt Fitzgerald recht dicht an den Melodien. Letztgenanntes Stück ist eine langsame Ballade, die ohne Zweifel einen Gegenpol zu den zahllosen schnellen Versionen bilden soll, die sie nach dem Erfolg ihres Scat-Gesangs auf einer Aufnahme von *How High the Moon* 1947 gesungen hatte.
 Eldridge sorgt, wie schon früher in der Combo des Tenorsaxophonisten Chu Berry, auch hier für das Feuerwerk. Mit seiner Unterstützung zeigt sich eine weitere künstlerische Facette Ella Fitzgeralds: als treibende, swingende, verwegene Improvisatorin, deren entschlossener Sound ganz in der Tradition der Blues-Shouter aus Kansas City steht. Die meiste Zeit vermeidet sie Scat-Gesang und hält sich an den Text. Sie trennt ihn jedoch von den Melodien und gibt ihm ihren eigenen Rhythmus und ihre eigene Betonung. In der Mitte von *Day in, Day out* fügt sie *Come Rain or Come Shine* ein und singt dann die Worte «there it is, there it is» zur Melodie von *Mean to Me*. Eldridge zieht sofort mit. *Just a Sittin' and a Rockin'* beginnt ganz entspannt, entwickelt sich aber über Eldridges Trompetensolo zu Fitzgeralds intensivstem Shout. Am Anfang von *The Lady is a Tramp* imitiert sie den charakteristischen Stil der Broadway-Sängerinnen und klingt für ein paar Phrasen wie ein New Yorker Teenager. Sie wechselt jedoch wieder in ihre volle Altstimme und dann zum Shout.
 In *St Louis Blues* treibt Ella ihre Leidenschaft über die Grenze zur Grobheit hinaus. Doch am Ende macht sie deutlich, daß es nicht von

Herzen kam: «Dieses Stück haben wir nur auf besonderen Wunsch gesungen.» Erfolgreicher in diesem Stil war sie mit *They Can't Take That Away from Me*, obwohl auch das ein Popsong und kein Blues ist.

You'd be so Nice to Come Home to ist der stärkste Beweis für Fitzgeralds Improvisationsfähigkeiten: Sie wiederholt den Text dreimal und ändert die Melodie jedesmal drastisch ab. Dieser Lektion in Jazz-Kreativität setzt sie mit *Honeysuckle Rose* noch eins drauf. Von der ersten Note an gestaltet sie Fats Wallers bekannte Melodie um. Sie bezieht sich nur selten auf das Original, macht neue Melodien zu den Akkordfolgen, erfindet im Wechsel mit Eldridge neue Riffs und singt Scat. Diese Darbietung ist eine Tour de force in improvisiertem Swing.

LP

(USA) *Ella at Juan-les-Pins*, **Verve 4065 and 64065** □

Roy Eldridge (tpt), Tommy Flanagan (p), Bill Yancey (sb), Gus Johnson (d), Ella Fitzgerald (v)

Antibes, Frankreich	00. 07. 1964	**Day in, Day out**	
		Just a Sittin' and a Rockin'	
		The Lady is a Tramp	
		Summertime	
		St Louis Blues	5
		Honeysuckle Rose	
		They Can't Take That Away from Me	
		You'd be so Nice to Come Home to	
		Somewhere in the Night	
		I've Got You Under my Skin	10
		The Cricket Song	
		How High the Moon	

Andere LPs

gleichen Inhalts:
   (GB) Verve VLP 9083 und SVLP 9083
mit einem weiteren Stück:
   (F) gleicher Titel, Verve GLP 3716

KAPITEL 5

Wir nannten es Musik: Dixieland und Swing

Digby Fairweather

WE CALLED IT MUSIC war der Titel, den Gitarrist Eddie Condon seiner Autobiographie und einer begleitenden LP-Collection gab. Wenn man um die Qualität des Jazz weiß, den Condon mit seinen Musikern spielte, kann wohl kein Musikhistoriker mehr auf die Idee kommen, es anders zu bezeichnen. Condons Stil war eine gelungene Mischung aus klassischem Jazz und Swing, und die Swing-Ära ist die Coming-Out-Party für den Jazz. In den 30er Jahren gelangte er zur vollen Blüte. Die technischen Fähigkeiten wurden verbessert, das Wissen mehrte sich, und eine ganze Generation von Benny Goodman bis zu Harry James und ihren Mitstreitern setzte Standards. Die Musiker in diesem Kapitel waren Zeitgenossen oder Söhne der Swing-Ära – junge Künstler, die kurz nach der Generation wirklicher Erneuerer wie Armstrong, Noone, Hines und Teagarden aufwuchsen und das von denen Geschaffene in ihrer Musik kreativ umsetzten. Auf der Basis fortgeschrittener Techniken entwickelten sie das Vorgegebene mit Phantasie weiter. Der Begriff «Dixieland» ist mißverständlich, da er mindestens zwei Bedeutungen hat, und wurde von einigen Jazzgrößen, die hier auftauchen, besonders von Bobby Hackett, strikt abgelehnt. Mit «Dixieland» ist in diesem Kapitel weder der klassische New Orleans Jazz gemeint noch die euro-amerikanische Tradition, Vergangenes wiederzubeleben. «Dixieland» steht hier für eine Richtung des Jazz, die von den erfindungsreichen Arrangements von Bob Crosby, Matty Matlock und deren Anhängern, bis zu der an klassischen Jazzprinzipien orientierten freien Kreativität reicht, für die

Eddie Condon stand. Es war die Musik von «Jamboree Jones», Muggsys «Great Sixteen», aus Chicago und New York, von den Jazzgrößen und ihren Anhängern, von Charlie Lavere bis Dick Cathcart, Billy Maxted und Rosy McHargue. Sie nannten es Musik – und der Jazz war niemals besser als zu ihrer Zeit.

Bob Crosby:
Jazz Classics in Digital Stereo: Bob Crosby, 1937–1938

Liebhaber dessen, was im allgemeinen als «Dixieland» bezeichnet wird, schwärmen besonders für Bob Crosbys Orchester und seine kleine Gruppe, die Bob Cats. Logisch, denn beide Ensembles von Crosby basierten auf klassischen Jazzmustern und bildeten in den Big-Band-Jahren eine Dixieland-Oase, weit entfernt vom Swing eines Tommy Dorsey, Benny Goodman oder Artie Shaw. Crosbys Band löste das amerikanische Jazz-Revival mit aus. Ein großer Teil des Repertoires stammte aus klassischen Jazzquellen, und einige Musiker, wie Eddie Miller, Nappy Lamare, Ray Bauduc und Irving Fazola, kamen aus New Orleans. Und obwohl sie, ebenso wie Yank Lawson und Bob Haggart, in der Swing-Ära aufwuchsen, waren sie geprägt von klassischen Jazzmusikern wie Armstrong, Oliver oder Jimmie Noone.

Crosbys Musik stach besonders durch zwei Dinge hervor: ihre technische Ausgereiftheit und die Sammlung geschriebener Arrangements, die ihr zugrunde lag. Ihre Linie beeinflußte viele andere Musiker und führte zu einem Genre, das sich deutlich von dem archaischen Stil von Lu Watters, Bunk Johnson und George Lewis unterschied.

Der beste Beweis für diesen Unterschied ist *South Rampart Street Parade*, ein brillantes Klangbild einer Straßenparade in New Orleans, das für das Genre Maßstäbe setzt. Die einzigartige Mischung aus Revival und Swing setzt sich in den anderen Crosby-Titeln fort. Nummern wie *Gin Mill Blues* und *Dogtown Blues* mit ihren Anleihen an den New-Orleans-Stil geben ein gutes Beispiel für John Chiltons Anmerkung: «Die Band verzichtete prinzipiell auf alles, was gewollt oder überflüssig klang – das Ergebnis war ehrliche Musik voller Gefühl.» Die Coda von *Gin Mill Blues* ist ein schönes Beispiel für die

Details einer Dixieland-Komposition. *Honky Tonk Train Blues* blieb die definitive Big-Band-Weiterentwicklung des Originals von Meade «Lux» Lewis, und *Squeeze Me* der definitive Big-Band-Dixieland. Nur *Swingin' at the Sugar Bowl* kehrt zum üblichen Swing-Format zurück.

Auf zwölf von Parkers achtzehn Aufnahmen spielen die Bob Cats Dixieland in kleiner Besetzung – eine Mischung aus Partitur und freier Improvisation, immer intensiv und überzeugend gespielt. Zu den klassischen Höhepunkten gehören Lawsons Schluß von *Five Point Blues*, Zurkes *Big Foot Jump* und die perfekten Dixie-Partituren in *Slow Mood* und *Can't We be Friends?* Dutzende anderer geschriebener Feinheiten, wie in *Who's Sorry Now?*, zeigen zweifellos das Beste von Bob Crosbys Jazzstil.

CD

(GB) Jazz Classics in Digital Stereo: Bob Crosby, 1937 to 1938, BBC CD 688 ○

Andy Ferretti, Yank Lawson (tpt), Ward Silloway, Mark Bennett (tb), Gil Rodin, Matty Matlock (cl, as), Noni Bernardi (as), Eddie Miller (cl, ts), Deane Kincaide (ts), Bob Zurke (p), Nappy Lamare (g), Bob Haggart (sb), Ray Bauduc (d)
New York   08. 02. 1937   **Gin Mill Blues**

Zeke Zarchy, Billy Butterfield, Lawson (tpt), Silloway, Warren Smith (tb), Matlock (cl, as), Joe Kearns (as), Miller (cl, ts), Rodin (ts), Zurke (p), Lamare (g), Haggart (sb), Bauduc (d)
Los Angeles   05. 11. 1937   **Squeeze Me** (arr Haggart)

(Bob Cats:) Lawson (tpt), Smith (tb), Matlock (cl), Miller (cl, ts), Zurke (p), Lamare (g), Haggart (sb), Bauduc (d)
09. 11. 1937   **Stumbling**

wie **Stumbling**, *aber mit Miller (ts) nicht (cl)*
Who's Sorry Now?
Coquette   5
Fidgety Feet
You're Driving Me Crazy
Can't We be Friends?

wie **Squeeze Me,** *aber Charlie Spivak (tpt) anstatt Zarchy*
             16. 11. 1937   **South Rampart Street Parade**
                                  (arr Kincaide und Haggart)
                                  Dogtown Blues   10

(Bob Cats:) wie **Stumbling,** *aber Irving Fazola (cl) anstatt Matlock, Haig Stephens (sb) anstatt Haggart*
New York   14. 03. 1938   **March of the Bob Cats**
                                    Slow Mood
                                    Big Foot Jump
                                    The Big Crash from China
                                    Five Point Blues   15

Haggart (sb, Pfeifen) Bauduc (d)
Chicago   14. 10. 1938   **The Big Noise from Winnetka**

Zarchy, Sterling Bose, Butterfield (tpt), Silloway, Smith (tb), Fazola (cl), Kearns (as), Miller (cl, ts), Rodin (ts), Zurke (p), Lamare (g, v), Haggart (sb), Bauduc (d)
             19. 10. 1938   **Swingin' at the Sugar Bowl**

ohne (v)   **Honky Tonk Train Blues**
                                    (arr Matlock)

LPs

gleichen Inhalts:
   (GB) *Jazz Classics in Digital Stereo: Bob Crosby 1937 to 1938,* BBC REB 688
mit den Stücken 3–8, 11–14:
   (AUS) *The Bob Cats 1937–1942,* Swaggie S 1245
mit den Stücken 1–2, 9–10, 15, 17:
   (GB) *Come on and Hear,* vol. 1, Coral CP 109 und vol. 2, Coral CP 110
mit den Stücken 1, 9–10, 15, 17:
   (F) *Those Swinging Cats,* vol. 1, MCA 510.134
mit den Stücken 3–6, 8, 11:
   (GB) *Big Noise from Winnetka,* MCA MCFM 2695
mit den Stücken 9–10, 17:
   (GB) *South Rampart Street Parade,* MCA MCFM 2579

Bobby Hackett: *Coast Concert*

Die meisten Jazzkritiker vermeiden Superlative, aber vor einigen Jahren sagte der Posaunist Bill Russo etwas, was allgemein akzeptiert wird: «Jack Teagarden ist *der* größte Jazzposaunist.» Stellen Sie Teagarden neben Bobby Hackett, der (zu Recht) oft als der vollkommenste Jazzkornettist bezeichnet wird, und Sie kennen das Niveau dieses hochangesehenen Albums, das oft als das beste seiner Art bezeichnet wird. Abgesehen von der schimmernden Qualität der Aufnahme (Hackett und Teagarden produzierten Töne wie Rohdiamanten, die von einem Toningenieur mit den richtigen Ohren perfektioniert wurden), bestechen nicht nur die meisterhaften Soli, sondern auch die entspannte Perfektion von Hacketts Ensemble.

Typisch für diese Perfektion ist die aus fünf Noten bestehende Einführung zu *Big Butter and Egg Man*, die oft zitiert wurde und die sich über hervorragende Standard-Soli zu einem Schlußchorus fortsetzt, der vorbildlich ist. Hacketts verminderte Quinte im dritten Takt findet bei Matty Matlock (Klarinette) ein Echo, und Abe Lincoln (Posaune) folgt beiden wie ein Mann, der plötzlich von einer schönen Aussicht gefangen ist. Unterlegt wird alles von einer durch die Tuba bestimmten Rhythmusgruppe. Hacketts entspannte Technik und das harmonische Ohr eines geübten Gitarristen (Hackett spielte regelmäßig mit Glenn Miller als Rhythmusgitarrist) treten besonders bei *New Orleans* zutage, und auf *That's a Plenty* swingt er im oberen Register mit Trillern wie ein kleiner Armstrong. Beim folgenden Jagdchorus zwischen Teagarden und Lincoln kann man die beiden Musiker kaum auseinanderhalten, aber Lincoln ist der Herausforderer, und Teagardens sanfte Erwiderungen mildern den Zorn. Matlock, der sauberste Goodman-Nachfolger seiner Zeit, spielt im Ensemble und bei seinen Soli künstlerisch perfekt. Dieser Qualitätsstandard setzt sich in den anderen schnellen Aufnahmen fort. Dazu gehören *Muskrat Ramble, Royal Garden Blues, Sobbin' Blues* und *Fidgety Feet*.

Die meiste Aufmerksamkeit sollte man jedoch den beiden langsamen Titeln dieser Session schenken, denn beide sind Meisterwerke. Zuerst *Basin Street Blues*, ein Satzstück von Jack Teagarden, das wie viele von Louis Armstrong ein bleibendes Denkmal ist. Nach seinem Vokalrefrain wartet Matlocks Klarinette gegenüber Fatools Besen-Frissons ab, und dann steigt Hackett ein. Sein Eröffnungsmotiv wird oft zitiert, und in seinen langen Linien hört man all die harmonisch-melodischen Hackett-«Zutaten», die Louis Armstrong verehrte und die den Kornettisten unnachahmlich machten. Die zweite Offenbarung dieser Session ist *I Guess I'll Have to Change my Plans*. Nach der von Hackett improvisierten Einleitung ist Teagardens Behandlung des Themas – wie der ganze Song – traurig, wehmütig und irgendwie unerfüllt. Hacketts Solo in einer anderen Tonart ist anrührend und verschwindet in den ersten Tönen von Arthur Schwartz' Melodie wie ein Schmetterling zwischen Blüten, bis der Hörer merkt, daß es durch einzigartige künstlerische Fertigkeiten gelungen ist, den Song zur perfekten strukturellen Basis für Hacketts perfektes Solo zu machen. Während der 20 Takte spielt Hackett jeden einzelnen Ton der Melodietöne. Teagardens Wiederaufnahme des Themas ist die taktvolle Krönung. Nach seiner Anspielung auf *These Foolish Things* in der Coda war auf der Original-LP eine längere Pause als üblich, wie ein Zeichen der Ehrerbietung, bevor der *Royal Garden Blues* begann.

LP

(USA) *Coast Concert,* **Capitol T 692** ☐

Bobby Hackett (c), Jack Teagarden, Abe Lincoln (tb), Matty Matlock (cl), Don Owens (p), Nappy Lamare (g, bj), Phil Stevens (sb, bb), Nick Fatool (d)
Los Angeles   18.–19. 10. 1955   **Struttin' with some Barbecue**
Muskrat Ramble
New Orleans

mit Teagarden (v)   **Basin Street Blues**

ohne (v)   **That's a Plenty**
Big Butter and Egg Man
Fidgety Feet
Royal Garden Blues
I Guess I'll Have to Change my Plans

CD

mit weiteren Stücken:
  (GB) *Coast Concert / Jazz Ultimate,* Doormouse DM1 CD X02

Andere LPs

gleichen Inhalts:
(GB) *Coast Concert,* Capitol LC 6824; *Coast to Coast,* Regal REG 2062
(NL) *Coast Concert,* Capitol 038-85401

Eddie Condon: *Dixieland Jam*

In den 50er Jahren wurden etliche Alben von Eddie Condon wiederveröffentlicht, die gleichsam als Definition des späten Chicagoer Jazzstils angesehen wurden. Condon bestritt die Existenz eines «Chicago-Stils» heftig, aber es existierte zweifellos ein Condon-Stil. Er war bestimmt durch eine «moderne» Flexibilität der Rhythmusgruppe und zweitens durch die Eigenheiten der regelmäßig mit Condon spielenden Musiker: Kornettist Wild Bill Davison, Posaunist Cutty Cutshall, Pianist Gene Schroeder und Schlagzeuger George Wettling. Zusammen mit Gastzauberern wie Bobby Hackett, Billy Butterfield, Dick Cary und Bud Freeman schufen sie einen höchst individuellen Ansatz – eben den Condon-Stil.

Aufnahmen aus den 50er Jahren wie JAMMING AT CONDON'S, BIXIELAND und THE ROARING 20s zeugen von diesen Qualitäten. Auf DIXIELAND JAM finden sich acht überarbeitete Stereoaufnahmen dieses dritten Albums (1957 aufgenommen), sechs bis dato unveröffentlichte Titel und ein alternativer Take.

St. James Infirmary, hier erstmals veröffentlicht, entwickelt sich zu einem unangestrengten Meisterwerk. Aus Condons Kommentaren erfährt man, in welcher Stimmung Jazzaufnahmen oft entstanden. Bei *That's a Plenty* beweist Vic Dickenson, daß er mit Dicky Wells, Bill Harris und George Chisholm zu den humorvollsten Improvisatoren auf der Posaune gehört. Davison zeigt sich äußerst sensibel bei *The Song is Ended*; mit breitem irischem Gefühl spricht er durch sein Kornett wie ein guter Chicagoer Gangster. Mit voller Power ist Billy Butterfield bei *Wrap your Troubles in Dreams* zu hören, und *When a Woman Loves a Man* ist das perfekte Beispiel für Condons Formel, nach der auch *The Minor Drag* gestrickt ist. *Why Was I Born, Put'em Down Blues, Davenport Blues* oder *What's the Use?* lassen uns erkennen, daß solche Musik heute ebenso kostbar und unwiederbringlich ist wie ein spätes Streichquartett von Beethoven.

CD

(USA) *Dixieland Jam*, Columbia Jazz Masterpieces CK 45145

Wild Bill Davison (tpt), Vic Dickenson (tb), Bob Wilber (cl), Gene Schroeder (p), Eddie Condon (g), Leonard Gaskin (sb), George Wettling (d)

New York	19. 08. 1957	**Wolverine Blues**
		China Boy (Take 2)
		China Boy (Take 3)
		St James Infirmary
		That's a Plenty 5
		The Song is Ended
		Hindustan

Billy Butterfield (tpt) und Cutty Cutshall (tb) anstatt Davison und Dickenson

	24.–25. 09. 1957	**Wrap your Troubles in Dreams**
		When a Woman Loves a Man
		The Minor Drag 10
		Why Was I Born?
		Put 'em Down Blues
		Davenport Blues
		Apex Blues
		What's the Use? 15

Andere CD

gleichen Inhalts:
  (Europa) CBS Jazz Masterpieces 465680-2

LPs

gleichen Inhalts:
  (USA) Columbia Jazz Masterpieces CJ 45145
  (Europa) CBS Jazz Masterpieces 465680-1
mit den Stücken 1, 3–5, 10, 12–14: *The Roaring 20s*
  (USA) Columbia CL 1089
  (Europa) Philips B 07301 L

Vic Dickenson: *The Vic Dickenson Showcase*

Es gibt drei Gründe, diese klassischen Aufnahmen in diesem Kapitel zu besprechen. Erstens verkörpern sie perfekt den damaligen Mainstream – von Stanley Dance definiert als ein Stil, der die rhythmische Flexibilität des modernen Jazz mit der melodischen Technik des Swing und dem Repertoire der Vor-Bebop-Ära verband. Zweitens sind sie ein erster Höhepunkt dessen, was in den 50er Jahren neue Aufnahmetechniken für Langspielplatten an Qualität ermöglichte. Und drittens können sich durch die verbesserte Technik die Talente des Posaunisten Vic Dickenson, des jungen Kornettisten Ruby Braff, des Klarinettisten Ed Hall und des Pianisten Sir Charles Thompson ungehindert entfalten.

Für Dickenson waren diese Sessions 1953/54 endlich eine Gelegenheit, seine großartigen stilistischen Fähigkeiten in Ruhe vorzuführen. Dazu gehören die Fertigkeit, ein großes Repertoire an Motiven mit der trägen Anspannung eines schläfrigen Löwen darzubieten, ein großartiger Wildleder-Sound und ein Vibrato, das sich regelmäßig zu einer Art Truthahnkollern ausdehnt. Auf dieser Basis wird ein ganzer Katalog origineller Ideen bei den Improvisationen entfaltet. Bei Aufnahmen wie *When You and I Were Young, Maggie, Old Fashioned Love, Jeepers Creepers* und dem klassischen *Suspension Blues* zeigen sich all diese Qualitäten in überreichem Maß.

Überraschend ist, wie gut der damals 26jährige Ruby Braff mithalten konnte. Es dürfte lange dauern, einen Klarinettisten mit solcher Kraft, Flexibilität und perfekten Intonation zu finden. Ed Hall war die perfekte dritte Stimme. Ebenso kreativ wie seine Partner produzierte Hall einen vergleichsweise weichen Sound. Wer z.B. *Nice Work if You Can Get It* hört, versteht seinen Anteil daran, daß die Klarinette bei einer jungen Generation von Musikern neue Aktualität erlangte. Nur ein Mitspieler war an diesem Tag nicht in Hochform: Der Trompeter Shad Collins klingt trocken und kurzatmig.

LP

(USA) *The Vic Dickenson Showcase*, Vanguard VRS 8520–8521 ☐

Ruby Braff (c), Vic Dickenson (tb), Edmond Hall (cl), Sir Charles Thompson (p), Steve Jordan (g), Walter Page (sb), Les Erskine (d)
New York   29. 12. 1953   **Russian Lullaby**

                Keeping out of Mischief Now
                Sir Charles at Home
                Jeepers Creepers
                I Cover the Waterfront   5

Shad Collins (tpt), Dickenson (tb), Edmond Hall (cl), Thompson (p), Jordan (g), Page (sb), Jo Jones (d)
          29. 11. 1954   **Runnin' Wild**
                                    When You and I Were Young, Maggie
                                    Nice Work if You Can Get it
                                    Old Fashioned Love
                                    Everybody Loves my Baby   10
                                    Suspension Blues
                                    You Brought a New Kind of Love to Me

CD

gleichen Inhalts:
   (J) Vanguard 200E-6851/2

Andere LPs

gleichen Inhalts:
   (USA) Vanguard T 99/100
   (GB) *The Essential Vic Dickenson,* Jazz Vogue VJD 551
Stücke 1–5:
   (GB) *Vic Dickenson Showcase, vol. 1,* Fontana FJL 404
Stücke 6–12:
   (GB) *Vic Dickenson Showcase, vol. 2,* Fontana FJL 406

Buck Clayton: *All the Cats Join In*

In seiner Autobiographie erinnert sich Buck Clayton: «Eines Tages, so gegen Ende 1953... rief mich John Hammond an. Er wollte wissen, ob ich bei einer Aufnahmesession, die er mit George Avakian für Columbia plante, mitspielen könnte... Als ich ins Studio kam, traf ich auf eine Menge Jungs, die ich nicht kannte. Ungefähr die Hälfte von ihnen kannte ich persönlich, mit den anderen mußte man mich bekanntmachen... John wollte eine richtige Jam-Session im Studio aufnehmen. Das ist ziemlich schwer... (aber) bevor wir uns versahen, spielten wir, als würden wir uns seit Jahren kennen... Ein paar Tage später erfuhr ich, daß man mich zum Leader der Gruppe gemacht hatte und die Alben als ‹Buck Clayton Jam Sessions› veröffentlicht wurden. Ich glaube, das habe ich John Hammond zu verdanken.»

Die «Buck Clayton Jam Sessions» machten Geschichte als Beispiel für ein Kansas-City-Genre, das bis dato nicht hatte aufgenommen werden können. Die Veröffentlichung wurde von den Kritikern gefeiert – und diskutiert, da der Koproduzent Avakian die Bänder bearbeitet hatte, was damals umstritten war. In einem Fall kombinierte er Musikabschnitte, die mit sechs Monaten Abstand aufgenommen waren! Insgesamt wurden zwischen dem 14. Dezember 1953 und dem 5. März 1956 sechs Sessions aufgenommen. Die berühmteste – die LP THE HUCKLEBUCK mit der B-Seite ROBBIN'S NEST – stammt vom 16. Dezember 1953.

Die hier vorgestellte Zusammenstellung ALL THE CATS JOIN IN kombiniert eine Aufnahme von 1953 (*Lean Baby,* bei der HUCKLE-BUCK-Session aufgenommen, aber unveröffentlicht, weil das Stück noch ein Bestseller war) mit zweien von 1955 (mit zwei definitiven Paarungen: Buck Clayton mit Ruby Braff und Coleman Hawkins mit Buddy Tate) und zwei weiteren von der letzten Jam-Session. Hier spielt Trompeter Billy Butterfield neben Clayton und Braff, und bei einem Titel gibt es untypischerweise einen Sänger: Jimmy Rushing. Ein einziges Album umspannt also das gesamte Hammond/Clayton/Avakian-Projekt. Es gibt aber noch weitere Vorteile. Kein Stück ist übermäßig lang (das längste, *Blue Lou,* dauert etwas mehr als zehn Minuten), und gelegentliche Arrangements von Clayton (besonders bei *All the Cats Join In* und *Lean Baby*) sorgen dafür, daß die Solisten im Kontrast besonders strahlen. Die Hauptabsicht dieser großartigen Columbia-Aufnahmen war jedoch, dem interessierten Zuhörer zu illustrieren, wie Jazzmusiker klangen, wenn sie sich bei ausgedehnten Soli einmal «ausspielen» konnten, und trotz der klinischen Studio-Atmosphäre gelang das schnell: «Wir kamen in die allerbeste Stimmung», erinnert sich Clayton, «und bald lief eine richtige Session.»

Das perfekte Beispiel ist das treffend betitelte *All the Cats Join In* (überraschenderweise von Alec Wilder und Eddie Sauter für den Walt-Disney-Film «Make Mine Music» geschrieben) mit den perfekt in den Zusammenhang gesetzten Soli von Coleman Hawkins, J. C.

Higginbotham und Ruby Braff in Höchstform, dem guten Paar Butterfield und Clayton, Tyree Glenn (der zwischen Vibraphon und gedämpfter Posaune pendelte), Julian Dash und dem unterschätzten Pianisten Kenny Kersey. Bei *Don't You Miss Your Baby?* singt Jimmy Rushing als Gast mit. Vor seinem heute sehr bewegenden Abschied spielen Braff, Higginbotham, Clayton und Hawkins ineinander übergehende Soli, dann Braff, Clayton und Butterfield. *Lean Baby* hat einige weniger bekannte Solisten (Dash, Lem Davis und Charlie Fowlkes), aber auch ausgezeichnete Beiträge von Trompeter Joe Newman, Posaunist Urbie Green und Clayton. Das letzte Stück auf dem Album, *Blue Lou*, bringt die Temperatur wieder auf den Siedepunkt. Das Ganze ist unverzichtbare Mainstream-Geschichte.

LP

(USA) *All the Cats Join In*, **Columbia CL 882** □

Buck Clayton, Joe Newman (tpt), Urbie Green, Henderson Chambers (tb), Lem Davis (as), Julian Dash (ts), Charlie Fowlkes (bar), Sir Charles Thompson (p), Freddie Green (g), Walter Page (sb), Jo Jones (d)
New York   16. 12. 1953   **Lean Baby**

Clayton (tpt), Ruby Braff (c), Bennie Green, Dickie Harris (tb), Coleman Hawkins, Buddy Tate (ts), Al Waslohn (p), Steve Jordan (g), Milt Hinton (sb), Jones (d)   15. 03. 1955   **Out of Nowhere**
Blue Lou

Clayton, Billy Butterfield (tpt), Braff (c), J. C. Higginbotham (tb), Tyree Glenn (tb, vb), Hawkins, Julian Dash (ts), Kenny Kersey (p), Jordan (g), Page (sb), Bobby Donaldson (d)
05. 03. 1956   **All the Cats Join In**

Jimmy Rushing (v) anstatt Glenn (tb, vb)
Don't You Miss your Baby?

CDs

mit den Stücken 1–5 (alternative Takes): *Jam Sessions from the Vault*
  (USA) Columbia Jazz Masterpieces CK 44291
  (Europa) CBS Jazz Masterpieces 463336-2

Andere LPs

gleichen Inhalts:
 (GB) Philips BBL 7129
 (Europa) Philips B 07163 L
 (E) Fresh Sounds FSR 593
mit den Stücken 1–5 (Zweitversionen und Neuaufnahmen): *Jam Sessions from the Vault*
 (USA) Columbia Jazz Masterpieces CJ 44291
 (Europa) CBS Jazz Masterpieces 463336-1

Henry «Red» Allen und Coleman Hawkins: *Stormy Weather*

Es gibt nicht viele Jazzaufnahmen, die einen Musiker mitten in einer künstlerischen Umorientierung erwischen. STORMY WEATHER mit dem Trompeter Henry «Red» Allen ist so eine. Ende der 50er Jahre galt Allen in Europa noch als kraftvoller, aber seichter New-Orleans-Trompeter und Entertainer. Um 1958 jedoch wurde der Grundstock für eine Neueinschätzung gelegt, die Allen in den 60ern den Ruf einbrachte, «der avantgardistischste Trompeter New Yorks» (Don Ellis) zu sein. Diese Neubewertung stützte sich auf zwei große Aufnahmen. Die eine war eine Live-Club-Session mit dem Titel FEELING GOOD! Bei den Titeln, die auf der LP STORMY WEATHER erscheinen sollten, zeigte Allen die neuen Seiten seines Könnens zum ersten Mal. Aus einem mittelmäßigen, konturenlosen Musiker war einer mit klarem Profil geworden, der der Palette seiner stilistischen Möglichkeiten brillante neue Farben hinzugefügt hatte. Es war, als würde ein großer Komödiant plötzlich Hamlet spielen – und zwar so großartig, daß sein künstlerischer Status neu definiert werden mußte.

All das zeigt sich auf Seite 1 von STORMY WEATHER (eine Übernahme der 1958er Bänder), bei der vier erstklassige Jazzprofis (Earle Warren, Marty Napoleon, Chubby Jackson und George Wettling) und ein normalerweise nicht zu gewinnendes Genie, Coleman Hawkins, mitspielen. Trotz dieser großartigen Besetzung wartet der Zuhörer bei jeder Aufnahme gespannt auf Allen, der mit seiner stillen Direktheit Hawkins dastehen läßt wie jemanden, der lauthals um

Aufmerksamkeit schreit. Transkribiert man ein Solo von Allen aus dieser Zeit, findet man dramatische Veränderungen in der Notendichte von einem Takt zum nächsten. Nach der blühenden Seite 1 klingen die Aufnahmen auf Seite 2 (ein Jahr früher aufgenommen) wie die Rückkehr in ein karges Land. Higginbotham kreiert mit seinem Team von Metropole-Musikern, darunter Klarinettist Sol Yaged, ein Dixieland-Format, und die Band spielt einfach auf einem anderen Level. Titel wie *Battle Hymn of the Republic, When the Saints* oder *South* hätten Stammgäste im Metropole nach mehr Drinks rufen lassen. Das taktvoll an den Schluß dieser Dixieland-Parade gesetzte *Stormy Weather* ist wie eine Wiederkunft – als wolle man beweisen, daß die Seite 1 kein Traum war.

LP

(GB) *Stormy Weather*, Jazz Groove 002 □

Henry «Red» Allen (tpt), J. C. Higginbotham (tb), Sol Yaged (cl), Coleman Hawkins (ts), Lou Stein (p), Milt Hinton (sb), Cozy Cole (d)
New York 16. 12. 1957 **Battle Hymn of the Republic**
Blues
Won't You Come Home, Bill Bailey
South
When the Saints Go Marching In 5

Allen ((tpt), Earle Warren (cl), Hawkins (ts), Marty Napoleon (p), Chubby Jackson (sb), George Wettling (d)
New York 07. 08. 1958 **Mean to Me**
Lonesome Road
Sleepytime Gal
Summertime
All of Me 10
Tea for Two
Stormy Weather

CD

mit weiteren Stücken:
(USA) *Standards and Warhorses*, Jass JASS CD 2

KAPITEL 6

Das New-Orleans-Revival

Mike Hazeldine

Das New-Orleans-Revival begann Mitte der 30er Jahre, als weiße Amerikaner der Mittelklasse Jazzplatten von Schwarzen zu sammeln begannen. Diese «Race Records», in den 20ern entstanden, waren nur noch in Ramschläden zu finden. Die Schwierigkeit, sie aufzutreiben, vergrößerte nur die Begeisterung der Sammler. Aufnahmen von King Oliver, Louis Armstrong, Johnny Dodds und Jelly Roll Morton waren Favoriten. Da die Besetzung nur selten auf dem Label vermerkt war, wurde sie heftig diskutiert – was in Sammlerkreisen noch heute der Fall ist. 1935 gründeten die Sammler Bill Russell und Steve Smith eine «Hot-Record-Börse» und begannen, erlesene Platten per Post zu vertreiben. In Großbritannien entstanden «Rhythm Clubs», und in Frankreich wurde von Charles Delauney die erste Diskographie veröffentlicht. Auf kleinen Labels wurden die gesuchten Stücke wiederveröffentlicht. Der «Jazzman Record Shop» wurde in Los Angeles eröffnet und in New York der «Commodore Record Shop». Die ersten Zeitschriften, die sich mit New-Orleans-Jazz beschäftigten (wie «Jazz Information» und «Record Changer»), wurden ins Leben gerufen.

Diese Vorgänge wirkten sich auch auf die populäre Musik aus. Bandleader Bob Crosby hatte eine Reihe bemerkenswerter New-Orleans-Musiker in seinem Orchester und formierte sie oft zu einer kleinen Dixieland-Gruppe. Neuen Aufnahmen von Johnny Dodds und Jimmie Noone folgte die Wiederentdeckung von Tommy Ladnier. Benny Goodman hatte einen Hit mit Jelly Roll Mortons *King Porter Stomp,* und der Komponist nahm an einer historischen Reihe von Interviews und Pianoaufnahmen für die Library of Congress teil. Morton sollte in den nächsten beiden Jahren noch weitere Piano- und

Bandaufnahmen machen, aber er starb, bevor er die Richtung des Revivals beeinflussen konnte.

Das Interesse am Ursprung des Jazz stieg, und 1939 gaben Frederick Ramsey und Charles Edward Smith die erste Jazzgeschichte heraus: «Jazzmen». Die Bedeutung dieses Buches ist nicht zu unterschätzen. Bei seinen Recherchen entdeckte einer der Autoren, Bill Russell, Bunk Johnson, der eine der wichtigsten Figuren dieser Bewegung werden sollte. Es ist auch ein Kapitel über Musiker aus New Orleans enthalten, die gerade in der Stadt arbeiteten. Diese Musiker sollten die Basis für die erste Revivalaufnahme in New Orleans von Kid Rena (1940) bilden.

In San Francisco gründete der Trompeter Lu Watters eine Band, um den Sound von King Oliver wiederzubeleben. Die Band wurde sehr populär, und ihre Aufnahmen verkauften sich gut. Bald entstanden überall in den USA Amateurbands, die von King Oliver oder von Jelly Roll Morton inspiriert waren; andere kamen nicht weiter, als Lu Watters zu imitieren.

Um 1940 reagierten zwei große Plattenfirmen auf das wachsende Interesse am New-Orleans-Jazz. Im Februar startete Victor eine Reihe von Sessions unter Sidney Bechet. Ein paar Monate später veröffentlichte Decca ein Album mit dem Titel NEW ORLEANS JAZZ mit neuen Aufnahmen von Louis Armstrong, Sidney Bechet, Johnny Dodds, Jimmie Noone und anderen Musikern aus New Orleans. Das Aufnahmeverbot der American Federation of Musicians verhinderte weitere neue Aufnahmen, und die Arbeit blieb begeisterten Amateuren wie Bill Russell überlassen.

Bunk Johnson: *Bunk Johnson and his Superior Band*

Bunk Johnsons erste Aufnahme war ein wichtiges Ereignis nicht nur für die Revivalbewegung, sondern auch für Johnson selbst. Nachdem er in New Orleans einige Lorbeeren hatte einheimsen können, verließ er die Stadt 1914. Hätte er in den 20er Jahren in Chicago oder New York gewohnt, hätte er zu dieser Zeit vermutlich seine ersten Aufnahmen gemacht. Wie für so viele Zeitgenossen war die Wirtschaftskrise der 30er Jahre auch für Bunk Johnson eine schwierige Zeit: Ohne Zähne und ohne Trompete zog er sich aus der Musik zurück. Als das

Buch «Jazzmen» Ende der 30er Jahre zusammengestellt wurde, nannten Louis Armstrong, Clarence Williams, Sidney Bechet und andere prominente New-Orleans-Musiker Bunk Johnson als den Mann, der über die frühen Tage des Jazz am besten Auskunft erteilen könnte. Sein legendärer Ruf machte die Autoren neugierig, und sie fanden ihn in New Iberia, einer kleinen Stadt westlich von New Orleans. Der Veteran verlor keine Zeit, ihnen zu beweisen, daß er immer noch spielen konnte. Es wurde Geld aufgetrieben für neue Zähne und eine Trompete, und Bunk begann wieder zu üben. Er lehnte ein Angebot für Aufnahmen 1940 ab, und als er 1942 akzeptierte, wußten Bill Russell, Gene Williams und Dave Stuart von Jazzman Records kaum, was sie erwartete. Die Veteranen, die Russell für «Jazzmen» interviewt hatte, waren entweder gestorben (Jelly Roll Morton und Johnny Dodds) oder bei schlechter Gesundheit (Kid Rena und Big Eye Louis Nelson). Da Bunk nicht in der Musikergewerkschaft war, war die Auswahl zur Verfügung stehender Musiker beschränkt. Nachdem er endlich eine Band zusammenhatte, trafen sich die Musiker im Haus des Pianisten Walter Decou zum Proben. Als Bunk die ersten Noten des Spirituals *Yes, Lord, I'm Crippled* anspielte, trauten Russell, Williams und Stuart ihren Ohren nicht. Das war kein Oldtimer, der von vergangenem Ruhm lebte, sondern ein Musiker von ungewöhnlichem Format.

Nachdem man vergeblich ein Studio für die Aufnahme gesucht hatte, entschied man sich schließlich für den dritten Stock eines Piano-Lagerhauses, ein geborgtes Mitschneidegerät und eine Kiste dazugehöriger Platten. Aufnahmetechnisch gesehen war das Ergebnis primitiv. *Yes, Lord, I'm Crippled* wurde als erstes aufgenommen. Der Sound ist schlecht. Trotzdem vermittelt die Aufnahme in höchstem Maße die Leidenschaft des New-Orleans-Jazz. Bunk war ein intelligenter Musiker, der Noten lesen, komponieren und arrangieren konnte.

In *Panama* übernimmt Jim Robinson den Trompetenriff, seit der Jahrhundertwende ein typisches Merkmal der New-Orleans-Bands. Die Aufnahme ist die beste Version dieses Stücks. Da die USA in den Krieg eintraten, wurde der Spiritual *Ain't Gonna Study War No More* als *Down by the Riverside* veröffentlicht.

Die Aufnahmen enthalten nur wenige Soli. Wenn Johnson Variationen spielte, waren sie vorher arrangiert und nicht improvisiert. Die Band scheint sich bei schnellen Stücken am wohlsten zu fühlen, und *Weary Blues* und *Moose March* sind ebenso aufregend wie *Panama*.

Die schlechteste Aufnahme ist *Ballin' the Jack*. Die letzte Nummer besteht aus drei 78er Platten von Bunk Johnson, auf denen er über sein Leben erzählt, und entgegen früheren Vermutungen scheint er der Wahrheit sehr nahe zu sein.

Später wurde er noch besser, und viele sagen, daß 1944/45 seine besten Aufnahmen entstanden, aber keine fing je wieder den Schwung dieser ersten Session ein. Wenn das Revival einen Helden suchte, hatte es ihn in Bunk Johnson gefunden.

CD

(USA) ***Bunk Johnson's Superior Jazz Band,*** **Good Time Jazz GTJCD 12048-2** ○

Bunk Johnson (tpt), Jim Robinson (tb), George Lewis (cl), Walter Decou (p), Lawrence Marrero (bj), Austin Young (sb), Ernest Rogers (d)
New Orleans   11. 06. 1942   **Yes, Lord, I'm Crippled**
Down by the Riverside
Storyville Blues
Weary Blues
Bunk's Blues   5
Moose March
Make me a Pallet on the Floor
Ballin' the Jack
Panama

Johnson (Sprechgesang)   **Bunk Johnson Talking Records**   10

Andere CDs

gleichen Inhalts:
  (GB) Vogue LAG 545
  (USA, Europa) *Authentic New Orleans Jazz,* Good Time Jazz GTJCD12048-2
mit weiteren Stücken:
  (J) *Bunk Johnson: Memorial Scene,* Good Time Jazz SR 3134

George Lewis: *Echoes of New Orleans: George Lewis and his New Orleans Stompers, vol. 2*

Nach den beiden Sessions mit Bunk Johnson 1942 (für Jazzman und die später von Commodore veröffentlichte Jazz Information) plante Bill Russell im folgenden Jahr einen Besuch in New Orleans, um eine weitere Session mit Johnson und George Lewis aufzunehmen. Im April 1943 schrieb er Johnson von seinen Plänen. Als er gerade nach New Orleans aufbrechen wollte, erhielt er ein Telegramm aus San Francisco mit der Nachricht, daß Bunk dort inzwischen mit der Yerba Buena Jazz Band spielte. Russell schrieb sofort an George Lewis, daß er nun gern mit einer Band unter dessen Leitung Aufnahmen machen würde. Er schlug verschiedene Trompeter als Ersatz für Johnson vor. Er hatte bereits Kid Shots Madison und Herb Morand ohne Erfolg angesprochen, als Lewis Kid Howard vorschlug. Russell hatte seine Zweifel wegen Howard, aber Lewis versicherte ihm: «Sie werden nicht enttäuscht sein, Mr. Russell.»

Vor der Session wurde eine Probe im Haus des Drummers Edgar Mosley organisiert. Kid Howard und Chester Zardis konnten nicht teilnehmen. Also probte man ohne sie. *Don't Go 'way Nobody, Let's Stay and Have a Good Time* enthält eine Serie ansteckender Breaks, bei denen jeder mitspielt. Der Bassist Sidney «Jim Little» Brown kam vorbei und spielte auf ein paar Nummern mit, z. B. auf dem düsteren *Two Jim Blues*.

Als sich die Band am nächsten Tag im Gypsy Tea Room für die Aufnahmen traf, waren einige Gewerkschaftsfunktionäre anwesend. Pianist Walter Decou war als einziger in der Gewerkschaft und weigerte sich aus Angst vor Schwierigkeiten mitzuspielen. Nach der Session bot Russell die besten Nummern Alfred Lion von Blue Note an. Da das Aufnahmeverbot der Musikergewerkschaft noch in Kraft war, veröffentlichte Lion zehn Aufnahmen auf dem speziell dafür geschaffenen Climax-Label.

Als diese LP in den 50ern bei Blue Note auftauchte, waren zwei der ursprünglichen Masterbänder nicht mehr aufzutreiben, also nahm man zwei Alternativtakes.

Die Musiker explodierten regelrecht zum *Climax Rag*. Russells Zweifel wegen Howard wurden weggewischt. Die ganze Band sprühte vor Begeisterung. Wie bei *Climax Rag* waren auch bei den anderen Titeln die ersten Takes immer die besten. Das lag daran, daß die Band von vornherein mit so viel Einsatz und Gefühl spielte, daß es nicht wiederholbar war.

Seit den Tagen von Buddy Bolden kombinierten New-Orleans-Bands oft zwei oder drei Themen von anderen Melodien zu einer neuen Nummer. *Dauphine Street Blues* ist ein Beispiel dafür. Zum erstenmal aufgenommen wurde bei dieser Session *Just a Closer Walk with Thee*. Das herrliche *Careless Love* fand sich nur auf der britischen Ausgabe, statt dessen nahm man hier einen zweiten Take von *Fidgety Feet*.

George Lewis spielte bei fast neunzig Aufnahmesessions mit, aber diese Tracks sind seine besten. Die meisten Nummern werden vom Ensemble gespielt, und die kurzen Soli scheinen aus dem Ensemblespiel zu wachsen und nicht von ihm getrennt zu sein. Zusammen mit der Gruppe von Kid Orys Crescent-Session setzte diese Band von George Lewis einen Standard, der nie wieder erreicht wurde. Jede junge Band, die New Orleans Jazz spielen will, sollte sich ECHOES OF NEW ORLEANS anhören.

LP

(USA) ***Echoes of New Orleans: George Lewis and his New Orleans Stompers, vol. 2,*** **Blue Note BLP 1206 und BST 81206** ☐

Jim Robinson (tb), George Lewis (cl), Lawrence Marrero (bj), Sidney «Jim Little» Brown (bb), Edgar Mosley (d)
New Orleans   15. 05. 1943   **Don't Go 'way Nobody**
Two Jim Blues

mit Kid Howard (tpt); Chester Zardis (sb) anstatt Brown (bb)
16. 05. 1943   **Climax Rag**
Just a Closer Walk with Thee
Dauphine Street Blues   5
Just a Little While to Stay Here
Milenberg Joys
Fidgety Feet
Fidgety Feet no. 2
Deep Bayou Blues   10

CD

mit weiteren Stücken:
(USA) *The Complete Blue Note Recordings of George Lewis*, Mosaic MD3 132

Andere LPs

mit weiteren Stücken:
(USA) *The Complete Blue Note Recordings of George Lewis*, Mosaic MR5 132
(J) *George Lewis and His New Orleans Stompers*, Blue Note K23P 9289
mit den Stücken 2–3, 4 (alternative Takes), 5–8, 10:
(GB) *George Lewis and His New Orleans Stompers*, Vogue LAE 12005

Kid Ory: *Kid Ory's Creole Jazz Band 1944/45*

Mit ihrem hohen musikalischen Niveau und den unterschiedlichsten Tempi sind Kid Orys Aufnahmen die zugänglichsten der späten echten New-Orleans-Bands. Der Posaunist war ein erfolgreicher Bandleader seit den frühen Tagen des Jazz, und 1921 machte seine Band (mit Mutt Carey und Ed Garland) als erste schwarze Jazzband Plattenaufnahmen. In den 20er Jahren hatte er teil am Erfolg der klassischen Armstrong- und Morton-Aufnahmen. Sein robuster Stil fand jedoch wenig Anklang bei den Swing-Bands, und so zog er sich 1933 aus dem Musikgeschäft zurück. Hätte er nie wieder einen Ton gespielt, sein Ruf (wie der von King Oliver, der 1938 starb) wäre gesichert gewesen. Doch in den 40er Jahren produzierte er noch einmal eine Reihe brillanter Aufnahmen, die sämtlich das diszipliernierte, aber entspannte New-Orleans-Ensemblespiel zeigen.

Die besten davon stammen aus seinen vier Crescent-Sessions zwischen August 1944 und November 1945. Der Kern der Band bestand aus New-Orleans-Musikern, die wie Ory in Los Angeles lebten und ihn seit vielen Jahren kannten. Mutt Carey und Kid Ory gehörten zu den Pionieren der New-Orleans-Blechbläser. Die beiden zusammen bildeten das aufregendste New-Orleans-Blech-Team seit King Oliver und Louis Armstrong. Bei den ersten beiden Sessions nahm Ory den

Klarinettisten Omer Simeon hinzu, der später Altsaxophon bei Jimmie Lunceford spielte. Wie bei Mortons Aufnahmen 1926 ist Simeons flüssiges Spiel für dieses Ensemble ideal. Kennzeichnend für Ory war auch seine exzellente Rhythmusgruppe. Er bevorzugte Bud Scotts Gitarre anstelle des Banjos. Ed Garlands leicht geschlagener Baß ließ genug Raum für den Pianisten Buster Wilson. Als nach der ersten Session Minor Hall dazukam, wurde die Rhythmusgruppe sogar noch besser.

Bei der ersten Session entstand die klassische Version des *Blues for Jimmie* – eine Hommage an den verstorbenen Jimmie Noone, der mit der Band gespielt hatte. Simeon, Garland und Carey spielten bemerkenswerte Soli. *South* zeigt die wahren Stärken der Band: wie man subtile Variationen spielt, ohne Melodie, Tempo und Charakter einer Nummer zu verlieren. Ory singt auf seinem *Creole Song* kreolisch, bemerkenswerter ist jedoch Simeons Klarinetten-Solo. *Get Out of Here* basiert auf dem ersten Akkord des *Tiger Rag* und ist angeblich eine frühere Version des Stückes.

Die zweite Session fand über ein Jahr später statt und kam qualitativ nicht ganz an die erste heran. *Panama* ist, gemessen an den hohen Standards der Gruppe, enttäuschend. Simeons Soli sind jedoch ausgezeichnet. *Careless Love* hätte in einem langsameren Tempo einen besseren Swing. Bud Scotts Gesang auf *Under the Bamboo Tree* wird der Nummer gerecht. Bei *Do What Ory Say* hört man die schroffe Stimme des Bandleaders. Simeons Solo ist hier das Beste, und es ist eine Schande, daß er nie wieder mit der Band Aufnahmen gemacht hat.

Bei den letzten beiden Sessions wurde er von dem Chicagoer Klarinettisten Darnell Howard ersetzt. Bei den Rags *1919 Rag, Down Home Rag* und *Maple Leaf Rag* ist das Ensemble großartig. *Maryland, my Maryland* ist vermutlich der beste Jazzmarsch auf Platte. *Weary Blues* enthält neben brillantem Ensemblespiel einige gute Soli von Howard und Ory.

Viele, die Orys Gruppe live gehört haben, bestehen darauf, daß sie die beste New-Orleans-Revival-Band war. Schade (wenn auch verständlich), daß sie von der Plattenfirma auf ein Dixieland-Repertoire beschränkt wurde, denn sie konnte auch Standards spielen, ohne ihren Ansatz zu verlieren.

LP

(USA) *Kid Ory's Creole Jazz Band 1944/45*, Good Time Jazz L 12022 ☐

Mutt Carey (tpt), Kid Ory (tb), Omer Simeon (cl), Buster Wilson (p), Bud Scott (g), Ed Garland (sb), Alton Redd (d)
Hollywood   03. 08. 1944   **Get Out of Here**
                                           South
                                           Blues for Jimmie Noone (Take 2)

mit Ory (v)   **Creole Song**

ohne (v); Minor Hall (d) anstatt Redd
                 05. 08. 1945   **Panama**   5
                                           Careless Love
                                           Do What Ory Say

mit Scott (v)   **Under the Bamboo Tree**

ohne (v); Darnell Howard (cl) anstatt Simeon
                 08. 09. 1945   **1919 Rag**
                                           Maryland, my Maryland   10
                                         Down Home Rag
                                         Oh! Didn't He Ramble
                 03. 11. 1945   **Original Dixieland One Step**
                                         Maple Leaf Rag
                                         Weary Blues   15
                                         Ory's Creole Trombone

Andere LPs

gleichen Inhalts:
   (GB) Vogue LAG 12104
   (F) Contemporary 68609

CD

gleichen Inhalts:
   (USA) Good Time Jazz GTJCD 12022-2

Wooden Joe Nicholas:
Wooden Joe's New Orleans Band 1945-1949

In einer Stadt wie New Orleans, in der Musik häufig unter freiem Himmel gespielt wurde, erregten kraftvolle Kornettisten schnell Aufmerksamkeit und wurden von ihren Anhängern zu «Königen» erklärt. Charles «Buddy» Bolden (1877-1933) erreichte als erster Musiker diesen Status, bevor er 1907 in das East Louisiana State Hospital eingeliefert wurde. Freddie Keppard (1889-1933) und danach Joe «King» Oliver übernahmen die Krone. Beide Männer hatten ihren Höhepunkt überschritten, als sie in den 20er Jahren Aufnahmen machten, aber auf den letzten Chorussen von *Here Comes the Hot Tamale Man*, 1926 mit Doc Cooks Orchester aufgenommen, zeigt sich noch Keppards Power. Olivers legendäre Energie ist auf seinen 1923 entstandenen klassischen Aufnahmen kaum zu spüren, obwohl sein eindringliches Solo auf *Dippermouth Blues* andeutet, wie «hot» sein Stil gewesen sein muß.

Als man in den 40er Jahren begann, die Musik der Stadt zu dokumentieren, gab es keinen bedeutenderen Trompeter als Wooden Joe Nicholas. Er war zwar älter als Keppard und Oliver, wurde aber nie den «Kings» zugeordnet. Die Stärke seiner Lippen und die Fähigkeit, 14stündige Paraden durchzustehen, brachten ihm den Spitznamen «Wooden» ein. Bill Russell hörte Nicholas zum erstenmal 1943 und war «von seiner Power angetan». Als Russell mit ihm 1945 Aufnahmen machte, war die Akustik der Artesan Hall alles andere als ideal, aber wir bekommen doch einen Eindruck von Nicholas' eindringlicher Spielweise. Russell sorgte sich um das Echo in der Halle und nahm ein paar Tage später Nicholas noch einmal in George Lewis' Haus auf. Der kleine Raum war noch weniger geeignet, seine Kraft einzufangen, und Lewis' Frau hatte Angst um ihr Haus, als Nicholas zu spielen begann!

Wooden Joe Nicholas war eigentlich Klarinettist und spielte mit Joe Olivers Band 1915 im Big 25. Als Oliver immer öfter Pausen einlegte, um zu zocken, übernahm Nicholas dessen Kornett. Ab 1918 spielte er das Kornett regelmäßig. Er war kein ausgebildeter Musiker und konnte nur in einer begrenzten Zahl von Tonarten spielen, aber seine Technik reichte für seinen sparsamen Stil. Sein musikalischer Ansatz unterschied sich stark von dem junger Musiker wie Punch Miller, Lee Collins oder Herb Morand. Da er ihre Fingerfertigkeit nicht besaß, konzentrierte er sich mehr auf rhythmischen Drive. Noten und Phrasen werden um den Beat verstreut. Mehr Freiheit zeigte er in seinen endlosen Variationen des Hauptthemas, sein Ansatz und seine Phrasierung wechseln ständig. Seine einzelnen Notenwerte verändern sich innerhalb einer Phrase, und die Phrasen selbst variieren in der Länge. Sein Vibrato verändert er ständig sehr wirkungsvoll, und sein Spiel zeigt beachtlichen Swing und Kraft während dieser Aufnahme. Bei *Shake it and Break it* (nicht zu verwechseln mit der Aufnahme von Sidney Bechet 1940 oder dem *Weary Blues*, dem von einigen New-Orleans-Musikern derselbe Titel gegeben wurde) machen seine stechenden Töne und feurigen Phrasen diese Aufnahme zu einer der aufregendsten, die je in New Orleans gemacht wurden.

Auch der Klarinettist Albert Burbank verdient Aufmerksamkeit. Seine extrovertierte Spielweise ist eine perfekte Unterlage für Nicholas' sparsamen Stil. Auf *Eh, La Bas* und *Up Jumped the Devil* spielt er die meiste Zeit die Leadstimme und gibt Nicholas mehr rhythmische Freiheit. Der Posaunist Jim Robinson, der zu spät in der Artesan Hall eintraf, spielt auf *I Ain't Got Nobody* ein weiteres Highlight. Baby Dodds war als Drummer gebucht, kam aber nicht; Josiah «Cie» Frazier wurde sein Ersatz. In den 60ern wurde Cie der gesuchteste Drummer der Stadt, aber 1945, als er mit einer Marine-Big-Band spielte, trommelte er nicht immer besonders gut.

Clarinet Blues wurde 1949 aufgenommen. Nicholas' Klarinetten-Solo folgt dem von Burbank und scheint im Vergleich roh. Es entspricht nicht den hohen Standards des Klarinettenspiels, die die Tio-Familie einführte (Lehrer von vielen führenden Klarinettisten der Stadt), aber es nimmt den rauheren Stil von John Casimir und Steve Angram vorweg.

Bill Russell hatte seit 1944 Aufnahmen mit Ann Cook machen wollen, aber ihre hohen Honorarforderungen hatten es verhindert. 1949 hatte sie ihre Forderungen gemäßigt und nahm zwei Nummern mit Nicholas' Band auf. Seit ihren Aufnahmen mit Louis Dumaine 1929 sehr religiös geworden, zeigte sie in *The Lord Will Make a Way Somehow* noch einmal ihre alten Blues-Shouter-Qualitäten.

Es wäre ein Fehler zu sagen, daß Wooden Joe Nicholas wie der legendäre Buddy Bolden klingt, aber sein archaisches und kraftvolles Spiel muß viele Gemeinsamkeiten mit dem Sound haben, der um die Jahrhundertwende aus den Dance Halls erklang.

LP

(GB) *Wooden Joe's New Orleans Band 1945–1949*, Storyville SLP 204 □

Wooden Joe Nicholas (tpt), Albert Burbank (cl), Lawrence Marrero (bj), Austin Young (sb)
New Orleans   10. 05. 1945   **Shake it and Break it** (tatsächlich **Weary Blues**)

mit Jim Robinson (tb)   **Lead Me On**
Careless Love

mit Cie Frazier (d)   **Artesan Hall Blues**
Tiger Rag   5
Eh, La Bas
Up Jumped the Devil
Don't Go Way Nobody
I Ain't Got Nobody

Louis Nelson (tb), Nicholas, Burbank (cl), Johnny St Cyr (bj), Young (sb), Albert Giles (d)
21. 07. 1949   **Clarinet Blues**   10

wie **Clarinet Blues**, aber mit Nicholas (tpt) und Ann Cook (v)
The Lord Will Make a Way Somehow

Andere LP

mit Zweitversion von Stück 7:
   (J) *Wooden Joe's New Orleans Band,* Dan VC 4010; Dan VC 7014

CD

mit weiteren Stücken:
   (USA) American Music AMCD-5

Louis Armstrong. *Satchmo: a Musical Autobiography*

Louis Armstrongs Entscheidung, eine Sechs-Mann-Band zu gründen, war nicht nur auf das wachsende Interesse am New Orleans Jazz zurückzuführen. Es war auch eine ökonomische Entscheidung. Armstrong hatte seit den 20er Jahren erfolgreich eine Big Band geleitet. Obwohl Mitte der 40er das Interesse des Publikums an größeren Bands nachließ, stand Armstrong bis zum Frühjahr 1947 vor seinem Orchester. 1944 machte er mit Jack Teagarden in einer kleinen Gruppe Aufnahmen für V-Disc. Diese Partnerschaft hatte schon 1929 beide Musiker sehr inspiriert und war jetzt, 25 Jahre später, ebenso erfolgreich. Im darauffolgenden Jahr machte er Platten mit einer weiteren kleinen Gruppe, den Esquire All-American Award Winners. 1946 nahm das Interesse an kleinen New-Orleans-Jazzgruppen zu. Hollywood bot Armstrong eine Hauptrolle in dem Film «New Orleans» an. Er zeigte in einer fiktiven Geschichte, wie New Orleans Jazz in der ganzen Welt akzeptiert wurde nach der Schließung des Storyville, und brachte Armstrong mit seinen früheren Kollegen Kid Ory, Bud Scott und Zutty Singleton zusammen. Ebenfalls engagiert war Barney Bigard, der wie Scott Mitglied in Orys Band war. Unter Armstrongs Leitung nahm die Gruppe ein Dutzend New-Orleans-Nummern für den Soundtrack auf und dann, nachdem Orys Drummer Minor Hall Singleton ersetzt hatte, ein paar Neuauflagen für Victor. Als der Film erschien, machte man den Vorschlag, daß Armstrong mit der Band auf Tour gehen sollte. Ory lehnte ab, aber Bigard (der Ory verlassen wollte) war interessiert. Es gab weitere Auftritte mit kleinen Bands und Edmond Hall, und Armstrong nahm als Gast in der Sendung «This is Jazz» teil, was zu dem berühmten Town-Hall-Konzert im Februar 1947 führte. Bei dieser Gelegenheit kam Armstrong wieder mit Teagarden zusammen, und die Partnerschaft führte zu neuen Höhepunkten mit brillanten Darbietungen wie *Rockin' Chair* und *Save it Pretty Mama*. Es war logisch, daß Teagarden und Bigard die Basis der ersten All Stars bilden sollten, eine Gruppe, die ihre erste Aufnahme im Oktober 1947 machte.

Die Original All Stars machten ausgezeichnete Aufnahmen, obwohl nur wenige das Versprechen des Town-Hall-Konzertes erfüllten. In den 50ern erlebte die Gruppe mehrere Wechsel. Teagarden und Bigard wurden durch Trummy Young und Edmond Hall ersetzt. In dieser Dekade entstanden viele schöne Alben, wie die Hommagen an W. C. Handy und Fats Waller, aber keine reicht an die 1956/57 entstandene Sammlung SATCHMO: A MUSICAL AUTOBIOGRAPHY OF LOUIS ARMSTRONG heran. Schade, daß die Decca auch einige der Tracks von den früheren All-Star-Aufnahmen aufnahm, denn sie waren künstlerisch uninteressanter, und die Aufnahmequalität war schlechter.

Milt Gabler, der bei der Decca für viele Armstrong-Sessions verantwortlich war, war ein begeisterter Jazzfachmann, der Armstrongs vergangene Leistungen kannte. Daher wurde sein Vorschlag, die Jazzmeisterwerke aus den Jahren 1923–1931 neu aufzunehmen, von Armstrong gerne angenommen. Im Gegensatz zu vielen anderen Musikern schämte er sich nicht seiner frühen Aufnahmen. Es war eine mutige Entscheidung seitens des Künstlers und der Plattenfirma, denn das Ergebnis hätte auch katastrophal sein können.

Die AUTOBIOGRAPHY wurde in mehreren Sessions zwischen Dezember 1956 und Januar 1957 aufgenommen. Armstrong war immer noch ein großartiger Trompeter, aber er hatte nicht mehr die blühende Phantasie, Lippenfertigkeit und phänomenale Kraft seiner frühen Jahre. Bob Haggart sollte viele der alten Arrangements für kleine Bands überarbeiten und hat klugerweise die Tonart auf vielen Nummern verändert. Aber seine «modernen» Arrangements waren oft zu gekünstelt und klingen heute älter als die Originale. Der andere Arrangeur, Sy Oliver, konnte erfolgreicher einige von Armstrongs alten Nummern für kleinere Gruppen umarbeiten. Armstrong verbindet die Aufnahmen mit Kommentaren, die Leonard Feather für ihn geschrieben hat. Er korrigiert ganz unbefangen einige Fehler im Manuskript und ist am besten, wenn er spontan ein paar eigene Geschichten erzählt.

Milt Gabler überredete Armstrongs Manager Joe Glaser, die Band während der Tage der Aufnahmen nirgendwo anders hin zu vermitteln. Dadurch kamen die Musiker frisch und mit Arbeitshunger ins Studio. Die ersten Aufnahmen wurden innerhalb von drei Tagen Mitte Dezember gemacht. Die erste Session brachte ein großartiges *I Can't Believe that You're in Love with Me* und *Lazy River* hervor, die dritte die wunderbaren *Memories of You*. Fünf Wochen später kehrte Armstrong für vier weitere Sessions ins Studio zurück, die teils noch besser waren. Seine Führung bei *High Society* und *Everybody Loves my Baby* zeigt alle alten Tricks, und jede Note, die er spielte, hatte das New-Orleans-Timing. *Cornet Chop Suey* und *Potato Head Blues* kamen nicht ganz an die früheren Meisterwerke heran, aber neue

Versionen von *Gully Low Blues* und *Two Deuces* schon. Das Original von *Wild Man Blues* war ebenfalls unerreichbar, aber die neue Version hatte eine ganz eigene Melancholie.

Weg von der Club- und Konzertroutine, war Armstrongs Spiel nachdenklicher, eindringlicher und intensiver. Die dritte Session aus dem Januar 1957 brachte das Unerwartete hervor: *King of the Zulus* galt nicht als eine klassische Aufnahme aus Armstrongs «Hot-Fives»-Zeit, aber sie war besser als viele und sicher ganz anders als die meisten Aufnahmen von 1926. Die neue Version brachte die Jahre zurück. Sie hatte denselben närrischen Humor wie das Original, aber Armstrongs intensives, phantasievolles und leidenschaftliches Spiel übertrifft das des Hits von 1926.

Am schwersten war es, die Aufnahmen der klassischen Blues-Sessions wiederzubeleben. Die All-Stars-Sängerin Velma Middleton besaß kaum die richtige Stimme für einen Blues von Ma Rainey, Bessie Smith, Clara Smith und Bertha «Chippie» Hill. Ihre Version von Ma Raineys *See See Rider* ist kaum der Rede wert, aber bei den anderen drei Nummern ist ihre Leistung respektabel. Armstrong ist bei den Blues-Nummern großartig. Er benutzt einen Dämpfer, um seine früheren Kornettsequenzen zu simulieren, und phrasiert mit einem solchen Timing, daß diese Aufnahmen zu kleinen Klassikern werden.

Die Sessions waren sowohl für Armstrong als auch Milt Gabler eine enorme Leistung. Als Louis 1956 nach Großbritannien gereist war, hatten viele gedacht, er hätte das Beste hinter sich. Nur wenige von uns hätten voraussagen können, daß er noch einige seiner bemerkenswertesten Arbeiten vor sich hatte.

CD

(Europa) *Satchmo: The California Concert*, MCA GRP 46132 O

Louis Armstrong (tpt), Jack Teagarden (tb), Barney Bigard (cl), Dick Cary (p), Arvell Shaw (sb), Sid Catlett (d)
Boston   30. 11. 1947   **Muskrat Ramble**

Earl Hines (p) und Cozy Cole (d) anstatt Cary und Catlett
New York   26. 04. 1950   **New Orleans Function:**
                                                 Flee as a Bird
                                                 Oh, Didn't He Ramble

mit Armstrong (v)
Pasadena,   30. 01. 1951   **My Monday Date**
Kalifornien

Armstrong (tpt), Trummy Young (tb), Bud Freeman (ts), Bigard (cl), Billy Kyle (p), Shaw (sb), Kenny John (d)
New York   19. 03. 1954   **Basin Street Blues**

ohne Freeman (ts), Armstrong (v)   **Struttin' with Some Barbecue**   5

Barrett Deems (d) anstatt John
    21. 01. 1955   **When it's Sleepy Time Down South**

Armstrong (tpt, v), Young (tb), Edmond Hall (cl), George Dorsey (as), Lucky Thompson (ts), Dave McRae (bar), Billy Kyle (p), Everett Barksdale (g), Squire Gersh (sb), Deems (d)
New York   11. 12. 1956   **If I Could Be with You**
                                             Lazy River
                                             I Can't Give You Anything but Love
                                             Body and Soul   10
                                             I Can't Believe that You're in Love with me
                                             On the Sunny Side of the Street

ohne (v), mit Hilton Jefferson (as)
    12. 12. 1956   **Mahogany Hall Stomp**

mit Armstrong (v)   **When You're Smiling**
                                               Some of these Days   15
                                               I Surrender Dear
                                               Georgia on my Mind
                                               Exactly like You

Armstrong (tpt), Young (tb), Hall (cl), Kyle (p), Gersh (sb), Deems (d)
                                               High Society

*wie **When You're Smiling**, aber mit Dorsey (fl), McRae (bcl)*
    13. 12. 1956   **Song of the Islands**   20

*wie **When You're Smiling***   **That's my Home**
                                               Memories of You

Das New-Orleans-Revival

ohne (v)	**Them There Eyes**	

Armstrong (tpt, v), Young (tb), Hall (cl), Kyle (p), George Barnes (g), Gersh (sb), Deems (d)

23. 01. 1957	**Hotter than That**	
mit Young (v)	**Gut Bucket Blues**	25
ohne (v)	**Weary Blues**	
	Potato Head Blues	
	Cornet Chop Suey	
	All the Wrongs You've Done to Me	
24. 01. 1957	**Two Deuces**	30
	Mandy Make up your Mind	
	Wild Man Blues	
mit Armstrong (v)	**Gully Low Blues**	
	Everybody Loves my Baby	
mit Young (v)	**Heebie Jeebies**	35

ohne (v) mit Armstrong, Young, Hall (Sprechgesang)

25. 01. 1957	**King of the Zulus**	
ohne (Sprechgesang)	**Froggie Moore**	
mit Armstrong, Velma Middleton (v)	**Georgia Grind**	
mit Yank Lawson (tpt); ohne (v)	**Snag it**	
mit Hall (Shout)	**Dipper Mouth Blues**	40
ohne Hall (Shout)	**Canal Street Blues**	

Armstrong (tpt, v), Young (tb), Hall (cl), Jefferson, Dorsey (as), Seldon Powell (ts), McRae (bar), Kyle (p), Barksdale (g), Gersh (sb), Deems (d)

28. 01. 1957	**You Rascal You**	
	Hobo You Cant't Ride this Train	
ohne (v)	**Knockin' a Jug**	
Armstrong (tpt), Kyle (p)	**Dear Old Southland**	45

Armstrong (tpt), Young (tb), Hall (cl), Kyle (p), Barksdale (g), Gersh (sb), Deems (d), Middleton (v)
> See See Rider
> Reckless Blues
> Trouble in Mind
> Courthouse Blues

CDs

mit den Stücken 8, 12:
  (USA) *The Best of the Decca Years, vol. 1: The Singer*, MCA MCAD 31346
mit den Stücken 27, 32, 33, 43:
  (USA) *The Best of the Decca Years, vol. 2: The Composer*, MCA MCAD 10121

Andere LPs

gleichen Inhalts:
  (USA)Decca DXM 155; Decca DL 8604, DL 8605, DL 8606, DL 8607
  (GB) Brunswick LAT 8211, LAT 8212, LAT 8213, LAT 8214
  (F) Brunswick 87.010, 87.011, 87.012, 87.013; Decca 2619.00 und 300.904
  (D) MCA-Coral COPS 2619/1-4; MCA-Coral 82022-4 und 6.30014
  (I) Fonit DL 8604, DL 8605, DL 8606, DL 8607
  (AUS) Festival FAL 4-4

Kid Thomas: *Kid Thomas and his Algiers Stompers*

Nach den vielen Aufnahmen schwarzer New-Orleans-Bands in den 40er Jahren waren die 50er Jahre mager. Louis Armstrong, Sidney Bechet, Kid Ory und George Lewis produzierten weiter, richteten sich aber in erster Linie an das jüngere weiße Publikum. Das Southland-Label in New Orleans veröffentlichte zahlreiche LPs mit weißen und auch ein paar schwarzen Dixieland-Musikern, die für die Touristen auf der Bourbon Street spielten, aber kaum gute Platten zustande brachten. In den 60er Jahren jedoch erwachte neues Interesse an schwarzem New Orleans Jazz, und die Anzahl der Aufnahmen erreichte das Dreifache dessen, was je in der Stadt produziert worden war. Bunk Johnson und George Lewis waren die Champions des 40er-Jahre-Revivals gewesen, Kid Thomas und Capt. John Handy wurden die Helden der 60er.

Kid Thomas Valentine gab sein Plattendebüt 1951 für American Music, verschwand aufgrund der großen Konkurrenz, die er beim eigenen Label hatte, aber bald aus dem Katalog. Er war ein eindrucksvoller Trompeter mit guten Mitspielern. Mit dem Posaunisten Louis Nelson und dem Saxophonisten Emanuel Paul hatte er Solisten, die durch ihre fundierte musikalische Bildung das Repertoire und das Ensemble bereicherten. Die ständig wechselnde Verschmelzung der drei Instrumente schuf einen außergewöhnlichen Sound. Nelson beschwerte sich einmal, daß Pauls Tenorsaxophonlinien oft die Posaunenparts kreuzten. Das stimmte, zwang den Posaunisten aber in eine unkonventionelle Rolle und machte die Band interessanter. Thomas setzte oft die Klarinette als zusätzliche Stimme ein, und Raymond Burke, Paul Barnes oder George Lewis brachten weitere Abwechslung in die Soli. Thomas spielte gern Schlagzeug und hatte eine genaue Vorstellung von einer Rhythmusgruppe. Nachdem der Pianist Joe James 1964 und der Drummer Sammy Penn 1969 gestorben waren, verschwand viel von dem alten Schwung. Anfang der 70er Jahre war die Band trotzdem populärer denn je.

Die hier ausgewählte Aufnahme ist vielleicht nicht der Favorit von vielen Thomas-Anhängern. Für jemanden, der einen ersten Eindruck von der Band erhalten möchte, ist diese 1965 entstandene Platte aber wohl am geeignetsten. Thomas hatte Schwierigkeiten, einen Ersatz für den Pianisten Joe James zu finden. Hier spielte Octave Crosby mit, außerdem der Banjospieler George Guesnon. Im Gegensatz zu vielen anderen Bands in den 60er Jahren arbeitete die von Kid Thomas ständig zusammen. Anfang der 60er Jahre trat sie nur einmal im Monat auf, Mitte der Dekade mehrmals die Woche. Sie verband traditionelle Stücke mit Walzern, Rumbas, Standards, Blues und Vaudeville-Nummern.

Da Nelson und Paul Noten lesen konnten, waren ihre Vorstellungen sehr sauber. Oft begann einer von ihnen mit dem ersten Chorus, spielte dann eine Variation, und Thomas setzte seine Harmonien dazu. Emanuel Paul beginnt *In the Mood,* Louis Nelson *Summertime.* Thomas konnte die Leadstimme oft sehr genau und einfach spielen, wie in *Star Dust* oder zu den Antwortparts von *In the Mood.* Sein Markenzeichen aber war sein explosiver Stil. Seine Eigenkomposition *Algiers Strut* war ein ausgezeichnetes Ausdrucksmittel für seinen extrovertierten Stil, und so wird er seinen Fans in Erinnerung bleiben.

LP

(USA) *Kid Thomas and his Algiers Stompers,* **Jazz Crusade 2006** ☐

Kid Thomas (tpt), Louis Nelson (tb), Emanuel Paul (ts), Octave Crosby (p), George Guesnon (bj), Joseph Butler (sb), Sammy Penn (d)
New Orleans   23. 04. 1965   **My Blue Heaven**
In the Mood
Star Dust
Gettysburg March
Clarinet Marmalade
Alexander's Ragtime Band
Summertime
Algiers Strut

Andere LP

gleichen Inhalts:
(USA) GHB 80

KAPITEL 7
Bop und verwandte Stile
Mark Gardner

Der Bop kristallisierte sich in New York heraus. Viele seiner führenden Musiker kamen jedoch aus der amerikanischen Provinz. Der geniale und virtuose Altsaxophonist Charlie Parker kam aus Kansas City. Trompeter Dizzy Gillespie, ein brillanter Instrumentalist, wichtiger Lehrer und Leiter der ersten wirklichen modernen Big Band, stammte aus South Carolina. Miles Davis, der talentierteste Protegé von Parker und Gillespie, kam aus St. Louis nach Manhattan. Der ebenfalls brillante Trompeter Fats Navarro war aus Key West, Florida, emigriert. Die Schlagzeuger Kenny Clarke und Art Blakey wurden in Pittsburgh geboren, auch Heimat des Bassisten Ray Brown. Gitarrist Charlie Christian aus Texas und Bassist Jimmy Blanton aus Tennessee starben, bevor der Bop erblühte, trugen aber entscheidend zu dieser Blüte bei. Der wichtigste Arrangeur für den neuen Sound und einer der besten Komponisten war Tadd Dameron aus Ohio.

All diese Männer zog es Anfang der 40er Jahre nach New York, wo sie sich fanden und auch unter den New Yorker Musikern viele verwandte Geister entdeckten. Die Pianisten Bud Powell, Thelonious Monk und Duke Jordan gehörten dazu wie auch Walter Bishop jr. und Kenny Drew. Andere New Yorker, die wichtige Beiträge zu diesem Stil leisteten, waren Schlagzeuger Max Roach, Baritonsaxophonist Cecil Payne, Tenorsaxophonist Sonny Rollins und Altsaxophonist Jackie McLean. Der Großteil der Pioniere des Bop hatte in Big Bands gearbeitet, denen sie freudig in die engen Kabaretts der 52. Straße entflohen, die für ein halbes Dutzend Jahre ein einzigartiges Zentrum hervorragender Leistungen waren.

Der Bop, im wesentlichen die Musik für eine kleine Gruppe, war eine Vervollkommnung der harmonischen und rhythmischen Komplexität ihrer Vorläufer, der traditionellen Jazz- und der Swing-Stile. Da es schwerer wurde, die Übereinstimmung zwischen zwei Akkordinstrumenten herzustellen, verzichteten immer mehr Gruppen auf die Gitarre zugunsten des Pianos. Der Pianist setzte die Akkorde auf zurückhaltende und abstrakte Weise. Später wurde die Gitarre wieder eingeführt, und wenn zwei wirklich harmonierende Musiker – wie der Pianist Al Haig und der Gitarrist Jimmy Raney oder Pianist Lennie Tristano und Gitarrist Billy Bauer – zusammen in einer Rhythmusgruppe spielten, konnten sie Kollisionen in der Begleitung vermeiden. Für das Taktmaß wurde in erster Linie der Bassist verantwortlich. Seine laufenden Baßfiguren paßten zu den Harmonien und gliederten sich in die Piano-Akkorde ein. Cymbals trugen ebenfalls den Rhythmus, aber ansonsten wurde dem Schlagzeuger eine freiere Rolle eingeräumt. Eine Hauptveränderung war die Abschaffung der Baßtrommel als Taktmaß. Ihr Einsatz bei der Unterstreichung von Soli wurde als «dropping bombs» bekannt.

Bop verlangte von allen Instrumentalisten größere Fertigkeiten. Dazu gehörte ein bis dahin nie gehörtes schnelles Tempo. Viele der improvisierten oder komponierten Melodien waren knapp und straff und hatten komplexe Betonungsmuster, was ein wichtiges Element für die rhythmische Differenziertheit der Musik war. Oft waren die komponierten Themen verborgene «Originalmelodien», die auf denselben Akkordfolgen beruhten wie Standards. Um den Zuhörer weiter zu verwirren, spielten die Gruppen manchmal nicht einmal die Melodie, sondern glitten in anscheinend themenlose Improvisation. Das Ergebnis war in diesem Stil verwirrender als beim Swing, der es auch getan hatte. Es war ein Markenzeichen der Bopper, ein Stück mit einem Ton zu beenden, der im konventionellen Sinne als unaufgelöst galt.

Nach einer Zeit der Kontroverse und Unruhe wurde Bop ein akzeptierter Stil, der auch in den Mainstream einging und diese Musik beträchtlich beeinflußte. Ursprünglich bekannt als Bebop oder Rebop, war er die Basis für verwandte Stilarten, die schnell auftauchten: Afro-Cuban Jazz, Cool Jazz, West Coast Jazz, Hard Bop, Soul Jazz und Bossa Nova.

Bopmusiker hatten quasi von Anfang an mit exotischen Rhythmen aus der Karibik und Lateinamerika gespielt. Parker machte mit Machito's Afro-Cuban Orchestra Aufnahmen und führte bei Sessions mit kleinen Gruppen Latin Percussions ein. Er schrieb sogar ein Stück in diesem Stil: *My Little Suede Shoes*. Der Einsatz von Bongos und

Conga-Trommeln gab dem Rhythmus zusätzliche Würze und wurde auch von Gillespie bei Combo- und Big-Band-Instrumentierungen eingesetzt. (Gelegentlich brachten die Latin Percussions die Rhythmusgruppe durcheinander, besonders wenn die betreffenden Musiker nicht regelmäßig mit den jeweiligen Jazz-Drummern zusammengearbeitet hatten.) Später, in den 60er Jahren, entstand aus einem kurzen Flirt mit dem brasilianischen Samba der Bossa Nova – für melodische Spieler ein Geschenk Gottes.

Cool Jazz, eine Reaktion auf den wilden, ungestümen Bop, war berechnender und brachte den Arrangeur wieder ins Spiel. West Coast Jazz drückte alles noch weiter runter und opferte das Gefühl zugunsten der Perfektion. Hard Bop brachte die Hitze und das Gefühl in die Musik zurück und betonte nicht nur Leidenschaft und Muskelkraft, sondern auch den Wert gut überlegter Themen. Aus dem Hard Bop kam der Soul Jazz, der die Musikform wieder zu ihren Gospelwurzeln zurückführte.

Bop wird immer noch gehört, bewundert und gespielt. Die heutige Generation lernt, diesen geistig anspruchsvollen, intensiven und schönen Stil zu schätzen und zu lieben, der die höchsten musikalischen Fähigkeiten forderte. Das Vermächtnis auf Platten ist groß und umfangreich.

TEIL 1: *Bop*

Dizzy Gillespie: «Shaw 'nuff»; Jazz Tribune no. 2: Dizzy Gillespie, vol. 1/2 (1946–1949)

Obwohl ihre Namen für immer miteinander verbunden bleiben werden, haben Charlie Parker und Dizzy Gillespie, die Zwillingsarchitekten des Bop, nur ungefähr 18 Monate zusammen gespielt. Der Trompeter und der Altsaxophonist haben nur neunmal gemeinsam Platten aufgenommen, und viermal davon waren sie nur Nebenfiguren. Acht ihrer Studio-Einsätze absolvierten sie innerhalb von zwölf Monaten in den Jahren 1945/46. Neben den Platten gibt es von ihnen viele Radio- und private Mitschnitte. Ihr großer musikalischer Einfluß in den 40er Jahren entsprang ihren 1945 entstandenen Aufnahmen für die Labels Guild und Musicraft. Diese sieben Auftritte waren wie Gebote für die Gläubigen, Traktate, die von einer ganzen Generation schwarzer und weißer Jazzmusiker studiert und analysiert, kopiert und wiederverwendet wurden.

Die erste Session fand am 9. Februar 1945 statt. Es gibt den starken Verdacht, daß Parker bei dieser Session, bei der *Groovin' High* – in einer Version, die zunächst verworfen wurde und erst viele Jahre später veröffentlicht wurde – und der Blues *Blue 'n Boogie* von Gillespies Sextett aufgenommen wurden, eigentlich dabeisein sollte. Doch neben Gillespie trägt statt dessen Tenorsaxophonist Dexter Gordon das Solo, mit Unterstützung des Pianisten Frank Paparelli und des Gitarristen Chuck Wayne. Bei dem Blues ist Gillespies virtuose Trompetenpassage ein besonders gutes Beispiel für seine Fähigkeit, in höchster Geschwindigkeit voller Selbstvertrauen kreativ zu sein.

Ein paar Wochen später, bei der zweiten Session, war Parker bei einem vollkommen anderen Sextett mit dabei. Unerklärlicherweise setzten er und Gillespie nicht die bewährte Rhythmusgruppe ein, die sie im Jahr zuvor während ihres Engagements im Three Deuces Club begleitet hatte. Die Besetzung war ein Kompromiß; sie bestand aus dem Pianisten Clyde Hart, dem Gitarristen Remo Palmieri, dem Bassisten Slam Stewart und dem Drummer Cozy Cole. Hart ist ein sensibler Begleiter, dessen Piano-Akkorde im modernen Stil gespielt sind, aber seine Soli verraten seine Vorliebe für den Swing. Dasselbe gilt auch für Stewart und einen Teil seiner Gesangsbegleitung zu seinen Improvisationen. Cole mochte die scharfen, unerwarteten Betonungen nicht, die Roach oder Clarke einsetzten, und die meiste Zeit ist er im Takt mit seinen Besen oder (in *Dizzy Atmosphere*) seinen Stöcken. Palmieri, ein durchaus moderner Solist und ganz in den Stil von Charlie Christian versenkt, spielt Rhythmusgitarre auf Gillespies Kompositionen *Dizzy Atmosphere* und *Groovin' High* und verleiht der Rhythmusgruppe eine seltsam pustende Qualität, weit entfernt von der sauberen, flüssigen Unterstützung, die Parker sonst bevorzugte.

Aber trotz dieser offensichtlichen Mängel sind die drei Stücke der zweiten Session von außerordentlichem musikalischen Wert wegen der mitreißenden, ungezwungenen Trompeten- und Saxophon-Soli und der lebhaften Unisono-Linien, in denen Trompete und Saxophon wie eine einzige Stimme klingen. Für Laienzuhörer, die noch nicht an die Rhythmen, das schnelle Tempo und die originellen Notenkombinationen gewöhnt waren, mag ihre Intonation 1945 dünn geklungen haben und ihre Ideen fremdartig, aber die Zeit hat der unfehlbaren Logik und Schönheit dieser inspirierten Kreationen recht gegeben.

Groovin' High, auf der Akkordfolge von *Whispering* basierend, hat ein Call-and-Response-Muster von Anfang an; eine Unisono-Phrase der Hörner wird vom Baß beantwortet und zieht sich in das Hauptthema, indem das Piano die eingängigen Phrasen von Altsaxophon und Trompete beantwortet. Die wiederholt gespielte Figur heißt «Bebop». Parkers Improvisation gelingt ein wunderbares Gleichgewicht zwischen Spannung und Entspannung, und nach einem bizarren Zwischenspiel von Stewart folgt ein präzises und kraftvolles, gedämpftes Trompeten-Solo von Gillespie. Nach dem Gitarren-Solo spielt Gillespie ohne Dämpfer seinen extra komponierten Solo-Schluß, der später von Tadd Dameron für seine Melodie *If You Could See Me Now* übernommen wurde.

All the Things You Are ist mit seiner klassischen Einführung, die später jeder modernen Jazzinterpretation des Songs aufgepfropft wurde, eine relativ klare Sache. Gillespie bleibt dicht an der vorgegebenen Melodie, aber Parker improvisiert in seinen achttaktigen Passagen frei und entspannt. Diesen Standard übernahm Parker später als *Bird of Paradise*.

Das Schmuckstück der Session ist das lebhafte *Dizzy Atmosphere* mit seiner Trompeteneinführung, dem überstürzten Einsatz der Hörner und den brillanten Soli. In Parkers geschmeidigem Chorus scheinen sich die Noten des Saxophons mit dem Schwung eines übersprudelnden Brunnens aufzulösen. Seine Akzentsetzung ist immer wieder überraschend. Denselben genauen Sinn fürs Timing und die Verbindung von Anmut und Tücke spürt man im Trompeten-Solo, nach dem Stewarts leichter Chorus von Baß und Stimme beinahe erleichternd wirkt. Als Trompete und Saxophon gemeinsam wiederkehren, tun sie es in einer weichen, melodischen Variation des ursprünglichen Themas, das sich in den Anfangsakkord auflöst.

Bei der dritten Session konnte Gillespie vier Fünftel der Band aus dem Three Deuces Club präsentieren, einschließlich Pianist Al Haig und Kontrabassist Curly Russell. Schlagzeuger Max Roach war mit Benny Carter unterwegs, also entschied sich Gillespie für Big Sid Catlett. Der bewundernswerte Catlett hatte Roach, Clarke, Blakey und die meisten anderen frühen Bop-Schlagzeuger stark beeinflußt. Er war dem neuen Stil gegenüber sehr aufgeschlossen und übernahm ihn schneller als Cole. Dieses Mal wurde die Rhythmusgruppe nicht durch eine Gitarre erweitert.

Die Session war straffer organisiert als die vorherigen. Als wolle man die vorherrschende Atmosphäre unterstreichen, stürzen sich die Musiker sofort auf eine Komposition von Gillespie und Clarke, die ein Jahr zuvor von Tenorsaxophonist Georgie Auld aufgenommen worden war: *Salt Peanuts*. Dieses eckige Thema wurde bald zum Test für angehende Bopper. Abgehackt und dissonant, sollte es nicht gefällig sein, und die vokalen Arabesken des Trompeters bilden ein weiteres seltsames Element in dieser rauhen Darbietung. Wenn das mißtönende Thema einmal ausgeführt ist, gibt es Platz für freie Soli von Haig, Parker und Gillespie und ein übergenaues Schlagzeugsolo von Catlett, das zeigt, welchen Einfluß er auf Blakey hatte.

Catletts Schlagzeug ist auch ein wichtiger Bestandteil von *Shaw 'nuff*, einem weiteren schnellen Stück mit verworrenen, überladenen Linien. Wie immer bei schnellen Titeln ließ der Bandleader dem Saxophonisten bei den Soli den Vortritt. Haigs Solo profitiert von seiner Zurückhaltung in dem ihn umgebenden musikalischen Wirbelwind.

Im Gegensatz dazu ist *Lover Man*, der zweite Song dieser Aufnahmen, eine makellose Ballade, interpretiert durch die Sängerin Sarah Vaughan, die mit Gillespie und Parker in den Orchestern von Earl Hines und Billy Eckstine gearbeitet hatte. Haig und die Hörner unterstützen und schmücken Vaughans klare und reine Stimme. Gillespies Solo schmückt feinfühlig die Melodie aus.

Hot House von Tadd Dameron basiert auf der Akkordfolge von *What is this Thing called Love?* Ein übereifriger Ausbruch der Drums kündigt diesen mittelschnellen Swinger an, in dem Gillespie sein Verhältnis zu Parker betont, indem er eine der letzten Phrasen von dessen Solo übernimmt, um sein eigenes zu beginnen. Abgesehen von einer achttaktigen Unterbrechung durch Haig gegen Ende, stehen bei dieser warmen, entspannten Nummer von Anfang bis Ende Parker und Gillespie im Vordergrund. Ihre Soli wurden zum Modell für die meisten jungen Jazzinstrumentalisten.

Nach einem unangenehmen Engagement in Hollywood begann Gillespie in New York mit einem langen Gastspiel im Spotlite Club. Vibraphonist Milt Jackson, Pianist Haig und Bassist Ray Brown waren noch dabei, aber Parker und sein ständiger Stellvertreter Lucky Thompson waren lieber in Los Angeles geblieben, und Schlagzeuger Stan Levey ging. Innerhalb weniger Tage stand Gillespie vor dem

Mikrofon für eine Session unter der Schutzherrschaft der Firma Victor, die den Trompeter im folgenden Jahr unter Vertrag nahm. Victor war durch den Kritiker Leonard Feather, der die Session produzierte und auch unter dem Pseudonym Floyd Wilson einen Titel, *Ol' Man Rebop* (basierend auf *Old Man River*) arrangierte, überredet worden, Gillespie aufzunehmen. Die Firma verlangte, daß einige Gewinner eines Wettbewerbs des Magazins «Esquire» teilnahmen. Gillespie brachte den Tenorsaxophonisten Don Byas mit, der nach Europa wollte (von wo er nie zurückkehrte) und mit Gillespie 1944 auf der 52. Straße gespielt hatte. Drummer J. C. Heard, ein «Esquire»-Gewinner, war in Jump-Bands ebenso zu Hause wie in einer Bop-Combo. Als Gitarristen engagierte Dizzy Billy DeArango, mit dem er 1945 bei einer Session unter Vaughan gespielt hatte. DeArango war zweifellos der flüssigste und beste Gitarrist jener Zeit, machte aber nur wenige Aufnahmen und keine besseren als diese.

Mastertakes dieser vier Titel erschienen bald zusammen mit vier Stücken von Coleman Hawkins auf einem 78er-Album namens NEW 52ND STREET JAZZ, das Bestseller des Jahres 1946 wurde. Die Wichtigkeit dieser Platte ergibt sich nicht nur aus ihrem musikalischen Wert, sondern auch daraus, daß sie ein weites Publikum an den neuen Stil heranführte. Zwei Jahrzehnte später waren auf einer retrospektiven LP von Gillespie alternative Takes all dieser Titel mit Ausnahme von Feathers Beitrag zu finden.

Nachdem Gillespie jahrelang Kompositionen und Arrangements für verschiedene Bands gemacht und Stücke von anderen Modernisten zusammengetragen hatte, war er quasi ein wandelndes Archiv neuer Musik, das darauf wartete, seine Schätze preiszugeben. Zum erstenmal auf Platte zu hören war *52nd Street Theme*, beruhend auf einem geschickt gemachten Bop-Riffmuster, das Komponist Thelonious Monk von dem Novelty-Hit *Woody Woodpecker's Song* entliehen hatte. Diese nicht zu pfeifende Melodie wurde sofort zum Wahrzeichen, immer rasend schnell gespielt und dadurch Teststück für jeden jungen Bop-Musiker. Parker übernahm es als sein Schlußstück. Gillespies Arrangement verlangt nach Hörnern neben der Gitarre und Vibes, um die Melodie unisono zu spielen, aber nur Byas und Gillespie spielen die Bridge. Durch die Technik wird Jacksons Solo nicht in allen Nuancen deutlich. Byas spielt geradlinig, während DeArango erstaunlich virtuos spielt. Gillespie jedoch übertrifft alle mit seinem Einfallsreichtum. Man spürt seine Unzufriedenheit mit dem ersten Take, der ein uncharakteristisches Stottern aufweist, aber der zweite Versuch ist in seiner peinlich genauen Arbeit im hohen Register und der Integration seiner Ideen fehlerlos. Brown spielt auf beiden Takes ein Solo.

A Night in Tunisia, das erste seiner «exotischen» Stücke, schrieb Gillespie 1941, als er mit dem Saxophonisten Benny Carter in Kelly's Stable spielte. Das Stück war unter dem Titel *Interlude* 1944 von Sarah Vaughan als Gesangsnummer aufgenommen worden. Hier jedoch entstand die erste brillante instrumentale Fassung mit einem Arrangement, das zum Standard wurde und in seiner Popularität *52nd Street Theme* schlug. Es beginnt ungewöhnlich, nicht mit einer laufenden Baßlinie, sondern synkopiert. Gillespies gedämpfte Trompete, unterstützt vom Tenorsaxophon, trägt die Melodie. Das Stück enthält ein Zwischenspiel, in dem Gillespie ein aufregendes, kraftvolles, aber makelloses Solo spielt. Er entfernt den Dämpfer, während Byas ein paar Takte übernimmt. Gillespies Improvisationen konzentrieren sich zum großen Teil auf das obere Register, und wenn der Ton auch dünner ist als der von Louis Armstrong oder Roy Eldridge, so ist jede Note doch sauber und klar. So vielfältiges und genaues Trompetenspiel war neu im Jazz. Die Soli von Byas und Jackson fallen dagegen zweifellos ab. Der unvollständige Alternativtake (auf der vorgestellten Collection nicht enthalten) ist weniger gelungen als der Mastertake, aber Gillespies Solo ist nicht weniger brillant, wenn auch anders. Der zweite Take zeigt, daß er sein Solo jedesmal neu überdachte.

Nach diesem Feuerwerk scheint *Ol' Man Rebop* sehr zahm, wenn auch clever arrangiert. Zu hören sind 16 elegante, zurückhaltende Piano-Takte von Al Haig. Haig, der anscheinend seine Hand nie falsch einsetzen konnte, lehnte alles Oberflächliche und jede Effekthascherei ab.

Vervollständigt wurde diese Session durch zwei Versionen von Gillespies *Anthropology*, einer Variation von *I Got Rhythm*. Wieder spielt er mit Dämpfer beim Thema und ohne bei seinen Soli. Überraschend ist, daß er die schwierige Melodie zusammen mit Jacksons Vibraphon spielt. Byas spielt nicht. Wahrscheinlich war ihm diese eckige Linie zu ungewohnt. Der schnellere Mastertake ist besser als der zweite Versuch und zeigt, daß ein schnelles Tempo für bestimmte Aspekte des Bop notwendig war. In vielerlei Hinsicht ist dieses Stück ebenso kompliziert wie die Arrangements von Lennie Tristano für Capitol 1949.

Drei Monate später nahm Gillespie mit Jackson, Haig und Brown drei Titel für Musicraft auf. Sonny Stitt, der Ersatz für das Altsaxophon, hatte sein Spiel nach Parkers Stil ausgerichtet, was in seinen Soli hier ganz deutlich wird. Ebenso deutlich sind die Unterschiede. Während Parker immer mit rhythmischem und melodischem Einfallsreichtum glänzt, klingt Stitt im Vergleich berechenbarer, ja mechanisch. Daß er viele von Parkers Lektionen aufnehmen konnte, zeigt seine Fähigkeit als einer seiner ersten Schüler. Stitt entging der Gefahr, zum Sklaven von Parkers Stil zu werden, indem er später zum Tenorsaxophon wechselte.

Vibraphonist Milt Jackson, Pianist Haig und Bassist Ray Brown gehörten alle zu Gillespies Hollywood-Besetzung. Schlagzeuger Clarke war ein alter Freund und engagierter Förderer des Trompeters. Bei dieser Session setzte Gillespie den Dämpfer nur für die Bluesnummer ein. Ansonsten spielte er offene Trompete, was in den nächsten vier Jahren, als er seine Big Band leitete, seine Stärke werden sollte. In diesem Stadium hatte er erfolgreich und hart daran gearbeitet, seine Intonation zu verbessern. Vielleicht hatte er auch das Gefühl, der offene Sound passe besser zu Stitt, dessen Intonation längst nicht so geschmeidig war wie Parkers.

Wie der Titel vermuten läßt, war bei *One Bass Hit* vor allem Browns geschickte Baßlinie gefragt, aber die im doppelten Tempo gespielten Trompetenlinien machen die Aufnahme zu etwas Besonderem. Arrangeur Gil Fuller war im Studio und unterstützte Gillespies Stimme bei der surrealen Unterhaltung zwischen Stimmen und Instrumenten auf *Oop Bop Sh'bam*. *That's Earl, Brother* ist eine Komposition mit mehr Substanz als viele Bop-Themen. Bei allen Aufnahmen fehlt der Funke der Parker/Gillespie-Zusammenarbeit, aber sie zeigen trotzdem die Verve und Virtuosität des Bandleaders.

CD

(USA) «*Shaw 'nuff*», Musicraft MVSCD 53 □

Dizzy Gillespie (tpt), Dexter Gordon (ts), Frank Paparelli (p), Chuck Wayne (elg), Murray Shipinski (sb), Irv Kluger (d)
New York   09. 02. 1945   **Blue 'n Boogie**

Gillespie (tpt), Charlie Parker (as), Clyde Hart (p), Remo Palmieri (elg), Slam Stewart (sb), Cozy Cole (d)
                28. 02. 1945   **Groovin' High**
                                All the Things you Are
                                Dizzy Atmosphere

Gillespie (tpt, v), Parker (as), Al Haig (p), Curly Russell (sb), Sid Catlett (d)

11. 05. 1945	**Salt Peanuts**	5

ohne (v) — **Shaw 'nuff**

mit Sarah Vaughan (v) — **Lover Man**

ohne (v) — **Hot House**

Gillespie (tpt), Sonny Stitt (as), Milt Jackson (vb), Haig (p), Ray Brown (sb), Kenny Clarke (d)

15. 05. 1946   **One Bass Hit no. 1**

mit Gillespie, Gil Fuller (v)   **Oop Bop Sh'bam**   10
That's Earl, Brother

Gillespie, Dave Burns, Raymond Orr, Talib Daawud, John Lynch (tpt), Alton Moore, Charles Greenlea (tb), John Brown, Howard Johnson (as), Ray Abrams, Warren Luckey (ts), Pee Wee Moore (bar), Jackson (p), Ray Brown (sb), Clarke (d)

10. 06. 1946   **Our Delight**

mit Roberts (v)   **Good Dues Blues**

Gillespie, Burns, Daawud, Kenny Dorham, Lynch, Elmon Wright (tpt), Leon Comegeys, Gordon Thomas, Moore (tb), Johnson, Stitt (as), Abrams, Luckey (ts), Leo Parker (bar), John Lewis (p), Brown (sb), Clarke (d)

09. 07. 1946   **One Bass Hit no. 2**
Ray's Idea   15

mit Jackson (vb)   **Things to Come**

mit Roberts (v)   **He Beeped when He Shoulda Bopped**

Gillespie, Burns, Lynch, Wright, Matthew McKay (tpt), Thomas, Alton Moore, Taswell Baird (tb), John Brown, Scoops Carry (as), James Moody, Bill Frazier (ts), Pee Wee Moore (bar), John Lewis (p), Ray Brown (sb), Joe Harris (d), Kenny Hagood (v)

12. 11. 1946   **I Waited for You**

mit Jackson (vb)   **Emanon**

Andere CD

mit den Stücken 2, 4–6, 12, 16 und weiteren, unten angegebenen:
(DK) *Dizzy Gillespie,* Official 83056-2

LPs

mit weiteren Stücken:
(USA) *In the Beginning,* Prestige 24030
mit den Stücken 1–11:
(USA) *The Small Groups,* Phoenix LP 2
mit den Stücken 12–18:
(USA) *Dizzy's Delight,* Phoenix LP 4
Stücke 1–5, 8–13, 14–16, 19: *Groovin' High*
   (USA) Savoy MG 12020
   (F) BYG 529.145; Savoy-Musidisc 30 SA 6037
mit den Stücken 1–4, 9–11:
(USA) *Dizzy Gillespie: the Development of an American Artist, 1940–1946,* Smithsonian R004
Stücke 1–4, 8, 10–13, 15–16, 19:
(GB) *The Dizzy Gillespie Story,* Ember EMB 3344
Stücke 1, 3–4, 8–17, 19:
(USA) *Blue 'n Boogie,* Allegro LP 3083
mit den Stücken 1, 4–5, 9–10, 12, 15–16, 19 und weiteren (s.u.):
(I) *Dizzy Gillespie: Small Combos,* Giants of Jazz LPJT 32, und
Dizzy Gillespie and His Orchestra, Giants of Jazz LPJT 37
Stücke 2–5, 8, 10–12, 14, 16–17, 19:
(GB) *Dizzy Gillespie and His Orchestra,* Saga ERO 8017
mit den Stücken 2, 4–6, 12, 16, und weiteren, wie unten angegeben:
(DK) *Dizzy Gillespie,* Official 3056-2

LP

(Europa) Jazz Tribune no.2: Dizzy Gillespie, vol. 1/2 (1946–1949), RCA NL 89763 ☐

Gillespie (tpt), Don Byas (ts), Jackson (vb), Haig (p), Bill DeArango (elg), Brown (b), J. C. Heard (d)

New York	22. 02. 1946	**52nd Street Theme** (Take 1)
		52nd Street Theme (Take 2)
		A Night in Tunisia
		Ol' Man Rebop

Anthropology (Take 1) 5
Anthropology (Take 2)

Gillespie, Burns, Wright, McKay, Raymond Orr (tpt), Baird oder Ted Kelly?, Bill Shepherd (tb), John Brown, Johnson (as), Moody oder Big Nick Nicholas?, Joe Gayles (ts), Payne (bar), Lewis (p), Ray Brown oder McKibbon? (sb), Harris oder Clarke? (d)
22. 08. 1947   **Ow!**

mit Gillespie, Hagood (v)   **Oop-pop-a-da**

ohne (v)   **Two Bass Hit**
Stay on it   10

Gillespie, Burns, Elmon Wright, Lammar Wright Jr., Benny Bailey (tpt), Kelly, Shepherd (tb), John Brown, Johnson (as), Nicholas, Joe Gayles (ts), Payne (bar), Lewis (p), McKibbon (sb), Clarke (d), Chano Pozo (Kongas)
22. 12. 1947   **Algo Bueno (Woody 'n You)**

mit Gillespie, Hagood (v)   **Cool Breeze**

Pozo und Band (v) anstatt Gillespie, Hagood
Cubana Be
Cubana Bop

wie **Algo Bueno**, *aber mit Gillespie (v)*
30. 12. 1947   **Manteca**   15

ohne (v)   **Good Bait**

mit Gillespie, Hagood (v)   **Ool-ya-koo**

ohne (v)   **Minor Walk**

Gillespie, Burns, Elmon Wright, Willie Cook (tpt), Andy Duryea, Sam Hurt, Jesse Tarrant (tb), Brown, Ernie Henry (as), Gayles, Budd Johnson (ts), Payne (bar), James Forman (p), McKibbon (sb), Teddy Stewart (d), Harris (Kongas), Sabu Martinez (Bongo)
29. 12. 1948   **Guarachi Guaro**
Duff Capers   20
Lover Come Back to Me

mit Gillespie (v)   **I'm Be Boppin' Too** (Take 1)
I'm Be Boppin' Too (Take 2)

(Metronome All Stars:) Gillespie, Miles Davis, Fats Navarro (tpt), J. J. Johnson, Kai Winding (tb), Buddy DeFranco (cl), Charlie Parker (as), Charlie Ventura (ts), Ernie Caceres (bar), Lennie Tristano (p), Billy Bauer (elg), Eddie Safranski (sb), Shelly Manne (d)

03. 01. 1949	**Overtime**	
	Victory Ball	25

Gillespie, Little Benny Harris, Wright, Cook (tpt), Duryea, Hurt, Tarrant (tb), Brown, Henry (as), Gayles, Yusef Lateef (ts), Al Gibson (bar), Forman (p), McKibbon (sb), Stewart (d), Vince Guerro (Kongas)

14. 04. 1949	**St Louis Blues**
	Swedish Suite
06. 05. 1949	**Katy (Dizzier and Dizzier)**

mit Gillespie, Joe «Bebop» Carroll (v)

                                Jump Did-le-ba

Charles Greenlea, J. J. Johnson (tb) anstatt Hurt und Tarrant

06. 07. 1949	**Hey Pete, Let's Eat Mo' Meat**	30

ohne (v)   **Jumpin' with Symphony Sid**

mit Carroll (v)   **In the Land of Oo-bla-dee**

CDs

mit den Stücken 7, 9, 11, 13–16, 19, 28, 31:
    (Europa) (verschiedene Künstler) *The Bebop Revolution,* Bluebird ND 82177
    (USA) Bluebird 2177-2 RB
mit den Stücken 3, 7, 11, 28 und weiteren, oben angegebenen:
    (DK) *Dizzy Gillespie,* Official 83056-2

Andere LPs

gleichen Inhalts:
    (F) RCA PM 42408
Stücke 2–5, 9, 13–16, 18, 26, 28: *The Greatest of Dizzy Gillespie*
    (USA) RCA LPM 2398
    (GB) RCA RD 27242; RCA SF 5123
Stücke 2–5, 7–10, 11 (Alternativtake), 12–22, 26–31:
    (F) *Horizons du Jazz: Dizzy Gillespie Orchestra,* RCA 430.215, und Titel unbekannt, RCA 430.207

mit den Stücken 1, 3–5, 8–16, 18, 21, 24–25, 27, 30, 32:
 (F) *Dizzy Gillespie, vol.1*, RCA 731.676 und *Dizzy Gillespie, vol.2*,
 RCA 731.068
Stücke 1, 3 (Alternativtake), 4, 11, 17, 19–21, 23, 27, 30–32: *Dizzy Gillespie*
 (USA) RCA LPV 530
 (GB) RCA RD 7827
mit den Stücken 3, 7–10, 11 (Alternativtake), 12–17, 31 und anderen (s.o.):
 (I) *Dizzy Gillespie: Small Combos*, Giants of Jazz LPJT 32 und
 Dizzy Gillespie and His Orchestra, Giants of Jazz LPJT 37
mit den Stücken 2–3, 5–12, 15–17:
 (Europa) *Diz Delights*, RCA CL 89804
Stücke 7, 9, 11 (Alternativtake), 13–15, 20, 22, 26–28, 30–32:
 (USA) *Dizzier and Dizzier*, RCA LJM 1009
mit den Stücken 7–8, 10, 12, 29: *The Be-bop Era* (verschied. Bandleader)
 (USA) RCA LPV 519
 (GB) RCA RD 7827
mit den Stücken 17, 19–23, 27–32:
 (F) *When Be-bop Meets the Big Band (Dizzy Gillespie, vol.1, 1947–49)*
 RCA 741.095
mit den Stücken 3, 7, 11, 28 und anderen, oben angegebenen:
 (DK) *Dizzy Gillespie*, Official 3056-2

Charlie Parker:
The Charlie Parker Story; Charlie Parker on Dial, vol. 1

Die erste Session unter Charlie Parkers Leitung war problematisch. Sein Pianist Bud Powell war in Philadelphia auf Wohnungssuche. Parker buchte als Ersatz Dizzy Gillespie. Er wußte, daß der Trompeter ein guter Begleiter auf dem Piano war. Außerdem bat er den Pianisten Argonne Thornton (Sadik Hakim) zu kommen. Kaum hatte man mit der Session für Savoy angefangen, da bemerkte Parker, daß sein Saxophon defekt war und quietschte. Später verschwand Miles Davis, und dann bekam Thornton auch noch Ärger mit einem Gewerkschafter, weil er keine Gewerkschaftskarte hatte. Unter diesen Umständen ist es ein Wunder, daß überhaupt vernünftige Musik dabei herauskam. Parkers Konzentration und Inspiration sorgten jedoch dafür, daß der 26. November 1945 vielleicht zum Schlüsseldatum für den Nachkriegsjazz wurde. Zum erstenmal verfolgten alle beteiligten Musiker dieselbe stilistische Richtung. Die behelfsmäßige Klavierbegleitung störte Parker nicht ein bißchen, und die anderen Ablenkungen überwand er anscheinend ebenso mühelos.

Die Tatsache, daß Davis dabei war, dessen Können zu diesem Zeitpunkt alles andere als perfekt war, zeigt Parkers Gespür für ein außergewöhnliches Talent. Die Beteiligung des vorbildlichen Percussionisten Max Roach nahm das regelmäßige Quintett voraus, das Parker 1947 mit Davis und Roach gründen würde. Bassist Curly Russell war auch bei Studio-Aufnahmen immer dabei, unter anderem zwei weitere Male für das Savoy-Label.

Ende 1945 waren Parkers künstlerische Fähigkeiten bei den Jazzfans anerkannt, wenn auch manche Hörer – darunter auch Musiker – von der Geschwindigkeit und Ausführung seiner Ideen, der rhythmischen Komplexität seiner Soli und Kompositionen und seinen Harmonievorstellungen verwirrt waren. Sein scharfer Ton gefiel denjenigen nicht, die mit dem lieblicheren Klang von Johnny Hodges oder Benny Carter aufgewachsen waren. Selbst seine Kritiker mußten jedoch zugeben, daß der Mann ein kraftvoller Bluesmusiker war, der die 12-Takt-Form mehr noch als Gillespie auffrischte und weiterentwickelte.

Am Anfang dieser Session stand denn auch der Blues; mit *Billie's Bounce*, einem melodisch komplexen Thema, das Parker am Morgen der Session ersonnen hatte. Bei den ersten drei Takes kämpft er mit dem defekten Saxophon, aber sein erstes Solo ist trotzdem gut. Bis zum dritten Take, als Davis sich eingewöhnt hatte, ist das Saxophonproblem unübersehbar, und Parker beschloß, das Horn einem harten Test zu unterziehen. Nach unbefriedigenden Aufnahmen probieren Musiker oft mit alternativem Material, um dann später wieder frisch zum Original zurückzukehren. Parkers Abschweifung war eine schnelle Improvisation über die Akkordsequenz des Standards *Cherokee*. Der größere Teil dieser unplanmäßigen Vorführung wurde aufgenommen, als *Warming up a Riff* veröffentlicht und zeigt keine offensichtlichen technischen Mängel. Mit Thornton am Piano gleitet Parker durch diese erfindungsreiche Improvisation, schwelgt in den stimulierenden Akkordwechseln und zitiert aus so grundverschiedenen Quellen wie *High Society* (der alte New-Orleans-Favorit), *Tea for Two*, *Irish Washerwoman* und *Cocktails for Two*. Direkt nach diesem brillanten Zwischenspiel nahm die Gruppe *Billie's Bounce* wieder auf, und beim fünften Versuch wurde ein erfolgreicher Take fertiggestellt. Parkers bestes Solo findet sich jedoch auf dem vierten (unvollständigen) Take, trotz einiger Quietscher der Holzbläser.

Als nächstes stand ein weiterer Blues an, den Parker zur elften Stunde ausgeheckt hatte: *Now's the Time* (später Basis für den Pophit *The Hucklebuck*) mit einer Piano-Einführung von Gillespie, die Thelonious Monks Stil spiegelt. Bei diesem langsameren, klassischeren Blues klingt Davis viel selbstbewußter und ausgeglichener. Parkers Ideenreichtum, seine Darstellung von Emotionen und seine Verbindung mit der Jazztradition werden auf den beiden vollständigen Takes deutlich, die beide vollkommen unterschiedliche Soli enthalten. Sein Solo auf dem Mastertake inspirierte Eddie Jefferson zu einem passenden Text, der zeigte, daß die Improvisation eine eigenständige Melodie war.

Die größte Herausforderung hob man sich für den Schluß auf – *Thriving on a Riff* und *Ko-ko*. Der erste Titel wurzelte in den Akkordfolgen von *I Got Rhythm*. Parker benannte das Stück später in *Anthropology* um, und es wurde unter diesem Namen zum erstenmal von Gillespie im nächsten Jahr aufgenommen. Auf drei noch vorhandenen Takes ist Parker in unglaublicher Form. Sein Solo am Anfang ist beinahe perfekt, aber kleine Patzer bei der Wiederaufnahme des Themas führten wahrscheinlich zu der ursprünglichen Ablehnung. Das gesamte Einführungsthema fehlt bei dem anderen vollständigen Take, der aus einer Serie von Improvisationen von Parker, Davis und Thornton besteht, der nach den beiden ausgezeichneten vorausgegangenen Soli deutlich angespannt klingt.

Mit Gillespie am Piano spielte das Quartett (ohne Davis) eine hingebungsvolle Interpretation einer von Parkers Lieblingsballaden, *Embraceable You*, schließlich veröffentlicht unter dem Titel *Meandering*. Sein Spiel ist sanft, zart und romantisch, ohne zu überschwenglich oder sentimental zu werden. Zum Schluß dieses unplanmäßigen Warm-ups, das nie veröffentlicht werden sollte, erinnert sich Parker mit einem Zitat aus *You'd Better Go Now*, daß das Saxophon gerichtet werden mußte, bevor er wieder die Konturen von *Cherokee* (dieses Mal unter dem Titel *Ko-ko*) in dem für diese Spezialität reservierten unglaublichen Tempo proben konnte. An dieser Stelle ging er mit dem Produzenten Teddy Reig fort, um das widerspenstige Saxophon auszumustern. Bei ihrer Rückkehr fehlte Davis, also mußte Gillespie Trompete und Piano spielen. Thornton half beim Thema des ersten Takes und beim Anfang von Parkers Solo bei dem Mastertake auf dem Keyboard aus.

Der erste Versuch wird schnell abgebrochen, weil Parker und Gillespie die Originalmelodie von Ray Nobles *Cherokee* spielen, was

Savoy Tantiemen gekostet hätte. Der zweite Take ist ohne Thema. Beide jedoch enthalten die neue faszinierende, unisono gespielte Einführung, gefolgt von Solobreaks der gedämpften Trompete und des Saxophons, bevor sie wieder unisono spielen. Die einzige Begleitung bei diesem wirbelnden Thema sind die Besen von Roachs Snare-Drum. Diese Routineübung dient als Abschußrampe für Parkers zwei funkelnde Chorusse voll ungebrochener Inspiration und bei halsbrecherischem Tempo. Die innere Stimmigkeit, der Fluß und die Entwicklung von schnellen, aber logischen Ideen machen dies zu einem seiner Meisterwerke. Als weiterer Solist ist nur Roach zu hören, dessen Schlagzeugpassage ein Meilenstein in Technik und kontrolliertem Spannungsaufbau war.

Ko-ko, die definitive Zusammenfassung all dessen, was Parker bis zum Ende seines 25. Lebensjahrs aufgenommen und selbst entwickelt hatte, leitete seine kreativste und produktivste Periode ein. In den Jahren 1946–1948 machte er sieben Sessions für das Dial-Label und fünf weitere für Savoy. Die darauffolgende Phase, in der er für die verschiedenen Labels von Norman Granz arbeitete, war eher unbefriedigend, was auch an den teilweise nicht sehr hilfreichen Situationen lag, in die Granz ihn brachte.

Seine Arbeit für Dial war konsequenter und befriedigender. Obwohl er sechs der fünfzehn Monate, die er in Kalifornien verbrachte, wegen Drogenabhängigkeit und psychischer Probleme behandelt wurde, ist er mit einer Ausnahme bei allen Dates sehr erfindungsreich. Die erste Folge der Alben, die hieraus resultierten, fängt in chronologischer Reihenfolge seine Höhen und Tiefen ein.

Als einziges Fragment einer chaotischen Session unter der nominellen Leitung von Gillespie ist das erste Stück, *Diggin' Diz* (auf Basis der Akkordfolge von *Lover*) übriggeblieben. Gespielt wird es von einem Septett, zu dem Tenorsaxophonist Lucky Thompson und Gitarrist Arvin Garrison gehören, die Parker mit zu seinem eigenen Septett für Dial nahm. Noch wichtiger war jedoch, daß er wieder mit Davis spielte, der gerade mit Benny Carters Orchester in Hollywood angekommen war. Der brillante, klassisch ausgebildete Pianist Dodo Marmarosa leitete die Rhythmusgruppe. Baß spielte Victor McMillan, hinter dem Schlagzeug saß Roy Porter.

Jeder noch erhaltene Schnipsel Musik – zehn vollständige Aufnahmen und ein bearbeitetes Stück – zeugt von fünf Stunden konzentrierter Kreativität. Durch Parkers Topform wurde Miles Davis angeregt. Thompsons weicher, runder Sound lieferte einen reizvollen Kontrast zu Parkers Schärfe. Die Rhythmusgruppe – Garrison war nur Solist, kein Begleitmusiker – pulsiert gleichmäßig, Marmarosa ist stets eine Hilfe für die Solisten. Die Arrangements sind genauestens ausgearbeitet (was nicht immer der Fall war bei Parkers Sessions) und die Ensemble-Teile geprobt. Die verständnisvolle Haltung des Produzenten Ross Russell, der den Musikern ihre Freiheit ließ, und die gute technische Ausrüstung trugen entscheidend zur Qualität dieser klassischen Aufnahme bei.

Auch Parker bereitete sich vor: Die Melodie von *Moose the Mooche* schrieb er im Taxi auf dem Weg zur Session. Beim ersten Take spielt Davis offene Trompete, aber ab dem zweiten, etwas schnelleren setzt er einen Dämpfer ein. Der dadurch entstehende klagende Ton klingt eher nach Howard McGhee als nach Gillespie. Parker ist beim dritten Take am besten, aber wegen einer Unsicherheit wurde dann der zweite Take veröffentlicht. Zur «Unterhaltung» am Schluß tragen Parker, Thompson und Marmarosa jeweils zwei Takte bei.

Parker hatte die *Yardbird Suite*, eine leichte tanzbare Linie, schon einige Jahre zuvor geschrieben. Take 1 folgt einem konventionellen Muster. Parker spielt einen ganzen Chorus, Davis, Thompson und Marmarosa jeweils halbe und Garrison ein Viertel. Bis zum vierten Take hatte sich die Routine geändert. Das Ergebnis war einen halben Chorus länger, entspannter und interessanter durch die doppelte Aufeinanderfolge von Davis und Thompson. Die überarbeitete Version sieht wie folgt aus: Marmarosa (8 Takte Einführung), unisono (16), Parker (8), unisono (8), Parker (32), Davis (16), Thompson (8), Davis (8), Thompson (16), Garrison (16), Marmarosa (8), Ensemble (8). Parkers Chorus ist ein strukturelles Wunder, ungewöhnlich sparsam und rhythmisch eng an seine Melodie angelehnt. In den ersten acht Takten seines Solos demonstriert er seine Fähigkeit, ein einprägsames Thema auszubauen: Er fügt das Hauptthema des *Cool Blues* ein, den er ein Jahr später aufnimmt. Viele Parker-Themen entstanden innerhalb von Improvisationen – eine Umkehrung der gängigen Jazzpraxis.

Parker hatte auch die schillernde, verschlungene Melodie von *Ornithology* auf der Basis des Akkordmusters von *How High the Moon* lange vorher geschrieben. Der erste Take war ein Durchlauf, denn Parker spielt kein Solo. Das Ende war schwierig, denn Trompete, Alto, Tenor, Gitarre und Piano müssen alle jeweils einen Takt beisteuern. Beim dritten Take geschieht dies am Ende des Eröffnungs- und Schlußthemas. Der folgende Mastertake ist bedeutend schneller und die schwungvollste von allen Aufnahmen. Zu diesen drei Parker-Themen, die alle zum Bop-Standardrepertoire gehören, kam Gillespies *Night in Tunisia*. Drei von fünf Takes blieben erhalten, eines ist aber nur ein Fragment, das u. a. Parkers ausgezeichnete Kadenz enthält. Er meinte, diese Spontaneität bei folgenden Versuchen nicht mehr aufbringen zu können. Deshalb veröffentlichte Russell diese 47 Sekunden dauernde Miniatur als *The Famous Alto Break*. Wenn auch Parker auf den beiden vollständig erhaltenen Takes ausgezeichnet spielt, so ist die Kadenz auf dem Fragment doch virtuoser. Das Arrangement ist ungewöhnlich, weil Piano und Gitarre unisono die hypnotisch dröhnende Linie spielen, über der Trompete und Alto gleiten. Porters «Bombs» auf der Baßtrommel sind äußerst effektiv.

Die letzten vier Aufnahmen, nur vier Monate später entstanden, sind wie ein Schlag ins Gesicht. Am Tag der Session befand sich Parker in einem traumatischen Tief wegen Drogenentzugs. Er konnte kaum spielen (er hatte einen guten Liter Whisky intus), und daß er überhaupt noch etwas Zusammenhängendes zustande brachte, zeigt einmal mehr, was für ein großer Musiker er war. Zu den wenigen Malen, die er bei schnellen Stücken stolpert, gehören *Max is Making Wax* und *Bebop*. Seine Mühe wird durch die saubere Trompete von Howard McGhee noch betont. *Loverman*, die erste von zwei Balladen, ist träge, aber doch bewegend, weil Parker mit einem Instrument hadert, das er doch beherrscht hatte. Dasselbe zeigt sich auch bei *The Gypsy*, das er nie wieder gespielt hat, weil er die mit dem Song verbundenen Erinnerungen so haßte. Parkers Wut über die Veröffentlichung dieser vier Titel ist verständlich.

LP

(USA) The Charlie Parker Story, Savoy MG 12079 ☐

Miles Davis (tpt), Charlie Parker (as), Dizzy Gillespie (p), Curly Russell (sb), Max Roach (d)

New York	26. 11. 1945	**Billie's Bounce** (Take 1)
		Billie's Bounce (Take 2)
		Billie's Bounce (Take 3)
ohne Davis		**Warming up a Riff**

mit Davis　　　　　　　　　**Billie's Bounce** (Take 4)　　5
　　　　　　　　　　　　　　Billie's Bounce (Take 5)
　　　　　　　　　　　　　　Now's the Time (Take 1)
　　　　　　　　　　　　　　Now's the Time (Take 2)
　　　　　　　　　　　　　　Now's the Time (Take 3)
　　　　　　　　　　　　　　Now's the Time (Take 4)　　10

Argonne Thornton (p) anstatt Gillespie
　　　　　　　　　　　　　　Thriving on a Riff (Take 1)
　　　　　　　　　　　　　　Thriving on a Riff (Take 2)
　　　　　　　　　　　　　　Thriving on a Riff (Take 3)

wie **Warming up a Riff**　　**Meandering**

Gillespie (tpt) anstatt Davis; Gillespie und Thornton (p)
　　　　　　　　　　　　　　Ko-ko (Take 1)　　　　　15
　　　　　　　　　　　　　　Ko-ko (Take 2)

CDs

mit weiteren Stücken:
　(USA) *The Complete Savoy Studio Sessions,* Savoy ZDS 5500　○
mit den Stücken 4, 6, 10, 13–14, 16:
　(USA) *The Savoy Recording Master Tapes,* vol.1, Savoy ZDS 4402
　(F) *The Savoy Recordings, vol.1,* Vogue 650107
　(Land unbekannt) *Bird: vol.1–2,* Savoy ACDOR 29005
mit den Stücken 4, 6, 10, 13, 16, und anderen, unten angegebenen:
　(DK) *Charlie Parker,* Official 83011-2
mit den Stücken 6, 10, 13, 16: *The Best of Bird on Savoy*
　(USA) Savoy ZDS 1208
　(F) Vogue 650109

Andere LPs

gleichen Inhalts:
　(GB) *Memorial Album, vol.1,* CBS Realm LP 120; CBS Realm 52120; *Charlie Parker Memorial, vol.1,* Eros ERL 50048; *The Immortal Charlie Parker, vol.1,* London LTZ C15108; *Charlie Parker Memorial, vol.1,* Realm RM 120
　(F) Titel unbekannt, BYG 529.129
mit weiteren Stücken:
　(USA) *The Complete Savoy Studio Sessions,* Savoy SJL 5500
　(F) *The Complete Charlie Parker,* BYG LP3

mit den Stücken 1–13:
   (J) Titel unbekannt, CBS-Sony SOPU 21; CBS-Sony SOPL 64
mit den Stücken 14–16:
   (J) Titel unbekannt, CBS-Sony SOPU 22; CBS-Sony SOPL 65
mit den Stücken 1, 4, 6, 9–11, 13–15:
   (J) Titel unbekannt, CBS-Sony SOPJ 134-5 SY
mit den Stücken 4, 6, 10, 13–14, 16: *Bird: The Savoy Recordings (Master Takes)*
   (USA) Savoy SJL 2201
   (F) Savoy 2C162-99010/011
   (D) Savoy 1C148-99010/011
mit den Stücken 4, 6, 10, 13, 16 und weiteren:
   (DK) *Charlie Parker,* Official 3011-2
mit den Stücken 6, 10, 13, 16:
   (USA) *The Best of Bird on Savoy,* Savoy SJL 1208
mit den Stücken 1, 9, 11:
   (USA) *Encores,* Savoy SJL 1107

CDs

gleichen Inhalts:
   (J) *The Charlie Parker Story,* Savoy SV0105
mit weiteren Stücken: *The Complete Savoy Studio Sessions:*
   (Europa) Savoy 886421
mit den Stücken 4, 6, 10, 13–14, 16:
   (USA) *Bird: the Savoy Original Master Takes,* Savoy ZDS8801
mit den Stücken 4, 6, 10, 13, 16: *Savoy Master Takes*
   (Europa) Savoy ZD70737   ○

LP

(GB) ***Charlie Parker on Dial, vol.1,*** **Spotlite 101**   □

Gillespie (tpt), Parker (as), Lucky Thompson (ts), George Handy (p), Arvin Garrison (elg), Ray Brown (sb), Stan Levey (d)
Glendale, Kal.   05.02. 1946   **Diggin' Diz**

Davis (tpt), Parker (as), Thompson (ts), Dodo Marmarosa (p), Victor McMillan (sb), Roy Porter (d)
Hollywood   28. 03. 1946   **Moose the Mooche** (Take 1)
               Moose the Mooche (Take 2)
               Moose the Mooche (Take 3)

mit Garrison (elg)	**Yardbird Suite** (Take 1)	5
	Yardbird Suite (Take 4)	
	Ornithology (Take 1)	
	Ornithology (Bird Lore) (Take 3)	
	Ornithology (Take 4)	
	The Famous Alto Break (Night in Tunisia)	10
	Night in Tunisia (Take 4)	
	Night in Tunisia (Take 5)	

Howard McGhee (tpt), Parker (as), Jimmy Bunn (p), Bob Kesterson (sb), Porter (d)

26. 07. 1946	**Max is Making Wax**	
	Loverman	
	The Gypsy	15
	Bebop	

CDs

mit den Stücken 1, 3, 5–6, 9–10, 12–16:
 (USA) *The Legendary Dial Masters,* vol. 1–2, Stash STCD 23 und STCD 25   ○
mit den Stücken 3, 6, 9, 12, und weiteren, oben angegebenen:
 (DK) *Charlie Parker,* Official 83011-2

Andere LPs

mit weiteren Stücken:
 (USA) *Charlie Parker,* Warner Brothers 6BS 3159
mit den Stücken 3, 6, 9, 12 und weiteren, oben angegebenen:
 (DK) *Charlie Parker,* Official 3011-2
mit den Stücken 3, 6, 9, 12:
 (USA) *Bird Symbols,* Charlie Parker PLP 407;

Thelonious Monk: *The Complete Genius*

Thelonious Monk galt als der exzentrischste Vertreter eines modernen Jazz. Der Pianist und Komponist wurde von seinen Zeitgenossen schnell wegen seiner ungewöhnlichen Schreibfähigkeiten geschätzt. Seine Auffassung von Harmonie war in den Workshop-Sessions der frühen 40er Jahre höchst einflußreich, und seine Themen wurden von Dizzy Gillespie, Charlie Parker und anderen hoch geschätzt. Seine Instrumentalarbeit gab in den 40ern jedoch Anlaß zum Hohn, und seine idiosynkratischen Melodien wurden nicht richtig ausgeschöpft, bis er mit seinen eigenen Aufnahmen zeigte, wie sie interpretiert werden sollten.

Sein höchst eigenwilliger Piano-Stil entwickelte sich sehr merkwürdig. Seine frühesten Aufnahmen (von 1941) zeigen, daß er zu diesem Zeitpunkt stark unter dem Einfluß von Teddy Wilson stand. Und er hatte sich offensichtlich mit Stride-Pianisten wie James P. Johnson, Willie «the Lion» Smith und Fats Waller beschäftigt. Drei Jahre später jedoch, bei Aufnahmen mit dem Tenorsaxophonisten Coleman Hawkins, hat sein Klavierkonzept eine ganz eigenwillige und kompromißlose Note.

Einige Kritiker bemerkten bei Monk einen Mangel an Technik, er scheint aber absichtlich einen schroffen, hämmernden Anschlag zu spielen und den von ihm früher geschätzten weichen Ansatz von Wilson inzwischen abzulehnen. Monks Improvisationen strotzen vor Dissonanzen, überraschenden Intervallen und rauhen Läufen. Manchmal kam es zu ironischen Wendungen. Er konnte sich manchmal gut selbst parodieren. Oft streute er in ein ansonsten stumpfes Stück einige Takte Stride-Piano ein. Seine Mitspieler wollte er in eine tiefere Erforschung der überraschenden Themen mit einbeziehen. Viele aber, besonders *'Round Midnight,* waren so angelegt, daß selbst die phantasievollsten Musiker nicht wußten, wie sie improvisieren sollten. Das bedeutete eine weitere Herausforderung für Monks eigenwillige Begleitung.

Da Monk nicht über seine Arbeit sprach, mußten die Zuhörer ihre eigenen Schlüsse ziehen. Anfangs waren die meisten Musiker einfach erstaunt. Obwohl Hawkins ihn mehr als zwei Jahre beschäftigte, war er bei vielen Boppern nicht populär. Einige konnten einfach nicht mit ihm spielen. Während Werke wie *Ephistrophy, 'Round Midnight* und *Well You Needn't* immer häufiger gespielt wurden, fand der Komponist mit seinem Piano-Stil wenig Anklang. 1946 wurde er wegen ständiger Unpünktlichkeit von Dizzy Gillespie gefeuert, und seine Zukunft sah nicht gerade rosig aus, bis das Label Blue Note Records im Herbst 1947 Aufnahmen mit ihm machte. Seine fünf Sessions für dieses Label zwischen 1947 und 1952 sind unschätzbare Dokumente und zeigen Monk mit Quintetten, Sextetten und einmal einem Trio.

Bei den Aufnahmen von 1947 sind 25 Eigenkompositionen enthalten. Im Laufe seiner Karriere verwendete er viele dieser frühen Werke wieder. Und immer bildeten sie für ihren Schöpfer und seine Mitspieler eine Herausforderung.

Sein Schreib- und sein Spielstil waren eng verbunden. Im Gegensatz zu Duke Ellington dachte er beim Komponieren nicht an andere Solisten. Er schrieb für seinen eigenen Ansatz. Dann suchte er Musiker, die seinen Ideen Substanz verliehen. Manchmal waren die, die er aussuchte, der Aufgabe einfach nicht gewachsen. Bei seiner ersten Blue-Note-Session waren die Saxophonisten Danny Quebec West und Billy Smith alles andere als ebenbürtig, während Trompeter Idrees Sulieman immerhin Verständnis für seine Ideen zeigte. Ganz anders der Schlagzeuger Art Blakey: Er verstand ausgezeichnet, worauf der Pianist hinauswollte, und lieferte ihm viele Jahre die gesuchte rhythmische Anregung. Kein Wunder also, daß er bei vier der fünf Blue-Note-Sessions dabei war. Blakey spielte selten laut bei Monk; *Humph* ist da eine Ausnahme. Bei der fünften Session war als Drummer Shadow Wilson dabei, der 1957 mit Monk und John Coltrane spielte.

Evonce und *Suburban Eyes* sind beide untypisch, weil sie nicht von Monk, sondern Ike Quebec bzw. Sulieman stammen. Schmuckstück der ersten Session ist Monks *Thelonious*. Wieder setzt er in seinem zweiten Chorus Stride-Piano ein.

Neun Tage später stand Monk mit derselben Rhythmusgruppe – Bassist Gene Ramey und Blakey – wieder in demselben Studio, um drei seiner beständigsten Kompositionen aufzunehmen: *Ruby, my Dear*, *Well You Needn't* und *Off Minor*. Neun Jahre später wurde ein viertes Original, *Introspection*, ausgegraben.

In einem Trio fühlt sich Monk offensichtlich wohler. *Ruby, my Dear* ist eine wunderschöne, bissige Ballade, die zum Jazzstandard wurde. Das kraftvolle *Well You Needn't* ist ebenfalls ein häufig gespieltes Stück. Auch *Off Minor* hat ein eingängiges Thema und eine beunruhigende zweite Melodie. *Introspection* weist eine komplexere Melodie auf, und Monk schmückt seine Kreation kaum aus. Solche Feinheit wäre von den Mitspielern der letzten Session zuviel verlangt gewesen, und selbst das Trio benötigte vier Takes, bevor die von Monk gewünschte Stimmung da war.

Um sich in bekannterer Atmosphäre zu präsentieren, spielte Monk mit unverhohlener Begeisterung den Standard *April in Paris*. Dieser Monk ordnete sich ganz und gar der Tradition unter, an seinem Spiel war nichts, was den Zuhörer hätte verstören können; 1947 mußte er mit Ohren und Einstellungen rechnen, die auf den Ausdruck seiner Originalität nicht eingestellt waren.

Bei der dritten Session entschied er sich für ein Quintett mit Blakey und dem Altsaxophonisten Sahib Shihab, der ein verständnisvoller Interpret von Monks Musik war. Monks Komposition *In Walked Bud*, seinem Protegé Bud Powell gewidmet, ist eine geschickte Überarbeitung der Akkordfolge von *Blue Skies* und enthält ein schönes Piano-Solo. *'Round Midnight*, eine klassische Ballade, war bereits von Cootie Williams und Dizzy Gillespie aufgenommen worden, bevor Monk dieses Meisterwerk ablieferte.

Mit einer vollkommen neuen Besetzung machte Monks Quartett 1948 eine Neuauflage von *Ephistrophy* und *I Mean You* und erarbeitete als neues Stück *Misterioso*. Wilson ersetzte Blakey, Milt Jackson spielte Vibraphon, John Simmons Baß. Bei *Ephistrophy*, zusammen mit Schlagzeuger Kenny Clarke geschrieben, paßt Jacksons fließende Improvisationsweise gut zu Monks gröberen Linien.

Bei *I Mean You* fällt wieder das hervorragende Zusammenspiel von Vibraphon und Piano auf. Die Soli beschränken sich auf halbe Chorusse, aber diese Miniaturen sind heute noch beeindruckend.

Monk hatte Schwierigkeiten aufgrund seines Rufes als sehr exzentrischer Pianist, deshalb war sein direkter Einfluß auf Klavier-Stilarten marginal. Eindeutig seine Schüler sind Randy Weston und Stan Tracey, vielleicht gehört Horace Silver dazu. Viele andere wurden nur durch Monks Freund Powell beeinflußt. Im Rückblick gilt, daß Monk viel zum Mainstream beigetragen hat. Seine Stücke beschäftigen heute noch viele. Monk war seiner Zeit sicher zehn Jahre voraus. Zum Glück haben die anderen aufgeholt, und seit Ende der 50er konnte er ernten, was ihm zustand. Diese Blue-Note-Alben waren ein Anfang, den man sich nicht entgehen lassen sollte.

LP

(USA) *The Complete Genius*, Blue Note LA 579-2 ☐

Idrees Sulieman (tpt), Danny Quebec West (as), Billy Smith (ts), Thelonious Monk (p), Gene Ramey (sb), Art Blakey (d)
New York   15. 10. 1947   **Humph**
                            Evonce (Take 4)
                            Suburban Eyes (Take 1)
                            Thelonious

Monk (p), Ramey (sb), Blakey (d)
24. 10. 1947   **Nice Work if You Can Get it**
(Take 0)   5
Ruby, my Dear (Take 1)
Well You Needn't (Take 0)
April in Paris (Take 1)
Off Minor
Introspection   10

George Tait (tpt), Sahib Shihab (as), Monk (p), Bob Paige (sb), Blakey (d)
21. 11. 1947   **In Walked Bud**
Monk's Mood
Who Knows (Take 0)
'Round Midnight

Milt Jackson (vb), Monk (p), John Simmons (sb), Shadow Wilson (d), Kenny Hagood (v)
02. 07. 1948   **All the Things You Are**   15
I Should Care (Take 1)

ohne (v)   **Evidence**
Misterioso (Take 1)
Ephistrophy
I Mean You   20

CDs

Stücke 1–14 mit Zweitversionen: *Genius of Modern Musik, vol. 1*
 (USA) Blue Note CDP 7-81510-2
gleichen Inhalts:
 (USA) Blue Note B21Y 81510
mit den Stücken 4, 6–8, 12, 14, 17–20:
 (USA) *The Blue Note Years: the Best of Thelonious Monk,* Blue Note CDP 7-96636-2

Andere LPs

gleichen Inhalts:
 (GB) Blue Note BND 4032
 (I) Blue Note ABNST 2-36520
mit weiteren Stücken und Aufnahmen:
 (USA) *The Complete Blue Note Recordings of Thelonious Monk,* Mosaic MR 4-101

mit den Stücken 1, 4, 6–11, 14, 18–20: *Genius of Modern Music, vol. 1*
(USA) Blue Note BLP 1510; Blue Note BST 81510
(J) Blue Note GXF 3014; Blue Note GXK 8058; Blue Note LNJ 70090;
Blue Note NR 8836
(BR) Blue Note 31C152-82836
mit den Stücken 2–3, 5, 12–13: *Genius of Modern Music, vol. 2*
(USA) Blue Note BLP 1511; Blue Note BST 81511
(J) Blue Note GXK 8059; Blue Note LNJ 70096

Bud Powell: *The Amazing Bud Powell, vol. 1*

Nachdem die Innovationen von Charlie Parker und Dizzy Gillespie in den frühen 40ern bekannt waren, vesuchten viele Musiker, sie auch auf andere Instrumente zu übertragen. Das Piano fand seinen fortgeschrittensten und besten Modernisten in Bud Powell, einem jungen New Yorker, der mit Parker, Gillespie und Monk herumgezogen war und den neuen Stil vollständig beherrschte.

Im Alter von 21 hatte Powell eine Technik entwickelt, die es ihm erlaubte, mit seiner geschickten rechten Hand die unglaublich schnellen und komplizierten Linien zu spielen, die Parker auf dem Altsaxophon gelangen. Powells linke Hand brachte die passenden Akkorde hervor. Er war vielseitig begabt: Sein Gefühl für Melodie war ebenso gut wie das für Rhythmus, und er wußte durch das genaue Studium von Art Tatum viel über Harmonielehre. So wurde er zum Idol. Alle anderen frühen Bop-Pianisten, einschließlich Al Haig, Duke Jordan, Hank Jones, Dodo Marmarosa und George Wallington, machten bei ihm Anleihen.

Powells Stil läßt sich am besten mit dem Begriff intensiv fassen. Wenn er eine rhythmische Übung wie *Un Poco Loco* oder eine Bop-Hymne wie *52nd Street Theme* in Angriff nahm, baute er eine beinahe unerträgliche Spannung auf, die gelegentlich noch höher war als bei Parker. Powell wurde von der Suche nach musikalischer Perfektion getrieben. Davon war er so besessen, daß sein Bassist George Duvivier manchmal eine Taschenlampe aufleuchten ließ, um ihn aus einem langen Solo zu bringen.

Seine größten Leistungen vollbrachte er Ende der 40er und Anfang der 50er Jahre, als Kopf und Hände perfekt koordiniert waren und er alles präzise nachspielen konnte, was er hörte. In dieser höchst kreativen Zeit machte Powell für Blue Note Alben von seltener Güte. So wie Art Blakey der perfekte Schlagzeuger für Thelonious Monk war, erwies sich Max Roach als der ideale Percussionist für Powell. Roachs Anwesenheit bei drei dieser Titel ist wichtig. Seine Unterstützung auf *Un Poco Loco* und *A Night in Tunisia* ist so stark und flexibel, daß Bassist Curly Russell beinahe überflüssig ist.

Bei den drei Takes von *Un Poco Loco* können wir die Entstehung eines Meisterwerkes verfolgen. Die erste und kürzeste Version dieser hypnotischen Latin-Jazz-Übung baut sich gut auf, aber Powell wird zunehmend unzufriedener mit seiner Leistung, und nach einem leichten Spannungsabfall bricht er ab, bevor Roach sein Solo beginnen kann. Take 2 zeigt eine spürbare Verbesserung. Eine sich wiederholende Figur in Powells linker Hand zieht sich durchs ganze Stück und wird von Roachs Schellen reflektiert. Der Mastertake ist zweifellos der beste von allen. Powell ist noch eindringlicher, und seine Erfindungsgabe läßt nie nach.

Powell, der in gewisser Weise ein sehr ehrgeiziger Musiker war, wußte gewiß von der Bewunderung, die Charlie Parkers berühmter Alto Break in *A Night in Tunisia* hervorgerufen hatte, denn der Pianist gab sich viel Mühe, seinen Break besonders interessant zu machen. Wieder bietet man uns den Luxus von zwei Takes, und der Break auf der kürzeren Alternativversion ist besonders bemerkenswert. Powells Finger fliegen, und er hält den Zuhörer mit einer kurzen Pause in Spannung. Die Soli sind beide gut überlegt und ausgeführt. Bei dem längeren Mastertake fügt er gegen Ende einen absteigenden Lauf im Stile Monks ein.

Ein weiteres Juwel dieser wichtigen Session ist eine zauberhafte Interpretation von Powells *Parisian Thoroughfare*, das zum Standard wurde. Der Pianist schrieb es, Jahre bevor er Paris besuchte, und doch vermittelt es ganz genau den Sound der geschäftigen Boulevards dieser Stadt.

Die vier Quintettaufnahmen, ungefähr zwei Jahre zuvor aufgenommen, zeigen Powell als Leiter einer ungewöhnlich gut zusammenpassenden Gruppe. Neben der Energie des Trompeters Fats Navarro – wie Powell ein Perfektionist – gibt es bei zwei von Powells schönsten Kompositionen, *Dance of the Infidels* und *Bouncing with Bud*, erste Hinweise auf das gute Spiel des Tenorsaxophonisten Sonny Rollins. Powells Sicherheit bei diesen Stücken wird in seinen kompakten und prägnanten Soli als auch in seiner Begleitung deutlich. Sein Solo bei *Wail* ist überragend, aber am beeindruckendsten ist seine Fingerfertigkeit bei den schnellen Stellen des *52nd Street Theme*. Kein Wunder, daß so komplizierte Linien konservativere Musiker verwirrten!

Während derselben Session entstand eine Trioversion von Parkers *Ornithology*, bei dem Schlagzeuger Roy Haynes und Bassist Tommy Potter Powell helfen, eine beachtliche Improvisation zu entwerfen. Powell kommt seinem Mentor Tatum bei dem Solo von *It Could Happen to You* am nächsten. Sein Respekt vor dem älteren Mann wird ganz deutlich, als er sich mit Leichtigkeit mal in, mal außerhalb des Taktmaßes bewegt. Dies ist eine respektvolle Verbeugung eines Meisters vor dem anderen.

Obwohl die vorgestellte neue CD denselben Titel trägt wie die Original-LP, differiert der Inhalt. Beide sind jedoch von großer Bedeutung.

CD

(Europa) *The Amazing Bud Powell, vol. 1*, **Blue Note CDP 781503** ○

Fats Navarro (tpt), Sonny Rollins (ts), Bud Powell (p), Tommy Potter (sb), Roy Haynes (d)

New York	09. 08. 1949	**Bouncing with Bud** (Take 0)
		Bouncing with Bud (Take 1)
		Bouncing with Bud (Take 2)
		Wail (Take 0)
		Wail (Take 3) 5
		Dance of the Infidels (Take 0)
		Dance of the Infidels (Take 1)
		52nd Street Theme
ohne Navarro und Rollins		**You Go to my Head**
		Ornithology (Take 0) 10
		Ornithology (Take 1)

Powell (p), Curly Russell (sb), Max Roach (d)

	01. 05. 1951	**Un Poco Loco** (Take 1)
		Un Poco Loco (Take 2)
		Un Poco Loco (Take 4)
Powell (p)		**Over the Rainbow** 15

Andere CDs

gleichen Inhalts:
  (USA) Blue Note CDP 7-81503-2
  (J) Blue Note CJ28-5112; Blue Note CP 32-5241

LPs

mit weiteren Stücken:
  (USA) *The Complete Bud Powell Blue Note Recordings (1949–1958)*, Mosaic MR 5-116
Stücke 3, 5, 7–8, 10, 12–14 und den unten genannten: *The Amazing Bud Powell, vol. 1*
  (USA) Blue Note BLP 1503; Blue Note BST 81503
  (GB) Blue Note BNS 40005
  (J) Blue Note GXK 8071; Blue Note LNJ 70085; Blue Note NR 8832
  (BR) Blue Note 31C152-53710
mit den Stücken 9, 11, 15: *The Amazing Bud Powell, vol. 2*
  (USA) Blue Note BLP 1504; Blue Note BST 81504
  (GB) Blue Note BNS 40006
  (J) Blue Note GXK 8072; Blue Note LNJ 70076
  (BR) Blue Note 31C152-53711
mit den Stücken 1–8 und weiteren, die im folgenden Abschnitt über Navarro und Dameron erwähnt sind: (Fats Navarro:) *Prime Source*
  (USA) Blue Note LA 507 HT

LP

(USA) ***The Amazing Bud Powell, vol. 1*, Blue Note BLP 1503**
mit den oben erwähnten Stücken und:

Powell (p), Russell (sb), Roach (d)
New York   01. 05. 1951   **A Night in Tunisia** (Take 0)
                                 A Night in Tunisia (Take 1)

Powell (p)   **It Could Happen to You** (Take 0)

Powell (p), Russell (sb), Roach (d) **Parisian Thoroughfare**

Fats Navarro und Tadd Dameron:
The Fabulous Fats Navarro, vol. 1;
The Fabulous Fats Navarro, vol. 2

Zwei Musiker der 40er Jahre waren unzertrennlich in einer bemerkenswerten Partnerschaft: der Trompeter Fats Navarro und der Komponist, Arrangeur und Pianist Tadd Dameron. Navarros brillantes Spiel verlieh Damerons kleinen Gruppen Starqualität, und Damerons Kompositionen waren die ideale Basis für die perfekten Improvisationen des großartigen Solisten.

Navarro, der im Alter von 26 an Tuberkulose starb, gehörte zu den besten Bop-Instrumentalisten und hatte, im Gegensatz zu vielen Trompetern dieses Genres, einen schmetternden Sound in der Tradition seines Verwandten Charlie Shavers. Er konnte von der Schnelligkeit her selbst mit Charlie Parker und Bud Powell mithalten. Dameron hatte sich als Komponist und Arrangeur mit einer Reihe von Kompositionen für die Big Bands von Harlan Leonard, Georgie Auld, Count Basie, Bill Eckstine und Dizzy Gillespie profiliert. Er verband eingängige Melodien mit harmonischen Herausforderungen.

Das Team Navarro/Dameron ist auf einem halben Dutzend Sessions für Blue Note, Savoy und Capitol zu hören sowie in zahllosen Mitschnitten aus dem Royal Roost Club in New York. Die Mitspieler wechselten, aber gewöhnlich waren Ernie Henry, Allen Eager oder Charlie Rouse am Saxophon dabei, während Kenny Clarke erste Wahl als Schlagzeuger war.

Formationen zwischen Quintett und Septett inspirierten Dameron zu seinen schönsten Stücken, darunter *The Squirrel*, *Lady Bird*, *Jahbero* (eine Umarbeitung von *All the Things You Are*) und *Symphonette*. Durch seine Fähigkeiten als Arrangeur konnte er ein Sextett wie ein viel größeres Ensemble klingen lassen. Er beschränkte die Rolle der Trompete und der zwei Saxophone, die ihm zur Verfügung standen, nicht auf die Themen, sondern ließ sie auch Passagen zwischen oder nach Soli spielen. Diese für Bop-Combos ungewöhnliche Technik ist am auffälligsten in *Our Delight*, wo der Chorus wie eine neue Melodie ist und noch komplexer als das Original.

Damerons Erfahrung im Arrangement für Big Bands wird auch in seiner sorgfältigen Isolation eines Instrumentes innerhalb eines Themas deutlich, um eine Konversation mit den anderen aufzubauen. So geben die Blechbläser z. B. bei *The Squirrel* Antworten auf die Fragen des Klaviers. Hier zeigt sich im Kleinen, was er mit einem großen Orchester durch den Gegensatz von Trompeten und Saxophonen vollbrachte. Er schrieb auch gern Variationen über seine Themen und hob sie bis zum Ende einer Vorstellung auf, so daß der Zuhörer, der eine Wiederaufnahme der Melodie erwartet, von einem neuen Thema überrascht wird. Aber er streute auch zwischen Soli arrangierte Sequenzen ein, wie z. B. bei *Lady Bird*.

Da Dameron selbst kein Solist war, freute er sich über die improvisatorischen Fähigkeiten von Navarro, Eager und dem Saxophonisten Wardell Gray. Am Piano beschränkte sich Dameron auf kurze Breaks oder Soli, aber seine Begleitung wurde oft unterschätzt, denn sie verlieh seinen Gruppen einen besonderen Sound. Das Riffmuster auf *The Chase* verlockt den reservierten Dameron sogar zu einigen Breaks.

Die Blue-Note-Sessions von 1947 und 1948 sind in verschiedenen Packages zusammengefaßt worden. Sie zeigen Damerons Originale mit alternativen Takes und erlauben dem Hörer, die einzelnen Soli miteinander zu vergleichen.

Die Aufnahmen von 1947 profitieren von Ernie Henry, der das Vibrato genau so spielte, wie Dameron es liebte, und vom kontrastierenden Tenorsaxophon von Charlie Rouse. Die Aufnahmen des Septetts sind eine Winzigkeit besser als die des Sextetts, was an der Mitwirkung der außergewöhnlichen Tenorsaxophonisten Wardell Gra und Allen Eager liegt.

Bei diesen Sessions wird die Eleganz eines ungewöhnlich begabten Trompeters mit der Intuition eines wunderbaren Komponisten kombiniert, die beide auf dem Höhepunkt ihrer Kreativität sind. Sie zeigen einen fesselnden Weg innerhalb des Bop auf, der allerdings nie vollständig erforscht werden sollte.

CDs

(USA, Europa) *The Fabulous Fats Navarro, vol. 1–2,* **Blue Note CDP 781531-2 und CDP 781532-2** ○

(Tadd Dameron:) Fats Navarro (tpt), Ernie Henry (as), Charlie Rouse (ts), Dameron (p, arr), Nelson Boyd (sb), Shadow Wilson (d)
New York   26. 09. 1947   **The Chase** (Take 0)
                            The Chase (Take 2)
                            The Squirrel (Take 0)

```
                    The Squirrel (Take 1)
                    Our Delight (Take 0)                5
                    Our Delight (Take 5)
                    Dameronia (Take 0)
                    Dameronia (Take 2)
```

(Dameron:) Navarro (tpt), Allen Eager, Wardell Gray (ts), Dameron (p), Curly Russell (sb), Kenny Clarke (d), Chano Pozo (Bongos)
```
           13. 09. 1948    Jahbero (Take 0)
                           Jahbero (Take 1)             10
                           Lady Bird (Take 0)
                           Lady Bird (Take 1)
                           Symphonette (Take 1)
                           Symphonette (Take 2)
```

Andere CDs

gleichen Inhalts:
   (USA) Blue Note B21Y 81531-2, B21Y 81532-2

LPs

mit allen Stücken:
   (USA) (Navarro:) *Prime Source,* Blue Note LA 507 HT
mit allen Stücken: *The Fabulous Fats Navarro,* vol. 1–2
   (USA) Blue Note BLP 1531 und BLP 1532; Blue Note BST 81531 und BST 81532; Blue Note B11E 81531 und B11E 81532
   (J) Blue Note GXK 8060 und GXK 8061; Blue Note LNJ 70071 und LNJ 70074
mit einer Aufnahme von jedem Titel:
   (I) *Fats Navarro,* Giants of Jazz LPJT 54

J. J. Johnson: *Mad Be Bop*

Der Bop bereitete den Posaunisten einige Schwierigkeiten, da sie fast alle Zugposaune spielten, die schwer zu handhaben war. Sie mußten eine vollkommen andere Technik erlernen, um mit den neuen Tempi mithalten zu können. Charlie Parker und Dizzy Gillespie veranlaßten viele Posaunisten, sich in einen Probenraum zurückzuziehen, um mit dem Problem fertig zu werden. Trummy Young, ein guter Swing-Posaunist, fand einen Stil, der es ihm zumindest bei langsameren Nummern ermöglichte mitzuhalten. Doch erst der überaus begabte J. J. Johnson fand eine generelle Lösung für das Problem, die für alle zeitgenössischen und späteren Posaunisten praktikabel war.

Beeinflußt von Vic Dickenson, Fred Beckett und Dicky Wells, bewunderte Johnson auch Jack Teagarden und John «Streamline» Ewing. Einer der wirkungsvollsten Einflüsse kam jedoch von Fats Navarro. Während er bei Benny Carter und Count Basie spielte, setzte sich Johnson seine Ziele. Vorgabe waren die Soli von Parker und Gillespie, die er auf Platte hatte. Er entwickelte eine Leichtigkeit des Handgelenks und eine erstaunlich exakte Artikulation. Seine Intonation war perfekt, und er setzte eine Vielzahl von Dämpfern ein, um diese Intonation wirkungsvoll zu verändern. Seine Legato-Phrasierung zeugte von einer tiefen Bewunderung für Lester Young. Johnsons Beherrschung des Instrumentes war so vollkommen, daß viele Kritiker und Musiker beim Anhören seiner frühen Aufnahmen dachten, er schummle, indem er eine Ventilposaune spiele. Aber dieses Instrument hat er nie eingesetzt.

1946, im Alter von 22 Jahren, hatte Johnson seinen Stil bereits voll entwickelt, wenn auch seine reifere Arbeit in den 50ern mehr Tiefe zeigte. Die hier vorgestellten bahnbrechenden drei Sessions für Savoy in den 40ern zeugen von einer Begeisterung und Kreativität, die die alten Grenzen dieses «schrecklichen Instruments» (Johnson) überschritten.

Für sein Debüt als Bandleader hätte sich Johnson keine besseren Mitspieler als den Pianisten Bud Powell und den Schlagzeuger Max Roach wünschen können. Cecil Payne, der hier am Altsaxophon zu hören ist, später aber ein hervorragender Baritonsaxophonist wurde, verbindet den Ansatz von Parker und Benny Carter. Bassist Leonard Gaskin war schnell und sicher.

Johnson schrieb drei oder vier Stücke für dieses Quintett. Das erste Stück *Jay Bird* kombinierte die beiden Spitznamen von Johnson und Parker, als sollte damit unterstrichen werden, daß der Posaunist so wie das Genie des Altsaxophons spielte. Von Powells wundervoller Einführung bei allen drei Takes war Tadd Dameron so beeindruckt, daß er sie für Navarros Aufnahme *Nostalgia* umarbeitete. Die drei Versionen unterscheiden sich in der Reihenfolge der Soli. Johnson und Powell sind in jedem Take dominant. Payne ist zunächst nicht richtig bei der Sache und findet erst im Mastertake wirklich zum Bop-Stil.

Max Roach schrieb *Coppin' the Bop*, in dem sein Schlagzeug – mit einem scharfen achttaktigen Solo – ein entscheidendes Element ist. Johnsons *Jay Jay* ist *I Got Rhythm* in neuer Verkleidung. Nicht oft konnten Solisten Bud Powell übertreffen, aber Johnson übertrifft auf dem Mastertake mit seiner Improvisation jeden.

Wie Thelonious Monks *Evidence* und Coleman Hawkins' *Spotlite* basiert Johnsons *Mad Be Bop* auf der Akkordfolge von *Just You, Just Me*. Johnsons bewundernswert logische Entwicklung von Ideen zeigt sich in seinem Solo, das ein höchst beeindruckendes Debüt abschließt.

Achtzehn Monate später stand Johnson einem vollkommen anderen Quintett vor, das sich in der Hauptsache aus Musikern der Band der Brüder Illinois Jacquet und Russell Jacquet zusammensetzte, mit denen der Posaunist damals auch arbeitete. Leo Parkers dröhnendes Baritonsaxophon bildete eine wirkungsvolle Partnerschaft mit Johnson, während in der Rhythmusgruppe Pianist Hank Jones, Bassist Al Lucas und Schlagzeuger Shadow Wilson spielten.

Die dritte Session, weitere fünfzehn Monate später, war aus verschiedenen Gründen sehr wichtig. Johnson hatte als Bandleader seinen Stil ausgearbeitet und war als Posaunist auf dem Höhepunkt. Als Partner wählte er den jungen Tenorsaxophonisten Sonny Rollins, der Johnson ein paar Wochen zuvor bei einer Aufnahme mit der Sängerin Babs Gonzales beeindruckt hatte.

Rollins' *Audobahn* (fälschlicherweise auch als *Audubon* und *Auduban* bekannt) wurde in zwei Versionen veröffentlicht. Bei beiden setzte Johnson Filz über seine Posaune, so daß er mit seinem Saxophonisten verschmelzen konnte. Die Ballade *Don't Blame Me* trägt Johnson ebenso gut vor wie *Yesterdays*. Rollins' *Goof Square* ist ein Blues, der perfekt zu Johnsons mittlerem Sprungtempo paßt.

Der Posaunist hatte während seiner Arbeit mit Miles Davis' Cool-Jazz-Nonett den Pianisten John Lewis kennengelernt und ihn 1949 bei mehreren Sessions eingesetzt. Lewis' Solo auf *Goof Square* ist wie immer präzise. Bei einem weiteren, weit schnelleren Blues, *Bee Jay*, bringt Rollins sein bestes Solo auf dem Mastertake, der außerdem noch von einer Improvisation von Johnson bereichert wird. Hier befreite ein Mann sein Instrument von allen Ecken und Kanten und spielte mit einem unvorstellbaren Fluß.

LP

(USA) *Mad Be Bop*, Savoy SJL 2232 □

J. J. Johnson (tb), Cecil Payne (bar), Bud Powell (p), Leonard Gaskin (sb), Max Roach (d)
New York 26. 06. 1946
- **Jay Bird** (Take 1)
- **Jay Bird** (Take 9)
- **Jay Bird** (Take 11)
- **Coppin' the Bop**
- **Jay Jay** (Take 1)   5
- **Jay Jay** Take 2)
- **Jay Jay** (Take 4)
- **Mad Be Bop**

Johnson (tb), Leo Parker (bar), Hank Jones (p), Al Lucas (sb), Shadow Wilson (d)   24. 12. 1947
- **Boneology**
- **Down Vernon's Alley**   10
- **Yesterdays**
- **Riffette**

Johnson (tb), Sonny Rollins (ts), John Lewis (p), Gene Ramey (sb), Wilson (d)   11. 05. 1949
- **Audobahn** (Take 1)
- **Audobahn** (Take 3)
- **Don't Blame Me**   15
- **Goof Square** (Take 2)
- **Goof Square** (Take 4)
- **Goof Square** (Take 8)
- **Bee Jay** (Take 3)
- **Bee Jay** (Take 5)   20

CD

mit einer Aufnahme von jedem Titel und weiteren Stücken:
  (Europa) Savoy 881919; Savoy 650119

Andere LPs

Stücke 3–4, 6, 8–12, 14–15, 18, 20: *Jay Jay Johnson Quintets*
  (USA) Savoy MG 12106
  (GB) Realm RK 195

Gene Ammons und Sonny Stitt:
Blues Up and Down, vol. 1

In den 50er Jahren erfreuten sich Saxophonpartnerschaften im modernen Jazz einer ungewohnten Beliebtheit. Tenorsaxophonisten-Paare mit ausreichend kontrastierenden Stilen waren sowohl in den Clubs als auch bei den vielen aufkommenden Independent-Labels sehr beliebt. Diese Saxophonduelle hatten ihren Ursprung in den Big Bands. In Count Basies Orchester hatten Lester Young und Herschel Evans Ende der 30er Jahre den Weg gewiesen. Norman Granz hatte bei seinen frühen Konzerten Saxophonwettkämpfe gefordert, und die Turniere zwischen Saxophonisten wie Flip Phillips und Illinois Jacquet wurden zum Mittelpunkt seiner «Jazz at the Philharmonic»-Vorstellungen. Zu den Tenorsaxophonpaaren, die in den 50er Jahren eine große Rolle im Swing spielten, gehörten Dexter Gordon und Wardell Gray, Al Cohn und Zoot Sims und vor allem Dingen Gene Ammons und Sonny Stitt. 1946 hatten sie in der Saxophongruppe von Billy Eckstines Orchester gespielt, und zwar stilistisch so unterschiedlich, daß das Interesse der Zuhörer nie erlahmte.

Stitt hatte am Altsaxophon begonnen, sich aber seit 1949 auf das Tenorsaxophon konzentriert. Sein schneller Stil paßte gut zu dem schwerfälligeren Ammons, der einen einfacheren, zielorientierten Ansatz bevorzugte. Die beiden gründeten 1950 ein Septett mit gleichgesinnten Musikern. Als Ausgleich für die beiden Holzbläser fungierten Bill Masseys Trompete und die warm klingende Posaune von Bennie Green oder Eph Greenlea. Pianist Duke Jordan und Bassist Tommy Potter hatten vorher mit Charlie Parker und Stan Getz gespielt.

Die Ammons-Stitt-Band spielte geraden Jazz ohne Schnörkel, und ihr Repertoire umfaßte Blues, gelegentlich Standards, Riffmelodien, bizarren Gesang und Novelty-Nummern. Die Gruppe war sowohl beim Jazz- als auch beim Rhythm & Blues-Publikum sehr populär. Tänzern gefiel der Beat des Swingveteranen Jo Jones oder des Hard-Boppers Art Blakey. Die Bandleader kamen mit beiden Percussion-Stilen gut zurecht. Die Band gefiel allen, und selbst nach dem schlechtesten Gesang konnte man immer noch ein gutes Saxophon-Solo genießen.

Zwei der frühesten Sessions der Band für das neue Prestige-Label fanden im Frühjahr 1950 statt. Ein typischer Tenorwettstreit ist

Ammons' *Blues Up and Down*, hier in drei Versionen zu hören. Der erste Versuch beginnt ganz gut, aber dann hat Stitt Probleme im ersten und dritten Chorus. Beim zweiten Versuch klingen beide Männer sicher und phantasievoll. Aber wieder wird abgebrochen. Beim dritten Mal schließlich, dem Mastertake, klappt es dann. Ammons und Stitt führen den flüssigen, ideenreichen Stil des vorhergehenden Versuches fort und verbeugen sich einmal vor Lester Young, indem sie eine kleine Honkphrase einsetzen, die Lesters Markenzeichen war.

Das eingängige Stück *Let It Be* grenzt an Rhythm and Blues mit dem heiseren Gesang der Vokalisten, verstärkt durch Massey und Greenlea, die mit Ammons und Stitt den sauberen Beat mit Händeklatschen unterstützen. Stitt spielt bei dieser Aufnahme Baritonsaxophon, das exzellente Tenorsolo stammt von Ammons.

Von einer ganz anderen Seite zeigt sich die Gruppe bei den beiden Takes von *You Can Depend on Me*. Ammons mit seinem breiten Ton und dem markanten Vibrato übernimmt das erste Solo. Stitt spielt höher und ist beweglicher. Bei den Unisono-Passagen verschmelzen die beiden perfekt. Überhaupt sind beide Saxophonisten in ausgezeichneter Form und zeigen keinerlei Anzeichen von Müdigkeit. Potters Beat und Jones' sicheres Schlagzeug treiben die beiden an. Der zweite Take ist eine Winzigkeit schneller, vor allem sind Ammons und Stitt noch inspirierter.

Bei *Touch of the Blues* ist Teddy Williams' Gesang etwas bemüht, aber das Arrangement in Tadd Damerons Stil ist gut, und das Ensemble und Ammons' gelegentliche Zwischenrufe beleben die Darbietung. *Bye Bye* zeigt Ammons mit einem großartigen Solo. Massey übernimmt ein 16 Take langes Solo mit Dämpfer.

Die zweite Session der Gruppe war wichtig, weil sie das Jazzrepertoire um den Titel *Walkin'* (ursprünglich *Gravy*) bereicherte. Nach der Aufnahme von Miles Davis 1954 wurde es eine beliebte Blueslinie bei Jam Sessions von Hard-Boppern. Diese Pilotversion enthält einen schnellen Chorus von Duke Jordan, einem Meister der melodischen Piano-Einführung, entspannte Beiträge von Ammons und einen gefälligen Chorus von Green. Bei *Chabootie,* einem weiteren Blues, treibt Art Blakey Stitt in ein kräftiges Bariton-Solo. In seinem Chorus erinnert Stitt an Leo Parker, mit dem er bei Eckstine gespielt hatte. Die beiden Chorusse von Ammons bewahren die Stimmung. *Easy Glide* – eine passende Beschreibung für die Art, wie Ammons hier spielt – ist ein gutes Beispiel für eine von Saxophonisten mit Wärme und Gefühl erzählte Geschichte. Melodie und Arrangement erinnern stark an Damerons Stücke. Die Soli von Green und Jordan gehen einfühlsam auf die Atmosphäre ein, die Ammons geschaffen hat – niedergeschlagen und zugleich hoffnungsvoll. Das Stück mit dem absurden Titel *Who Put the Sleeping Pills in Rip Van Winckle's Coffee?* borgt einen Teil der Melodie von einem Traditional.

LP

(USA) *Blues Up and Down*, vol. 1, Prestige PRST 7823 ☐

Bill Massey (tpt), Eph Greenlea (tb), Gene Ammons (ts), Sonny Stitt (ts, bar), Duke Jordan (p), Tommy Potter (sb), Jo Jones (d)

New York	05. 03. 1950	**Bye Bye**
		Let it Be
ohne Massey und Greenlea		**Blues Up and Down** (Take 1)
		Blues Up and Down (Take 2)
		Blues Up and Down (Take 3) 5
		You Can Depend on Me (Take 1)
		You Can Depend on Me (Take 2)
mit Teddy Williams (v)		**Touch of the Blues**

Massey (tpt), Bennie Green (tb), Ammons (ts), Stitt (ts, bar), Jordan (p), Potter (sb), Art Blakey (d)

26. 04. 1950	**Chabootie**
	Who Put the Sleeping Pills in Rip Van Winkle's Coffee? 10
	Gravy (Walkin')
	Easy Glide

Ammons (ts), Jordan (p), Gene Wright (sb), Wesley Landers (d)

28. 06. 1950	**I Wanna be Loved**
	I Can't Give You Anything but Love

Andere LPs

mit den Stücken 1–2, 9, 11–14:
 (USA) *The Gene Ammons Story: the 78 Era,* Prestige PR 24058
mit den Stücken 3–7:
 (USA) *Gene Ammons All Star Sessions,* Original Jazz Classics OJC 014; *Woofin' and Tweetin',* Prestige LP 7050

Stan Getz: *Stan Getz at Storyville*

Jazz-Solisten in eine bestimmte Schublade einzuordnen kann eine schwierige Angelegenheit werden, besonders wenn es um einen so vielseitigen Musiker wie Stan Getz geht. Nach seinem Solo auf *Early Autumn* mit Woody Herman galt Getz als der «Iceman», der coolste Tenorsaxophonist überhaupt. Diese Analyse übersah, daß Getz als frühes Vorbild Dexter Gordon hatte, und ignorierte, daß eine Menge Platten von ihm ganz und gar nicht eisig waren. Getz machte sich über das Etikett, das man ihm gegeben hatte, lustig, indem er bei «Jazz at the Philharmonic» und mit «heißen» Musikern wie Roy Eldridge und Sonny Stitt spielte. Der an der Oberfläche sanfte Stil von Getz hatte ein stählernes Zentrum, das ihn zu einem hervorragenden Gegner in einem Wettstreit machte. Wie Lester Young gewann er durch seine Phantasie und sein Understatement.

Getz gilt nicht unbedingt als Vertreter des Bop, aber er nutzte das Vokabular von Parker und Gillespie und hatte Anfang der 50er Jahre für ein oder zwei Jahre sogar dieselbe Rhythmusgruppe wie Parker. Das Quintett, mit dem Getz im Herbst 1951 arbeitete, spielte Bop und war weit von der coolen Schule entfernt. Im Rückblick scheint dies die homogenste Band gewesen zu sein, die Getz in seiner – in jeder Phase interessanten – Karriere geleitet hat.

Mit dem Pianisten Al Haig und dem Gitarristen Jimmy Raney verband Getz rasch ein geradezu telepathisches Verständnis. Mit Tiny Kahn fand er einen Drummer, dessen Fähigkeiten ihn vor allem in diesem Umfeld zu einer besonderen Bereicherung machten. Bassist Teddy Kotick spielte sorgfältig und hielt das Taktmaß fehlerlos. In dieser einfühlsamen Gesellschaft blühte Getz auf. Seine Geschwindigkeit beschwor Parker herauf, während seine Phrasierung eine tiefe Bewunderung für Lester Young verriet, besonders bei *Jumpin' with Symphony Sid* und *Thou Swell*.

Raney spielt mit seiner sanft klingenden elektrischen Gitarre nicht Rhythmus, sondern bildet normalerweise einen Kontrapunkt zu Getz' Saxophon oder fällt in eine Unisono-Rolle. Niemals kommt er Haigs Piano in die Quere. Durch Raney hatte die Gruppe drei unterschiedliche Solo-Stimmen und sicherte sich ein ausgezeichnetes Niveau beim Improvisieren. Allen dreien war ein lyrischer Ansatz gemeinsam, daher waren ihre Soli immer melodisch, jedoch harmonisch raffiniert und rhythmisch abenteuerlich.

Die Aufnahmen entstanden vor einem begeisterten Publikum in Boston's Storyville Club und fangen eine kreative Atmosphäre ein, die nur durch Entspannung entstehen kann. Nur wenige Rhythmusgruppen im Jazz haben jemals so mühelos zusammengespielt wie die Haig/Kotick/Kahn-Kombination. Bei jedem Tempo unterstützen sie ganz natürlich Getz und Raney und natürlich den großartigen Haig. Bei einer lebhaften Version von *The Song is You* liefert Raney saubere Kontrapunkte zu Getz' Entwicklungen des Themas. Kahn beginnt mit Besen, wechselt dann aber schnell zu den Stöcken. Kahns Stöcke unterstützen auch Raney, bevor er zu den Besen zurückkehrt, um Haigs balladenhafte Stimmung zu untermalen. Die Komposition des Saxophonisten Gigi Gryce hat eine Bop-ähnliche Linie, die von Getz und Raney ganz sauber unisono gespielt wird. Bei der vier Takte langen Konversation zwischen Getz und Kahn erinnert der Saxophonist an Lester Young und der Drummer an Art Blakey.

Bei *Pennies from Heaven* setzt Getz abgehackte Staccato-Phrasen gegen zusammenhängende Passagen und setzt Honks im Lester-Young-Stil ein. Er zitiert freimütig aus Melodien wie *Fascinating Rhythm* und *How Are Things in Glocca Morra?* Abgesehen von der achttaktigen Einführung von Haig gehört das Stück Getz.

Die Fähigkeit des Saxophonisten, in schnellem Tempo Chorusse aufzubauen, wird bei der Komposition *Move* des Schlagzeugers Denzil Best unterstrichen, bei der er durch schnelle Akkordwechsel segelt. Tiny Kahn zeigt bei seinen Schlagzeug-Soli besondere Klasse; sein Spiel ist nie besser eingefangen worden als hier.

Parker 51, Raneys Ableitung von *Cherokee*, wird auch schnell durchgespielt und ist bemerkenswert wegen des Kontrapunktes von Gitarre und Tenor bei dem Thema. Man spürt, daß sich Haig in einem langsameren Tempo wohler fühlt als hier. Die absteigenden Konturen der Getz-Komposition *Hershey Bar*, abgeleitet von *Tea For Two*, sind mehr nach Haigs Geschmack.

Bei Raneys *Rubberneck*, einem Thema in Moll, sind Tenor, Gitarre und Piano bei den Soli erstaunlich einig in Stil und Gefühl und zeigen wieder einmal das Einfühlungsvermögen dieser Musiker. *Signal* stammt ebenfalls von Raney, und so überrascht es nicht, daß er den eindrucksvollsten Beitrag leistet. Charlie Parker hatte die Ballade *Everything Happens to Me* wiederaufleben lassen, hier zurückhaltend und sensibel dargeboten. *Yesterdays* ist ein Stück für Getz, der mit Charme und Geist spielt. *Budo*, komponiert von Bud Powell und Miles Davis, beendet diese unschätzbare Zusammenstellung.

Der Höhepunkt ist jedoch Lester Youngs bemerkenswerter Blues *Jumpin' with Symphony Sid*, den Getz am Anfang und Schluß mit Phrasen von Young ergänzt. Getz gilt eigentlich nicht als Bluesmusiker, aber hier spielt er hervorragend und ohne alle Klischees. Insgesamt gehört dieses Stück mit seinen Soli von Raney und Haig und Kotick zu den aufregendsten sieben Minuten des Nachkriegs-Jazz.

CD

(Europa) *Stan Getz at Storyville*, **vols. 1–2, Roulette CDP 7-94507-2** ○

Stan Getz (ts), Jimmy Raney (elg), Al Haig (p), Teddy Kotick (sb), Tiny Kahn (d)

Boston	00. 10. 1951	**Thou Swell**
		The Song is You
		Mosquito Knees
		Pennies from Heaven
		Move 5
		Parker 51
		Hershey Bar
		Rubberneck
		Signal
		Everything Happens to Me 10
		Jumpin' with Symphony Sid
		Yesterdays
		Budo

Andere CDs

gleichen Inhalts:
  (F) Vogue VG 651-600093
  (GB) Roulette CDP 7945072
mit weiteren Stücken:
  (USA) *The Complete Recordings of the Stan Getz Quintet with Jimmy Raney*, Mosaic MD3 131

LPs

gleichen Inhalts: *Stan Getz at Storyville*, vol. 1 (Stücke 1–6) und 2 (7–13)
  (USA) Roost RLP 2209 und RLP 2225
  (GB) Vogue LAE 12158 und LAE 12199

(E) Fresh Sounds FSR 629 und FSR 630
mit weiteren Stücken:
(USA) *The Complete Recordings of the Stan Getz Quintet with Jimmy Raney*, Mosaic MR4 131

TEIL 2: *Cool Jazz, West Coast Jazz und Bossa Nova*

Miles Davis: *Birth of the Cool*

Der Cool Jazz entstand 1947 aus der Freundschaft und Zusammenarbeit zwischen dem Trompeter Miles Davis und dem Arrangeur Gil Evans. Davis, dessen Temperament und Fertigkeiten am Instrument nicht den horrenden Tempi und minimalen Arrangements seines damaligen Arbeitgebers Charlie Parker entsprachen, dachte an eine zurückhaltendere Umgebung für seinen sparsamen Stil. Er hatte die ungewöhnlichen Ensemble-Muster und Instrumentenkombinationen von Evans für Claude Thornhills Orchester in den 40er Jahren genossen. Mit vier Blechbläsern, zwei Holzbläsern und einer Rhythmusgruppe erarbeitete er mit Evans wieder Thornhills Sound.

Das Nonett von Davis begann als eine Workshop-Band und zog bald Musiker und Komponisten an, die ähnlich dachten wie Davis. Gerry Mulligan hatte unter anderem für Thornhill geschrieben, während Altsaxophonist Lee Konitz Solist in dessen Orchester gewesen war. John Lewis, ein weiterer talentierter Komponist und Pianist, kam ebenfalls zu diesem exklusiven Workshop, außerdem Trompeter Johnny Carisi – allerdings als Komponist und Arrangeur.

Den besonderen Sound erhielt die Gruppe durch ein Waldhorn und eine Tuba in Ergänzung zu den normalen Blasinstrumenten; die Tuba kam zusätzlich zum Kontrabaß – nicht als Ersatz für ihn – und war den Blechbläsern zugeordnet. Von allen wurde sanftes Unisono und kontrapunktische Arbeit verlangt, um den verhangenen Sound zu erreichen, den Evans und Davis im Kopf hatten. Die Betonung der Bläsergruppe lag auf einer geschickten Verschmelzung von Tönen und gut arrangierten Passagen für das Ensemble.

Obwohl Davis und Evans die Fäden in der Hand hatten, waren die Hauptschreiber Mulligan, der seine eigenen Werke *Jeru, Venus de Milo* und *Rocker* ebenso arrangierte wie *Godchild* (geschrieben von Pianist George Wallington) und den Standard *Darn that Dream,* und Lewis, der sein eigenes Werk *Rouge* arrangierte sowie *Move* (komponiert von Drummer Denzil Best) und *Budo* (von Davis und Pianist Bud Powell). Ein Schreiber aus früheren Zeiten, Chummy MacGregor, war in *Moon Dreams* gegenwärtig, arrangiert von Evans. Evans lieferte außerdem den Rahmen für *Boplicity*. Das Stück wird Cleo Henry zugeschrieben (Davis' Mutter), wurde aber von dem Trompeter und Evans komponiert. Carisi schrieb und arrangierte *Israel,* und vermutlich arrangierte Davis sein Werk *Deception.* Daß trotz der großen Zahl an Komponisten, die an diesen zwölf Aufnahmen für Capitol beteiligt waren, etwas Einheitliches entstanden ist, ist ihrer Hingabe an Davis' Konzept zu verdanken. Der Trompeter war zweifellos der Katalysator der Band und des Cool Jazz im ganzen.

Kommerziell gesehen war die Band eine Katastrophe. Die öffentlichen Auftritte beschränkten sich auf kurze Engagements im Royal Roost Club und dem Clique Club. Fünf Monate vergingen, bevor Davis Capitol überreden konnte, Aufnahmen mit ihnen zu machen. Dann mußte Davis die Sessions über fünfzehn Monate ausdehnen, was die starke personelle Fluktuation erklärt. Den konstanten Faktor des Ensembles bildeten Davis, Konitz, Mulligan und Tubaspieler Bill Barber.

Während andere Musiker die subtile Schönheit dieser Musik schnell begriffen, stieg das Publikum nur langsam ein, obwohl BIRTH OF THE COOL ein Knüller wurde, als elf Tracks 1957 auf der LP veröffentlicht wurden. Bei späteren Veröffentlichungen ließ Capitol immer *Darn that Dream* weg. Erst in den 70er Jahren wurden alle zwölf Stücke zusammen in einer Compilation von Dutch Capitol veröffentlicht. Auch die CD enthält alle zwölf Stücke.

Bei den Improvisationen von Davis fallen sofort die ruhige Selbstsicherheit und die genaue Ausführung ins Auge. Bei Parker schien der Trompeter immer zu kämpfen, um oben zu bleiben und sich gegen die Konkurrenten zu behaupten. 1949 hatte sich das geändert. Seine Soli haben eine neue Stärke, und in den Ensemblepassagen ist seine Leitung deutlich besser. Er hat keine Schwierigkeiten mit den schwierigen Konturen von *Move,* und sein Solo ist geradlinig. Ein Jahrzehnt später würde Davis oft Dämpfer einsetzen, aber mit dem Nonett spielte er offen und variierte Dynamik und Intonation. Die Trompete

hat eine zentrale Position bei fast allen Stücken, und die Dichte der Soli von Davis bereichert alle Aufnahmen bis auf eine. Besonders engagiert ist er bei *Budo* und *Venus de Milo.*
Konitz' Sound paßte ideal in diesen Kontext. Mulligan auf der anderen Seite produziert einen Sound, der alles andere als cool ist. Aber er paßt seinen Ansatz den anderen an. Zu den zwei interessantesten Stücken gehören *Israel* und *Moon Dreams.* Ironischerweise hat BIRTH OF THE COOL auch Einfluß auf die heißesten Solisten des Bop gehabt. Charlie Parker verpflichtete ein paar Monate nach der Veröffentlichung der Platten von Davis Mulligan als Arrangeur für *Rocker.* Parker spielte die Komposition sogar mit seinem Quintett. Mulligan übernahm die Melodie 1953 für seine zehnköpfige Band.

Was Davis und seine Musiker demonstrierten – vor allem in Bop-Originalen wie in *Move* und *Godchild* –, war, daß es neue Möglichkeiten für den modernen Jazz gab. Er mußte nicht schnell und rasend sein oder in der musikalischen Kurzschrift von Parker und Gillespie phrasiert sein. Viele wollten Davis folgen, hatten aber Mühe, mit ihm in seiner ständigen Weiterentwicklung Schritt zu halten.

CD

(USA) *Birth of the Cool,* **Capitol C21K 92862** ○

Miles Davis (tpt), Kai Winding (tb), Junior Collins (Waldhorn), Bill Barber (Tuba), Lee Konitz (as), Gerry Mulligan (bar), Al Haig (p), Joe Schulman (sb), Max Roach (d)
New York 21. 01. 1949 **Move** (arr John Lewis)
Jeru (arr Mulligan)
Godchild (arr Mulligan)
Budo (arr Lewis)

Davis (tpt), J. J. Johnson (tb), Sandy Siegelstein (Waldhorn), Barber (Tuba), Konitz (as), Mulligan (bar), Lewis (p), Nelson Boyd (sb), Kenny Clarke (d)
22. 04. 1949 **Venus de Milo** (arr Mulligan) 5
Rouge (arr Lewis)
Boplicity (arr Gil Evans)
Israel (arr Johnny Carisi)

Davis (tpt), Johnson (tb), Gunther Schuller (Waldhorn), Barber (Tuba), Konitz (as), Mulligan (bar), Lewis (p), Al McKibbon (sb), Roach (d)
09. 03. 1950 **Deception** (arr ?Davis)

                    Rocker (arr Mulligan)   10
                    Moon Dreams (arr Evans)

mit Kenny Hagood (v)   **Darn that Dream** (arr Mulligan)

Andere CDs

gleichen Inhalts:
  (Europa) Capitol CDP 792862-2
  (J) Capitol CP32 5181

LPs

gleichen Inhalts:
  (NL) *The Complete Birth of the Cool,* Capitol 5C052.80798
ohne Stück 12:
  (USA) *Birth of the Cool,* Capitol T 762; Capitol DT 1974

Lennie Tristano: *Crosscurrents*

Nur wenige Musiker in der Geschichte des Jazz sind so umstritten wie der Pianist, Komponist und Lehrer Lennie Tristano. Selbst heute, mehr als 40 Jahre nach der Entstehung dieser Aufnahmen und ein Jahrzehnt nach Tristanos Tod, halten die Auseinandersetzungen über seinen Stellenwert an. Er polarisiert, es scheint bei seiner Einschätzung keinen Mittelweg zu geben. Auf der einen Seite wurde er als ein Mann gefeiert, der immer richtig lag und dessen Schüler von der gesamten Jazzgemeinde mit offenen Armen hätte empfangen werden müssen. Auf der anderen Seite galt er als blutleerer Techniker und grausamer Schinder, dessen Musik über die Maßen formal und ohne Wärme und Gefühl war. Die Wahrheit unterschied sich deutlich von beiden Anschauungen.

Tristano predigte sicherlich die Wichtigkeit eines disziplinierten Ansatzes und bestand immer auf präzisem Ensemblespiel. Er trat aber auch für die Bedeutung von reiner Improvisation und Spontaneität innerhalb eines logischen Rahmens ein. Er glaubte nicht an die Vorherrschaft der Gefühle über den Verstand und beklagte den willkürlichen Einsatz von Aufregung und Oberflächlichkeit im Jazz. Er hatte seine Idole, darunter Roy Eldridge, Lester Young und Charlie Parker. Um bei seinen Schülern und Kollegen Verständnis für die Bedeutung solcher Solisten zu wecken, lehrte er sie die Soli von Eldridge und Konsorten.

Seine Blindheit machte Tristano sicher zu einem besonders perfektionistischen und unnachgiebigen Lehrmeister. Er sammelte einige außerordentlich begabte Gefährten um sich, die sowohl seine musikalischen als auch seine philosophischen Anschauungen teilten. Dazu gehörten die Saxophonisten Lee Konitz und Warne Marsh, deren leichte Intonation mit der neuen coolen Ordnung gleichgesetzt wurde. Konitz war zu der Zeit auch in Miles Davis' Nonett beschäftigt und beeinflußte als Solist beide Bands.

In der ersten Hälfte des Jahres 1949 organisierte Tristano sieben Sessions für Capitol Records. Die Musik war schwierig, kompromißlos und introvertiert. Sie machte es den Zuhörern nicht leicht, sondern verlangte von ihnen konzentrierte Hingabe. Hier fand man nicht die Variationen, den Glanz und die Bluesphrasen, die unverwechselbar für Parkers Stil waren. Tristanos Musik vermittelte trotz ihrer Komplexität Nüchternheit und Strenge. Das Publikum schätzte vor allem die Einfälle von Konitz und Marsh, und gemeinsam mit Tristano schufen die beiden eine Fülle eingängiger melodischer Linien. Harmonien waren ihnen ebenfalls wichtig, während der Rhythmus eine untergeordnete Rolle spielte.

Tristano legte nie Wert auf einfallsreiche, dramatische Schlagzeuger wie Art Blakey oder Max Roach. Er brauchte jemanden, der den Takt hielt und die Linien nicht mit ablenkenden Akzenten durcheinanderbrachte. Als Verfechter der «reinen Improvisation» bewunderte Tristano die ausgeklügelten Linien von Bach, die ihm auch als Übungsmaterial dienten. Einige kontrapunktische Raubzüge von Konitz und Marsh haben ihren Ursprung eher in den Theorien Bachs als im Jazz. Tristanos Methode brachte eine intellektuell zufriedenstellende Musik zustande, aber das Ergebnis konnte auch kalt klingen, ohne jedes Gefühl oder Leidenschaft.

Die Capitol-Aufnahmen gehören zu den anerkanntesten seiner Ensemble-Aufnahmen und waren durch gründliche Proben vorbereitet worden. Das zeigt sich in dem makellos synchronen Thema der beiden Saxophonisten und des Gitarristen Bill Bauer bei *Wow*,

Crosscurrent und *Marionette*. Mit seinem Drill erreichte Tristano genau den von ihm beabsichtigten supercoolen Sound. Bei *Sax of a Kind* stehen, wie der Titel schon sagt, die beiden Saxophone im Vordergrund, die Gitarre tritt zurück.

Kontrovers und futuristisch sind die Aufnahmen *Intuition* und *Digression,* denn sie sind die ersten Aufnahmen von «freien» Improvisationen. Sie sind erstklassige Beispiele vollkommener Spontaneität, aber durch die enge Beziehung zwischen den Musikern klingt die Musik nie ziellos oder ohne Konzept. Capitol sah den Wert dieser Pionierarbeit zuerst nicht und veröffentlichte die Stücke erst auf Drängen der Tristano-Gemeinde.

Die Bandaufnahmen, die den Hauptteil dieser Sessions ausmachen, sind konventioneller. *Wow* enthält intensive Soli aller vier Musiker, Baß und Schlagzeug sind ganz zurückhaltend. Bei der komplizierten Linie von *Crosscurrent* wird der gemeinsame Ansatz in der logischen Fortführung eines Solos durch das nächste deutlich. Bauers *Marionette* ist ein entspanntes Werk, das dem Komponisten erlaubt, seine Konturen ganz ruhig zu erforschen.

Auch die Tristanoiten schrieben neue Melodien zu den Akkordwechseln von Standards, so z. B. Konitz und Marsh bei *Sax of a Kind,* angelehnt an *Fine and Dandy*. Das siebte Stück zeigt ein Quartett (ohne die Saxophone) mit Jerome Kerns *Yesterdays*. Die Melodie wird jedoch durch Tristanos Variationen immer verwischt.

Bei all diesen Aufnahmen zeigt sich die kompromißlose Einstellung Tristanos zur Musik. Laut Lee Konitz war dies die *wahre* Geburt des Cool.

(Die sieben Aufnahmen reichen nicht für ein Album. Daher sind alle Veröffentlichungen mit anderem Material aufgefüllt, das hier nicht aufgeführt wird.)

LP

(GB) *Crosscurrents,* **Affinity AFF 149** □

Lee Konitz (as), Warne Marsh (ts), Lennie Tristano (p), Billy Bauer (g), Arnold Fishkin (sb), Harold Granowsky (d)
New York   04. 03. 1949   **Wow**
                               Crosscurrent

ohne Konitz und Marsh   **Yesterdays**

wie **Wow,** aber mit Denzil Best (d) anstatt Granowsky
23. 04. 1949   **Marionette**
                          Sax of a Kind
                          Intuition
                          Digression

Andere LPs

mit den Stücken 1–7: (mit Buddy DeFranco und anderen:) *Crosscurrents*
   (USA) Capitol M 11060
   (NL) Capitol 5C052-80853
mit den Stücken 1–7:
   (J) *Jazz Masters: Jazz of 50's Hot vs. Cool,* Capitol CR 8084;
   Cool and Quiet, Capitol ECJ 50076

Red Norvo: *The Red Norvo Trio*

Red Norvo, seit den 30er Jahren Starsolist mit Xylophon und Vibraphon, zeigte eine lobenswerte Offenheit bei der Auswahl seiner Partner für sein 1950 gegründetes Trio. Als Gitarristen nahm er Tal Farlow, einen 29 Jahre alten Virtuosen aus North Carolina, der bereits mit dem Vibraphonisten Margie Hyams gespielt hatte. Als Bassisten rekrutierte Norvo ein ehemaliges Mitglied von Lionel Hamptons Orchester: Charles Mingus, der vorübergehend sein Instrument an den Nagel gehängt und in einem Postamt gearbeitet hatte.

   Norvos in der Swing-Ära geprägter Stil veränderte sich in diesem Trio wenig, klang aber moderner durch die Begleitung von Farlow und Mingus. 1945 hatte Red Norvo mit Charlie Parker und Dizzy Gillespie gespielt. Im Trio erlaubte es ihm seine hervorragende Technik, schwierige Bop-Titel wie Denzil Bests *Move* und George Wallingtons *Godchild* zu meistern. Nur wenn Norvo improvisierte, wurde seine Verbundenheit mit älteren Jazzstilen deutlich. Seine Art der Ausschmückung hatte ihren Gegenpart in Teddy Wilsons Pianostil. Bei der Begleitung von Farlows Improvisationen war er jedoch immer einfühlsam und unterstützte den Gitarristen zurückhaltend.

Der Sound des Trios war eine interessante Verschmelzung instrumentaler Elemente, die in den 40er Jahren bei dem Nat-«King»-Cole-Trio (Piano, Gitarre und Baß) und dem George-Shearing-Quintett (Vibraphon, Piano, Gitarre, Baß und Drums) populär waren. Norvo war der Meinung, daß er neben Mingus und Farlow keinen Drummer brauchte, da er die ruhige, friedliche Atmosphäre zerstören würde. So wurde die Gruppe zum Pionier des «Kammer-Jazz» und antizipierte in mancher Hinsicht den Stil des Modern Jazz Quartet, das ein oder zwei Jahre später gegründet wurde. Die Instrumentierung gab dem Trio zweifellos einen coolen Sound. Die besondere Kombination von Gitarre und Vibes verstärkte den Verdacht, daß einstudierte Effekte angesagt waren. Erhärtet wurde er durch die übermäßig genauen, ja pedantischen Arrangements.

Godchild galt als eine ultra-coole Hymne. Schließlich gehörte das Stück zu einem Dutzend «Schriften», die von Miles Davis' Capitol Band weitergegeben wurden. Norvos Trio machte drei Takes, bei denen jeder reichlich Gelegenheit für Soli hatte. *Swedish Pastry* weist eine coole Melodik auf und wird abwechselnd von Norvo, Farlow und Mingus entwickelt. Bis dahin hatte kein Bassist im Modern Jazz soviel Raum gehabt wie Mingus, der ein gleichberechtigter Partner war. Das schnelle und moderne Stück *Move* unterscheidet sich vollkommen von dem altmodischen *I Can't Believe that You're in Love with Me*. Die Arrangements von *I'll Remember April* und *September Song* erinnern an George Shearing, aber bei *Zing! Went the Strings of my Heart* vergessen alle, cool zu sein, und die Musik startet durch.

Wie wichtig ein Arrangement sein kann, zeigt sich bei Cole Porters *I Get a Kick out of You*. Stücke wie dieses oder *If I Had You* waren nicht nur bei Musikern sehr beliebt, sondern wegen Norvos langsamem Ansatz und der intimen Qualität der Musik auch in kleinen Clubs, wo die Paare zu diesen freundlicheren Tempi problemlos tanzen konnten.

Farlows Beherrschung seines Instruments steht nie zur Debatte. Er gehörte damals zu den begabtesten Gitarristen mit einer grenzenlosen Phantasie, die ihn bei jedem Tempo Ideen entwickeln ließ. Manchmal hätte er jedoch andere Percussion-Unterstützung gebraucht als das Vibraphon. Besonders deutlich wird das bei *Swedish Party*.

Norvos Trio hatte seine beste Zeit, als Mingus Mitglied war. Sein Nachfolger Red Mitchell erreichte nie dessen Niveau. Die späteren

Aufnahmen bei Decca und Fantasy sind nicht so einheitlich wie die für Discovery. Norvo und Farlow verloren schließlich auch die Lust am Trio – aber mit ihrem «Kammer-Jazz» hatten sie sich ihren Platz in der Jazzgeschichte längst gesichert.

LP

(USA) *The Red Norvo Trio*, Savoy SJL 2212 ☐

Red Norvo (vb), Tal Farlow (elg), Charles Mingus (sb)

Los Angeles	03. 05. 1950	**Swedish Pastry** (Take 1)
		Swedish Pastry (Take 2)
		Cheek to Cheek (Zweitversion)
		Night and Day (Zweitversion)
		Time and Tide 5
Chicago	31. 10. 1950	**September Song**
		Move
		I've Got You under my Skin
		I'll Remember April
		I Get a Kick out of You 10
		I Can't Believe that You're in Love with Me (Zweitversion)
		Little White Lies (Zweitversion)
		Have You Met Miss Jones?
		Zing! Went the Strings of my Heart
Los Angeles	13. 04. 1951	**If I Had You** (Zweitversion) 15
		This Can't Be Love (Take 1)
		This Can't Be Love (Take 2)
		This Can't Be Love (Take 3)
		Godchild (Take 1)
		Godchild (Take 2) 20
		Godchild (Take 3)
		I'm Yours (Zweitversion)
Ort und Zeit unbekannt:		**Mood Indigo**
		Prelude to a Kiss
		'Deed I Do 25

CD

mit den Stücken 1/2, 3–7, 10, 14, 16/17/18, 19/20/21, 22:
   (USA) *The Red Norvo–Charles Mingus–Tal Farlowe [sic] Trio*, vol. 2, Vintage Jazz Classics VJC 1008-2

Andere LPs

gleichen Inhalts:
(Europa) Savoy WL 70540
Stücke 2–3, 6–11, 15, 18, 21: *Move!*
(USA) Savoy MG 12088
(GB) Realm RM 158
(F) Savoy-Musidisc 30 SA 6019
mit den Stücken 4–5, 12–13, 22:
(USA) (Norvo and George Shearing:) *Midnight on Cloud 69,* Savoy MG 12093

Modern Jazz Quartet: *Modern Jazz Quartet*

Das Modern Jazz Quartet ist die beständigste Gruppe in der Geschichte des Jazz. Es bestand von 1952 bis 1974, wurde 1981 reformiert und spielt noch in den 90er Jahren. Die Ursprünge reichen bis in die 40er Jahre zurück, als Milt Jackson (Vibraphon), John Lewis (Piano) und Kenny Clarke (Schlagzeug) Mitglieder in Dizzy Gillespies Big Band waren. Bei Sessions der drei kam oft Gillespies Bassist Ray Brown dazu. Diese vier nahmen unter Milt Jacksons Namen für das Dee-Gee-Label 1951 Platten auf, aber es war noch nicht das MJQ. Die Musik war locker und zwanglos und spiegelte Jacksons Persönlichkeit wider.

Da Ray Brown später mit «Jazz at the Philharmonic» unterwegs war, wurde Percy Heath, der mit Lewis und Clarke 1948 in Paris gearbeitet hatte, als Bassist engagiert, und Lewis wurde musikalischer Leiter der kleinen Gruppe, die unter dem Namen Modern Jazz Quartet 1952 einen Plattenvertrag bei Prestige unterzeichnete. Die disziplinierte, formende Hand von Lewis fiel bei den ersten Aufnahmen sofort auf. Obwohl die Band nur vier Instrumente hatte, schuf Lewis detaillierte und präzise Arrangements für optimale Effekte. Er schrieb sogar Baßparts für Heath und hatte genaue Anweisungen für seinen erfahrenen Drummer. Lewis, der als Arrangeur und Pianist in Miles Davis' Nonett mitgewirkt hatte, mochte coole Sounds, und das MJQ war eine coole kleine Band. Das wurde durch den Sound der Vibes und seinen eigenen sparsamen Pianostil noch verstärkt. Lewis' sorgfältiger Ansatz überließ wenig dem Zufall, und vielleicht ist das der Grund, daß die Musik des Quartetts manchmal fast ein wenig zu berechnend klingt.

Daß der Pianist sich für europäische klassische Musik interessierte und auch etwas davon verstand, zeigte sich in seinen Kompositionen für das Quartett, besonders in Frühwerken wie *Vendome*, *The Queen's Fancy* und *Milano*. Bach-ähnliche Phrasen, kontrapunktisches Spiel und Echos von Tudor-Melodien tauchten bei Lewis immer wieder auf. Manchmal waren sie widersinnig, oft fesselnd. Lewis schrieb einige großartige eigene Stücke, nicht zuletzt das ungeheuer anziehende *Django*, das zum Jazz-Standard wurde, und das weniger bekannte Werk *Delaunay's Dilemma*, eine reizende, anmutige Komposition.

Die Musik des Quartetts war in erster Linie eine Sache des Verstandes. Jackson war der einzige leidenschaftliche Solist, und die straffen Arrangements ließen ihm nur wenig Möglichkeit, zumindest in der frühen Zeit der Band, als die aufnahmetechnischen Voraussetzungen den Musikern nur begrenzte Zeit ließen. Dies war Kammer-Jazz, mit Geduld, Präzision und Hingabe zusammengestellt. Durch den Versuch, Verbindungen zwischen zeitgenössischem amerikanischem Jazz und europäischer klassischer Musik herzustellen, betraten Lewis und Konsorten neuen Boden – viele Jahre vor den Pfuschereien, die unter der Flagge Third Stream segelten. Der saubere, ausgefeilte Sound sprach ein Publikum an, das über die eingeschworenen Jazzfans weit hinausging. Die Musik war verständlich und logisch, ohne die groben spontanen Kanten, die viele Middle-of-the-Road-Konzertbesucher abschrecken. Lewis und seine Musiker fühlten sich in Konzerthallen wohler als in der zwanglosen Atmosphäre von Jazz-Clubs: Ein größeres, aber konzentriertes Publikum lenkte weniger ab als die trinkenden Gäste in Nightclubs.

La Ronde Suite, ursprünglich vier Variationen über eine alte Komposition von Lewis mit dem Titel *Two Bass Hit*, war ideal für ein Konzert, weil es jedem Mitglied der Gruppe nacheinander die Möglichkeit gab, sich mit seinem Instrument zu profilieren. Das Stück war in einer schlechten Version schon ein paar Jahre zuvor, bei der ersten Session des MJQ, einmal aufgenommen worden. *The Suite* hingegen betont vor allem Organisation und Arrangement. Lewis ließ sich bei aller Besessenheit von klassischen Elementen durch Konventionen nicht einschränken, vor allem nicht, wenn es um die Bearbeitung von Standards ging. Sein Rahmen für *All the Things You Are* und *But Not for Me* ermöglicht uns einen neuen Blick auf diese bekannten Songs von Jerome Kern, Vernon Duke und George Gershwin. *All the Things You Are* hat eine ätherische Einführung, die sich aber bald in einen für Jackson typischen freien Groove ändert. Die Gruppe verleiht *Autumn in New York* eine langsame, nachdenkliche Atmosphäre. *But not for me* erhält eine Einführung außerhalb des Tempos, kommt dann aber schnell hinein, indem Clarke den Beat mit seinem makellosen Spiel vorantreibt.

Clarke, der Vater des modernen Schlagzeugs, hat einen großen Anteil daran, daß die erste Veröffentlichung des Quartetts so zufriedenstellend ist. Es war nicht überraschend, daß Clarke die Beschränkungen des MJQ leid wurde und sich lieber leidenschaftlicheren Jazzbetätigungen hingab. Sein Nachfolger Connie Kay konnte ihm nie das Wasser reichen.

Doch das MJQ hat zweifellos dem Jazz viele neue Hörer gebracht, und die Mitglieder waren großartige Botschafter dieser Musik.

LP

(USA) *Modern Jazz Quartet*, Prestige PR 24005 ☐

Milt Jackson (vb), John Lewis (p), Percy Heath (sb), Kenny Clarke (d)

New York	22. 12. 1952	**All the Things You Are**
		La Ronde
		Vendome
		Rose of the Rio Grande
	25. 06. 1953	**The Queen's Fancy** 5
		Delaunay's Dilemma
		Autumn in New York
		But Not for Me
	23. 12. 1954	**Django**
		One Bass Hit 10
		Milano
	09. 01. 1955	**La Ronde Suite**

Connie Kay (d) anstatt Clarke

	02. 07. 1955	**Ralph's New Blues**
		All of You
		I'll Remember April 15
		Gershwin ballad medley:
		Soon
		Love Walked in
		Our Love is Here to Stay

For You, for Me, for Evermore
Concorde
Softly as in a Morning Sunrise

CDs

mit den Stücken 1–4:
    (USA) *MJQ*, Original Jazz Classics OJCCD 125-2
Stücke 5–12: *Django*
    (USA) Original Jazz Classics OJCCD 057-2
    (J) Prestige VJD 1515
Stücke 13–18: *Concorde*
    (USA) Original Jazz Classics OJCCD 002-2
    (J) Prestige VJD 1534

Andere LPs

gleichen Inhalts:
    (Land unbekannt) Prestige 81106
Stücke 1–12: *First Recordings!*
    (USA) Prestige PRST 7749
    (D) Bellaphon BJS 40157
mit den Stücken 1–4: *MJQ*
    (USA) Original Jazz Classics OJC 125; Prestige LP 7059
    (GB) Esquire 32-134
    (F) Prestige HTX 40406
    (J) Prestige SMJ 6598
    (Land unbekannt) Prestige 68446
Stücke 5–12: *Django*
    (USA) Original Jazz Classics OJC 057; Prestige LP 7057
    (GB) Esquire 32-124
    (F) Voix de son Maître FELP 10026; Prestige CPRX 240576
    (J) Prestige SMJ 6502
Stücke 13–18: *Concorde*
    (USA) Original Jazz Classics OJC 002; Prestige LP 7005
    (GB) Esquire 32-024
    (F) Barclay 84028; Voix de son Maître FELP 10017
Stücke 1, 4, 7–8, 14–16, 18: *The Modern Jazz Quartet Plays for Lovers*
    (USA) Prestige PR 7421
    (F) Prestige CPRX 240755
Stücke 2–3, 5–6, 9, 11–12, 17: *The Modern Jazz Quartet Plays Jazz Classics*
    (USA) Prestige PR 7425

(D) Bellaphon BJS 40110
mit den Stücken 2–3, 5–6, 9, 11, 17–18:
(I) *The Modern Jazz Quartet,* Giants of Jazz LPJT 56
Details unbekannt: *MJQ,* Masterworks CJZLP 6

Gerry Mulligan: *Gerry Mulligan Quartet*

Sechs Monate vor dem Modern Jazz Quartet und dreitausend Meilen entfernt wurde ein Quartett gegründet, das zu den Kategorien West Coast und Cool Jazz gehört. Das Gerry Mulligan Quartet war einer der glücklichen Zufälle, die man in der Geschichte des Jazz so häufig trifft. Mulligan hatte als Arrangeur und Baritonsaxophonist wichtige Beiträge zu Miles Davis' BIRTH OF THE COOL geleistet. Als Mulligan im Sommer 1952 nach Hollywood kam, wollte er freier arbeiten und suchte passende Mitspieler.

Der Trompeter Chet Baker, 22 Jahre alt, der mit Charlie Parker gespielt hatte, bewarb sich und erhielt den Job. Komplettieren wollte Mulligan sein Quartett durch den Pianisten George Wallington aus New York, doch Wallington lehnte ab, und da Mulligan keinen passenden Ersatz finden konnte, entstand das berühmte Quartett ohne Piano. Bob Whitlock war seine erste Wahl als Bassist, und als Schlagzeuger heuerte er Chico Hamilton an. Später bildeten Bassist Carson Smith und Drummer Larry Bunker die Rhythmusgruppe.

Mulligan hatte in dieser kleinen Formation mehr Gelegenheit zu spielen als in den vorangegangenen Jahren. Sein heiterer Bariton bildete einen schönen Kontrast zu den lyrischen, coolen Tönen von Bakers Trompete. Kein Musiker fühlte sich durch die Abwesenheit des Pianos behindert. Ein Effekt war, daß eine Fülle kontrapunktischer Überschneidungen zwischen Saxophon und Trompete zu einem Markenzeichen der Plattenaufnahmen der Gruppe wurde. Das musikalische Verständnis untereinander war außerordentlich groß. Ihr persönliches Verhältnis war weniger harmonisch. Doch Mulligan hat mehr als einmal betont, daß die Zusammenarbeit mit Baker zu den inspiriertesten und befriedigendsten Erfahrungen seiner musikalischen Karriere gehört.

Das Quartett bestand ungefähr ein Jahr. Bevor es wegen persönlicher Probleme auseinanderging, nahm es eine Reihe eindrucksvoller

Aufnahmen für das neu gegründete Pacific-Jazz-Label auf. Kompositionen von Mulligan wie *Line for Lyons* und *Walkin' Shoes* waren coole, nachdenkliche Darbietungen in mittlerem Tempo. Ganz anders klingt es bei Bakers Staccato-Werk *Freeway. Carioca* zeigt die gelegentliche Vorliebe für Exotika, die auch bestätigt wird durch *Frenesi*. Je langsamer der Beat, desto cooler wurden Mulligan und Baker. Bei *Moonlight in Vermont, My Funny Valentine* und *The Nearness of You* verschmelzen ihre Instrumente wie auf BIRTH OF THE COOL.

Im Gegensatz zu diesen Balladen sind Stücke wie *The Lady is a Tramp, I'm Beginning to See the Light* und *Makin' Whoopee* schwungvoll und gefällig. *Love Me or Leave Me* und *Aren't You Glad You're You?* schlagen einen übermütigen, wunderlichen Ton an. Für ein so kleines Ensemble war die Bandbreite von Stimmungen erstaunlich groß.

Obwohl Baker ein intuitiver Musiker war, war er nicht der schlechte Techniker, als den viele ihn darstellten. Er spielte zwar meist im mittleren Register seines Instruments, aber seine lebhafte Improvisation des schnellen *Freeway* zeigt eine gute Technik und intelligenten Einsatz der vollen Bandbreite der Trompete. Dasselbe gilt für seinen Beitrag zu Mulligans *Bark for Barksdale*.

Es gibt allen Grund zu der Annahme, daß Baker und Mulligan in dieser Atmosphäre ohne Piano allen Ablenkungen abgeneigt waren. Daher bestanden sie darauf, daß der jeweilige Schlagzeuger sie mit Besen begleitete. Keine andere Gruppe hat sich je so auf Besen verlassen. Das trug aber zweifellos zu ihrem ungewöhnlichen Sound bei. Hamilton beherrschte diese Kunst besonders gut.

Manchmal tendierte Mulligans Spiel ins Traurige, aber meist war es kräftig und ausdrucksstark. Sein rhythmisches Verständnis unterschied sich von vielen Modernisten. Manchmal glitt er in einen Dixieland-Beat, der seinen Soli Tanzqualität verlieh. Auch der Schluß von *I'm Beginning to See the Light* ist reiner Dixieland.

Mulligans Kompositionen waren meist neu, aber er baute auch mal in Bop-Tradition auf einem Standard auf. Sein *Swing House* entstand aus der Akkordfolge von *Sweet Georgia Brown*. Die einzige direkte Verbindung zwischen dem Quartett und BIRTH OF THE COOL außer Mulligan selbst besteht in seiner Komposition *Jeru*, die Chet Baker und Miles Davis inspirierte. Dieses Stück zeigt mehr als jedes andere seiner frühen Mulligans beachtliche Qualitäten als Komponist.

CD

(I) Gerry Mulligan Quartet, Giants of Jazz CD 53027 ☐

Chet Baker (tpt), Gerry Mulligan (bar), Bob Whitlock (sb), Chico Hamilton (d)
Los Angeles   16. 08. 1952   **Bernie's Tune**
            Lullaby of the Leaves

Carson Smith (sb) anstatt Whitlock
San Francisco   02. 09. 1952   **Line for Lyons**
            Carioca
            My Funny Valentine   5
            Bark for Barksdale

Whitlock (sb) anstatt Smith
Los Angeles   15.–16. 10. 1952   **Nights at the Turntable**
            Frenesi
            Aren't You Glad You're You?
            Walkin' Shoes   10
            Freeway

Smith (sb) anstatt Whitlock
San Francisco   03. 01. 1953   **The Lady is a Tramp**
            Turnstile
            Moonlight in Vermont

Larry Bunker (d) anstatt Hamilton
Los Angeles   24. 02. 1953   **Cherry**   15
            Makin' Whoopee
         27. 04. 1953   **Love Me or Leave Me**
            Jeru
            Swing House
         29.–30. 04. 1953   **I May be Wrong** (Take ?)   20
            I'm Beginning to See the Light
            The Nearness of You
            Tea for Two
         20. 05. 1953   **Five Brothers**

Andere CD

mit weiteren Stücken und Versionen:
    (USA) *The Complete Pacific Jazz and Capitol Recordings of the Original Gerry Mulligan Quartet and Tentette with Chet Baker,* Mosaic MD 3-102

LPs

mit weiteren Stücken und Versionen:
(USA) *The Complete Pacific Jazz and Capitol Recordings of the Original Gerry Mulligan Quartet and Tentette with Chet Baker,* Mosaic MR 5-102
Stücke 1–6, 10–14, 17, 19–22:
(I) *Gerry Mulligan Quartet with Chet Baker,* Giants of Jazz LPJT 61
mit den Stücken 2, 7–9, 15–16, 18–23:
(USA) *Gerry Mulligan Quartet,* World Pacific 1207
mit den Stücken 1–2, 7–11:
(USA) *Freeway,* Blue Note LT 1101
mit den Stücken 3–6, 12–14:
(USA) *Gerry Mulligan/Chet Baker,* Prestige PR 24016;
Gerry Mulligan–Paul Desmond, Fantasy 3-220; Fantasy 8082; Original Jazz Classics OJC 273
(F) Titel unbekannt, America 30 AM 6070
(D) *Gerry Mulligan/Chet Baker,* Bellaphon BLST 6528
mit den Stücken 1–2, 17–23:
(GB) Titel unbekannt, Vogue LAE 12050

Paul Desmond: *Bossa Antigua*

Den größten Teil seiner Karriere verbrachte Altsaxophonist Paul Desmond als festes Mitglied im Quartett des Pianisten Dave Brubeck. Doch nach 16 Jahren in dieser Gruppe brach Desmond aus diesem recht trockenen Klima aus. Das letzte Jahrzehnt seines Lebens arbeitete er freiberuflich und war mit dem Modern Jazz Quartet sowie mit Gerry Mulligan und Jim Hall zu hören.

Dieses überdurchschnittliche Album stammt aus der Zeit, als Desmond neue musikalische Anstöße in den Aufnahmestudios suchte. Als hochsensibler Musiker mit einer leichten, trockenen Intonation und einer melodischen Phrasierung hatte Desmond einige Stilelemente mit Lee Konitz und Art Pepper gemeinsam. Er nutzte gern das obere Register seines Instruments aus, und seine Soli waren immer voll witziger Zitate. Er war ein außerordentlich entspannter Musiker, der mit derselben Ruhe swingte wie Lester Young, Zoot Sims und Wardell Gray. Sein Spiel war voller Charme und Sanftheit, wie es nur selten im Jazz zu finden ist. Seine Soli schienen manchmal zu überlegt, aber das war nicht die Regel. Auf der anderen Seite war

Desmonds Persönlichkeit so strukturiert, daß er niemals rohe Emotionen vermitteln wollte, sondern eine ruhige, coole und überlegte Stimmung.

Seine Partnerschaft mit dem Gitarristen Jim Hall war besonders glücklich. Hier waren zwei Männer mit derselben Wellenlänge, von denen jeder für die Gedanken und Stimmungen des anderen empfänglich war. Wie Desmond bevorzugte Hall eine ruhige, zurückhaltende Lyrik, wie sie in den Gruppen von Sonny Rollins und Art Farmer gespielt worden war. Nach Jahren lauter Pianoakkorde verzichtete Desmond jetzt auf das Klavier. Halls ausgeklügelte und einfühlsame Begleitung sicherte einen festen Untergrund für Pauls Ideen. Bassist Gene Wright, ein langjähriger Gefährte in Brubecks Combo, war eine gute Wahl, und Drummer Connie Kay vom Modern Jazz Quartet vervollständigte die Gruppe mit seinem flexiblen und geschmackvollen Spiel.

Als in den frühen 60er Jahren Sambarhythmen den Jazz beeinflußten, waren viele Solisten versucht, sich mit der Mischung aus Samba und Cool zu versuchen, die als «Bossa Nova» bekannt war. Nicht nur, weil die Rhythmen fröhlich und verlockend waren, sondern vielleicht auch in der Hoffnung, dem kommerziellen Erfolg von Stan Getz nacheifern zu können. Desmond, der bei Brubeck jahrelang alle möglichen exotischen Rhythmen und bizarre Taktmaße gespielt hatte, genoß den leichten, sich verändernden Beat und veröffentlichte einen ganzen Strom wunderschön artikulierter Improvisationen. Er hatte einen untrüglichen Instinkt, und seine sicheren, zurückhaltenden Beiträge sind glücklich gewählt, symmetrisch und perfekt nuanciert. Sein Gefühl für Latin Jazz zeigt sich auch in seinen eigenen Stücken, die fünf der acht Aufnahmen ausmachen. Sie haben denselben Reiz wie die Werke führender brasilianischer Sambamusiker. Desmonds Kompositionstalent hatte sich schon früher angedeutet, aber das Muster von BOSSA ANTIGUA z. B. zeigt ganz deutlich seine Vorliebe für die gefällige Bossa-Nova-Form. Sein Gefühl für diese Musik ist authentisch, seine Beiträge zu ihr ebenso wichtig, wenn auch nicht so bekannt, wie die von Stan Getz in diesem Zusammenhang.

Zwischen den vier Musikern herrscht geduldiges Verständnis, während sie die Konturen jedes Stücks abtasten. Es sind nur zwei Standards dabei, und *The Night Has a Thousand Eyes* war schon im Original im Latin-Format. Jim Hall, der bereits eine Bossa-Version mit Sonny Rollins aufgenommen hatte, überredete vielleicht Desmond dazu, es auch zu probieren. Es paßt gut zu dem Original, ebenso wie *A Ship without a Sail,* das mit dem Samba harmoniert, obwohl Komponist Richard Rodgers es nicht dafür konzipiert hatte.

Die Gefahr bei Unternehmen dieser Art liegt darin, daß der gleichbleibende Tanzrhythmus schnell langweilig werden kann, besonders wenn zuviel in moderatem Tempo gespielt wird, was die Norm war. Desmond war sich dieser Falle bewußt und bemühte sich, die Mischung durch Stücke wie *Alianca,* das voller Pep ist, aufzulokkern. Zusammen mit Hall entwarf er ausgeklügelte Arrangements, um das Interesse zu halten. Ihre gemeinsame Arbeit an *The Girl from East 9th Street* verbessert eine bereits hübsche Melodie. Halls Sensibilität ist eine ständige Freude, ob er eine hypnotische Figur wie bei *Bossa Antigua* spielt, die Melodie bei *El Gato* beschreibt oder in *Samba Cantina* Akkordunterstützung gibt. Seine Soli zeigen ebenso wie die von Desmond eine Vorliebe fürs Detail und ein ausgesprochen logisches Muster.

Kay, der in kraftvolleren Gruppen unzufrieden war, ist exakt der richtige Percussionist für diese Konfiguration. Seine rhythmischen Muster haben genau die Leichtigkeit, die für die beiden Solisten so wichtig ist. Wright untermalt ebenso anmutig den Rhythmus und kommt Halls Akkorden nie in die Quere.

Paul Desmond ist auch in anderen Zusammenhängen das Zuhören wert wegen seines flüssigen Spiels und seines lyrischen Stils. Doch mit Hall und Bossa Nova konnte er diese Qualitäten besonders gut einsetzen.

LP

(USA) *Bossa Antigua,* **RCA LPM 3320 und LSP 3320** ☐

Paul Desmond (as), Jim Hall (elg), Gene Wright (sb), Connie Kay (d)
New York   28. 07. 1964   **Samba Cantina**
                                        Bossa Antigua
                  29. 07. 1964   **A Ship without a Sail**
                                        The Night Has a Thousand Eyes
                  20. 08. 1964   **The Girl from East 9th Street**   5
                                        Curacao Doloroso
                                        El Gato
                  08. 09. 1964   **Alianca**

CDs

gleichen Inhalts:
   (J) RCA R25J 1045
mit weiteren Stücken:
   (USA) *The Complete Recordings of the Paul Desmond Quartet with Jim Hall,* Mosaic MD 4-120

Andere LPs

gleichen Inhalts:
   (GB) RCA RD 7701 und SF 7701
   (F) RCA PL 45691
mit weiteren Stücken:
   (USA) *The Complete Recordings of the Paul Desmond Quartet with Jim Hall,* Mosaic MR 6-120

TEIL 3: *Hard Bop*

Clifford Brown und Max Roach:
Clifford Brown and Max Roach

Der Hard Bop wurde 1954 zu dem wichtigsten Stil seiner Zeit, und zwar durch zwei Quintette, die von Bop-Schlagzeugern geprägt waren: Max Roach und Art Blakey. Es war nur logisch, daß diese Percussionisten in ihrer jeweiligen Band vorne standen –, denn das Schlagzeug nahm im Hard Bop eine wichtigere Rolle ein als je zuvor.

Ironischerweise war Roach, als er eine Band zu gründen beschloß, in Kalifornien, wo der West Coast Sound dominiert hatte. Im Frühjahr 1954 lud er den brillanten jungen Trompeter Clifford Brown aus New York ein, um mit ihm eine Combo zu leiten, die eine Alternative zum Los-Angeles-Stil bot. Brown hatte seinen Stil nach dem Virtuosen Fats Navarro ausgebildet, aber im Gegensatz zu den ersten Modernisten kam er nicht aus einer Big Band. Er hatte in Rhythm-and-Blues-Gruppen gespielt, die Solisten mehr Freiheiten ließen, aber den Beat und die Zwölf-Takt-Form betonten. Diese Charakteristika wurden später von anderen Solisten aus diesem Genre in den Bop übertragen: von Blue Mitchell, Junior Cook, Tommy und Stanley Turrentine, Johnny Griffin und vielen anderen. Brown spielte kurz mit Lionel Hamptons Orchester, das in den frühen 50er Jahren Big-Band-Swing und Rhythm and Blues verband. Der Trompeter hatte jedoch wenig Lust zu Gruppenarbeit und verließ nach einer Europatour voller Streit 1953 die Gruppe. Er nahm Roachs Angebot sofort an unter der Bedingung, daß sie gemeinsam die restlichen Musiker in Hollywood auswählen würden.

Die Gruppe von Clifford Brown und Max Roach bestand zweieinhalb Jahre und hinterließ eine Musik, die das Beste des Hard Bop beinhaltete. Nach einigen personellen Experimenten – unter anderem mit Tenorsaxophonist Teddy Edwards, Pianist Carl Perkins und Bassist George Bledsoe – entstand die feste Besetzung mit Tenor Harold Land, Pianist Richie Powell (der Bruder von Bud Powell) und Bassist George Morrow. Land stammte aus Texas, hatte eine kraftvolle Intonation und einen erdigen, unspektakulären Stil, der den kühnen und eleganten Brown ergänzte. Powell und der unerschütterliche Morrow waren die ideale Rhythmusgruppe. Die fünf stimmten perfekt überein, was zu ungewöhnlicher Einigkeit bei der Zielsetzung führte. Als Land ging, paßte sein Nachfolger Sonny Rollins, obwohl er phantasievoller war, nicht so harmonisch zu den anderen.

Die zahlreichen Qualitäten dieser Band zeigen sich kaum besser als in diesen dynamischen Sessions. Die Gruppe setzte erfolgreich eine Tradition fort, die von Charlie Parkers Quintett 1947 begründet worden war. Ein Unterschied war hauptsächlich der stärkere rhythmische Drive, was in nicht geringem Maße mit der Tatsache zusammenhing, daß Roach 1955 ein noch besserer Schlagzeuger war als acht Jahre zuvor. Brown entdeckte, wie vor ihm Parker, daß Roach die reinste Fundgrube für rhythmische Feinheiten war und bei Improvisationen eine Quelle ständiger Inspiration. Zwischen beiden bestand ein blindes Verständnis.

Durch ihre Spielfreude konnte diese Band selbst einem alten Standard wie *What am I Here For?* noch überraschende Seiten abgewinnen. Brown bereicherte das Repertoire entscheidend durch *Daahoud,* das ungestüme Stück *The Blues Walk* und vor allem die pikante Melodie von *Joy Spring.* Bud Powells atmosphärisches *Parisian Thoroughfare,* bei dem Brown und Land Verkehrsgeräusche simulieren, als auch Duke Jordans kleines Meisterwerk *Jordu* gehörten zum festen Programm der Gruppe. Die exotische Stimmung von

Delilah wurde klug in einem sehr hübschen Arrangement verarbeitet. In Browns mitreißendem Solo ist der Kommentar von Roach näherer Betrachtung wert, da er anscheinend jede Nuance der Linie des anderen vorausahnt. Jeder, der die Musikalität der besten Jazzschlagzeuger bezweifelt, sollte sich Roach auf dieser Platte anhören. Sein Einsatz von Stöcken und Besen ist beispielhaft, seine Akzente und Füllnoten sind wesentlicher Bestandteil eines jeden Stückes, sein Beat schwankt nie, egal wie komplex seine Gegenrhythmen sind. Sein Spiel verrät einen logischen und klaren Intellekt.

Allen Berichten zufolge war Brown ein warmherziger, offener und bescheidener Mann. Seine grundsätzlich optimistische Einstellung spiegelte sich in einem kühnen Stil, der schwingend und fröhlich war, weit entfernt von der düsteren Melancholie von Miles Davis. Browns gutmütiger Witz war ansteckend und prägte die Musik der Band. So wirft Powell Zitate aus *Can Can* und der *Marseillaise* als Zusammenfassung der sorglosen Stimmung in das Arrangement von *Parisian Thoroughfare* ein.

Brown war der Prototyp eines Hard-Boppers. Bei ihm und seinem Vorbild Navarro verbanden sich drei Dinge, die selten zusammentreffen: schönes Timbre, ausgezeichnete Technik, einfallsreiche Improvisation. Browns Spiel beeinflußte alle folgenden jungen Blechbläser, vor allem Lee Morgan, Freddie Hubbard und Woody Shaw. Andere verbanden Aspekte von Browns Stil mit Elementen von Davis.

Browns Bedeutung zeigt sich in der Tatsache, daß er 1954 in einer kurzlebigen Formation der Jazz Messengers (damals unter dem Namen Art Blakey Quintet) für Birdland Aufnahmen machte. Er hätte in dieser Gruppe der absolute Star sein können, wenn er sich nicht für Roach entschieden hätte.

CD

(USA) ***Clifford Brown and Max Roach,*** **EmArcy 814645-2** □

Clifford Brown (tpt), Harold Land (ts), Richie Powell (p), George Morrow (sb), Max Roach (d)

Los Angeles	02. 08. 1954	**Delilah**
		Parisian Thoroughfare
	03. 08. 1954	**Jordu**
	06. 08. 1954	**Joy Spring**

New York   24. 02. 1955   **Daahoud** (Take 1)
           25. 02. 1955   **The Blues Walk**
                          What am I Here For?

Andere CD

mit weiteren Stücken:
   (J) *Brownie: the Complete EmArcy Recordings of Clifford Brown*, EmArcy 838306-2 (10 CDs)

LPs

gleichen Inhalts:
   (USA) Mercury MG 36036; Trip TLP 5540
   (F) Mercury LP 7089
   (NL) Mercury 6336.322
   (J) EmArcy 15 PJ 2018; EmArcy 18 PJ 2043; EmArcy EXPR 1033; Mercury IMP 10011; Mercury SFX 10550
mit weiteren Stücken: *The Quintet*, vol. 1–2
   (USA) Mercury EMS 2-403 und EMS 2-407
   (NL) Mercury 6641.575 und 6641.644
   (J) Mercury BT 5125/26 und BT 5139/40
   (BR) Mercury 6643.044 und 6641.644
mit den Stücken:
   (GB) *Tribute to Brownie*, EmArcy EJL 1250
mit den Stücken 2–5: *The Immortal Clifford Brown*
   (USA) Limelight 28201; Limelight 28601
   (GB) Mercury 20090-1 MCL

Horace Silver: *Horace Silver and the Jazz Messengers;* Art Blakey: *At the Jazz Corner of the World, vol. 2*

In den 50er Jahren durchlief eine ganze Parade erstklassiger Solisten Art Blakeys Jazz Messengers – die Trompeter Kenny Dorham, Donald Byrd, Bill Hardman und Lee Morgan, die Saxophonisten Hank Mobley, Jackie McLean, Johnny Griffin, Benny Golson und Wayne Shorter, die Pianisten Horace Silver, Sam Dockery, Junior

Mance, Walter Bishop jr. und Bobby Timmons. Wer nicht gut genug war, wurde von Blakey schnell wieder hinausgesetzt.

Blakey, der zusammen mit seinem Schlagzeugerkollegen Max Roach die rhythmische Welle und Intensität des Hard Bop definierte, suchte junge Musiker mit Feuer und unstillbarem Durst nach Rhythmus. Wenn die Zuhörer nicht mit den Füßen wippten und den Fingern schnippten, hatte Blakey das Gefühl, daß die Jazz Messengers ihre Botschaft nicht richtig vermittelt hatten.

Fast jede Aufnahme der Jazz Messengers aus dieser Zeit wäre repräsentativ wegen Blakeys Begeisterung und seinem Rhythmus. Das erste Album des Quintetts unter Silvers Leitung zeigt jedoch den steten Einfluß des Pianisten auf die Gruppe und ihre Richtung, während die Live-Aufnahmen aus den 50ern eine besondere Atmosphäre uneingeschränkter Begeisterung wiedergeben; hier fing eine Band Feuer durch die herzliche Reaktion des Publikums.

Silver gehörte von Anfang an zu den Pionieren des Hard Bop und wurde eine seiner einflußreichsten Figuren. 1950 engagierte ihn der Tenorsaxophonist Stan Getz und brachte ihn nach New York, wo er bald Aufnahmen mit Miles Davis, J. J. Johnson und anderen führenden Musikern machte. Nach einigen Trio-Sessions für Blue Note bat man ihn, für ein weiteres Album ein Quintett zusammenzustellen. So wurden die Jazz Messengers im Herbst 1954 wiedergeboren.

Blakey, der diesen Gruppennamen bereits 1947 für eine Blue-Note-Session mit einem Oktett benutzt hatte, gab für Silver den Rhythmus an. An den Baß holte man den jungen Doug Watkins, der gerade aus Detroit gekommen war. Bop-Veteran Dorham, ein Spätentwickler, der mit seinem individuellen Sound und seinen artikulierten melodischen Ideen hervorragend paßte, war eine ausgezeichnete Wahl als Partner für den Tenorsaxophonisten Mobley, der trotz eines Gastspiels in Dizzy Gillespies Combo noch relativ unbekannt war. Dorham war ein Mitglied der Original Messengers von 1947.

In der wiederformierten Gruppe war Silver in seiner vierfachen Rolle als Komponist, Arrangeur, Pianist und musikalischer Chef zweifellos die treibende Kraft. Gerade 26 geworden, hatte er eine erfrischende Originalität. Sein Pianostil wurde durch Bud Powell beeinflußt, aber Silver hatte eine übersprudelnde, optimistische Ader, die sich in einem schlagzeugähnlichen Anschlag und einem Hang zu unerhörten Zitaten und Soul- und Gospel-Phrasen manifestierte. Bei seiner schnellen, abgehackten Begleitung mußten die Solisten ganz schön auf Draht sein.

Der Blues war von den Cool- und den West-Coast-Musikern vernachlässigt worden, und Silvers Musik war eine Bestätigung für die Dauerhaftigkeit der Verbindung mit dem Jazz. Auch sein Einsatz von Gospelmusik zeigte, wie das Alte das Neue bereichern und auffrischen konnte. Silver schrieb relativ einfache Melodien, oft an den Swing angelehnt, setzte diese Linien aber gegen eine moderne Rhythmusgruppe. Diese effektvolle Kreuzung wurde zur Norm und spiegelte sich in Hunderten von Hard-Bop-Alben der Labels Blue Note, Prestige und Riverside. Die offensichtliche Vereinfachung machte die Musik unmittelbarer als den Bop, der sich nie um das Publikum bemüht hatte. Silvers Stücke waren eingängig, man konnte sie pfeifen und zu ihnen tanzen. Ihre Anziehungskraft ebnete den Weg für eine größere Anerkennung des Jazz.

Silver und seine Kollegen setzten nach einer Zeit starrer, überarrangierter Konfektion wieder auf emotionale Reize und die Bedeutung der Solisten. Alle Mitglieder der Gruppe waren begabte Solisten, und in Silvers Kompositionen steckte eine Energie, die ihr Spiel beflügelte. Der Erfindungsreichtum bei seinen sieben Stücken und dem einen von Mobley (*Hankerin'*) ist enorm.

Hankerin' ist wegen der besonders geschickten Soli von Mobley und Dorham bemerkenswert. *Room 608,* in schnellem Bop-Tempo gespielt, illustriert Silvers Liebe zum Detail, wenn er genau arrangierte Riffs zwischen die Soli setzt. Seine schwingenden Chorusse werden von einem flüssigen Schlagzeugbreak des dynamischen Blakey ergänzt. *Creepin' in* erschließt eine verworrenere, langsame Stimmung. Das Thema ist in Moll, bei weitem nichts Neues im Jazz, aber im Hard Bop zum ersten Mal ein reguläres Element in der Musik. Dorham zeigt, wie gut ihm das entspricht. Silvers Begeisterung und sich wiederholende Bluesphrasen bringen sein Solo in vollen Einklang mit der Stimmung des Stücks.

In *To Whom it May Concern* entwickelt Silver klare, gut aufgelöste Phrasen in seinem ersten Solo, kann aber der Versuchung nicht widerstehen, eine amüsante Anspielung auf *The Donkey Serenade* einfließen zu lassen. Silvers Esprit zeigt sich auch bei dem Stück *Hippy,* das anfangs nach konventioneller AABA-Struktur klingt, dann aber in CCDC-Art erweitert wird und den Eindruck von zwei Melodien in einer vermittelt. In Übereinstimmung mit der ausgelassenen Atmosphäre beginnt Silver sein Solo mit einer Anlehnung an *Bye Bye Blackbird.*

Das Stück *The Preacher* aus dieser Session wurde zum Jazz-

Standard und tauchte bald im Repertoire unterschiedlichster Bands auf. Es inspirierte Eddie Jefferson zu einem sehr gut passenden Text. Trotz der vielen Blues- und Gospelphrasen ist es eine eingängige Melodie. Die Soli bleiben in der Stimmung, und wieder läßt Silver die beiden Bläser unisono spielen, wo ein weiteres Solo erwartet wird. Der Blues *Doodlin'* ist auf seine Art ebenso anziehend wie *Creepin' in* und *The Preacher*. Die Soulphrasen in Silvers Solo wurden von einigen weniger begabten Nachahmern übertrieben, aber in seinen Händen klingen sie schlicht und ungezwungen.

Das Muster von Horace Silvers weiterer Entwicklung und seinen Plattenaufnahmen war mit diesem außergewöhnlichen Album, dessen Qualität im Laufe der Jahre allen Vergleichen standhalten konnte, ausgebreitet. Innerhalb eines Jahres folgte er diesem Weg mit seinem eigenen Quintett, nachdem er die Jazz Messengers Blakeys starken Händen übergeben hatte.

Blakeys Live-Aufnahmen entstanden mit einer vorübergehenden Besetzung, die kurz den Messenger Mobley in einer elektrisierenden Partnerschaft mit dem Trompeter Lee Morgan zurückbrachte. Mobley, immer ein einfallsreicher Solist, stand in seinen kreativsten Jahren immer ein bißchen im Schatten von Saxophonisten wie Sonny Rollins, John Coltrane und Johnny Griffin. Seine gleichmäßige Intonation machte seine Arbeit weniger einprägsam als die der drei anderen, aber sein rhythmischer Scharfsinn und die unfehlbar logisch und klar improvisierten Linien wurden bei näherem Hinhören deutlich. Mobley war zweifellos ein «musician's musician»; wie Wardell Gray vor ihm blieb er einem größeren Publikum lange unbekannt.

Die Lebhaftigkeit des Trompeters Morgan bildete ein Gegengewicht zu Mobleys düsteren, verwickelten Linien. Blakeys Sperrfeuer provozierte Mobley zu seinen besten Improvisationen. Sein Vortrag war nie so lebendig, wenn andere Schlagzeuger den Beat bestimmten. Dasselbe galt in geringerem Maße auch für Morgans Nachfolger, Freddie Hubbard, der ebenfalls bei den Schlägen dieses außergewöhnlichen Drummers aufblühte.

Zu diesem Zeitpunkt hatten die Messengers keinen musikalischen Leiter – diese Rolle hatte zuerst Silver übernommen, später wurde sie von Benny Golson und Wayne Shorter ausgefüllt –, deshalb nahm Blakey Kompositionen von anderen. Pianist Ray Bryant lieferte das einprägsame Stück *Chicken an' Dumplins,* ein vergnügtes Thema, das gut zu dem Ensemble paßte. Pianist Gildo Mahones schrieb *Art's Revelation,* und von dem Pianisten Randy Weston bekam Blakey das melodische *Hi-Fly*. Mobley, der nicht für seine Kompositionen berühmt war, lieferte das massive Stück *M and M* (für Mobley und Morgan), dessen Arrangement zeigte, daß der Saxophonist von Silvers Methoden das eine oder andere gelernt hatte. Das Bop-Riffmuster von *The Theme* beanspruchten viele Komponisten für sich. Wahrscheinlich wurde es aber von Wardell Gray geschrieben, obwohl das heute nicht mehr mit Sicherheit festzustellen ist.

Die Live-Atmosphäre dieser Aufnahmen in Birdland in New York vermittelt sich nicht nur in dem Applaus, sondern auch in den schrillen Ankündigungen von Pee Wee Marquette und den gelegentlichen Ermunterungen Blakeys. Zum Glück erreichte man eine gute Aussteuerung, und der einzige kleine Mangel ist das nachlässig gestimmte Piano, mit dem Bobby Timmons fertig werden mußte.

Chicken an' Dumplins setzt die Veranstaltung mit seiner komischen, stotternden Linie in Gang, die sich als Startrampe für erdige Soli von Mobley und Morgan erweist. Timmons kommt nach einer gleichmäßigen Begleitung der beiden mit einem ansteckenden Gospel-Groove. Blakey übernimmt einen typisch kernigen Break vor dem ruhigen Ende. Nach diesem gemütlichen Ausflug stürzt sich die Band in ein beängstigendes Tempo bei *M and M*. Mobley bleibt trotz seiner Probleme mit einem nicht reagierenden Bläser cool und baut ein bewundernswert zusammenhängendes Solo auf. Timmons hat Schwierigkeiten, mit solcher Virtuosität Schritt zu halten, aber er bemüht sich. Als kleine Abkühlung spielen die Messengers *Hi-Fly*, und in seinem Solo verrät Timmons seine Bewunderung für Bud Powell. Das Arrangement von Melba Liston läßt Blakey Zeit für spannungserzeugende Akzente und gibt Bassist Jymie Merritt vier Takte, bevor das Thema wiederaufgenommen wird.

Ein schneller Ausbruch von *The Theme* ist nur ein Vorgeschmack auf eine genauere und längere Erarbeitung des Stücks, diesmal in mittlerem Tempo. Mobley zeigt sein harmonisches Verständnis in einigen unerwarteten Wendungen. Bei *Art's Revelation*, wieder in heißem Tempo, sind Morgan und Mobley wieder höchst erfindungsreich, aber das Beste an dieser Aufnahme ist Blakeys detailliertes und anregendes Solo.

Das vulkanische Spiel und der Stil von Blakey sowie der generelle Ansatz seiner Gruppen änderten sich in den drei Jahrzehnten nach diesem Album um keinen Deut. Während andere zu neuen Stilarten wechselten, blieb Blakey immer dem Hard Bop treu, mit dem er identifiziert wurde. Er unterstützte viele junge Talente, darunter die

Trompeter Woody Shaw, Chuck Mangione und Wynton Marsalis, die Saxophonisten Branford Marsalis und Gary Bartz, die Pianisten Keith Jarrett und JoAnne Brackeen. Alle fanden es hilf- und lehrreich, eine Zeit bei den Messengers zu spielen. Die Unterstützung, die Blakey guten jungen Musikern gab, hat die Musik zweifellos bereichert. Ohne seine Hingabe wäre der Hard Bop wohl kaum so mächtig geworden.

CD

(Europa) *Horace Silver and the Jazz Messengers*, **Blue Note CDP 7-46140-2** ○

Kenny Dorham (tpt), Hank Mobley (ts), Horace Silver (p), Doug Watkins (sb), Art Blakey (d)

Hackensack, New Jersey	13. 11. 1954	**Room 608** **Creepin' in** **Doodlin'** **Stop Time**	
	06. 02. 1955	**Hippy** **To Whom it May Concern** **Hankerin'** **The Preacher**	5

Andere CDs

gleichen Inhalts:
  (USA) Blue Note CDP 7046140-2, B21Y 46140
  (D) Blue Note 746140-2 ○
  (J) Blue Note CP 32-5223

LPs

gleichen Inhalts:
  (USA) Blue Note BLP 1518; Blue Note BST 81518
  (J) Blue Note GXK 8062; Blue Note NR 8837

LP

(USA) *At the Jazz Corner of the World, vol. 2*, Blue Note BLP 4016 und BST 84016 ☐

Lee Morgan (tpt), Hank Mobley (ts), Bobby Timmons (p), Jymie Merritt (sb), Blakey (d, Sprechgesang)
New York   15. 04. 1959   **Chicken an' Dumplins**

ohne (Sprechgesang)   **M and M**
Hi-Fly

mit Pee Wee Marquette (Sprechgesang)
The Theme (Kurzversion)
The Theme (lange Version)

ohne (Sprechgesang)   **Art's Revelation**

Andere LPs

gleichen Inhalts:
  (J) Blue Note K18P 9202
  (BR) Blue Note 31C152-82847

Miles Davis: *'Round about Midnight*

Trotz des künstlerischen Erfolges und des beachtlichen Einflusses seiner Aufnahmen auf BIRTH OF THE COOL waren die frühen 50er Jahre eine eher magere Zeit für Miles Davis. Ohne eigene Gruppe und mit persönlichen Problemen belastet, mußte er Jobs als Gastsolist annehmen, und ohne die Aufnahmen auf den Independent-Labels Blue Note und Prestige wüßten wir nur wenig aus dieser Schaffensphase. Glücklicherweise zeigen diese Sessions sehr genau seine Entwicklung. Vor allem zeigen sie das Interesse am aufkommenden Hard Bop, der von allen aufstrebenden jungen Talenten in New York und Detroit – einem Zentrum mit anscheinend unerschöpflichem Potential an begabten Jazzmusikern – bereitwillig aufgenommen wurde. Davis gab als erster dem Altsaxophonisten Jackie McLean die Chance, Platten zu machen. Danach beschäftigte er Hard-Bopper wie Horace Silver, Art Blakey, Sonny Rollins und Philly Joe Jones bei seinen Sessions.

Nachdem Davis' Karriere durch eine Standing Ovation bei dem Newport Jazz Festival 1955 neuen Auftrieb erhielt, suchte er Musiker für ein Quintett. Pianist Red Garland und Philly Joe Jones hatten Davis bei einer Quartett-Aufnahme imponiert und wurden engagiert. Dann rekrutierte der Trompeter den zwanzig Jahre alten Paul Chambers, einen der meistversprechenden jungen Bassisten. Als Partner suchte er sich den Tenorsaxophonisten John Coltrane, der mit Dizzy Gillespie, Earl Bostic und Johnny Hodges gespielt hatte, ohne einen tieferen Eindruck zu hinterlassen.

So entstand eine der wichtigsten kleinen Gruppen des Jahrzehnts. Es war typisch, daß Davis den Hard Bop seinen eigenen Vorstellungen anpaßte. Die Rhythmusgruppe war sicher in dem hart swingenden Stil verankert, aber weder Davis noch Coltrane mochten die offene Art der Bläser dieses Genres. Davis übernahm auch nicht die eingängigen Originalthemen oder die Soul- und Gospelelemente, die Horace Silver, Hampton Hawes und andere einführten. Davis' Repertoire bestand hauptsächlich aus alten Standards, Bop-Nummern, Kompositionen von Thelonious Monk und gelegentlich selbst komponierten Linien. In dieser Gruppe mit der Instrumentierung einer klassischen Bop-Gruppe verband Davis auf einzigartige Weise seine coole Auffassung mit der Hitze des Hard Bop.

Der coole Überzug stammte in erster Linie von Davis' Trompetenstil, der immer häufiger durch einen Harmon-Dämpfer übertragen wurde. Seine überlegten Versionen von Balladen mit langen, gehaltenen Noten im mittleren Register ließen manchmal eine frostige Gleichgültigkeit in seinen Soli vermuten. Die rauhen und erdigen Improvisationen Coltranes waren ein überraschend gut passender Kontrast dazu. Ein weiterer positiver Faktor war das unaufdringliche Piano von Garland, dessen Soli Einzelnotenlinien und Blockakkorde im Gleichgewicht hielten. Als besonders wichtig stufte Davis das explosive, aber saubere Schlagzeug von Jones ein. Auch sollte man in diesem Zusammenhang die empfindsame Baßlinie von Chambers nicht unterschätzen. Er war bedeutend beweglicher als die Bop-Bassisten. Chambers hatte ein gutes Zeitgefühl, und seine Notenwahl war weit weniger vorhersehbar als die der meisten Bassisten. Davis' Anerkennung zeigt sich in der Tatsache, daß er ihn über sieben Jahre lang beschäftigte, länger als jeden anderen, abgesehen von Schlagzeuger Al Foster.

Während er noch seinen Vertrag mit Prestige erfüllte, stellte Davis dieses Quintett zum ersten Mal bei einer Session für Columbia Records vor, bei denen er die nächsten drei Jahrzehnte blieb. Der Debüttitel war *Ah-leu-cha*, ein kompliziertes Thema von Charlie Parker, das Davis mit seinem damaligen Boß acht Jahre zuvor aufgenommen hatte. Davis' Solo ist offen und fließend, Coltrane wird davon beeinflußt. Garland klingt lebhaft, und man hört nicht einen Blockakkord. Jones' dynamisches Schlagzeug unterstützt jeden. Für einen schnellen Durchlauf von Damerons *Tadd's Delight* (auch bekannt als *Sid's Delight*) verzichtet Davis ebenfalls auf den Dämpfer.

Bei den anderen Stücken auf diesem gut durchdachten, genialen Album entscheidet sich Davis für den Dämpfer, um seine ruhigen, sauberen und sparsamen Ideen auszudrücken. Davis war nie jemand, der jeden Takt mit soviel Noten wie möglich ausfüllte, und ließ oft mehrere Takte vergehen, bevor er eine Improvisation fortführte. Im Gegensatz dazu waren Coltranes Soli im positiven Sinne geschwätzig und ohne die durchdringende Schärfe, von der Davis so besessen war.

Davis' rhythmische Sicherheit war so groß, daß seine gestutzten Versionen von ehrwürdigen alten Standards wie *Bye Bye Blackbird* und *All of You* allgemein übernommen wurden. Beide Stücke blieben fünf oder sechs Jahre im Repertoire des Trompeters.

Zu den bewegendsten Aufnahmen dieses Quintetts gehört Davis' gefühlvolle – und wohl perfekteste – Interpretation von Thelonious Monks *'Round Midnight*. Davis spielt die Melodie sparsam und unverfälscht. Coltrane verdoppelt das Tempo bei seinem Solo, das durch ein spannungsförderndes Zwischenstück von Davis eingeleitet wird, bei dem er den Dämpfer für acht beißende Noten entfernt. Solche Glücksgriffe im Arrangement gehen auf Entdeckungen zurück, die er mit seinem Nonett gemacht hatte.

Saxophonist Stan Getz hatte einige Jahre zuvor eine Jazzversion eines schwedischen Volksliedes, *Dear Old Stockholm*, eingeführt. Davis definierte das Thema mit Hilfe eines exzellenten Arrangements neu. Chambers sticht sowohl beim Thema als auch beim Solo hervor. Zweifellos gehört sein Baß-Solo zu den besten seiner Zeit, und Zeitgenossen studierten es mit derselben Aufmerksamkeit, die die vorhergehende Generation Jimmy Blantons Improvisationen gewidmet hatte. Hört man sich diesen Titel und die anderen an, fällt es nicht schwer zu verstehen, weshalb wieder einmal viele Davis folgten.

CD

(Europa) *'Round about Midnight*, CBS Jazz Masterpieces 460605-2 ○

Miles Davis *(tpt)*, John Coltrane *(ts)*, Red Garland *(p)*, Paul Chambers *(sb)*, Philly Joe Jones *(d)*

New York	27. 10. 1955	**Ah-leu-cha**
	05. 06. 1956	**Dear Old Stockholm**
		Bye Bye Blackbird
		Tadd's Delight
	10. 09. 1956	**All of You**
		'Round Midnight

Andere CDs

gleichen Inhalts:
  (Europa) CBS CD 62323
  (J) CBS 32 DP 510

LPs

gleichen Inhalts:
  (USA) Columbia CL 949; Columbia CS 8649; Columbia PC 9849; Columbia Jazz Masterpieces CJ 40610
  (GB) Philips BBL 7140
  (Europa) CBS BPG 62323; CBS Jazz Masterpieces 460605-1; Philips B 07198 L
  (D) CBS 88029
  (J) CBS-Sony SOPC 57139; CBS-Sony SOPL 151

Phil Woods: *Woodlore*

In der zweiten Welle von Altsaxophonisten, die sich Charlie Parker zum Vorbild nahmen, waren Phil Woods und Jackie McLean vielleicht die kreativsten und einflußreichsten. Obwohl sie sich unterschiedlich entwickelten, bleiben sie beide ein Vorbild für junge Musiker. Beide spielten Mitte der 50er Jahre im Quintett des Pianisten George Wallington und waren dann für mehrere Jahre beim

Prestige-Label. Während McLean einen noch beißenderen Ton als Parker anschlug, entwickelte Woods eine Vorliebe für das Überschwengliche als einer anderen Facette Parkers. Cannonball Adderley gehörte ebenfalls zu dieser zweiten Welle.

Woods hatte und hat die Fähigkeit, gute Stimmung zu verbreiten. Seine lebhaften, kühnen Vibrationen nehmen den Zuschauer gefangen. Er schwelgt im Swing, ist nie zurückhaltend, sondern immer sehr emotional.

Erstwerke geben dem Zuhörer selten ein verläßliches Bild von einem Jazzmusiker, aber Woods' erstes Album für Prestige informiert bereits in beeindruckender Weise über seine künstlerische Entwicklung. 1955 an seinem 24. Geburtstag entstanden, zeigte das Album mit dem Titel WOODLORE Phil Woods als einfallsreichen Solisten mit beachtlichen Fähigkeiten und sicherer Technik. Schon zu diesem Zeitpunkt war er in der Lage, jedes Gefühl musikalisch auszudrükken. *Falling in Love All Over Again* ist eine zarte, empfindsame Ballade. Bei *Be my Love* gelingt es Woods, die mit der theatralischen Stimme von Mario Lanza verbundene Sentimentalität durch extrovertierten Optimismus zu ersetzen. Auf wie einnehmende Art Woods Showmelodien vortragen konnte, zeigt sich auch bei seiner schnellen Version von *Get Happy*. Das Schmuckstück dieser Aufnahmen jedoch ist seine lebhafte Interpretation von *On a Slow Boat to China*, einem Standard, den auch Charlie Parker gelegentlich spielte. Mit unverhohlener Freude entfesselt Woods vier Chorusse perfekt symmetrischer Improvisation. Wer könnte nach Anhören allein dieses Stückes Woods' Treue zum Hard Bop bezweifeln? Sein munteres Solo bei *Get Happy* verstärkt diesen Eindruck, wenn er bei rasendem Tempo einige «vokale» Effekte einstreut. Die Beherrschung seines Instruments bei dieser Aufnahme ist bemerkenswert und zeigt, wie weit der Jazz sich 1955 technisch entwickelt hatte.

Strollin' with Pam ist ein eindrucksvolles Beispiel für Woods' Blues. Wenn ein Pianist die Anweisung erhielt «zu bummeln» (to stroll), bedeutete das, nicht zu spielen, und die ersten drei Chorusse von Woods werden zur Begleitung von Baß und Schlagzeug gespielt – daher der Titel. Woods verziert den Eintritt des Themas mit Bluesphrasen, die Jahre alt waren, aber brandneu klangen. Im fünften Chorus baut er durch sparsamen Einsatz von Passagen im doppelten Tempo Spannung auf. Das alles klingt sehr «funky» – erdgebunden und ursprünglich.

Woods' andere Eigenkomposition auf diesem Album, *Woodlore*, ist gehaltvoller, und die interessant strukturierten Akkordwechsel erlauben Woods, seine Harmoniekenntnisse zu demonstrieren. Seine Fähigkeiten auf diesem Gebiet und seine rhythmische Flexibilität verbergen jedoch nie, daß er auch ein melodisch sehr sensibler Musiker ist.

Wenn Hard Bop ursprünglich auch eine Sache junger schwarzer Musiker war, so blieb es doch nicht ihre Domäne. Woods und seine Kollegen übernahmen diesen Stil ganz selbstverständlich als ihre zeitgenössische Musik. Pianist Williams hat bei Horace Silver die schlagzeugartige Begleitung abgekupfert, die besonders zu Woods' langen Phrasen bei *On a Slow Boat to China* paßt. Schlagzeuger Nick Stabulas und Bassist Teddy Kotick hatten mit Woods in Wallingtons Band gespielt und kannten seine rhythmischen Vorlieben genau. Nachdem Kotick lange mit Charlie Parker gearbeitet hatte, ging er zu Silvers Quintett. Bei *Get Happy* liefert er ein ausgezeichnetes Solo und tanzende Begleitlinien ab. Wie gut er laufende Baßfiguren beherrschte, zeigt er bei *Strollin' with Pam*.

In den folgenden Jahren schuf Phil Woods stärker strukturierte Musik, aber die Frische, das Engagement und die Leichtigkeit seiner ersten LP haben einen Reiz, der die Zeit und die Entwicklung der Stile überdauert hat.

CD

(USA) *Woodlore*, **Original Jazz Classics OJCCD 052-2** ☐

Phil Woods (as), John Williams (p), Teddy Kotick (sb), Nick Stabulas (d)
New York   25. 11. 1955   **Be my Love**
Woodlore
Falling in Love All Over Again
Get Happy
Strollin' with Pam
On a Slow Boat to China

LPs

gleichen Inhalts:
 (USA) Original Jazz Classics OJC 052; Prestige PRLP 7018
 (GB) Esquire 32-020
 (J) Prestige SMJ 6515

Sonny Rollins: *Saxophone Colossus*

Wenn es je einen Wendepunkt in der Karriere des Tenorsaxophonisten Sonny Rollins gegeben hat, wird sie durch diese bemerkenswerte Aufnahme markiert. Rollins war mit 26 bereits renommiert und sicher kein Neuling mehr, nachdem er mit Modernisten wie Charlie Parker, Miles Davis, Thelonious Monk, J. J. Johnson und Max Roach unschätzbare Erfahrungen gesammelt hatte. Die Qualität seiner Aufnahmen vor 1956 war jedoch unterschiedlich. Rollins war ein Spätentwickler, obwohl er bereits bei Sessions mit Bud Powell und Johnson gespielt hatte, als er erst neunzehn war.

Sein Talent erhielt den letzten Schliff in der ersten Hälfte des Jahres 1956, als er Partner des Trompeters Clifford Brown im Brown-Roach-Quintett war. Er profitierte künstlerisch nicht nur von der Herausforderung, mit Clifford Brown mitzuhalten, sondern auch vom inspirierenden Schlagzeugspiel von Roach, dem diszipliniertesten, musikalischsten und besten Schlagzeuger jener Zeit. Roach wußte, wie man einen Solisten von Rollins' Potential kontrollierte und anstachelte. Seine Polyrhythmik entlockte dem Tenor ständig Neues. Die Aufnahmen des Brown-Roach-Quintetts entstanden nur vier Tage vor dem entsetzlichen Autounfall, der das Leben von Brown und dem Bandpianisten Richie Powell forderte und das Ende einer der wichtigsten Hard-Bop-Gruppen bedeutete.

Obwohl Sonny Rollins zum Zeitpunkt der hier vorgestellten Aufnahme seine Besessenheit vom Stil Coleman Hawkins' überwunden hatte, entsprachen sein Ansatz und seine grobe Intonation eher Hawkins als Lester Young. In seiner Bewunderung für die Arbeit des älteren Mannes, der in den 50er Jahren unverdient vernachlässigt worden war, bot Rollins den Zeitgenossen neue Alternativen.

Die enge Zusammenarbeit zwischen Rollins und Roach, der auch ein beeindruckender Solist ist, wird auf dem gesamten Album deutlich, aber man sollte auch feststellen, wie geschickt Pianist Tommy Flanagan und Bassist Doug Watkins sich in das Quartett mit den beiden New Yorkern einfügen. Flanagan und Watkins gehörten zu den vielen begabten Bop-Musikern aus Detroit, die an die Ostküste kamen, und beide hatten sich hier schnell etabliert. Flanagans saubere, melodische und bescheidene Art paßte in jeden Kontext, und seine umsichtige Begleitung eröffnete den Solisten viele Möglichkeiten. Rollins ließ sich nicht gerne durch eine übertriebene Führung des

Pianisten einschränken, und so überraschte es nicht, wenn er in späteren Jahren Klavierbegleitung ablehnte und lieber mit guten Schlagzeugern und flexiblen Bassisten spielte. Durch den einfühlsamen Flanagan erfuhr er jedoch keine Einschränkung, auch wenn man in *Strode Rode* zum Beispiel ein ehrgeiziges Aufbäumen von Rollins in den von Flanagan entworfenen Chorussen spürt.

Viele Elemente, die später als typisch für Rollins galten, zeigen sich bereits hier. Sein Stück *St Thomas* zeigt deutlich seine Liebe zu den berauschenden Rhythmen und fröhlichen Melodien des Calypso. Die Musik der Westindischen Inseln ist Teil seines Erbes, und in späteren Jahren verarbeitete er diese Wurzeln in Stücken wie *Don't Stop the Carnival, Hold 'em Joe, Mangoes* und *The Everywhere Calypso*. Auch Parker und Dizzy Gillespie ließen sich bei ihren Improvisationen durch karibische Rhythmen inspirieren, aber Rollins zeigte ein besonderes Geschick darin, diesen Rhythmus in die Jazzstile der Zeit einzubringen.

Ein anderes Markenzeichen war sein Hang zu ungewöhnlichen, manchmal bizarren Standards. Hier wirft der Mann, der bereits die Konturen von *No Business like Show Business, Love is a Many-Splendoured Thing, Sonny Boy* und *Count your Blessings* verändert hatte, ein ironisches Auge auf die *Moritat (Mack the Knife)*. Dieser Titel, der Louis Armstrong einen Pop-Hit eingebracht hatte, gehörte nicht zum Repertoire der Modernisten, bis Rollins die Möglichkeiten einer locker swingenden Version aufzeigte.

Rollins nutzte die Gelegenheit, seine starke Verbindung zur Bluesform in dem täuschend ruhigen Stück *Blue Seven* zu zeigen, in dem er zwei unwiderstehlich flüssige Soli erarbeitet. Seine Arbeit mit dieser traditionellen Struktur hat nichts Herablassendes oder Oberflächliches. Wie die meisten großen Improvisatoren versuchte er, diese Tradition weiterzuführen, und betrachtete den Bluesrahmen als Herausforderung an seine Phantasie. Zwischen Rollins' Soli gibt Roach ein glänzendes Beispiel für ein mehr musikalisches als technisches Schlagzeug-Solo. Doug Watkins' laufende Baßfiguren eröffnen diesen Moll-Blues und sind wie ein hypnotischer Faden, der sich durch Rollins' einstudierte Improvisationen zieht. In diesem besonderen Spiel konnte kaum jemand Watkins das Wasser reichen. Nur Leroy Vinnegar und Paul Chambers besaßen die notwendige Geduld für eine so selbstlose, aber wichtige Rolle.

Das kurze Stück *You Don't Know What Love Is* spielt Rollins mit einer starken Maskulinität. Er bläst das Selbstmitleid dieses Songs weg und ersetzt es durch knallharten Realismus. Die Verschmelzung des Spiels von Rollins und Roach funktioniert am besten bei dem zweiten kürzeren Stück *Strode Rode*. Tenorsaxophon und Schlagstöcke fügen in das Thema ein elektrisierendes Staccato-Duett ein und schwelgen später in einer dramatischen Konversation. Rollins ist in seinem Rhythmus hier wirklich großspurig – was ermöglicht wird durch den Glauben in seine eigenen Fähigkeiten und die Unterstützung seiner Kollegen. Sein Ansatz war zweifellos eine attraktive Alternative zu den hymnischen Botschaften seines Zeitgenossen John Coltrane.

CD

(USA) *Saxophone Colossus*, **Original Jazz Classics OJCCD 291-2**   □

Sonny Rollins (ts), Tommy Flanagan (p), Doug Watkins (sb), Max Roach (d)

New York	22. 06. 1956	**You Don't Know What Love Is**
		St Thomas
		Strode Rode
		Blue Seven
		Moritat

Andere CD

gleichen Inhalts:
  (J) Prestige VDJ 1501

LPs

gleichen Inhalts:
  (USA) Original Jazz Classics OJC 291; Prestige PRLP 7079; Prestige PRLP 7326
  (GB) Esquire 32-045; Stateside SL 10164
  (F) Barclay 84-084; Prestige CPRX 240857
  (D) Bellaphon BJS 40104
  (I) Musica LPM 2048
  (J) Prestige SMJ 6501
mit weiteren Stücken:
  (USA) *Saxophone Colossus and More*, Prestige PR 24050

John Coltrane: *Blue Train*

Der Tenorsaxophonist John Coltrane, in den 60er Jahren Befürworter von Veränderungen, hatte ein zwiespältiges Verhältnis zum Hard Bop. Er konnte diese Form fließend spielen, aber ob er sich dabei wirklich wohl fühlte, bleibt offen. Manchmal ignorierte er seine Begleiter und entwickelte lange, stählerne Soli, die nach einem anderen Kontext verlangten.

Zwischen 1955 und 1959 spielte der Tenorsaxophonist bei einer Unzahl von Sessions mit, meist für Prestige, mit Miles Davis, mit All-Star-Ensembles oder mit einem Quartett oder Quintett seiner Wahl. Er tauchte nur selten auf dem Blue-Note-Label auf, zweimal bei Jam Sessions und einmal als Gefallen für seinen Freund, den Bassisten von Davis' Gruppe, Paul Chambers. BLUE TRAIN sollte die einzige von ihm geleitete Blue-Note-Session bleiben.

Die düstere, intensive, beinahe puritanische Stimme, die Coltrane Ende der 50er Jahre bevorzugte, brauchte Begleiter mit einem sonnigeren Gemüt, um zur Geltung zu kommen. In dieser Hinsicht umrahmten der übersprudelnde Trompeter Lee Morgan und der unterschätzte Posaunist Curtis Fuller, dessen runde Intonation und klischeefreien Soli ein großes Plus darstellten, Coltranes Saxophon geradezu ideal.

Pianist Kenny Drew, Bassist Chambers und Drummer Philly Joe Jones waren keine Unbekannten für den Saxophonisten. Chambers und Jones hatten mit ihm im Miles Davis Quintet gespielt und gehörten später auch dessen Sextett an. Mit Drew am Klavier hatten Chambers und Jones den Tenor bei einer Quartett-Session in Los Angeles ein Jahr zuvor begleitet. Die geschickten und witzigen Beiträge von Drew gaben den Soli eine weitere Dimension, sie waren ein Treibmittel, das so vielen anderen Aufnahmen Coltranes aus dieser Zeit fehlte.

Im Herbst 1957 spielte Coltrane noch mit Thelonious Monk. Es war eine Herausforderung für den Saxophonisten, da er mit den verspannten Kompositionen des Pianisten kämpfen mußte. Bei BLUE TRAIN spürt man in Coltranes Improvisationen ein neues Formbewußtsein und ein Hinter-sich-Lassen der von Monk vertretenen Prinzipien. Beim Titelstück z. B. haben seine Läufe im doppelten Tempo eine brillante Lebensfreude, angespornt von den unisono gespielten Bluesriffs von Morgan und Fuller. Coltranes Spiel fehlt zwar weitgehend der Humor, doch Geist und Beweglichkeit sind deutlich spürbar. Seine nüchterne Intonation erregt Aufmerksamkeit, und er führt seine Ideen, wie kompliziert sie auch sein mögen, mit einer überzeugenden Perfektion aus.

Coltranes gewaltiges Solo auf *Moment's Notice,* das seine Harmonie-Erfahrenheit und bei den ineinander verschränkten Notenschauern seine große Geduld verrät, wird von einer gewaltigen Leidenschaft getrieben. Morgans waghalsige, geschmeidige Themeneinführung ist dagegen warm und freundlich. Beide Männer werden von dem kraftvollen Strom aus Philly Joe Jones' Drumkit wirkungsvoll unterstützt. Es ist zu schade, daß Morgan und Coltrane nur bei einer weiteren Aufnahme zusammen spielten, denn jeder hatte ein ungewöhnliches Feuer.

In dem schnellen Blues *Locomotion* konstruieren beide Männer rasende Soli, aber die Lorbeeren verdient Fuller, der die physischen Grenzen seines Instrumentes in einer makellos entworfenen Improvisation überwindet. Coltrane legte seine Gefühle am besten bei langsamen Balladen dar. Seine Version von *I'm Old Fashioned* hatte eine leise Schärfe und Zärtlichkeit, die sich in den schnellen Übungen des Saxophonisten nicht finden. Sehr bemerkenswert kam diese Seite seines musikalischen Charakters ein paar Jahre später bei einem ganzen Programm mit dem Sänger Johnny Hartman zur Geltung.

Lazy Bird ist die Komposition von Coltrane, die bei seinen Mitspielern den größten Eindruck machte und schnell zum Jazz-Standard wurde. Die einnehmenden Akkordfolgen paßten gut zu Johns Kollegen. Morgan heizt die Stimmung auf, während Fuller ein cooles Zwischenspiel einfügt, bevor Coltrane die Herrschaft mit einer logischen Folge präzise gespielter Noten übernimmt. Coltranes Kontrolle über sein Material war überwältigend.

Bei diesen ausgefeilten Hard-Bop-Aufnahmen kann man hören, daß Coltrane bei seiner 1959 entstandenen Aufnahme von *Giant Steps* harmonisches Neuland betrat. Er war ein ruheloser Mann, der nach Vollkommenheit strebte. Er spürte, daß er von seinen Vorgängern und Zeitgenossen alles übernommen hatte, was er konnte, und nach den Jahren mit Dizzy Gillespie, Johnny Hodges, Davis und Monk war er soweit, ein neues Ziel ins Auge zu fassen. Nach mehreren Jahren der Zugehörigkeit zur Hard-Bop-Bewegung orientierte er sich um.

Coltranes berechnender Ansatz war die Antithese zu der Auffassung von Dexter Gordon, einem seiner frühen Idole. Am meisten fiel bei Coltrane der mangelnde Humor auf. Sein Weg zu fernen Horizonten ließ keinen Raum für die Scherzhaftigkeit von Gillespie oder Charlie Parker. Während seiner Hard-Bop-Zeit machte Coltrane keine besseren Aufnahmen als BLUE TRAIN, die zu den Highlights seiner Zeit gehört.

CD

(USA) *Blue Train*, Blue Note B21K 46095 ☐

Lee Morgan (tpt), Curtis Fuller (tb), John Coltrane (ts), Kenny Drew (p), Paul Chambers (sb), Philly Joe Jones (d)

Hackensack, New Jersey 15. 09. 1957 **Lazy Bird**
Moment's Notice
Blue Train
Locomotion
I'm Old Fashioned

Andere CDs

gleichen Inhalts:
 (USA) Blue Note CDP 7-46095-2, B21Y 46095
 (J) Blue Note CP 35-3088

LPs

gleichen Inhalts:
 (USA) Blue Note BLP 1577 und BST 81577
 (GB) Blue Note BNS 40009
 (J) Blue Note LNJ 80067; Blue Note GXK 3010; Blue Note GXK 8055
 (BR) Blue Note 31C152-53712

Lee Morgan: *Leeway*

Mit derselben Instrumentierung wie das klassische Quintett Charlie Parkers zehn Jahre zuvor, ist die homogene Band von Lee Morgan ein Beispiel für die Veränderungen im Mainstream-Jazz in der Zeit nach Parker. Verschwunden sind die strengen Bop-Themen. Die neuen

Kompositionen sind runder und melodischer. Die Musik ist entspannter. Und die Rhythmen, zu denen diese Männer tanzten, verstärkten den Beat, besonders wenn Morgans damaliger Arbeitgeber Art Blakey für den Antrieb sorgte.

Daß man sich bereits einen Schritt vom Bop entfernt hatte, zeigte sich im Spiel des Trompeters Morgan, der die Einflüsse von Dizzy Gillespie und Fats Navarro über die Arbeit von Clifford Brown aufgenommen hatte, obwohl er 1950 Solotrompeter in Gillespies Big Band geworden war. In dieser Crew zeigten Morgans Soli, daß er Brown von seinem Ansatz her näherstand als Gillespie.

Pianist Bobby Timmons hatte viel von Bud Powell übernommen, lauschte aber mit einem halben Ohr immer in Richtung Horace Silver. Mit Hilfe von Blues- und Gospelriffs schrieb Timmons eingängige Melodien, die die kurze Mode des «Soul Jazz» mitbegründeten. Dieser Aspekt seiner Arbeit war förderlich für die Plattenverkäufe seiner jeweiligen Gruppe, der Jazz Messengers ebenso wie Cannonball Adderleys Combo, in der Timmons von 1959 bis 1960 spielte.

Das leichtere Swinggefühl von Gruppen wie dieser war zum Teil auch den besseren Fähigkeiten von jungen Bassisten zu verdanken, von denen Paul Chambers einer der besten war. Nur im Spiel des Altsaxophonisten Jackie McLean finden sich die Strenge und konzentrierte Spannung, die in der ersten Phase des Modern Jazz allgegenwärtig war. Sechs Jahre älter als Morgan und bereits ein jugendlicher Veteran, der bei Miles Davis, den Jazz Messengers und George Wallington gedient hatte, konnte McLean seine Erfahrung und seinen herausfordernden Ansatz einbringen. Seine harte, beißende Intonation macht es dem Zuhörer am Anfang schwer, aber es lohnt sich, die Gewöhnungsphase auf sich zu nehmen.

Zu dem Material dieser Session gehören zwei Kompositionen des Trompeters und brillanten Komponisten Calvin Massey aus Philadelphia. *These Are Soulful Days* ist in Moll und enthält eine typische Soulphrase am Ende der Melodie, die im Marschtempo gespielt wird. Chambers übernimmt das erste Solo, Blakey ist sehr zurückhaltend hinter Chambers und Timmons, geht aber bei McLean und Morgan mehr aus sich heraus.

Morgan war zwar der Komponist und Arrangeur von *The Lion and the Wolff* (nach dem Besitzer des Blue-Note-Labels benannt), aber kein sehr selbstbewußter Leiter, und so überläßt er das erste Solo Jackie McLean. In seinem eigenen Solo kreiert Morgan gelegentlich Riffs, die in folgenden Phrasen beantwortet werden. Chambers spielt ein effektvolles Solo, und Blakeys Schlagzeugarbeit ist vorbildlich. Die Latin-Schlußphrase wird nur zum Teil aufgelöst, und die Wiederholung durch die Bläser bekommt einen hypnotischen Effekt, da der Toningenieur Rudy Van Gelder die Lautstärke zu einem entfernten Echo reduziert.

McLeans *Midtown Blues* läßt Morgan mehr Raum für sein musikalisches Frage- und Antwortspiel. Die Aufnahme beweist, wie klar sich McLean inzwischen aus Charlie Parkers Schatten gelöst hatte.

Masseys *Nakatini Suite* ist zweifellos der Leckerbissen dieser Session. Massey hatte das Stück bereits zehn Jahre zuvor geschrieben, und es war für 1948 sicher ein fortschrittliches Werk. Die Melodie ist perfekt für Morgan und inspiriert ihn zu dem besten Solo dieser Session. Eine Glanzleistung für einen gerade Zwanzigjährigen. Die *Nakatini Suite* ist ein faszinierendes Fragment eines herausragenden Komponisten, dessen Werke ihn als melodischen Schreiber in der Tradition Tadd Damerons auswiesen. Masseys Werke wurden auch von John Coltrane und anderen aufgenommen, aber er machte unglücklicherweise nur ein eigenes Album, und dies mit nicht gerade überzeugenden Musikern. Die beiden Aufnahmen auf LEEWAY sind weit bessere Beweise seiner Fähigkeiten.

LP

(USA) *Leeway*, Blue Note BLP 4034 und BST 84034 ☐

Lee Morgan (tpt), Jackie McLean (as), Bobby Timmons (p), Paul Chambers (sb), Art Blakey (d)

Englewood Cliffs, New Jersey   28. 04. 1960

Nakatini Suite
These Are Soulful Days
The Lion and the Wolff
Midtown Blues

Andere LP

gleichen Inhalts:
(J) Blue Note GXK 8133

Harold Land: *The Fox*

An der Westküste existierte der West Coast parallel zu anderen Jazzstilen. Neben weißen Musikern, die präzise Arrangements von Shorty Rogers und Marty Paich spielten, erlebte man in den 50ern ein Revival des traditionellen Jazz. Außerdem spielten ein paar weiße und viele schwarze Musiker den Hard Bop des Ostens.

Zu ihnen gehörten der Saxophonist Harold Land, der Pianist Elmo Hope und der Schlagzeuger Frank Butler, die alle mehr konnten als viele ihrer bekannteren Kollegen in New York. Land hatte sich durch seine Zeit in der Gruppe von Clifford Brown und Max Roach einen guten Ruf erworben. Hope war den meisten Zuhörern trotz einiger ausgezeichneter Alben unbekannt. Butler war zwar von Jo Jones einst als der «beste Schlagzeuger der Welt» bezeichnet worden, aber auch recht unbekannt. Ihre Arbeit in der Gruppe des Bassisten Curtis Counce hatte ihnen eine Plattform gegeben. Als Land für das Hifi-Jazz-Label ins Studio ging, nahm er Hope und Butler, den Trompeter Dupree Bolton und den achtzehnjährigen Bassisten Herbie Lewis mit.

Das klingt vielleicht nicht vielversprechend, aber ihre Musik überzeugte durch Qualität und Originalität. Der unberechenbare Musiker Hope trug entscheidend zur elektrisierenden Atmosphäre dieser Session bei. Vier der sechs provokanten Stücke stammen von ihm, und vermutlich hat er auch die beiden von Land arrangiert.

Im Mittelpunkt dieses Jazzwirbels steht die solide Professionalität von Harold Land, der alles spielen konnte, was man ihm vorsetzte. Sein dunkler Tenorsound verband sich mit Boltons scharfer Trompete zu bemerkenswerten Strukturen. Der junge Lewis zeigt viel Feingefühl und kommt mit allen Schwierigkeiten, die hohe technische Fähigkeiten erfordern, zurecht.

The Fox wird durchgehend in einem rasenden Tempo gespielt. Hopes *Mirror-Mind Rose* ist ganz im Stil von Thelonious Monk gehalten. Bei *One Second, Please* beflügelten Butlers Akzente ganz deutlich die Solisten. *Sims-a-Plenty* ist mit seinen Akkordwechseln eines von Hopes typischen musikalischen Minenfeldern, die nicht nur schwer zu spielen, sondern auch schwer zu hören sind. Lands *Little Chris* erinnert in der Melodie teilweise an Broadway- und Soul-Jazz. *One Down* ist ein flüssiges Konzept von Hope, sicher in der Form und frei gespielt. Hope und Land merkt man an, daß sie in Rhythm-and-

Blues-Bands gelernt hatten; dieser Lehrzeit verdankten sie ihren Swing.

Die Musik auf diesem Album spricht sehr stark den Intellekt an, geht aber zugleich in den Körper. Zum Ausgang des Jahrzehnts zeigt sie der Mittelmäßigkeit die Faust, die in den 50ern den Jazz in Los Angeles bestimmt hatte.

CD

(USA) *The Fox*, Original Jazz Classics OJCCD 343-2 ☐

Dupree Bolton (tpt), Harold Land (ts), Elmo Hope (p), Herbie Lewis (sb), Frank Butler (d)
Los Angeles 00. 08. 1959 **The Fox**
Mirror-Mind Rose
One Second, Please
Sims-a-Plenty
Little Chris
One Down

LPs

gleichen Inhalts:
   (USA) Contemporary S 7619; Hifijazz 612 und S 612; Original Jazz Classics OJC 343
   (GB) Vogue LAE 12269

Art Pepper: *Intensity*

Altsaxophonist Art Pepper lebte gefährlich – auch in der Musik. Alle improvisierenden Jazzmusiker gehen jedesmal, wenn sie vor ein Publikum oder ein Mikrofon treten, ein Risiko ein. Wer so offen seine Emotionen darlegt, wird verwundbar. Aber diese spontanen Kompositionen geben dem Jazz auch den besonderen Kick. Pepper schien durch hohe Risiken besonders angespornt zu werden. Er schuf seine beste Musik oft unter höchster Anspannung. Daß sein Spiel höchst entspannt wirkt, ist nur scheinbar ein Paradox.

So spielt Pepper auf diesem Album trotz erheblicher persönlicher Probleme – er mußte mit einer langen Gefängnisstrafe rechnen und war nur auf Kaution entlassen worden – ganz gelassen und mit eiskalter Professionalität. Zumindest in dieser Hinsicht konnte er bemerkenswerte Charakterstärke zeigen und jede Ablenkung ausschließen, wenn die Musik auf der Tagesordnung stand.

Pepper hatte mit Benny Carter und Stan Kenton gespielt und sich durch seine klaren Soli einen Namen gemacht. In den 50er Jahren profilierte er sich mit einer kleinen Gruppe und als Gastsolist in den Studios von Hollywood. Aufgrund seiner Arbeit mit Shorty Rogers, Marty Paich, Chet Baker, Dave Pell und Shelly Manne wurde er der West-Coast-Bewegung zugeordnet. Er war der bei weitem bemerkenswerteste Solist, der aus dieser amorphen Gruppierung hervorging. Pepper bevorzugte die Intonation von Lester Young und seinem früheren Mentor Benny Carter. Sein Stil hatte nichts mit dem von Charlie Parker zu tun, auch wenn er manchmal aus dessen Vokabular zitierte. Sein Sound war doppelbödig. Beim ersten Hinhören anscheinend leicht und dünn, entwickelte er bei intensiverer Betrachtung eine harte Schärfe. Innerhalb größerer Ensembles mit stark arrangierter Orchestrierung leuchtete Parkers Licht nur momentweise – wenn auch niemand die Präzision und Klarheit seines Spiels bestreiten konnte. Doch richtig in Fahrt kam er nur in einer kleineren Gruppe mit beweglicher Rhythmusgruppe und zwei Bläsern.

Pepper hatte genau wie Young einen Instinkt dafür, Stücke so umzuarbeiten, daß die Melodie optimal war. Er verstand etwas von Harmonielehre und war ein sehr emotionaler Musiker, der tiefe Gefühle ausdrücken konnte. Er konnte den Blues voller Überzeugung spielen, sein Swing stand außer Frage, und seine Soli waren immer sehr schön aufgelöst. Pepper hatte in der Vergangenheit eine Vorliebe für selbstbewußte Begleiter gezeigt und zwei erstaunliche Alben mit der Rhythmusgruppe von Miles Davis gemacht sowie eine Aufnahme in der Gruppe des individualistischen und verschrobenen Pianisten Carl Perkins. Wenn seine Begleitmannschaft für INTENSITY auch weniger bekannt ist, so bilden ihre Mitglieder doch eine erstaunlich flexible und fähige Einheit.

Pianist Dolo Coker war nicht sehr bekannt, wohl weil er in Kalifornien lebte, aber er war ein sensibler und stilistisch sicherer Musiker, dessen Soli und Begleitung hier eine Offenbarung sind. Erst viele Jahre später, im letzten Abschnitt seines Lebens, konnte er die verdiente Anerkennung genießen. Ebenso war Jimmy Bond, ein enger Freund von Coker, ein guter und kraftvoller Bassist. Schlagzeuger Frank Butler unterstützte Pepper mit demselben Swing wie Harold Land bei THE FOX.

Da für die Session nicht viel Zeit war, suchte man sich Standards aus, die alle vier kannten. Daß die Band trotz des Zeitdrucks «together» klingt, zeugt von der hohen Professionalität dieser Männer.

Bonds fließende Baßlinie führt *I Can't Believe that You're in Love with Me,* und Bond und Pepper handeln die gesamte Melodie ab, außer der Bridge, bei der Butler dazukommt. So wird Cokers Einsatz zu einer freudigen Überraschung. Peppers Bluesphrasen verleihen dem Stück eine ganz neue Qualität, und Cokers kompakter Chorus paßt genau zur gesamten Stimmung.

Pepper liebte lateinamerikanische Rhythmen, was man bei dem Arrangement des Themas von *I Love You* deutlich spürt, während die Variationen in stürmischem Swing gehalten sind. Butler ist auf jede feine Änderung in Peppers Improvisation eingestellt und zeigt ausgezeichnete Reflexe. Cokers kontrolliertes Solo profitiert von einem Zwischenspiel, als Butler bei einem Chorus teilweise aussetzt und den Pianisten mit dem Baß allein läßt.

Als Meister der langsamen Ballade machte Pepper *Come Rain or Come Shine* zu seinem Meisterwerk dieses Genres. Wie alle großen Musiker komponiert Pepper auch die Melodie in Intonation, chromatischen Veränderungen und Notenplazierung neu.

Long Ago and Far Away zeigt, zu welch konzentrierter Arbeit Pepper bei schnellen Tempi fähig war. Seine Beherrschung von Instrument, Material und Ideen ist vollkommen in dieser agilen Übung. Dank seiner Technik klingt alles einfach und entspannt. Coker spielt ein rätselhaftes Solo, das nach der Eleganz des Altsaxophons etwas abfällt.

Für eine coole Version von *Gone with the Wind* wählt die Gruppe einen mittelschnellen Shuffle-Rhythmus, in dem Pepper sein sehr individuelles Vibrato und seinen singenden Sound brillant einsetzt. Um die Einstellung der Band zu zeigen, läßt Pepper den Soli nicht den üblichen Wechsel zwischen Saxophon und Schlagzeug folgen, sondern läßt die Ideen zuerst vom Baß entwickeln. Eine weitere Variante ist die Darlegung des ersten Abschnitts von *I Wished on the Moon* durch Schlagzeug und Saxophon. Peppers Solo ist hitzig, und er wiederholt ein riffähnliches Motiv, um die Spannung noch zu steigern.

Selbst bei einem wenig versprechenden Stück wie *Too Close for Comfort* zeigt Pepper ungeahnte Qualitäten bei seiner Improvisation.

Unter Einsatz des gesamten Registers seines Instrumentes kreiert er ein Solo von unfehlbarer Logik und nie ermüdendem Interesse. Das ist Art Pepper!

CD

(Europa) *Intensity*, **Contemporary VDJ 1581** ○

Art Pepper (as), Dolo Coker (p), Jimmy Bond (sb), Frank Butler (d)
Los Angeles   23. u. 25.11.1960   **I Can't Believe that You're in Love with Me**
I Love You
Come Rain or Come Shine
Long Ago and Far Away
Gone with the Wind   5
I Wished on the Moon
Too Close for Comfort
Five Points

Andere CD

ohne Stück 8:
   (USA) Contemporary JCD 720-7607

LPs

ohne Stück 8:
   (USA) Contemporary M 3607 und S 7607; Original Jazz Classics OJC 387
   (GB) Vogue LAC 533

Jimmy Smith: *Crazy! Baby*

Das Debüt des Organisten Jimmy Smith bei Blue Note 1956 kam genau zur richtigen Zeit: Er trug zum Siegeszug des Hard Bop bei, der international zum führenden Jazzstil der späten 50er wurde. Smith stammte aus Pennsylvania und hatte sowohl Piano als auch Baß studiert und war damit in der Lage, die Dualität der elektrischen

Hammondorgel auszunutzen und seine eigenen Baßlinien mit den Pedalen zu erzeugen, während er seinen weitschweifigen Ideen auf dem Keyboard freien Lauf ließ. Smith übertrug die Konventionen des Pianospiels auf die Orgel. Er bevorzugte einen klaren, scharfen Sound und mied die verschwommenen Bereiche des Instrumentes.

Er spielte entweder in einem Trio aus Orgel, Gitarre und Schlagzeug, das gelegentlich durch ein Tenorsaxophon ergänzt wurde, oder in lockeren Sessions mit einer Reihe guter Solisten. Das Trio war perfekt für ihn, denn mit der Orgel konnte er selbst ein ganzes Orchester schaffen. Er konnte Chorus nach Chorus improvisieren. Als Bluesinterpret war er erdig und experimentierfreudig. Und Bluesphrasen tauchen in all seinen Werken immer wieder auf. Zudem hatte er ein wunderbares Gefühl für den Swing und baute durch sich wiederholende Riffmuster an strategischen Punkten seiner Soli immer wieder Spannung auf.

CRAZY! BABY, sein erstes Album in den 60er Jahren, enthält etliche Aufnahmen, die zu seinen besten gezählt werden müssen. Er ist auf dem Gipfel seines musikalischen Könnens bei *When Johnny Comes Marching Home* im ursprünglichen Trio-Format. Smith hat die Gelegenheit, sein schöpferisches Talent und auch seine rhythmische Flexibilität unter Beweis zu stellen. Gitarrist Quentin Warren und Schlagzeuger Donald Bailey waren in vielerlei Hinsicht die idealen Begleiter. Jeder spielt ganz eng mit dem Organisten zusammen und hilft, die Intensität dieser dramatischen Darbietung zu steigern.

Smiths Spiel wird gedämpft bei dem altehrwürdigen Standard *Makin' Whoopee*, den er als lebhaften Blues spielt. Bei dieser spannenden Darbietung beansprucht er den gesamten Solo-Raum für sich und rechtfertigt die Entscheidung mit brodelnden Staccato-Linien.

Ein schneller Bop wie *A Night in Tunisia* birgt für Smith keine Probleme. Nach einer sprühenden Einführung erweitert er Dizzy Gillespies Komposition auf ganz eigene Art. Ebensoviel Leidenschaft bringt er in Sonny Rollins' Blues *Sonnymoon for Two*. Gegen Ende einer aufregenden bluesgetränkten Improvisation baut er fiebrige Spannung durch eine über vier Chorusse gehaltene Note auf.

Mack the Knife erhält ein ganz neues Leben, als Smith es mit ein wenig schwarzem Humor anreichert. Aufnahmen dieser Qualität brachten alle folgenden Organisten dazu, sich Smiths Stil zum Vorbild zu nehmen.

Die körperliche Energie, die die meisten von Smiths Darbietungen bestimmt, wird zurückgenommen bei einer gefälligen Version von

What's New. Aber auch hier gibt sich Smith nicht mit einer langsamen Ballade zufrieden, sondern bringt krachende Akkorde und schrille Pfeifeffekte ins Spiel. Jede Sentimentalität wird dem Stück so genommen.

Die einzige Eigenkomposition von Smith bei dieser Session, *Alfredo,* ist eine Bluesmelodie, die Warren zu seinem besten Solo auf dieser Platte inspiriert. Smith nimmt Warrens letzte Phrase als Beginn für seinen faszinierenden Swing auf.

Seit diesem Debütalbum, das zu Recht Aufsehen erregte, hat sich Smiths Stil nur wenig verändert. Für die Stärken dieses Stils ist diese Platte das beste Beispiel. Dank Smith und dem Blue-Note-Label wurde das Orgeltrio zu einer festen Größe im Jazz, die nur von versnobten Puristen abgelehnt wurde.

CD

(USA) *Crazy! Baby,* **Blue Note B21K 84030** ☐

Jimmy Smith (org), Quentin Warren (elg), Donald Bailey (d)
Englewood   04. 01. 1960   **Alfredo**
Cliffs, New Jersey   **Mack the Knife**
                              Makin' Whoopee
                              What's New
                              Sonnymoon for Two   5
                              When Johnny Comes Marching Home
                              A Night in Tunisia
                              If I Should Lose You
                              When Lights Are Low

Andere CDs

gleichen Inhalts:
   (USA) Blue Note CDP 7-84030-2, B21Y 84030
   (J) Blue Note CJ 28-5133

LPs

ohne die Stücke 8 und 9:
   (USA) Blue Note BLP 4030 und BST 84030
   (J) Blue Note GXK 8145

Dexter Gordon: *Doin' Allright*

Für Dexter Gordon, der in den frühen Jahren des reinen Bop einen starken Einfluß gehabt hatte, war es nicht schwierig, sich den veränderten Anforderungen anzupassen, die der Hard Bop mit sich brachte. Daher ist es bedauerlich, daß der Tenorsaxophonist in den 50er Jahren nur eine Handvoll Platten machte. Als er seine Karriere in den 60er Jahren fortsetzte, machte er bedeutend mehr Eindruck als fünfzehn Jahre zuvor. Ein erstes Album, in Los Angeles aufgenommen, zeigte, daß sein überschäumendes Temperament und seine rhythmische Sicherheit unvermindert waren. Er hatte seine Harmoniekenntnisse vertieft, und seine langen Soli zeugten weiterhin von einem reichen melodischen Grundstock.

Sein gut entwickelter und sehr persönlicher Stil kam auch bei seiner ersten Aufnahmesession für das Blue-Note-Label zur vollen Entfaltung. Er spielte so leicht und entschlossen, daß die langen Jahre der Unproduktivität wie weggewischt waren. Gordon barst vor Ideen und machte deutlich, daß er die verlorene Zeit aufholen wollte. Seine Soli haben in ihrer Bandbreite und Form eine überzeugende innere Logik, sind aber gleichzeitig voller Emotionen, bereichert durch ganz eigenen Esprit. Ein bereits reiches musikalisches Vokabular wurde noch erweitert. Trotz seiner vorübergehenden Entfernung vom Epizentrum des Jazz war Gordon auf der Höhe der Innovationen geblieben. DOIN' ALLRIGHT zeigt, daß er mit den Stilen sowohl von John Coltrane als auch von Sonny Rollins sehr vertraut war. Doch er ließ sich von keiner der beiden Richtungen übermäßig beeinflussen, da er von seinen eigenen Fähigkeiten sehr überzeugt war.

Unterstützt wurde er bei dem dynamischen Blue-Note-Debüt von einer hochkalibrigen Besetzung. Das klare Draufgängertum des Trompeters Freddie Hubbard war eine ideale Unterlage für Gordons kraftvolle Stimme. Die beiden Männer inspirierten sich gegenseitig. Es war eine bemerkenswerte Begegnung zweier Generationen. Die Hinzunahme einer gelehrigen Rhythmusgruppe war vermutlich der entscheidende Faktor, der den Erfolg der Session garantierte. Pianist Horace Parlan, Bassist George Tucker und Schlagzeuger Al Harewood hatten schon mehrfach zusammen gespielt. Zusammen mit dem Saxophonisten Booker Ervin bildeten sie die Playhouse Four, sie hatten aber auch als Trio und mit Bläsern bereits Platten aufgenommen. Ihre Stärken war ein funky Gefühl für Swing und ein überaus gutes gegenseitiges Verständnis. Am überzeugendsten kommt es in Gershwins Standard *I Was Doing All Right* zum Ausdruck, wenn Parlan, Tucker und Harewood den Verlauf des Stückes durch ihr relaxtes mittleres Tempo bestimmen. Hubbards lebendiger Beitrag richtet sich nach Gordons entspanntem Spiel. Hubbard fühlt sich nicht verpflichtet, jeden zur Verfügung stehenden Platz mit Noten vollzupacken, sondern setzt statt dessen auch Pausen ein, um die Wirkung der Läufe und gehaltenen Noten zu verstärken. Parlan ist der Inbegriff ruhiger Selbstsicherheit, als er sparsam beginnt und dann zu rollenden Blockakkorden wechselt, um ein klares Solo zu beenden. Das Ausblenden ist manchmal eine schwache Lösung, wenn man nicht weiß, wie man ein Stück beenden soll, aber hier bilden die vorgehaltenen letzten Phrasen und Blenden den perfekten Schluß für die Stimmung von *I Was Doing All Right*.

Im Bereich der Jazzballaden ist kaum jemand Gordon ebenbürtig. Seine majestätische Version von *You've Changed* ist außerordentlich kraftvoll. Gordons Entwicklung eines breiten Spektrums tonaler Effekte verstärkt die unsentimentale, aber romantische Atmosphäre. Da Harewood Besen einsetzt, bekommen Tuckers sonore, einfache Baßlinien eine besondere Bedeutung. Gordons unbegleitete Passage am Schluß unterstreicht seine Sicherheit.

Gordon reizte die thematische Vielfalt des Hard Bop, und seine Kompositionen sind entsprechend. Das zeigt sich bei *For Regulars Only* und *Society Red*. Die stotternde Phrasierung der Einführung von *For Regulars Only* und der Ausgleich durch das fröhliche kontrastierende Thema machen es zu einer faszinierenden Komposition. Gordons Hang zum humorvollen Einsatz von Zitaten wird nie deutlicher als hier in seinem Solo. Er setzt auch andere Mittel ein, um seiner Improvisation mehr Würze zu geben, aber nie übertrieben. Die Alternativaufnahme dieses Titels, die 27 Jahre später erschien, enthält ein vollkommen anderes Solo von Gordon und zeigt, daß er wirklich extemporierte – mit unglaublicher Phantasie.

Das eindringliche Stück *Society Red* ist das längste dieser Session und eine geradezu typische Hard-Bop-Komposition, die mehr als einmal Horace Silvers Soulstil in der Melodie durchschimmern läßt. Gordon überläßt hier das erste Solo Hubbard, und sein Arrangement gibt den Bläsern zwischen den Soli die Möglichkeit zu packenden Breaks. Gordon ist bei den prahlerischen Passagen dieses Stücks sehr grob. Sein dramatisches Geschick zeigt sich in einer Serie wunderschön begleiteter Chorusse, die sich nie wiederholen.

Den populären Veteranen *It's You or No One* packt Gordon in ein festes Arrangement. In flottem Tempo stürzen die Ideen aus Gordons Horn – in einer Art und Weise, die ihn als Virtuosen kennzeichnet. Parlans strategisch eingesetztes Dudelsackpfeifen erhöht die Spannung auf erfrischende Weise. Eine bis zur CD-Veröffentlichung von 1988 unbekannte Komposition Gordons ist *I Want More*, eine hübsche Melodie, die Gordon ebenso lebhaft und heiter spielt wie das restliche Material. Sie vervollständigt das Bild eines höchst kreativen Musikers auf dem Höhepunkt seines Könnens, der von Lester Young und Charlie Parker Dinge übernommen hatte, ohne auch nur einen Moment seine Individualität zu opfern.

CD

(Europa) *Doin' Allright,* **Blue Note CDP 7840772** ○

Freddie Hubbard (tpt), Dexter Gordon (ts), Horace Parlan (p), George Tucker (sb), Al Harewood (d)

Englewood Cliffs, New Jersey 06. 05. 1961

I Was Doing All Right
You've Changed
For Regulars Only (Take 1)
For Regulars Only (Take 2)
Society Red
It's You or No One
I Want More

Andere CDs

gleichen Inhalts:
(USA) Blue Note CDP 7-84077-2, B21Y 84077
(J) Blue Note B21S 84077

LPs

ohne die Stücke 4, 7:
(USA) Blue Note BLP 4077 und BST 84077; Applause APP 2322
(GB) Blue Note BNS 40014
(J) Applause BNJ 71072; King K18P 9247

Sonny Clark: *Leapin' and Lopin'*

Der Pianist Sonny Clark stellt den klassischen Fall eines Musikers dar, der erst viele Jahre nach seinem Tod die gebührende Anerkennung erfuhr. Es gibt natürlich noch andere, wie die Pianisten Carl Perkins und Herbie Nichols, aber diesen beiden fehlte der lyrische Charakter und die Kommunikationsfähigkeit, die Clarks gesamtes Œuvre durchziehen. Seine Karriere begann an der Westküste u. a. mit Buddy DeFranco, Oscar Pettiford, Wardell Gray und Howard Rumsey. Obwohl sein exzessiver Lebensstil ihn einschränkte, nahm er, nachdem er 1957 nach New York gegangen war, in den letzten sechs Jahren seines kurzen Lebens für das Blue-Note-Label rund dreißig Sessions von bemerkenswertem Niveau auf.

LEAPIN' AND LOPIN' entstand in einem letzten kreativen Schub vor seinem Tod und war seine letzte Session als Leader. Clark, Bassist Butch Warren und Schlagzeuger Billy Higgins bildeten die letzte große Rhythmusgruppe von Blue Note in den frühen 60er Jahren. Ihre intelligente Unterstützung wurde Solisten wie Jackie McLean, Dexter Gordon, Kenny Dorham und Grant Green zuteil. Sie waren ein einfühlsames Team mit einer swingenden Einheit, die den Solisten viele Möglichkeiten eröffnete.

Clark ist der Dreh- und Angelpunkt der Gruppe – nicht nur durch seine rücksichtsvolle Begleitung und die schön aufgelösten Soli, sondern auch durch seine melodischen Kompositionen *Somethin' Special*, *Melody for C* und *Voodoo*. Warrens *Eric Walks* entspricht der Kompositionsweise Clarks, und während der Proben konnten die Arrangements perfektioniert werden. *Midnight Mambo* von Turrentine ist das schwächste Stück, aber die Improvisationen kompensieren die schmalzige Linie. Auf der CD-Ausgabe findet sich als Glanzstück Clarks *Zellmar's Delight*. Nur die Beschränkungen des Formats können zu dem Ausschluß aus der LP geführt haben.

Clark wurde hauptsächlich von Bud Powell beeinflußt, aber sein Spiel zeigt auch Spuren von Horace Silver und seinem engen Freund Hampton Hawes. Clarks Solo-Aufnahmen waren stets wie eine Hommage an Art Tatum, und bei langsamen Balladen übernahm er manchmal den überlegten, emphatischen Ansatz von Powell. Er hatte einen festen Anschlag, und daß sein Fingersatz nicht immer korrekt war, fiel bei seiner Begeisterung nicht ins Gewicht. Seine Vorliebe für Moll-Kompositionen zeigt sich bei dem Blues *Somethin' Special*, sein

Improvisationstalent bei zwei auffallend unterschiedlichen Aufnahmen der *Melody for C*.

Sonny Clark hatte selten die Gelegenheit, mit Musikern einer früheren Ära Aufnahmen zu machen. Daher bereiteten ihm seine wenigen Sessions mit dem Tenorsaxophonisten Ike Quebec besonders viel Freude. Für die opulente Ballade *Deep in a Dream* brachte er ihn als Special Guest mit, was sich als Glücksgriff erwies. Es wird hier sinnfällig, wie unwichtig die Grenzen zwischen verschiedenen Stilen sind und wie effektiv Männer aus verschiedenen Generationen zusammen spielen können. (Beide starben übrigens innerhalb von drei Tagen im Januar 1963.) Die Gemeinsamkeiten zwischen Swing- und Post-Bop-Musikern waren größer, als viele glauben wollten.

Es mag noch weitere brillante Beweise für Clarks Können geben, aber kein Album bietet ein umfassenderes Bild des Leaders, Komponisten, Arrangeurs, Begleiters und Improvisators als LEAPIN' AND LOPIN'.

CD

(Europa) *Leapin' and Lopin'***, Blue Note CDP 784091** ○

Tommy Turrentine (tpt), Charlie Rouse (ts), Sonny Clark (p), Butch Warren (sb), Billy Higgins (d)
Englewood 15. 01. 1961 **Voodoo**
Cliffs, New Jersey
Somethin' Special
Midnight Mambo
Melody for C
Eric Walks 5
Melody for C (Zweitversion)
Zellmar's Delight

ohne Turrentine und Rouse; mit Ike Quebec (ts)
Deep in a Dream

Andere CDs

gleichen Inhalts:
(USA) Blue Note CDP 7-84091-2
(J) Blue Note CP32 9524

LPs

ohne die Stücke 6–7:
(USA) Blue Note BLP 4091 und BST 84091
(J) Blue Note LNJ 80156; Blue Note GXK 8216

Roland Kirk: *Rip, Rig & Panic*

Jazz ist die Kunst des Unmöglichen, wie die Wagemutigen gezeigt haben – und niemand besser als der extrovertierte Virtuose Roland Kirk. Wie Art Tatum war Kirk schon früh erblindet, überwand dieses Handicap aber und entwickelte sich zu einem der individualistischsten, vitalsten Musiker in den 60er und 70er Jahren. Es reichte ihm nicht, der führende Flötenstilist des Jazz zu sein, er war auch ein nie unterzukriegender Tenorsaxophonist. Am erstaunlichsten aber war eine Technik, dank der er drei Saxophone gleichzeitig spielen konnte. Mit sechzehn träumte er, daß dies möglich sei, und besorgte sich sofort zwei altertümliche Saxophone: ein Stritch (ein gerades Saxophon, ähnlich dem Altsaxophon) und ein Manzello (ein gebogenes Instrument, das wie ein Sopran klang). Diese seltsamen Instrumente verband er mit seinem Tenorsaxophon, und nachdem er einen geschickten falschen Fingersatz erarbeitet hatte, durch den er die dreiteilige Harmonie verschmelzen konnte, verblüffte Kirk Zuhörer und andere Musiker mit seiner einmaligen Technik.

Einige Skeptiker, die Kirks vorwärtstreibende Arbeit an einzelnen Instrumenten lieber übersahen, taten seine Technik als Blödsinn ab. Das hielt ihn aber nicht davon ab, weiter nach multi-instrumentalen Techniken zu suchen, und Mitte 1960 war auch die Oboe bei seinem Dreifach-Spiel dabei. In *Mystical Dreams* benutzt er die Oboe neben Stritch und Tenorsaxophon. Diese Kombination brachte unvorhergesehene Probleme mit sich, da die Mundstücke für die beiden Saxophone nicht zu dem für die Oboe paßten. Kirk aber löste auch dieses Problem und bot ein höchst überzeugendes Dreier-Ensemble.

Zu Kirks Lebzeiten hieß es oft, daß er die Energie und Begeisterung eines ungelernten Straßenmusikanten mit den Kenntnissen und Fertigkeiten eines modernen Jazzmusikers verband. Diese ungewöhnliche Verschmelzung machte ihn offen für sehr viele unterschiedliche Einflüsse und befähigte ihn, sich allen Bands und Stilarten anzupassen. Er bewunderte frühe Individualisten wie Sidney Bechet, Duke Ellington, Fats Waller und Barney Bigard, aber auch Lester Young, Don Byas oder Thelonious Monk, Clifford Brown und John Coltrane. Seine eigene Arbeit ist eigentlich keinem bestimmten Stil zuzuordnen, da er alle adaptierten fremden Elemente mit eigenen verband.

Die hier besprochenen, höchst interessanten Aufnahmen erlauben einen unschätzbaren Einblick in Kirks vielschichtige Qualitäten – als ausgezeichneter Flötensolist, warmer Tenorsaxophonist, Multi-Instrumentalist, Experimentator mit elektronischem Sound (Jahre bevor Synthesizer eingesetzt wurden), Komponist und als Meister an den obskuren Blasinstrumenten Manzello und Stritch. Mit dabei sind drei Musiker, die ebenfalls gern das Risiko des Neuen eingingen. Pianist Jaki Byard, auch ein Multi-Instrumentalist, hatte ebensoviel Spaß an der Musik wie Kirk. Die wilde Ursprünglichkeit des Schlagzeugers Elvin Jones, der manches Sperrfeuer hinter Coltrane konzipiert hatte, und das technisch versierte Spiel des Bassisten Richard Davis verbanden sich, um Kirks ausschweifende Phantasie zu unterstützen.

Zwei Stücke setzen bereits vorher aufgenommene Backing-Tracks ein, die von Kirk selbst stammen und die aus allen möglichen Geräuschen einschließlich Glocken, seiner verstärkten Stimme und dem Geschrei seines Babys bestanden. Einige Geräusche wurden technisch verlangsamt, bevor sie zusammengespielt wurden. Bei *Rip, Rig and Panic* läßt Kirk sein Tenorsaxophon live mit schaudernder Intensität quietschen und vibrieren. Er beendet die elektronische Einführung, indem er ein Glas auf den Boden des Studios wirft. Am Schluß hört man menschliche Schreie. Zwischen diesen experimentellen Episoden liegen ein schräges Thema und ein wildes und ungezügeltes Saxophon-Solo.

Auch *Slippery, Hippery, Flippery* mischt zahlreiche Effekte. Byards Beitrag besteht im Zupfen der Pianosaiten. Kirk setzt den Notenzyklus eines Computers für die Linie ein. Seinem Stritchsolo folgt ein Klaviersolo von Byard, der zwischen schnellen, komplizierten Linien auf die Tasten schlägt, um einen Explosionseffekt zu erzielen.

Seinen fließenden Walzer *Black Diamond* bringt Kirk auf dem sonoren Manzello dar, das einen lebhafteren Klang hat als das

Sopransaxophon. Solche Darbietungen zeigen seine melodische Feinfühligkeit und die außerordentliche Beherrschung des Instruments. Dasselbe gilt für seine überaus leidenschaftliche Interpretation von *Once in a While,* inspiriert von dem Trompeter Clifford Brown. Kirk setzt seine drei Saxophone ein, spielt aber das Fundament seiner Improvisation auf dem Tenor, wobei man mehr als einen Hinweis auf sein frühes Idol Byas entdecken kann. Am Schluß spielt er hohe Noten, von denen kaum jemand gedacht hätte, daß sie zum Register des Tenors gehören.

Bei *From Bechet, Byas and Fats* spielt Kirk Manzello und Tenor, während Byard sowohl in seiner Stride-Pianobegleitung als auch in seinem Solo, das aus dem *Jitterbug Waltz* von Waller zitiert, an dessen Stil erinnert. Jones bereichert das verschlungene Thema durch Glockenspiel, und Kirk bewältigt seine komplizierte Tenorpassage mit unglaublichem Elan.

Viele Zuhörer bedauerten, daß Kirks Vorliebe für die Saxophone ihm nicht mehr Zeit für die Flöte ließ, da er dieses Instrument, das im Jazz oft zu dünn klingt, wenn es in falsche Hände gerät, mustergültig beherrschte. In den 50er Jahren, nach den Aufnahmen von Frank Wess mit Count Basies Orchester, erfreute sich die Jazzflöte großer Beliebtheit. Es war jedoch nur eine Handvoll Musiker in der Lage, ihr genügend Körper angedeihen zu lassen. James Moody, Yusef Lateef und Sam Most entwickelten jeweils einen eigenen Stil, aber keiner beherrschte den ehrlichen, starken Sound, der bei Kirk so mühelos schien. Ein ausgezeichnetes Beispiel für sein Flötenspiel ist *Mystical Dreams,* ein schnelles Stück, das Kirk ein freies, geistreiches Solo entlockt. Seine Intonation ist fest und klar und das Vibrato kontrolliert.

Sirenen und Pfeifen, Kastagnetten und viele andere ungewöhnliche Geräusche – sie alle hatten Platz in der turbulenten, kreativen Welt von Roland Kirk, einem Musiker, der von allem, was er hörte, fasziniert war und oft Effekte aus den unmöglichsten Quellen für seine Soli und Kompositionen verwandte. Für Kirk war das scheinbar Unmögliche immer machbar. Im Grunde jedoch war er ein moderner Traditionalist, der sowohl vergangene als auch zeitgenössische Ausprägungen der Musik schätzte. Sein vorurteilsfreier Geschmack und sein Eklektizismus waren die Zeichen eines immer offenen Geistes.

LP

(USA) *Rip, Rig & Panic*, Limelight 82027 und 86027 ☐

Roland Kirk (ts, Manzello, Stritch, Oboe, Kastagnetten, Sirene, v), Jaki Byard (p), Richard Davis (sb), Elvin Jones (d)

Englewood Cliffs, New Jersey	13. 01. 1965	**No Tonic Pres**
		Once in a While
		From Bechet, Byas and Fats
		Mystical Dreams
		Rip, Rig and Panic 5
		Black Diamond
		Slippery, Hippery, Flippery

CDs

mit weiteren Stücken:
  (USA) EmArcy 832 164-2
mit weiteren Stücken: *Rahsaan: the Complete Mercury Recordings of Roland Kirk* (10 CDs im Set)
  (USA, D) Mercury 846630-2 ○
  (J) Mercury PHCD4001–4010

Wes Montgomery: *Wes Montgomery Live in Paris, 1965*

Wes Montgomery war ein autodidaktischer Virtuose, der die Gitarre an Grenzen trieb, die das Instrument seit den Experimenten von Charlie Christian zwanzig Jahre zuvor nie mehr erfahren hatte. Indem er die Geheimnisse des Instrumentes entdeckte, stolperte Montgomery über Techniken, die für seine geschickten, einfühlsamen Finger kein Problem darstellten. Er lernte, perfekt simultan in Oktaven zu spielen – eine Technik, die Django Reinhardt als erster beherrscht hatte. Montgomery führte auch die von früheren Gitarristen eingesetzten Vier-Noten-Akkorde wieder ein, um seiner Arbeit mehr Ausdruck zu geben. Im Gegensatz zu den meisten Jazzgitarristen zupfte er die Saiten nicht mit den Fingern oder einem Plektrum, sondern setzte seinen ungewöhnlich beweglichen rechten Daumen ein.

Obwohl er von 1948 bis 1950 Mitglied in Lionel Hamptons Orchester war, wußten nur wenige Zuhörer von seinen außergewöhnlichen Fähigkeiten, bis er ein Jahrzehnt später mit einer Gruppe auftauchte, zu der seine Brüder Monk am elektrischen Baß und Buddy am Vibraphon gehörten. Ein Vertrag mit Riverside Record gab ihm die Möglichkeit, sein Talent auf einer Reihe glänzender Alben unter Beweis zu stellen. Er war mit Pianisten wie Tommy Flanagan, Hank Jones und vor allem Wynton Kelly, einem wahren Geistesverwandten, zu hören. Montgomerys wirklich erfolgreiche Arbeit umfaßte nur die letzten zehn Jahre seines Lebens, das 1968 durch einen Herzinfarkt beendet wurde. Das europäische Publikum konnte ihn nur einmal live erleben: bei einer Tournee im Frühjahr 1965. Bei dieser Gelegenheit entstand diese herrliche Aufnahme aus dem Théâtre des Champs-Elysées in Paris.

Bei diesem Konzert wurde der Gitarrist von seiner üblichen Rhythmusgruppe unterstützt: Pianist Harold Mabern jr., Bassist Arthur Harper und Schlagzeuger Jimmy Lovelace. Irgend jemand hatte die Idee, den Tenorsaxophonisten Johnny Griffin hinzuzunehmen, mit dem Montgomery in den USA gearbeitet hatte. Griffins Mitwirkung bei zwei Aufnahmen ist eine weitere Freude für den Zuhörer und läßt ihn zwei Virtuosen zum Preis von einem genießen. Diese lebhaften Aufnahmen sind in vielerlei Hinsicht besser als Montgomerys Studio-Aufnahmen, die unter schlechter Klangqualität litten. Vielleicht wurde Montgomery durch die Bewunderung des Publikums und die seltene Gelegenheit, mit Griffin zu spielen, angeregt, bei vier ausgedehnten Vorstellungen von fünfzig Minuten reiner, konzentrierter Inspiration sein ganzes Können unter Beweis zu stellen. Trotzdem wurden die Pariser Aufnahmen erst Ende der 80er Jahre veröffentlicht.

Montgomery war nie jemand, der sich mit tränenreichen Balladen aufhielt, und so gilt sein Hauptinteresse seinen eigenen Kompositionen und einem Blues von Dizzy Gillespie. Die Atmosphäre ist hart swingend und gedehnt, da Gitarrist und Saxophonist hemmungslos improvisieren, unterstützt vom Pianisten Mabern. Montgomerys *Full House*, ein überschäumender Walzer, weicht der höflichen Stimmung aus, die das Stück hervorrufen könnte. Der Pianist verleiht dem Stück ein $^6/_8$-Gefühl und swingt in beiden Taktzeiten gleichermaßen. Bei seinem zweiten Chorus fällt er in Oktaven bis zum Rest seines dramatischen Solos. Griffin beginnt mit Fragmenten und setzt seine Ideen nach und nach zusammen. Der gedämpfte letzte Chorus, in dem jeder die Melodie umschreibt, ist ebenso gelungen wie der geblendete Schluß. Kein Wunder, daß das Publikum vor Begeisterung tobte.

Jingles, ebenfalls von Montgomery, hat in der Hauptmelodie eine Stop-Time mit einer schnellen kontrastierenden Sektion. Sie wird presto gespielt, was der Gitarrist nutzt, um im ersten Teil seines Solos ein paar seiner flüssigsten, aus einzelnen Noten bestehenden Linien zu entwickeln. Die erwarteten Oktaven kommen als erfreulicher Kontrast mit Maberns eindringlichen Pianoakkorden. Montgomery fügt eine rhythmische Gitarrenpassage ein, die in diesem Tempo ebenso gut wie gewagt ist. Mabern spielt sein Solo im Stil McCoy Tyners mit dichten Akkorden. Seine emphatische Weitschweifigkeit wird in seinem letzten Chorus eine Spur zu schwer. Es gibt einige lebendige achttaktige Wechsel zwischen Gitarre und Schlagzeug, die in ein Sperrfeuer von Lovelace münden, bevor das Thema wiederkehrt.

Griffin setzt sowohl bei *Jingles* als auch bei *Twisted Blues,* der dritten funktionalen Komposition des Gitarristen, aus. Diese enthält in der Melodie eine Soulphrase. Montgomery improvisiert seinen ersten Chorus gegen die Unterstützung von Baß und Schlagzeug. Dann setzt Mabern ein. Bemerkenswert ist, daß er die Spannung mit Riffmustern erhöht. Wie Horace Silver spielt Montgomery gern mit Zitaten aus der Gospelmusik. Man muß zugeben, daß die Temperatur ziemlich abkühlt, als Mabern mit schmalzigen Klavierläufen nach vorne kommt. Ein solides Solo von Harper hilft jedoch, diesen Fehler gutzumachen.

Obwohl Gillespies *Blue 'n Boogie* zum ersten Mal zu Beginn der Bop-Ära aufgenommen wurde, war das Stück bei den Musikern der 50er Jahre sehr populär, besonders nach dem Revival durch Miles Davis 1954. Montgomery und Griffin spielen den riffigen Blues mit unverhohlener Freude. Montgomery zitiert ausgiebig aus der Gegenmelodie, die oft in Arrangements genutzt wird. Griffin manövriert sich ohne Hilfe von Piano oder Gitarre durch den größten Teil seines ausgezeichneten Abschnitts. Sein Fluß wird durchbrochen, als Mabern schließlich einsetzt. Er nimmt ihn jedoch wieder in einer bemerkenswerten unbegleiteten Passage auf, die am Ende einer unglaublichen Vorführung Bombenstimmung bringt. Der Abend endet mit *West Coast Blues* und den lautstarken Rufen nach einer Zugabe. So sollte man das strahlende Talent Wes Montgomerys in Erinnerung behalten.

CD

(F) **Wes Montgomery Live in Paris, 1965,** France's Concert FCD 108 ☐

Johnny Griffin (ts), Harold Mabern (p), Wes Montgomery (elg), Arthur Harper (sb), Jimmy Lovelace (d)
Paris   27. 03. 1965   **Full House**
                                         Blue 'n Boogie

ohne Griffin   **Jingles**
                             Twisted Blues
                             West Coast Blues

Johnny Griffin: *Blues for Harvey*

Kein anderer Tenorsaxophonist klingt auch nur im entferntesten wie Johnny Griffin, dessen ultraschnelle bluesige Linien eine einzigartige Qualität haben. Griffin verließ seine Heimatstadt Chicago im Alter von siebzehn mit dem Lionel Hampton Orchestra, das bereits eine Tradition der Saxophonhysterie hatte. Von da wechselte er zu Joe Morris' Rhythm-and-Blues-Combo, die sich mit dem Pianisten Elmo Hope und dem Schlagzeuger Philly Joe Jones schmücken konnte. Griffins Karriere erreichte in den 50er Jahren ihren Höhepunkt, als er nach New York ging und zwei produktive Engagements in der Gruppe von Thelonious Monk hatte und ein kurzes Gastspiel bei den Jazz Messengers gab. Später leitete er mit dem Saxophonisten Eddie «Lockjaw» Davis ein Quintett, bevor er nach Europa auswanderte.

    Griffin wurde bekannt für seine Geschicklichkeit bei schnellen Stücken, aber in seinem Fall war die Technik nur Mittel zum Zweck. Seine überschäumende Persönlichkeit mußte sich rhythmisch austoben. In ausschweifenden Momenten kann das für den Zuhörer ziemlich anstrengend sein, aber in Glanzzeiten verleiht Griffin seiner Musik eine strahlende Heiterkeit. Sein Hang zu halsbrecherischem Galopp sollte nicht vergessen lassen, daß Griffin auch ein guter Interpret von langsamen Balladen und Blues war.

    Viele Beobachter John Coltranes messen seiner Zusammenarbeit mit Monk besondere Bedeutung bei, aber es gibt kaum Zweifel, daß auch Griffin die Kompositionen des Pianisten schätzte und daß sein rhythmischer Fluß Monks steifen Stücken ein vorher nicht gekanntes Gefühl verlieh. Die Erfahrung mit Monk machte nachhaltigen Eindruck auf Griffin, der noch viele Jahre später Monks Melodie *Rhythm-a-ning* als Anfangs- und Schlußthema bei Clubvorstellungen spielte. Auf diesem Album hängt er ganz am Schluß ein Fragment dieses Stückes an.

Das Album stammt aus einer entspannten und glücklichen Phase in Griffins Karriere und wurde an einem seiner Lieblingsplätze, dem Jazzhus Montmartre in Kopenhagen, aufgenommen. Er lebte seit einem Jahrzehnt in Europa, und häufiger Partner bei solchen Engagements war sein Landsmann Kenny Drew, ein ausgezeichneter, vom Bop inspirierter Pianist. Griffin und Drew, die Jahre zuvor häufig in New York zusammen gespielt hatten, kannten den Stil des anderen ganz genau. Schlagzeuger Ed Thigpen, ein ehemaliger Gefährte von Oscar Peterson, war noch nicht so lange in Europa, aber Anfang der 70er Jahre ein willkommener Zugang zur Kopenhagener Jazzgemeinde. Sein einfühlsames Spiel ist für Griffin und Drew bei den vier ausgedehnten Vorstellungen, die das Rückgrat dieser Zusammenstellung bilden, eine ständige Quelle der Erholung. Auf *Blues for Harvey* spielt er ein besonders produktives Solo. Mads Vinding verkörpert die neue Generation europäischer Bassisten und kann sich ohne weiteres in dieser berühmten Gesellschaft behaupten.

Griffin bestimmt die Musik nicht nur durch die immer forsche, gelegentlich draufgängerische Art seines Spiels, sondern auch durch seine Eigenkompositionen. Die Stimmung wird durch den Blues *That Party Upstairs* festgesetzt, in dem Griffin ein überzeugendes Bild von einem fröhlichen Fest malt. Lange vor der New Wave des Jazz hatte Griffin Schreie, Bellen, giftige Bemerkungen, Kreischen und schrille hohe Noten in das Arsenal seiner Effekte aufgenommen, um eine Vorstellung bunter zu gestalten. Sie gehörten zum Grundstock eines guten Rhythm-and-Blues-Saxophonisten. Diese Vorstellung ist damit gut bestückt, und seine Technik kommt selten besser zum Ausdruck. Ein Solo von Griffin ist nie langweilig, sondern immer provokant und überraschend. Der gleichbleibende Rhythmus war ganz nach Drews Geschmack. In seinem Solo reiht er erdige Bluesphrasen und komplexe Läufe aneinander. Ungehemmte Freude ist angesagt bei dieser Ableitung eines frühen Blues, Gene Ammons' *Red Top*.

Alone Again verbreitet eine gedämpftere Stimmung, aber das getragene Tempo hindert Griffin nicht daran, das Tempo zu verdoppeln, wenn er es für nötig hält. Das Stück ist zart, ohne rührselig zu sein, und die Aufrichtigkeit der vermittelten Gefühle steht nie in Frage. Die Melodie gleicht manchmal *The Nearness of You*.

Soft and Furry gehört mit dem ausdrucksstarken Thema, das durch den gestrichenen Baß und das Tenorsaxophon unisono dargelegt wird, zu Griffins bemerkenswertesten Kompositionen. Der Tenorsaxophonist hält sich anfangs zurück, steigert sich dann, bleibt aber immer kontrolliert. Irgendwie ist er noch aufregender, wenn er etwas von seiner virtuosen Kraft zurückhält.

Blues for Harvey erlaubt Griffin, einen Sturm extrovertierter Ideen zu entfesseln. Anfangs spielt er ohne Piano-Unterstützung und zieht alle Register seines Könnens. Diesen Griffin – den typischen Jazzimprovisator, der vor Begeisterung schier birst – vergißt man nicht mehr, wenn man ihn einmal gehört hat.

CD

(DK) *Blues for Harvey*, **Steeplechase SCCD 31004** ☐

Johnny Griffin (ts), Kenny Drew (p), Mads Vinding (sb), Ed Thigpen (d)
Kopenhagen   04.–05. 07. 1973 **That Party Upstairs**
Alone Again
Soft and Furry
Blues for Harvey
Rhythm-a-ning

LP

gleichen Inhalts:
(DK) Steeplechase SCS 1004

KAPITEL 8

Swing-Bop-Combos
Barry Kernfeld

Jede Swing- und Bop-Combo hat ihre spezifischen Eigenheiten. Bei typischen Aufnahmen kann man beispielsweise Roy Eldridge und Chu Berry mit Sid Catlett keinesfalls mit Dizzy Gillespie und Charlie Parker mit Max Roach verwechseln. Frühere Kapitel haben sich mit den jeweiligen Charakteristika beschäftigt, aber eines ist noch wichtig festzuhalten: Die größte Herausforderung für Swing-Musiker war die rhythmische Vielfalt des Bop; für Bop-Musiker war es der Wohlklang des Swing. Die beiden Stilrichtungen haben viel gemeinsam: eine Grundinstrumentierung, laufende Baßfiguren, swingende Cymbalrhythmen, eine gemeinsame Basis von Standards und Blues, eine Vorliebe für Solo-Improvisation – Grund für viele Musiker, sie zusammenbringen zu wollen.

Wir haben dies bei den Big Bands verfolgt und haben Don Byas' besondere Verschmelzung von Bop-Geschwindigkeit und Swing-Akzentuierung beschrieben. Wir haben Nat «King» Coles unbefriedigende Bop-Stücke innerhalb eklektischer und ansonsten höchst erfolgreicher Aufnahmen vorgestellt, genauso wie Jo Jones' Schlagzeugspiel mit Gene Ammons und Sonny Stitt und Red Norvos Soli im Swing-Stil innerhalb seines Cool Jazz Trio. Dieses Kapitel nun befaßt sich mit Künstlern, denen eine tiefere Fusion in ihrer Arbeit mit kleinen Gruppen gelungen ist. Erroll Garner, dessen Musik sich hauptsächlich auf der Swingseite der Gleichung abspielt, war es ein Anliegen, in seinen Improvisationen die rhythmische Unregelmäßigkeit des Bop zu begreifen. Benny Carter, ein Veteran des Swing, übernahm nicht nur Elemente des Bop in seinen persönlichen Improvisationsstil, sondern arbeitete auch mit Musikern, die mit der neuen Musik aufgewachsen waren. Sarah Vaughan steht für die weniger übliche Verschmelzung von Swing und Cool Jazz, während Eddie «Lockjaw» Davis und Shirley Scott einen gängigeren Pfad einschlugen, indem sie die Vielschichtigkeit des Bop mit dem Rhythm and Blues des Swing zusammenbrachten. Und für Oscar Peterson und Clark Terry bedeutete es, sich in jedem Stil wohl zu fühlen und demzufolge übergangslos flüssig vom einen zum anderen zu wechseln, Stück für Stück, Chorus für Chorus, Phrase für Phrase.

Die Chronologie, in anderen Abschnitten ausgesprochen wichtig, hat bei der Verbindung von Swing- und Bop-Combo-Stilen keine große Bedeutung. Die fünf Aufnahmen hier repräsentieren die besten Arbeiten der genannten Bandleader und des Organisten Scott. Sie umfassen die Jahre 1955 bis 1964, aber diese Zeitspanne hat keine besondere Bedeutung.

Erroll Garner: *Concert by the Sea*

1955, in der Mitte seiner langen und erfolgreichen Karriere als Leiter eines Trios, nahm der Pianist Erroll Garner sein zu Recht bekanntestes Album auf: CONCERT BY THE SEA. Bei dieser Vorstellung an der nordkalifornischen Küste wurde er von dem Bassisten Eddie Calhoun und dem Schlagzeuger Denzil Best unterstützt, der in diesem Buch bereits als Mitglied von Lennie Tristanos Gruppe und als Komponist des Bop- und Cool-Jazz-Themas *Move* vorgestellt wurde.

Garner hatte wie Monk einen ganz eigenen Stil entwickelt. Auffällig war sein Einsatz der linken Hand, die er hier und bei anderen Trio-Sessions (er machte auch Solo-Aufnahmen) in die Rollen seiner Mitspieler integriert. Garner spielt sanfte, zarte, swingende Akkorde auf jeden Beat und erzeugt so einen Effekt, der oft als Piano-Äquivalent zur Bopgitarre bezeichnet wurde. Rhythmisch damit verbunden, aber mit einem scharfen Unterschied in Lautstärke und Anschlag, werden unberechenbare Noten mit derselben Hand gespielt. (Manchmal hört es sich an, als wäre eine zusätzliche Hand im Spiel.) Was dadurch entsteht, entspricht den «dropping bombs» eines Schlagzeugers. Da Garner die linke Hand bei dem größten Teil des Konzertes so einsetzt, ist er für die Baßlinie auf Calhoun angewiesen. Best kommt Garner nicht in die Quere, sondern spielt mit Besen auf Snare-Drum und Cymbals swingende, wirbelnde Muster und überläßt (außer in arrangierten Passagen) dem Pianisten die rhythmische Interpunktion.

Die Technik von Garners rechter Hand sticht ebenfalls hervor, und zwar in den Passagen, in denen er die Melodie eine Oktave tiefer dupliziert oder harmonisiert. Diese Technik ist an sich nicht ungewöhnlich, wohl aber Garners meisterhafter Umgang damit.

Durch die Kombination dieser Techniken mit konventionelleren schafft Garner ganz eigene Strukturen, die unabdingbar mit Veränderungen der Lautstärke verbunden und durch einen enormen Swing charakterisiert sind. Die erste Aufnahme, *I'll Remember April,* ist repräsentativ für seine Linie auf diesem Album. Das Stück beginnt mit hämmernden Akkorden und einer dissonanten, verdrehten Version der Eröffnungsmelodie. Das Thema beginnt zart. Um die Struktur der Melodie zu entwerfen, werden die Akkorde in der linken Hand gegen Ende einer Phrase stärker und verschwinden mit dem sanften Beginn einer neuen. Bei seiner Improvisation spielt Garner mit der rechten Hand schnelle Linien aus einzelnen Noten.

Bei dem Stück *Autumn Leaves* gehen Garners Kontraste zu weit. Er spielt in der Mitte des Titels ein gutes Solo, aber die unbegleitete Einführung ist konventionell. Im Gegensatz dazu zeigt er bei dem Blues *Red Top* ganz sicheren Geschmack. Auch hier kehrt das Thema am Schluß mit Akkorden und Tremoli zurück, aber in moderater Lautstärke.

Garners Improvisation ist eine Verschmelzung von Swing- und Bop-Techniken. Er liebt es, Zitate einzufügen, wie z.B. Parkers Bluesthema *Now's the Time* bei seiner Version von *Red Top.* Am Schluß von *April in Paris* bezieht er sich auf *The Last Time I Saw Paris.*

Hörer sollten gewarnt sein. Die Klangqualität ist zwar nicht so schlecht wie bei King Olivers Aufnahmen von 1923, entspricht aber auch nicht den Standards guter Studio-Aufnahmen von 1955. Der Sound ist düster, da die Aufnahmen in einer ehemaligen Kirche gemacht wurden. Außerdem stöhnt und brummt Garner wie viele Jazzpianisten, und das Mikrofon hat diese Geräusche besser aufgenommen als die Instrumente. Doch wenn man über all dies hinwegsieht, kann man eine hervorragende Musik genießen.

CD

(USA) *Concert by the Sea,* **Columbia Jazz Masterpieces CK 40589** ☐

Erroll Garner (p), Eddie Calhoun (sb), Denzil Best (d)

Carmel, Kalifornien   19. 09. 1955

I'll Remember April
Teach Me Tonight
Mambo Carmel
Autumn Leaves
It's All Right with Me   5
Red Top
April in Paris
They Can't Take That Away from Me
How Could You Do a Thing like That to Me?
Where or When   10
Erroll's Theme

Andere CDs

gleichen Inhalts:
  (Europa) CBS Jazz Masterpieces 451042-2
  (J) CBS 32 DP 660

LPs

gleichen Inhalts:
  (USA) Columbia CL 883; Columbia CS 9821; Columbia Jazz Masterpieces CJ 40589
  (GB) Philips BBL 7106
  (Europa) CBS Jazz Masterpieces 451042-1; Philips B 07170 L
  (F) CBS 62310
  (J) Columbia PL 5044; Columbia PMS 67
  (AUS) SBP 234108
mit weiteren Stücken:
  (NL) *This is Errol Garner, vol.2,* CBS 68219

Eddie «Lockjaw» Davis: The Cookbook

Bei den Alben, die ursprünglich einzeln als Folgen des EDDIE LOCKJAW DAVIS COOKBOOK erschienen, wird der ausgezeichnete Tenorsaxophonist Davis von der unglaublich guten Hammond-Organistin Shirley Scott übertrumpft, die sich als eine der «bösesten», der «männlichsten» Jazzmusikerinnen erweist. Sie ist tief im Gospel verwurzelt, aber ihre sanfte Persönlichkeit straft ihr hartes Spiel Lügen. Ein schönes Beispiel dafür, daß nicht nur Männer einen «männlichen» Sound produzieren können.

Das Album macht noch etwas deutlich: Jazz muß nicht konsistent sein. Wie bei Coleman Hawkins' *Body and Soul* muß nicht das Ganze überragend sein, besonders im improvisierten Jazz. Bei diesen Aufnahmen läßt das Interesse nach, wenn Davis und Scott aufhören zu spielen. Die anderen Solisten sind mäßig bis schlecht, und die Kompositionen und ihre Arrangements durchschnittlich. Doch wenn Davis und Scott erneut einsetzen, schießt das Niveau wieder hoch, und zwar so hoch, daß der Rest nicht mehr zählt. Gäbe es nicht die schwächeren Segmente, wäre es ein perfektes Album.

Schlagzeuger ist Arthur Edghill, dessen Erfahrung in Swing-, Hard-Bop- und Rhythm-and-Blues-Gruppen ihn zu dem idealen Begleiter bei den Aufnahmen machen, die diese drei Stilarten verbinden. Bassist George Duvivier ist ein noch vielseitigerer Musiker. Seine Soli zeigen jedoch nicht, welch hervorragend melodischer Improvisator er ist. Das schwächste Glied der Gruppe ist Jerome Richardson, der später Lead-Altsaxophonist in dem Orchester von Thad Jones und Mel Lewis wurde. Er ist ein guter Jazzmusiker, fällt aber gegen einen starken Mann wie Davis ab. Einen Wettstreit mit Davis bei *Three Deuces* hat er bereits nach Davis' ersten Takten verloren. Davis fand erst 1960 einen adäquaten Partner, als er mit Johnny Griffin ein Quintett gründete.

Bei den meisten Stücken auf THE COOKBOOK stürmt Davis voran und spielt Bop-Linien oder Swing- und Rhythm-and-Blues-Riffs mit einem harten Ton ohne Vibrato. Seine Vielseitigkeit zeigt er auf Balladen wie *But Beautiful* und spielt die Melodien mit einer warmen und sinnlichen Intonation und einem markierten, aber weichen Vibrato.

LP

(USA) The Cookbook, Prestige PR 24039 □

Eddie «Lockjaw» Davis (ts), Jerome Richardson (fl, ts), Shirley Scott (org), George Duvivier (sb), Arthur Edghill (d)

New York	20. 06. 1958	**The Chef**	
		Have Horn, Will Blow	
		In the Kitchen	
		But Beautiful	
		Three Deuces	5
	05. 12. 1958	**The Broilers**	
		Star Dust	
		Skillet	
		I Surrender Dear	
		The Rev	10

Andere LPs

Stücke 1–5, als *The Eddie «Lockjaw» Davis Cookbook, vol.1*
 (USA) Prestige 7141; Prestige 7660
 (GB) Esquire 32–104
Stücke 6–10, als *The Eddie «Lockjaw» Davis Cookbook, vol.2*
 (USA) Prestige 7161; Prestige 7782
 (F) Bel Air 331002

CDs

Stücke 1–5, als *The Eddie «Lockjaw» Davis Cookbook, Vol. 1:*
 (USA) Original Jazz Classics OJCCD652
Stücke 6–10, als *The Eddie «Lockjaw» Davis Cookbook, Vol. 2:*
 (USA) Original Jazz Classics OJCCD653

Sarah Vaughan: *The Divine One*

Sarah Vaughans THE DIVINE ONE ist ein Album mit romantischen Balladen und coolem Swing. Es entstand bei Roulette, einem Label, das bekannt ist für seine Nachlässigkeit in den diskografischen Angaben. Daher weiß man nur, daß es 1961 oder 1960 in drei Abschnitten entstand, alle mit einer Rhythmusgruppe unter ihrem Pianisten und Arrangeur Jimmy Jones. Beim ersten Abschnitt spielt Trompeter Harry «Sweets» Edison mit, der ebenso wie ein nicht zu identifizierender elektrischer Gitarrist gedämpft Vaughans Gesang begleitet. Bei dem zweiten Abschnitt kommen zu den fünf Musikern noch drei unbekannte Holzbläser (Flöten und Klarinetten) hinzu, die den Sound versüßen. Bei dem dritten Abschnitt leitet Edison eine Gruppe, zu der ein unbekannter Tenorsaxophonist, ein Baritonsaxophonist und ein Posaunist gehören. Edison spielt so sanft, daß man seine Trompete für eine Flöte halten könnte, wenn er nicht gelegentlich einen gewissen Biß zeigen würde.

Die fehlenden Angaben sind aber nicht so wichtig, da Vaughan im Mittelpunkt steht. Im Mittelteil von *Have You Met Miss Jones?* fällt sie in Scat-Gesang, aber ansonsten enthält dieses Album Standards mit normalen Texten. Trotzdem schimmern Vaughans Fähigkeiten als Jazzmusikerin durch. Je nach Tempo laufen die Songs mindestens anderthalbmal durch, manchmal mehr als zweimal. Sie zeigt bei dem wiederholten Material, wie gut und flüssig sie neue Melodien improvisieren kann. Das beste Beispiel dafür ist *You Stepped Out of a Dream*.

In der Hauptsache singt sie den Text klar und deutlich mit einer vollen Altstimme, mit einem klassischen Vibrato am Ende gehaltener Noten. Bei *Ain't No Use* wirft sie die europäische Intonation über Bord und nimmt einen afro-amerikanischen Ansatz an.

Sarah Vaughan wurde oft vorgeworfen, die inhaltliche Bedeutung musikalischen Effekten zu opfern. Das stimmt manchmal, z. B. leidet der Text von *Wrap your Troubles in Dreams* darunter. Sehr gelungen dagegen sind ihre Interpretationen des fröhlichen Titels *Have You Met Miss Jones?* und des klagenden *Ain't No Use*.

LP

(USA) *The Divine One*, Roulette R 52060 and RS 52060 ☐

Harry «Sweets» Edison (tpt), Jimmy Jones (p), unbekannt (g, sb, d), Sarah Vaughan (v)
New York   1961?   **Ain't No Use**
                             When Your Lover Has Gone
                             Gloomy Sunday
                             Somebody Else's Dream

mit unbekannt (drei Woodwinds: cl und fl)
       Every Time I See You   5
       What Do You See in Her?
       I'm Gonna Laugh You Right Out
        of my Life
       Trouble is a Man

(Woodwinds ersetzt durch tb, ts, bar)
       Have You Met Miss Jones?
       You Stepped Out of a Dream 10
       Jump for Joy
       Wrap your Troubles in Dreams

Andere LP

gleichen Inhalts:
 (E) Fresh Sounds FSR 659

CD

gleichen Inhalts:
 (J) Roulette TOCJ 5387

Benny Carter: *Further Definitions*

Auf Benny Carters Album FURTHER DEFINITIONS werden zwei seiner Arrangements – aufgenommen 1937 von einem Oktett unter Coleman Hawkins in Paris – genauer definiert: *Honeysuckle Rose* und *Crazy Rhythm*. Bei der Aufnahme von 1961 finden sich acht Arrangements von Carter für ein Oktett derselben Instrumentierung – zwei Altsaxophone, zwei Tenorsaxophone und Rhythmusgruppe. Darunter neue Versionen von *Honeysuckle Rose* und *Crazy Rhythm*, die sich an den Originalen orientieren.

 Die Sessions von Paris und New York haben ganz unterschiedliche Stärken. Hawkins' Soli bei den Aufnahmen von 1937 sind ein Meilenstein seiner Karriere. Bei *Honeysuckle Rose* – bedeutend langsamer als Carters Remake – konzentriert sich Hawkins hauptsächlich auf swingende Variationen einer kleinen Anzahl einfacher Figuren. Als Begleitung zu Hawkins' zweitem Chorus arrangierte Carter einen Saxophonriff, der sechzehn Monate später zur Hauptidee von Count Basies *Jumpin' at the Woodside* wurde. Das bekannteste Solo von Hawkins bei diesem Date ist das auf *Crazy Rhythm*. Das Tempo ist schnell – bedeutend schneller als bei dem Remake. Hawkins stürmt mit einer solchen Energie durch den Song, daß Gitarrist Django Reinhardt ihn zu einem ungeplanten zweiten Chorus drängt. Die beiden anderen Titel dieser Session haben eine andere Instrumentierung. Multi-Instrumentalist Carter wechselt vom Altsaxophon zur Trompete. Nachdem die Trompete die Melodie von *Out of Nowhere* dargelegt hat, stellt Carters Arrangement das Tenorsaxophon in den Vordergrund. Bei *Sweet Georgia Brown* spielt Hawkins swingende Chorusse und beginnt sein zweites Solo mit einem spektakulären Aufwärtsstoß, bei dem sich mancher Tenor sicher an den Kopf griff.

Die Rhythmusgruppe von 1937 wurde von Reinhardt beherrscht, dessen funkelnde Akkordarbeit man bei dem Remake vermißt – vor allem am Anfang von *Crazy Rhythm*. John Collins ist 1961 ein guter Rhythmusgitarrist. Der Rest der Rhythmusgruppe: Pianist Dick Katz anstelle von Stephane Grappelli, Bassist Jimmy Garrison anstelle von Eugene d'Hellemmes, Schlagzeuger Jo Jones anstelle von Tommy Benford. Erstaunlich ist, daß Garrison zu dieser Zeit Mitglied in John Coltranes Gruppe war. Weniger als zwei Wochen zuvor hatte er bei Coltranes Aufnahmen LIVE AT THE VILLAGE VANGUARD mitgemacht. Bei Carter zeigt der Bassist seine Vielseitigkeit, indem er alle Einflüsse des Free Jazz negiert und statt dessen laufende Baßfiguren spielt, als sei er John Simmons oder Leroy Vinnegar.

Typisch für Carters Arrangements ist, daß er die Saxophone Melodien spielen läßt, die in Blockakkorden harmonisiert sind. Die straffere amerikanische Version, bei der Carter und Hawkins mit dem Altsaxophonisten Phil Woods und dem Tenor Charlie Rouse spielen, ist besser als die mit André Ekyan und Combelle. So arbeiten sie bei dem Eröffnungsthema und den Schlußriffs von *Honeysuckle Rose*, dem Thema und Ensemblechorus von *Cottontail*, der Eröffnung von *Body and Soul* und der Gruppenarbeit von *Blue Star*. Charakteristisch für Carter ist auch, daß die Saxophone den Eindruck einer Solo-Improvisation vermitteln.

Ein Pluspunkt der Aufnahmen von 1961 sind Carters Soli, die sich von denen aus der Pariser Session erheblich unterscheiden. Seine Improvisation auf der Pariser Version von *Crazy Rhythm* swingt nicht und hat keine vernünftige Phrasierung. Seine Improvisation hier und bei allen anderen Aufnahmen von FURTHER DEFINITIONS ist nicht so idiosynkratisch, aber kreativ und elegant.

Ein weiterer interessanter Aspekt am Rande: Auf einigen Wiederveröffentlichungen ist das Material von 1937 mit Aufnahmen einer ausgezeichneten Swing-Session gekoppelt, die am 23. 8. 1946 unter Carters Leitung in New York aufgenommen wurde, u. a. mit Saxophonist Ben Webster und Schlagzeuger Sid Catlett. Einige Diskografien und Neuveröffentlichungen verschweigen, daß bei *Out of my Way* ein Sänger mitwirkt. Andere sind sich darin einig, daß es Catlett ist. Tatsächlich fällt der Drumpart in einen einfachen, ruhigen Cymbalbeat, als der Gesang beginnt, und kommt bei dessen Ende wieder hoch. Wenn Catlett es war, ist es zu schade, daß es nicht mehr Aufnahmen von ihm gibt. Der Schlagzeuger hat eine ebenso gute Baritonstimme wie Billy Eckstine. Aber die Plattenfirma hätte mit Catlett dann vermutlich dasselbe gemacht wie mit Nat «King» Cole – ihn zu schmalzigen Stücken überredet, und der Jazz hätte einen seiner besten Schlagzeuger verloren. Daher ist es vielleicht gut, daß nicht allzu viele Leute dieser Aufnahme große Beachtung geschenkt haben.

Außer diesen Aufnahmen mit Catlett enthält die Swing-LP andere Stücke, die nichts mit Carters FURTHER DEFINITIONS zu tun haben. Nachstehend erfaßt sind nur die vier relevanten Aufnahmen vom 28. April 1937.

LP

(USA) *Coleman Hawkins and Benny Carter in Paris*, Swing SW 8403 ☐

Benny Carter (as, arr), André Ekyan (as), Alix Combelle, Coleman Hawkins (ts), Stephane Grappelli (p), Django Reinhardt (g), Eugene d'Hellemmes (sb), Tommy Benford (d)
Paris   28. 04. 1937   **Honeysuckle Rose**
                                Crazy Rhythm

*wie **Honeysuckle Rose**, aber mit Carter (tpt, arr), Combelle (cl)*
                                Out of Nowhere
                                Sweet Georgia Brown

CDs

mit den Stücken 1–4:
(I) *Coleman Hawkins in Europe,* Jazzup 317/18/19
mit Stück 1: *Django Reinhardt Memorial 1910/1953*
(GB) EMI CZ 135
(F) Jazz Time 790560-2
mit den Stücken 2–4:
(F) *Americans in Paris, vol.2,* Jazz Time 251277-2

Andere LPs

mit den Stücken 1–4:
(USA) *Django Reinhardt and American Jazz Giants,* Prestige PR 7633
(GB) *Django & his American Friends,* HMV CLP 1890
The Hawk in Europe 1934–1937, Living Era AJA 5054
The Genius of Django, 3, World SM 643
(F) *Django, vol.III,* La Voix de son Maître FELP 174
Django Selection, vol.3. La Voix de son Maître HTX 40159
Django et ses Amis Americains, La Voix de son Maître CHTX 240552
Djangologie 4, Pathé 2 C054-16004
(AUS) *Django and his American Friends,* HMV OCLP 1890
Django Rhythm, Swaggie S1251
ohne *Out of Nowhere*
(USA) *Giants of Jazz: Coleman Hawkins,* Time-Life STL J06

CD

(USA) Further Definitions, MCA Impulse! MCAD 5651 □

Benny Carter (as, arr), Phil Woods (as), Coleman Hawkins, Charlie Rouse (ts), Dick Katz (p), John Collins (g), Jimmy Garrison (sb), Jo Jones (d)

New York	13. 11. 1961	**Honeysuckle Rose**
		The Midnight Sun Will Never Set
		Cherry
		Crazy Rhythm
	15. 11. 1961	**Doozy**
		Blue Star
		Cottontail
		Body and Soul

LPs

gleichen Inhalts:
(USA) Impulse! A 12 und AS 12; MCA Impulse! 29006
(GB) HMV CLP 1624 und CSD 1480; Impulse! IMPL 8037; Jasmine JAS 14; World Record Club T 864
(J) Impulse! YP 8519; King SH 3002; MCA Impulse! JVC 460

Oscar Peterson:
The Oscar Peterson Trio + One: Clark Terry

Dieses Album vom August 1964 bringt zwei Männer zusammen, die, obwohl noch jung, bereits Jazzveteranen waren. Trompeter und Flügelhornspieler Clark Terry war acht Jahre lang als wichtigster Solist in Duke Ellingtons Big Band und hatte immer wieder Gastspiele mit Count Basie und Quincy Jones. Dann konzentrierte er sich auf Studio-Arbeit, während er mit dem Posaunisten Bob Brookmeyer eine Combo leitete, die eine Verschmelzung von Swing und Bop erreichen wollte. Pianist Oscar Peterson, Bassist Ray Brown und Schlagzeuger Ed Thigpen spielten im sechsten Jahr als Trio. Peterson hatte zuvor mehrere Jahre mit Brown und einem Gitarristen gespielt.

Peterson wird oft als Nachfolger von Art Tatum bezeichnet. Von allen Pianisten, die nach Tatum kamen, konnte er sich, was die technische Beherrschung des Instruments angeht, in der Tat am ehesten mit ihm messen. Doch beide Pianisten sind weit voneinander entfernt. Wer Peterson gut zuhört, entdeckt, daß seine Stärken nicht die Stärken Art Tatums sind. Aber es gibt doch Verbindungen. Peterson selbst fördert diesen Gedanken: In seinen Anmerkungen auf der Originalausgabe gibt er an, in Tatums Schuld zu stehen – wegen der unbegleiteten Einführung zu *They Didn't Believe Me*.

Petersons Swing nimmt verschiedene Formen an. Er improvisiert abstrakte, blitzschnelle Bop-Linien (*Squeaky's Blues*), aber auch melodischere Soli, wie z. B. auf *Brotherhood of Man* und *Roundalay*. Bei *Jim* ist er verschwenderisch. Manchmal, wie bei seinem Solo auf *Blues for Smedley*, brummt er die Melodie mit.

Ray Brown hat wie sein Vorbild Oscar Pettiford das Zeug zu einem großen Solisten, ist aber im Gegensatz zu Pettiford lieber Begleitmusiker. Sein bester Moment auf diesem Album ist nicht das Solo in *Blues for Smedley*, sondern seine Begleitung von Terry in *Mack the Knife*, als Peterson aussetzt.

Auch Terry setzt seine Technik nie übertrieben, sondern immer geschmackvoll, melodisch und swingend ein. Er spielt Flügelhorn und Trompete, setzt verschiedene Dämpfer ein und singt in verschiedenen «Stimmen». Bei *Jim* kontrastiert sein offenes, glattes Flügelhorn mit der gedämpften Trompete. In einem Bop-orientierten Solo auf *Roundalay* und der schönen Melodie von *They Didn't Believe Me* setzt er das Flügelhorn ungedämpft ein und erinnert an Jazz aus früheren Zeiten.

Die Trompete spielt er entweder mit Dämpfer oder wechselt zwischen Dämpfer und offenem Spiel ab. Das heißt jedoch nicht, daß die beiden Instrumente einfach zu unterscheiden sind. Vorstöße in das hohe Register und ein leichtes Unbehagen im tiefen Register sind die einzigen Hinweise darauf, daß Terry bei der Ballade *I Want a Little Girl* Trompete spielt.

Mumbles (Terrys Spitzname) und *Incoherent Blues* markieren den Beginn von Terrys Karriere als Sänger, der den Blues gleichzeitig glorifiziert und parodiert. Er singt sehr undeutlich und vermischt die unsinnigen Silben des Scat-Gesangs mit den typischen, im schwarzamerikanischen Dialekt gehaltenen Liebestexten der Bluessongs.

CD

(USA) The Oscar Peterson Trio + One: Clark Terry, EmArcy 818840-2 ☐

Clark Terry (tpt, flh), Oscar Peterson (p), Ray Brown (sb), Ed Thigpen (d)
New York 17. 08. 1964 **Brotherhood of Man**
Jim
Blues for Smedley
Roundalay

wie **Brotherhood of Man,** aber mit Terry (v)
Mumbles 5

wie **Brotherhood of Man** **Mack the Knife**
They Didn't Believe Me
Squeaky's Blues
I Want a Little Girl

wie **Brotherhood of Man,** *aber mit Terry (v)*
                                          Incoherent Blues   10

Andere CDs

gleichen Inhalts:
   (Europa) EmArcy 818840
   (J) EmArcy 32 JD 96, Mercury EJD 3016

LPs

gleichen Inhalts:
   (USA) Mercury MG 20975 und SR 60975
   (GB) Mercury 20030 MCL
   (J) EmArcy, Nummer unbekannt

KAPITEL 9

Weg vom Hard Bop

Barry Kernfeld

So schnell wie der Hard Bop Mitte der 50er Jahre als Jazzstil dominant wurde, so schnell verlor er an innovativer Bedeutung. Der Bop als die Mutter des Hard Bop war schließlich schon zehn Jahre alt – und zehn Jahre sind eine lange Zeit in dem sich immer auf der Suche nach Neuem befindenden Musikgeschäft. Obwohl der Hard Bop bis in die 60er Jahre hinein viele bemerkenswerte neue Alben beeinflußte, suchten dieselben Musiker gleichzeitig nach neuen Stilarten. Sie wollten vermeiden, daß ihr Sound konventionell klang. Die radikalen Ergebnisse dieser Suche – Free Jazz und Fusion – zerbrachen wie kein anderer Stil zuvor und machten schließlich den Weg dafür frei, daß alle früheren Formen, von New Orleans bis Hard Bop, in einem nie gekannten Mainstream vereint wurden.

In den 60ern hatte sich der Free Jazz schon etabliert, aber Fusion mußte noch ein Jahrzehnt warten, während Blues- und Rockmusiker den Weg wiesen. Miles Davis, Charles Mingus, John Coltrane und Herbie Hancock übernahmen später den einen oder anderen Ansatz. Zum erstenmal erweiterten sie zusammen mit Bill Evans (der sich nie ganz vom Hard Bop löste) den Mainstream, anstatt ihn zu verlassen, und behielten einige Momente des Hard Bop bei, während sie andere vernachlässigten. Im Laufe der Zeit machten diese fünf Bandleader Alben, die in der Geschichte des Jazz zu Meilensteinen wurden. Vielleicht war es die Ambivalenz ihrer Situation, ihr Wunsch, Traditionen zu erhalten und gleichzeitig einen neuen Sound zu erfinden, die sie eine ungeahnte Kreativität entfalten ließ. Und wenn Musiker wie diese richtig loslegen, sind die Ergebnisse erstaunlich.

Miles Davis: *Kind of Blue*

Das Album KIND OF BLUE ist ebenso schön wie kreativ und jazzgeschichtlich wichtig. 1959 stand Davis gerade am Anfang eines Weges, der ein Jahrzehnt später zum Jazz Rock führen würde. KIND OF BLUE bot einen neuen Ansatz, der als «Modal Jazz» bekannt wurde. Man verstrickt sich leicht bei dem Versuch, diesen Begriff zu erklären, und ein elementarer Fehler in Bill Evans' Anmerkungen auf der Original-LP macht die Verwirrung noch größer. Am besten benutzt man das Wort einfach und ignoriert seine Bedeutung, die vage mit dem Modus mittelalterlicher Kirchenmusik oder der klassischen Musik oder einigen Tonleitermustern in der Musik aus Indien, China, Bulgarien, Westafrika, Spanien usw. verbunden ist. Schlüsselelement des Modal Jazz ist eine einzige Idee: die Verlangsamung des «harmonischen Rhythmus», d. h. die Verlangsamung der Akkordveränderungen. Im Hard Bop und verwandten Stilarten wechseln die Akkorde zumindest jeden oder jeden zweiten Takt, manchmal jeden Beat. Um mit der Begleitung mitzuhalten, spielt der typische Solist eine schnelle, sich ständig verändernde Linie. Davis wollte keinen frühen Jazz oder Swing spielen, sondern eine Umgebung schaffen, innerhalb derer er Melodien erfinden konnte. Meistens verlangsamte er einfach die Harmonie. Das ist Modal Jazz.

Das Album entstand während zwei Sessions im Abstand von einem Monat und wenigen Proben, auch wenn Cannonball Adderleys improvisiertes Spiel bei der zweiten Session so klingt, als hätte der Altsaxophonist lange darüber nachgedacht. Davis an der Trompete ist durchweg brillant, und zu seinen Mitspielern gehörte der ebenso brillante John Coltrane am Tenorsaxophon. Paul Chambers, ein konservativer Musiker, war der richtige Mann für die zurückhaltende Baßlinie, die der neue Stil erforderte. Jimmy Cobb, ein weitaus weniger temperamentvoller Schlagzeuger als Davis' früherer Drummer Philly Joe Jones, war perfekt für die entspannten Rhythmen. Die Sessions beginnen mit Wynton Kelly am Piano bei *Freddie Freeloader*. Dieser Blues ist die konventionellste Aufnahme, aber selbst die unkomplizierten Bluesfolgen lassen die neue Richtung erahnen.

Kelly wird bei den restlichen Aufnahmen durch Bill Evans ersetzt. Wie *Freddie Freeloader* hat *So What* einen relaxten Groove, wird aber nach einer rhythmisch freien Einführung statisch. Nach der Melodie des Themas spielt Davis ein lyrisches Solo. Coltrane entdeckt Davis'

Methode für sich selbst und wiederholt und variiert eine Serie von Ideen. Ihm gefiel dieser Ansatz so gut, daß er zum Rückgrat seiner bekanntesten Arbeit mit seinem Quartett in den 60er Jahren wurde. Sein *Impressions* von 1962 basiert direkt auf *So What*. Adderley wird dieser Herausforderung nicht gerecht und kommt nie in die Stimmung des Stücks. Evans füllt einfach nur die Räume zwischen Trompeten- und Saxophonriff.

Blue in Green hat die gedämpfte Atmosphäre des gesamten Albums, ist aber harmonisch das genaue Gegenteil von Modal Jazz. Das Thema bewegt sich durch eine komplexe Akkordfolge in langsamem Balladentempo, als Davis und Coltrane die Führung übernehmen, und verdoppelt sich mit Evans zu einem moderaten Swing.

Verwirrend sind die Diskrepanzen zwischen den ursprünglichen Anmerkungen und den Labelangaben zu *Flamenco Sketches* und *All Blues*. Alle folgenden Aufnahmen von *All Blues* (vom eigenen Empfinden mal abgesehen) bestätigen, daß es ein Blues ist, was bedeutet, daß Evans' Anmerkungen falsch sind. Cobb spielt Bop-Walzermuster, und Chambers vermeidet laufende Baßfiguren zugunsten einer wiederholten Figur, die synchron zu den Drumbetonungen verläuft. Alle vier Musiker liefern bei dieser Session gute Soli.

Flamenco Sketches stellt mit seinem offenen Ansatz und den ausgedehnten Improvisationen den ersten Schritt in Richtung von Coltranes Modal-Alben und in Richtung Jazz Rock dar. Bei dieser Aufnahme sind alle Solisten in Höchstform und machen das Stück zu einer der schönsten Jazzaufnahmen überhaupt. Davis spielt bedächtig über den für den Flamenco typischen Halbschritt-Schwankungen, Coltrane spielt mit der Wärme, die er immer häufiger in seine Balladen einbringt. Adderley steuert ein teils romantisches, teils ungestümes Solo bei. Evans zeigt sein einmaliges Gefühl für akkordische Intonation. Obwohl alle Kompositionen Davis zugeschrieben werden, stammt zumindest das erste Segment von *Flamenco Sketches* von Bill Evans, der es 1958 als *Peace Piece* aufgenommen hatte.

CD

(USA) *Kind of Blue*, Columbia Jazz Masterpieces CK 40579 ○

Miles Davis (tpt), Cannonball Adderley (as), John Coltrane (ts), Wynton Kelly (p), Paul Chambers (sb), Jimmy Cobb (d)
New York   02. 03. 1959   **Freddie Freeloader**

Weg vom Hard Bop

| Bill Evans anstatt Kelly | So What |
| ohne Adderley | Blue in Green |

Davis, Adderley, Coltrane, Evans, Chambers, Cobb
22. 04. 1959   **Flamenco Sketches**
                All Blues

Andere CDs

gleichen Inhalts:
 (USA) CBS CK 08163
 (Europa) CBS Jazz Masterworks 460603-2
 (J) CBS 32 DP 513

LPs

gleichen Inhalts:
 (USA) Columbia CL 1355; Columbia CS 8163; Columbia PC 8163; Columbia C6X 36976; Columbia Jazz Masterpieces CJ 40579
 (GB) CBS BPG 62066; Fontana TFL 5072; Fontana STFL 513; Philips BBL 7430; Philips SBBL 600
 (Europa) CBS PC 8163; CBS 32109; CBS Jazz Masterpieces 460603-1; Fontana 682 059 TL; Fontana 855 133 TY; Philips BL 47047; Philips B 47047
 (NL) CBS 63620
 (J) CBS Sony SONP-S 0027; CBS Sony SOPL 155; CBS Sony 18 AP 2057; CBS Sony 23 AP 2556; CBS Sony 25 AP 755

Charles Mingus: *Mingus Ah Um;*
Charles Mingus Presents Charles Mingus

Unter den Großen des Jazz hatte der Komponist, Bandleader und Kontrabassist Charles Mingus die größte stilistische Bandbreite. Er konzentrierte sich zwar auf den Bop und besonders den Hard Bop, erforschte aber auch alle anderen Hauptströmungen des Jazz – New Orleans, Swing, Free Jazz und Fusion – und auch andere Genres wie Blues, Rhythm and Blues, Boogie Woogie und Gospelmusik. Zwei Alben, die mit anderthalb Jahren Zeitabstand entstanden, MINGUS

AH UM und CHARLES MINGUS PRESENTS CHARLES MINGUS, sind Beispiele für diese breiten Interessen. Nur Fusion ist nicht vertreten; auf ihn konzentrierte sich Mingus in den letzten drei Jahren vor seinem Tod (1979). MINGUS AH UM, mit einer fünf- bis siebenköpfigen Band 1959 in einem Columbia-Studio aufgenommen, ist ein gutes Beispiel für seine großartigen Kompositionen. CHARLES MINGUS PRESENTS CHARLES MINGUS zeigt sein Talent für Improvisation und das des hervorragenden Altsaxophonisten und Klarinettisten Eric Dolphy. Beide spielten im Rahmen eines Quartetts, das 1960 für das Candid-Label eine Nachtclub-Vorstellung simulierte.

Better Git it in your Soul ist eine überarbeitete Version eines Soul-Jazz-Stückes mit Gospeleinschlag, das Mingus ein paar Monate zuvor als *Wednesday Night Prayer Meeting* aufgenommen hatte. Das Thema ist in Liedform (AABA), aber der Körper des Stücks besteht aus Bluesimprovisationen unterschiedlicher Art.

Bird Calls, ein Vehikel für Hard-Bop-Improvisationen, ist bemerkenswert wegen der Free-Jazz-Momente in der Einführung, wo die Saxophone Vogelrufe imitieren, und am Schluß, wo Mingus seinen Baß zu den quietschenden Saxophonen streicht. Während des Hauptthemas spielen die Saxophone nicht ganz zusammen, vielleicht einer der vielen Beweise dafür, daß Mingus nicht genügend probte.

Fables of Faubus ist in zwei Versionen zu hören. Die zweite ist das «Original»: Der bissige, satirische Text – Protest gegen den Rassismus in Amerika – wurde für das Columbia-Label herausgenommen. (Orval Faubus war damals Gouverneur von Arkansas und als Rassist bekannt.) Doch vom politischen Hintergrund einmal abgesehen, ließ Columbia den Gesang von Mingus und Richmond mit Recht weg: Er ist nämlich entsetzlich, so gut die Absichten auch waren. Die erste Version von 1959 ist ein Beispiel für eines der Ideale, die Mingus mit seinen Gruppen unter dem Stichwort Jazz-Workshop verfolgte: Ineinander verwobene Saxophone und Posaune wechseln so perfekt zwischen komponiertem Material und Improvisationen, daß die Grenze zwischen den beiden Prozessen verwischt. Als Komposition ist *Fables of Faubus* eine Meisterleistung von Mingus: Es ist der glückliche Versuch, feste Strukturen zu schaffen, ohne den Kick der Musik zu verlieren. Das Thema dauert mehr als zwei Minuten, und die einzelnen Phrasen unterscheiden sich stark in ihrem Charakter.

Pussy Cat Dues und *Jelly Roll* sind eine Hommage an frühere Stile. Das erste ist ein langsamer Blues. Das zweite entstand im selben Jahr wie *My Jelly Roll Soul* und ist ein reizend altmodisches Thema.

Mingus setzt die Saxophone und das Piano gegen den Posaunisten Jimmy Knepper, der improvisiert und komponierte Gegenmelodien spielt. Der Kern des Stücks ist wieder Hard Bop, der auf dem ganzen Album ständig präsent ist. Mingus mochte Duke Ellingtons Orchester und spielte oft Stücke aus dessen Repertoire. *Open Letter to Duke*, eine Eigenkomposition von Mingus, hat eine weit engere Beziehung zu Ellington. Das Thema beginnt in lateinamerikanischem Stil, geht dann aber in eine Ballade über und zeigt Ellington aus Mingus' Perspektive. Die Ballade blendet wieder in den Latin-Jazz-Rhythmus über und dann in einen Calypso-Beat. Dieser letzte Teil hätte auch «Open Letter to Sonny Rollins» heißen können.

Andere Anspielungen auf vergangene Stile finden sich in *Boogie Stop Shuffle* und *Goodbye Pork Pie Hat*. Das zweite Stück ist Lester Young gewidmet. Der Saxophonist erinnert an Youngs cooles, reines Timbre ohne Vibrato.

Das Album CHARLES MINGUS PRESENTS CHARLES MINGUS entstand, als Trompeter Ted Curson und Holzbläser Dolphy den Jazz-Workshop im Showplace in New York verließen. Das Album fängt die Atmosphäre ihrer Vorstellungen ein, einschließlich der Anweisungen von Mingus an das Publikum und seine Streitereien mit Bandmitgliedern. Und es fängt Mingus' unvergleichliche Fähigkeiten als Bassist ein.

Folk Forms, No. 1 ist ein Standard-Blues, der in dieser Aufnahme weit von seinen Folk-Wurzeln fortgetragen wird, ohne das Bluesgefühl zu verlieren. Ohne zwischen Solist und Begleitung zu unterscheiden, improvisieren die vier Musiker gemeinsam und spielen abwechselnd Soli, Duos und Trios. Das harmonische Bluesmuster zieht sich ebenso durch das ganze Stück wie der Beat. Bemerkenswert sind die vielen Variationen über den zugrunde liegenden Bluesriffs und eine Passage, die an Free Jazz grenzt und in der Altsaxophon und Trompete punktförmig Klänge hervorstoßen. Wie bei *Better Git it in your Soul* und *Boogie Stop Shuffle* folgt Richmond in seinen Soli dem zwölftaktigen Bluesmuster.

Original Faubus Fables ist bedeutend gröber als die Columbia-Version. Das Thema ist auf ein Arrangementskelett reduziert. Neu ist eine begleitende Figur: Während des Trompeten-Solos singt Mingus mit Falsettstimme eine gespenstische Linie. Höhepunkt dieser Version ist Dolphys phantastische Improvisation, die ein verzerrtes Zitat aus *When Johnny Comes Marching Home Again* enthält.

All the Things You Could Be by Now if Sigmund Freud's Wife was your Mother und *What Love* basieren im Prinzip auf den Standards *All the Things You Are* und *What is This Thing Called Love?*, aber Mingus beansprucht die beiden Titel für sich. Ein der Klavier-Prélude in cis-moll op. 3,2 von Sergej Rachmaninow ähnliches Motiv fand seinen Weg in die Bop-Versionen von *All the Things You Are*. Mingus hatte 1955 die beiden in seiner Aufnahme *All the Things You Are in C Sharp Minor* verbunden. 1960 entwickelte sich das Stück in eine andere Richtung. Mingus komponierte das Thema vollkommen neu. In *Folk Forms, No. 1* stellen die Musiker den Blues in den Mittelpunkt. Sie blasen die zugrunde liegende Form jedoch auseinander. Es gibt extreme Tempowechsel, und Mingus verläßt regelmäßig das Stück, um Gegenmelodien zu entwickeln.

What Love entfernt sich noch stärker von dem Originalsong. Man kann diese Version nur als Free Jazz bezeichnen. Mingus hat wieder ein neues Thema komponiert, das die vier Musiker in frei variiertem langsamem Tempo spielen. Nach dem Thema beginnt Ted Curson zu improvisieren, während Eric Dolphy vom Altsaxophon zur Baßklarinette wechselt. Er machte dieses Instrument zu einer lebensfähigen Jazzstimme. Sein kontrastreicher Stil paßte gut zu dem typischen Sound der Baßklarinette. Mingus zitiert in seinem Baß-Solo humorvoll aus *Oh What a Beautiful Morning* und *What is This Thing Called Love?* Mit Dolphy spielt Mingus ein Free-Jazz-Duett als instrumentale Parallele zu einem Streit auf der Straße. In dessen Verlauf intoniert Mingus seine spielerisch zotigen Sprachmuster mit der Präzision von Professor Higgins aus «Pygmalion».

CD

(USA) *Mingus Ah Um*, Columbia Jazz Masterpieces CK 40648 ○

Jimmy Knepper (tb), John Handy (as), Shafi Hadi, Booker Ervin (ts), Horace Parlan (p), Charles Mingus (sb), Dannie Richmond (d)
New York 05. 05. 1959 **Better Git it in your Soul**

ohne Knepper; Hadi (as) **Bird Calls**

mit Knepper; Hadi (as) **Fables of Faubus**

wie **Better Git it in your Soul**, *aber mit Handy (cl)*
Pussy Cat Dues

wie **Better Git it in your Soul** **Jelly Roll**

Willie Dennis (tb), Handy (as), Hadi, Ervin (ts), Parlan (p), Mingus (sb), Richmond (d)

        12. 05. 1959   **Open Letter to Duke**
                              Boogie Stop Shuffle
                              Self Portrait in Three Colors
                              Goodbye Pork Pie Hat

Andere CDs

gleichen Inhalts:
  (Europa) CBS Jazz Masterpieces 450436-2
  (J) CBS 25 DP 5304

LPs

gleichen Inhalts:
  (USA) Columbia CL 1370; Columbia CS 8171; Columbia PC 8171; Columbia Jazz Masterpieces CJ 40648
  (GB) CBS 66290; Philips BBL 7352; Realm 52364
  (Europa) CBS Jazz Masterpieces 450436-1
  (F) Philips B 07556 L
mit weiteren Stücken:
  (USA) *Nostalgia in Times Square,* Columbia JG 35717

CD

(USA) Charles Mingus Presents Charles Mingus, Candid CD 9005 ☐

Ted Curson (tpt), Eric Dolphy (as), Charles Mingus (sb), Dannie Richmond (d)
New York   20. 10. 1960   **Folk Forms, No. 1**

mit Mingus, Richmond (v)   **Original Faubus Fables**

wie **Folk Forms, No. 1,** aber mit Dolphy (bcl)
                                      What Love

wie **Folk Forms, No. 1**   **All the Things You Could Be by Now if Sigmund Freud's Wife was your Mother**

Andere CDs

gleichen Inhalts:
(USA) Candid CCD 79005
mit weiteren Stücken:
(USA) *The Complete Candid Recordings of Charles Mingus,* Mosaic MD3–111

LPs

gleichen Inhalts:
(USA) Barnaby Z 30561; Candid CJM 8005; Candid CJS 9005; Jazzman JAZ 5048
(F) America 30 AM 6082
mit weiteren Stücken:
(USA) *The Complete Candid Recordings of Charles Mingus,* Mosaic MR4-111

Bill Evans: *The Village Vanguard Sessions*

Nachdem er 1959 das Sextett von Miles Davis verlassen hatte, führte der Pianist Bill Evans meist Trios. Das beste, zusammen mit Bassist Scott LaFaro und Schlagzeuger Paul Motion, nahm am 25. Juni 1961 im Village Vanguard in New York zwei Alben auf, nur zehn Tage bevor LaFaro bei einem Autounfall starb. Das Album SUNDAY EVENING AT THE VILLAGE VANGUARD ist meiner Meinung nach stärker als WALTZ FOR DEBBY, aber wer das Ergebnis der gesamten Session hört, wird auf keinen Fall enttäuscht.

Fünf Stücke stehen in engem Zusammenhang mit Davis: das Bop-Thema *Solar,* der Standard *All of You,* das Modal-Thema *Milestones* und zwei Auszüge aus *Porgy and Bess: My Man's Gone Now* und *Porgy* (ein zusätzlicher Titel, der auf keinem der Einzelalben enthalten ist). Der Rest besteht aus vier Standards: dem Walzer *Alice in Wonderland* (aus dem Walt-Disney-Film), Evans' Komposition *Waltz for Debby* und zwei Themen von LaFaro: *Gloria's Step* fängt die elegische Seite des Trios gut ein, *Jade Visions* ist das einzige langweilige Stück (die Musiker waren nach einem Marathon von 23 Stücken an einem Tag zweifellos müde). Das Trio spielt alle Stücke extrem ruhig, in langsamem bis moderatem Tempo. Man könnte sagen, daß sie den coolsten Cool Jazz spielen – wären da nicht die Intensität der Improvisationen von Evans und LaFaro und die romantischen Interpretationen der Balladen *My Foolish Heart, Some other Spring* und *Detour Ahead*.

Solar faßt den Ansatz des Trios gut zusammen. Nachdem Davis diesen Titel 1954 aufgenommen hatte, wurde er zum Jazz-Standard. Er verleitet dazu, ihn wie eine Übung zu spielen, aber Evans und LaFaro umgehen das geschickt.

Alle Aufnahmen dieser Session demonstrieren Evans' eigene Auffassung von Harmonie. Sein Spiel ist schneidend, präzise und gleichzeitig weich. Beispiele finden sich in dem Thema von *Milestones* (vergleichen Sie hierzu Red Garlands Spiel mit Davis auf dem gleichnamigen Album von 1958), der Eröffnung von *Some other Spring* und der Neuharmonisierung des Themas von *All of You*.

Bedenkt man Evans' enorme Konzentration auf einen phantasievollen Ansatz, überrascht es nicht, daß er manchmal einen Aspekt des Rhythmus vernachlässigt: die Unabhängigkeit seiner Hände voneinander. Manchmal spielt er mit stechenden Akkorden in der linken Hand, die die Melodien der rechten unregelmäßig betonen oder Zwischenräume füllen. Meist jedoch schlagen die Hände gleichzeitig an, jedoch nicht im Stil von Pianisten wie Milt Buckner, George Shearing und Erroll Garner, sondern enttäuschend undifferenziert – in Melodie und begleitendem Rhythmus.

Evans' Trio war sehr einflußreich. Vor allem nehmen diese Aufnahmen vorweg, was ein Jahrzehnt später Markenzeichen der Plattenfirma ECM werden sollte.

LP

(USA) The Village Vanguard Sessions, Milestone M 47002 ☐

Bill Evans (p), Scott LaFaro (sb), Paul Motian (d)
New York   25. 06. 1961   **My Foolish Heart**
    My Romance (Take 1)
    Some other Spring
    Solar
    Gloria's Step (Take 2)   5
    My Man's Gone Now (Take 2)
    All of You (Take 2)
    Alice in Wonderland (Take 2)

Porgy
Milestones 10
Detour Ahead (Take 2)
Waltz for Debby (Take 2)
Jade Visions (Take 2)

Andere LPs

gleichen Inhalts:
(F) Milestone CA 271 68.101
ohne *Porgy:*
(I) *The Golden Bill Evans Trio,* Riverside / Fonit Cetra RIV 4003–4004
Stücke 1–3, 10–12:
(USA) *Waltz for Debby,* Original Jazz Classics OJC 210; Riverside RLP 399; Riverside RLP 9399
Stücke 4–8, 13:
(USA) *Sunday Evening at the Village Vanguard,* Original Jazz Classics OJC 140; Riverside RLP 376; Riverside RLP 9376
(USA) *Live at Village Vanguard,* Riverside ST 3006

CDs

mit weiteren Stücken:
(USA) *The Complete Riverside Recordings,* Riverside 12RCD 018–2
Stücke 1–3, 10–12 und weitere Aufnahmen:
(USA) *Waltz for Debby,* Original Jazz Classics OJCCD 210
Stücke 4–8, 13 und weitere Aufnahmen:
(USA) *Sunday Evening at the Village Vanguard,* Original Jazz Classics OJCCD 140

John Coltrane: *A Love Supreme*

In den 60er Jahren versuchte man Jazz mit einem dezidiert religiösen Anspruch zu verbinden: Lalo Schifrins *Jazz Suite on the Mass Texts,* Mary Lou Williams' *Black Christ of the Andes,* die ersten beiden kirchlichen Konzerte von Duke Ellington, Michael Garricks *Jazz Praises at Saint Paul's* und – am erfolgreichsten – John Coltranes A LOVE SUPREME. Die Inspiration für das Stück geht auf das Jahr 1957 zurück, als sein wiedergefundener Glaube Coltrane half, die Folgen von Drogenabhängigkeit und Alkoholismus zu überwinden. Die Musik stammt jedoch von 1964, als er eine jahrzehntelange Suche nach Kreativität und Perfektion hinter sich hatte, die ihn vom Hard Bop zum Free Jazz führte. Zu diesem Zeitpunkt spielte er mit seinem Quartett – Pianist McCoy Tyner, Bassist Jimmy Garrison und Schlagzeuger Elvin Jones – einen Stil, der Elemente beider Stilrichtungen mit einem dröhnenden Ansatz der Begleitung, abgeleitet von Miles Davis' Modal Jazz, verband.

A Love Supreme ist eine Suite in vier sehr unterschiedlichen Sätzen, verbunden durch Baß-Soli. Coltranes Eröffnungsfanfare und sein Solo in *Acknowledgement* fassen die herausragendsten Merkmale seines Stils Mitte der 60er Jahre auf seinem wichtigsten Instrument, dem Tenorsaxophon, zusammen (Coltrane spielte auch Sopransaxophon). Seine Intonation ist in erster Linie hart, durchdringend und metallisch, wird manchmal verzerrt im höchsten Register; Vibrato vermeidet er. Dieser Sound wurde oft imitiert. Dabei übergingen die Nachahmer die hohen Noten oft leichtfertig und übersahen dabei, daß Coltranes hartes Spiel seinen Sound mit den traditionellen Timbres der schwarzen Amerikaner verband und seine Mühe, diese hohen Noten zu erreichen, zu den emotional befriedigendsten Momenten seiner Musik gehört. Er improvisierte oft eine Melodie, indem er Motive wiederholte und ausschmückte. Mehrere einfache Ideen – aus drei oder vier Noten bestehend – bilden die Basis für große Segmente seines Spiels. Während des Stückes behält Jones einen hinreißend abzentuierten Sambarhythmus bei – als hätte sich eine ganze Horde brasilianischer Straßentrommler seiner Arme und Beine bemächtigt. Obwohl Garrison und Tyner einige Freiheiten haben, kehren beide Musiker regelmäßig zurück, um das Stück durch wiederholte Muster zu verankern. Alles in allem machen diese Faktoren das Spiel des Quartetts hymnisch und zugänglich zugleich.

Garrison spielt auf *Resolution* und *Pursuance* immer wieder laufende Baßfiguren. Diese beiden Sätze der Suite werden jedoch von Jones vorangetrieben, der Rhythmen spielt, die fast noch überschwenglicher sind als die von Art Blakey. Beide Stücke enthalten Piano-Soli, die teilweise im Hard Bop verankert sind. *Pursuance* enthält freiere Elemente. Es beginnt mit einem Schlagzeug-Solo, das nicht den Beat, sondern Geschwindigkeit und Farbe betont. Das Thema basiert auf dem Blues und setzt eines der Hauptmotive aus *Acknowledgement* ein. McCoy Tyner entwickelt dieses Motiv in einem großen Teil seines Solos und hilft so, das Ganze zu vereinen. Coltranes Solo ist sehr überladen, und auf dem intensiven Höhepunkt zerbricht der Rhythmus. Der Satz endet mit einer gleichzeitigen Improvisation von Jones und Garrison; dann steigt Jones aus und überläßt es Garrison, das ruhige Finale vorzubereiten. John Coltrane schwärmte immer für Balladen. Wenn er bei einer Aufnahme Tempo vorlegte, war die nächste vielleicht eine zärtliche Version eines Songs von Frank Sinatra oder Tommy Dorsey. 1963 erfand er ein neues Äquivalent zur Standard-Jazzballade, indem er die Idee einer Ballade der Ästhetik und dem Gefühl seines nicht dem Standard entsprechenden Stils anpaßte. *Alabama* war ein nachdenkliches Stück, das er schwarzen Schulkindern widmete, die getötet worden waren. *Psalm* geht noch einen Schritt weiter, da es mit einem Text versehen ist. Wie Coltrane selbst anmerkt, ist *Psalm* eine musikalische Version des Gebetes «A Love Supreme». *Psalm* hat einen freien Rhythmus, der einem Psalm, von einem Kirchenchor gesungen, angemessen ist, und dementsprechend ist auch die Begleitung. Am Schluß hört man zwei Töne (ein musikalisches «Amen»), und Coltrane wiederholt ganz hoch einen Teil der Eröffnungsfanfare von *Acknowledgement* und schließt so den Kreis.

CD

(USA) *A Love Supreme*, MCA Impulse! MCD 01648 ○

John Coltrane (t, v), McCoy Tyner (p, v), Jimmy Garrison (sb, v), Elvin Jones (d, v)
New York 09. 12. 1964 **Acknowledgement**

ohne alle (v) **Resolution**
Pursuance
Psalm

Andere CDs

gleichen Inhalts:
(USA) MCA Impulse! MCAD 5660
(GB) MCA Impulse! DMCL 1648

LPs

gleichen Inhalts:
(USA) Impulse! A 77; Impulse! AS 77; MCA Impulse! 29017; MCA Impulse! MCA 5660
(GB) HMV CLP 1869; HMV CSD 1605; Impulse! IMPL 8001
(J) Impulse! IMP 88060; Imp! YP 8527

Herbie Hancock: *Maiden Voyage*

1965, als die drei Männer ihr zweites Jahr als Rhythmusgruppe des Miles-Davis-Quintetts hinter sich hatten, brachte Pianist Herbie Hancock den Bassisten Ron Carter und den Schlagzeuger Tony Williams ins Studio, um mit ihnen das Album MAIDEN VOYAGE aufzunehmen. Dazu kamen Tenorsaxophonist George Coleman, der von 1963 bis 1964 bei Davis gespielt hatte, und Trompeter Freddie Hubbard. Über ein Jahrzehnt später inspirierte dieses einflußreiche Album Hancock, in Sachen Jazz- Rock und Popmusik eine Pause einzulegen und mit seiner Formation VSOP (auch bekannt als «The Quintet») auf Tour zu gehen. Wayne Shorter übernahm dabei Colemans Platz.

Das Quintett nahm fünf Kompositionen von Hancock auf. Wie Davis' *So What* hat der Titelsong von MAIDEN VOYAGE eine konventionelle Liedform (32 Takte AABA), jedoch ausgefüllt mit langsamen, überladenen Akkorden (zwei in jedem Abschnitt), die keine starke harmonische Verbindung haben. Das Stück wird von einem sich wiederholenden Rhythmus zusammengeschweißt, der Hancocks Talent zeigt, aus einem Klischee etwas Neues zu machen. Er nimmt den stereotypen Bossa-Nova-Rhythmus, verändert aber die Betonung.

Das ungewöhnliche Thema von *The Eye of the Hurricane* nimmt als Ausgangspunkt einen Hard-Bop-Rhythmus, hat aber ein sich veränderndes Taktmaß und dichte Harmonien. Das Thema von *Little One* hat eine langsam, aber locker gespielte Linie, begleitet von einem dröhnenden gestrichenen Baß, und ruft Stücke wie Ornette Colemans *Lonely Woman* in Erinnerung. Diese Stücke gehen jedoch nicht weiter in Richtung Free Jazz. Der Körper von *The Eye of the Hurricane* ist ein schneller Blues, der von *Little One* ein mittelschneller Hard-Bop-Walzer.

Survival of the Fittest ist eine komplexere Komposition ohne solche Ungereimtheiten zwischen Thema und Improvisation. George Coleman ist ein konservativerer Musiker als die anderen. Sein Solo kommt höchstens mit einem dissonanten Triller an den Free Jazz heran. Im zweiten Teil findet ein improvisiertes Duett zwischen Williams' impressionistischem Schlagzeug und Hancocks ätherischem, atonalen Piano statt.

Das letzte Stück, *Dolphin Dance,* zeigt wieder Hancocks Fähigkeit, das Populäre mit dem Ungewöhnlichen zu verbinden. Eine leichte Melodie windet sich anmutig durch eine quälende Folge von Harmonien, die Blues, Bop, Standards und bitonale Klangkonglomerate aneinanderreiht.

George Coleman nimmt John Coltranes Tenorsaxophon-Ton als Ausgangspunkt, bezieht seine Ideen aber aus der Bluesseite des Hard Bop. Für Freddie Hubbard ist dies meiner Meinung nach das beste Album, das er je gemacht hat. Seine Intonation klingt schön, seine Technik ist beeindruckend. Wegen seiner Phantasie gilt Hubbard zu Recht als Ersatz für Miles Davis in diesem Quintett.

Das beispielhafte Spiel der Rhythmusgruppe Hancock/Carter/Williams gilt als das beste seiner Zeit. Die drei Musiker hören sich und den Bläsern aufmerksam zu und reagieren sofort.

CD

(USA) Maiden Voyage, Blue Note CDP 7 46339-2 ○

Freddie Hubbard (tpt), George Coleman (ts), Herbie Hancock (p), Ron Carter (sb), Tony Williams (d)

Englewood   17. 03. 1965   **Maiden Voyage**
Cliffs, New Jersey   **The Eye of the Hurricane**
Dolphin Dance
Survival of the Fittest
Little One

Andere CDs

gleichen Inhalts:
(USA) Blue Note CDP 7–46339–2
(J) Blue Note CP 32–9535

LPs

gleichen Inhalts:
   (USA) Blue Note BLP 4195 und BST 84195
   (GB) Blue Note BNS 40020
   (P) Blue Note 1827861 (8E074–82786)
   (J) Blue Note GXF 3020; Blue Note GXK 8050; Blue Note LNJ 80077; Blue Note BNJ 71057

KAPITEL 10

Free Jazz

Ekkehard Jost

Ende der 50er Jahre erhob Ornette Coleman eine schockierende Forderung: «Laßt uns die Musik spielen und nicht den Background.» Coleman war damals einer der Pioniere einer neuen Musikform, die (nach einer seiner Aufnahmen) als «Free Jazz» bekannt wurde. Mit diesem Satz verkündete er ein ästhetisches Programm, das den Weg für eine der radikalsten Bewegungen in der stilistischen Entwicklung des Jazz ebnete, die bis dahin recht ruhig verlaufen war. Mit «Background» meinte Coleman offensichtlich den traditionellen Rahmen der Jazzimprovisation, der sich in frühen Jahren etabliert hatte und nie zuvor ernsthaft in Frage gestellt worden war. Dieser Background bestand aus einigen Regeln und Übereinkünften, die die individuellen Ausdrucksmöglichkeiten der improvisierenden Musiker kontrollierten und die musikalische Interaktion innerhalb einer Gruppe regulierten: der elementare formale Rahmen des Jazz (Thema – Improvisation – Thema), die harmonische und metrische Struktur (abgeleitet vom Thema) und der normative Charakter eines konstanten Beat. Während die meisten vorausgegangenen stilistischen Weiterentwicklungen sich in leichten Veränderungen von Technik und Ausdruck oder bisweilen in der komplexer werdenden Struktur des Backgrounds erschöpften, begann um 1960 der Background selbst, sich zu zersetzen. Der Bruch mit dem traditionellen Regelwerk führte zu einer Situation voller Widersprüche und Unsicherheit, und die Frage war, *wofür* diese Befreiung von alten Normen gut war.

Die Musiker, die sich einen Weg durch den stilistischen Irrgarten der neuen Musik suchten, entwickelten ein großes Repertoire an Ausdrucksformen und Prinzipien, die in ihrer Vielfalt einzigartig im Jazz waren. Das Repertoire konzentrierte sich nicht nur auf das Neue und bisher Ungehörte, sondern umfaßte auch Blues, viele traditionelle Formen des Jazz, Musik aus der Dritten Welt und die europäische Avantgarde. Um sich von den Normen eines strengen formalen Musters zu befreien, wurden eine gemeinsame harmonische und rhythmische Sprache und ein Grundbeat nicht für immer verbannt, aber sie wurden auch nicht mehr automatisch gefordert.

Free Jazz als stilistischer Ausdruck ist daher nur sinnvoll, wenn die versprochene Freiheit als Freiheit der Wahl zwischen einer unbegrenzten Anzahl von Alternativen verstanden wird und nicht nur als Rebellion gegen die Tradition. Das bedeutet natürlich, daß Free Jazz nicht als kompakter Jazzstil mit definitiven Merkmalen und scharf gezogenen Grenzen verstanden werden kann, sondern eher als stilistisches Konglomerat, dessen hervorstechendstes Merkmal seine große Bandbreite ist. Einige zentrale Punkte aus der Vielzahl musikalischer Veränderungen und Innovationen, die mit dem Free Jazz auftraten:

- Alle Regeln werden in Frage gestellt (nicht abgeschafft).
- Wachsende Bedeutung von spontaner Interaktion zwischen Musikern und, daraus resultierend, die teilweise Aufhebung der traditionellen Aufteilung in Solisten und Begleitung und eine wachsende Tendenz zu gemeinsamer Improvisation.
- Die Gleichberechtigung der Klangfarbe, die zu einem unabhängigen kreativen Mittel wird und so die Möglichkeit zu amelodischer Improvisation eröffnet.
- Die Bedeutung von Energie und Intensität als kommunikative Elemente und Quellen gemeinsamer Ekstase.
- Eine Hinwendung zu musikalischen Kulturen der Dritten Welt und Integration diverser «exotischer» Elemente in den Jazz.
- Ein wachsendes Bewußtsein für soziale, politische und wirtschaftliche Probleme und die Entwicklung eines neuen Selbstverständnisses bei den Musikern.

All diese Punkte zeigen nur generelle Tendenzen, die nicht in ihrer Gesamtheit bei einem einzelnen Musiker oder einer Gruppe zum Tragen kommen. Ihre jeweilige Bedeutung während der Entwicklung des Free Jazz erschließt sich aus den folgenden Abhandlungen.

Ornette Coleman: *The Shape of Jazz to Come; Free Jazz*

Ornette Coleman wuchs – musikalisch gesehen – nahe den Wurzeln des Jazz auf. Er wurde im schwarzen Ghetto von Fort Worth in Texas geboren und verbrachte seine Lehrjahre in der rauhen Atmosphäre von Zeltshows, bei denen der Blues ursprünglich und ohne den Schliff des Jazz gespielt wurde. Als sich Coleman um 1955 dem Rhythm and Blues ab- und dem Jazz zuwandte, paßte er sein Spiel den etablierten Prinzipien an, allerdings nur teilweise und nicht für lange.

Die ersten Aufnahmen, die Coleman nach Jahren des Hungers und der Frustration mit dem Trompeter Don Cherry 1958/59 in Los Angeles machte, zeigen einen zögernden Revolutionär, gehemmt durch eine nicht adäquate Rhythmusgruppe und das Image der Plattenfirma Contemporary, die dem damaligen West-Coast-Stil zugerechnet wurde. Colemans ästhetisches Programm, die Abschaffung des «Background», konnte in diesem Rahmen nicht verwirklicht werden.

1959 kam der Wendepunkt: mit einem sechsmonatigen Engagement im Five Spot in New York und einigen Alben für Atlantic Records. Inzwischen hatte Coleman angemessene Partner, die zusammen mit Cherry nicht nur seinem Konzept des freien Spiels folgten, sondern selbst entscheidende Beiträge leisteten: Bassist Charlie Haden und Schlagzeuger Bill Higgins. Beide hatten schon früher mit Coleman in Los Angeles gespielt.

Colemans musikalische Innovationen und die Schockwirkung auf die damaligen Zuhörer gingen in der Hauptsache auf die Ablehnung einer scheinbar unabdingbaren Voraussetzung des Jazz Ende der 50er Jahre zurück: der Einsatz eines vorher definierten harmonischen Rahmens als formales Element und Basis für die Improvisation. Diese Erklärung allein fängt natürlich nicht den Charakter von Colemans Musik ein, aber es ist wichtig zu erkennen, daß es in der Hauptsache ein *Mangel* war, der mit den Hörgewohnheiten des Jazzpublikums kollidierte. Was Coleman anstelle der Regeln bot, wurde erst bei intensivem Zuhören evident. Seine Kompositionen, die Themen oder «Köpfe» seiner Stücke, versorgen nicht nur die Improvisatoren mit einer Reihe von Akkordwechseln, sondern in den meisten Stücken gibt es einen tieferen Zusammenhang zwischen Thema und Improvisation. Dieser Zusammenhang ist eher emotionaler als formaler Natur, da der Ausdruck seiner Themen oft den emotionalen Inhalt seiner Improvisationen bestimmt, wie man bei dem klagenden Charakter von *Lonely Woman* und der im Bop-Stil gehaltenen *Chronology* sieht. Sehr interessant ist die Verbindung zwischen Komposition und Improvisation bei *Congeniality,* das ein Modell für viele andere Themen von Coleman werden sollte. Die komplexe thematische Struktur ist glücklich, traurig, hektisch, alles zugleich, und es liegt am Improvisator, welcher Emotion er folgt. *Congeniality* ist daher ein Free-Jazz-Thema im wahrsten Sinn.

Sowohl Colemans Themen als auch seine Improvisationen enthüllen eine seltsame Mischung aus Kompliziertheit und Einfachheit. Beide haben einen Blues-Charakter, der durch extrem verwinkelte Phrasierung oft verzerrt wird, ohne je seine Identität zu verlieren. Wie im archaischen Bluesgesang ignoriert Coleman nicht nur die Grenzen anerkannter formaler Rahmen, sondern auch die Normen der Intonation, besonders die Regeln gleicher Temperatur. Trotzdem sind seine Improvisationen in keiner Weise so «unordentlich», wie sie dem damaligen Publikum vorkamen. Im Gegenteil: Unabhängig von den einengenden Strukturen von Akkordwechseln zeigen seine Soli eine faszinierende innere Logik. Ein musikalischer Gedanke entwickelt sich aus einem anderen, wird transformiert, verzerrt und führt zum nächsten – eine motivische Improvisation, deren Details sehr oft einfach sind. Und doch vermittelt die gesamte Struktur den Eindruck höchster Komplexität. Man wird an Bix Beiderbeckes Vorstellung des «korrelativen Chorus» erinnert, aber ohne den «Chorus»!

In seinen Anmerkungen zu CHANGE OF THE CENTURY (aufgenommen im Oktober 1959) schrieb Coleman: «Das wichtigste neue Element in unserer Musik ist vielleicht unsere Vorstellung von freier Gruppenimprovisation.» Bis zur Verwirklichung dieses Plans sollte noch einige Zeit vergehen, Colemans Musik war jedoch bereits frei von Normen, die man früher für unverletzbar gehalten hatte. Aber er hatte die dominierende Rolle des Solisten und die daraus resultierende untergeordnete der Begleiter noch nicht abgelegt. Der Bassist mußte keine Akkordfolgen mehr spielen, aber er und der Schlagzeuger gaben immer noch den Takt an. Die übliche Reihenfolge von komponiertem Ensemblespiel und improvisierten Soli wurde nur selten durch halbherzige freie, gemeinsame Improvisationen unterbrochen.

Das alles änderte sich radikal im Dezember 1960 mit FREE JAZZ, einem Album, das einer ganzen musikalischen Ära den Namen gab. Für die Aufnahmen kamen zwei Quartette in den Atlantic-Studios zusammen. Bei Coleman waren Cherry, Haden und die Schlagzeuger Higgins und Ed Blackwell (alles Mitglieder seiner Gruppen), dazu Baßklarinettist Eric Dolphy, Trompeter Freddie Hubbard und Bassist Scott LaFaro. Diese acht Musiker führten Colemans Vorstellung von «freier Gruppenimprovisation» zu einer Vollendung, wie sie im Jazz nie zuvor gehört worden war. So wie man 1960 den Begriff «frei» verstand, ist der Rahmen dieses 36minütigen Stückes äußerst winzig. Vorübergehende Ensemblepassagen verbinden einzelne Komplexe, die jeweils von einem anderen «Solisten» geführt werden. Einige der Ensemblepassagen sind geschrieben und tragen Colemans typische Merkmale. Andere sind teilweise improvisierte Strukturen, die er mißverständlich «harmonische Unisoni» nennt. Er versieht die Musiker mit tonalem Material ohne zeitliche Einteilung. Dieser Vorgang sollte in der späteren Entwicklung des Free Jazz als Kompositionstechnik äußerst wichtig werden.

Die Musiker hatten sich offensichtlich auf ein tonales Zentrum und das Tempo geeinigt. Coleman verteilte zudem Rollen: Haden und Blackwell sind für den Grundrhythmus zuständig, den LaFaro und Higgins ständig herausfordern und «gefährden». Die Musik auf der Basis dieser Übereinkünfte hängt fast ausschließlich von der Bereitschaft der Musiker zur Interaktion ab. Innerhalb eines traditionellen Rahmens ist eine uninspirierte gemeinsame Improvisation ohne jede Interaktion vielleicht schwer zu ertragen, führt aber nicht zu einer musikalischen Katastrophe. Dieselbe zusammenhanglose Gleichzeitigkeit innerhalb der Grenzenlosigkeit des Free Jazz konnte nur im Chaos enden. Coleman und seine Musiker müssen sich dieser Gefahr bewußt gewesen sein. Sie vermieden sie mit einer Methode, die Coleman bereits in seinen Solo-Improvisationen eingesetzt hatte: motivische Kettenassoziationen. In *Free Jazz* werden sie von der Gruppe entwickelt, nicht von einem einzelnen. Ideen des «Solisten» in einem bestimmten Abschnitt werden spontan von den anderen Musikern paraphrasiert, weiterentwickelt und in veränderter Form dem Urheber zurückgegeben. Trotz einer Fülle von Interaktionen muß man den Gesamtcharakter von *Free Jazz* eher statisch als dynamisch nennen. Nur selten kommt es zu emotionalen Höhepunkten, der Ausdruck ist kaum differenziert. Der Reichtum an musikalischen Ideen und der ständige Gedankenwechsel bewegen sich auf einem unverändert ausdrucksstarken Niveau. Hin und wieder lassen folksongartige Phrasen von Coleman idyllische Ruhe aufkommen; und Dolphys Baßklarinette gibt dem Ganzen manchmal einen humorvollen Anstrich. Aber diese Passagen sind sowohl kurz als auch eher zufällig. Dreißig Jahre später kann man über die Ursachen dieser emotionalen – nicht musikalischen – Eintönigkeit nur spekulieren. Vielleicht waren Coleman und seine Musiker zu sehr damit beschäftigt, ein neues Vokabular einzusetzen und musikalisches Neuland zu betreten, als daß sie dabei noch verschiedene Stimmungen hätten entwickeln können. Vielleicht wollte Coleman auch ein statisches, homogenes Ganzes erreichen und einzelne Ideen zu einem ineinander verschränkten Kollektiv verbinden. Seine spätere Musik untermauert die zweite Theorie.

CD

(USA) The Shape of Jazz to Come, Atlantic 1317–2 ○

Don Cherry (Kornettino), Ornette Coleman (as), Charlie Haden (sb), Billy Higgins (d)
Hollywood 22. 05. 1959 **Focus on Sanity**
Chronology
Peace
Congeniality
Lonely Woman

Andere CDs

gleichen Inhalts:
(USA) Atlantic 19238–2
(Europa) Atlantic 781339–2 ○
(J) Atlantic 30 XD 1032

LPs

gleichen Inhalts:
(USA) Atlantic LP 1317; Atlantic SD 1317
(GB) Atlantic 587 022; Atlantic S588 022
(F) Atlantic 40441; Atlantic 332 010
(J) Atlantic P 6004; Atlantic P 7510

CD

(USA) Free Jazz, Atlantic 1364–2

Cherry *(Kornettino)*, Hubbard *(t)*, Coleman *(as)*, Eric Dolphy *(bcl)*, Haden, Scott LaFaro *(sb)*, Ed Blackwell, Higgins *(d)*
New York   21. 12. 1960   **Free Jazz**

Andere CDs

gleichen Inhalts:
(Europa) Atlantic CD 1364–2
(J) Atlantic 30 XD 1031

LPs

gleichen Inhalts:
(USA) Atlantic LP 1364; Atlantic SD 1364
(F) Atlantic 40232; Atlantic 50240; Atlantic 412 008
(J) Atlantic P 6059

Cecil Taylor: *Unit Structures*

«Nennt Ornette den Hirten und Cecil den Seher.» Mit diesen Worten charakterisierte der Tenorsaxophonist und Dichter Archie Shepp die beiden Musiker, die nicht nur die wahren Initiatoren des Free Jazz sind, sondern auch dessen musikalische und psychologische Gegenpole («A View from the Inside», *Down Beat Music '66*, Chicago, 1966, S. 39–44). Der eine Pol ist der «Hirt» Coleman mit einer neuen und beinahe folkoristischen Einfachheit des Ausdrucks, dessen Wurzeln auf den Blues, die Wiege des Jazz, zurückgehen. Der andere ist der «Seher» Cecil Taylor, dessen Musik von der unablässigen Spannung zwischen Emotionalität und einer strukturellen Komplexität geprägt ist, die zum Teil der Übernahme von neuer europäischer und amerikanischer Musik in die Sprache des Free Jazz zu verdanken ist.

Taylor wurde in New York geboren und wuchs in einer Mittelklassefamilie auf. Er besuchte das New England Conservatory in Boston, wo er die Musik von Bartók, Strawinski und Schönberg kennenlernte.

Dort entwickelte er auch die Idee, «die Energien und Techniken europäischer Komponisten bewußt einzusetzen und mit der traditionellen Musik des amerikanischen Negers zu verbinden, um dadurch neue Energie zu schaffen» (Shepp, ebd.). Zwei Aspekte sind wichtig, um Taylors Musik zu verstehen: sein rhythmischer Ansatz und seine Einstellung zur musikalischen Form. Seine Musik hat normalerweise kein festes Tempo, und daher fehlt ihr der elementare Swing des Mainstream. Trotzdem hat seine Musik einen enormen Drive, ein Phänomen, das von Theoretikern manchmal als «rhythmische Energie» bezeichnet wird. «Energie» ist natürlich eine Metapher, deren terminologische Werte problematisch sind. Energie darf auf keinen Fall als Lautstärke verstanden werden, sondern – im Sinne kinetischer Energie – als Zeitvariable. Sie schafft Bewegung in einem Prozeß, bei dem Lautstärke nur eine Variable und auf keinen Fall eine Konstante ist.

Gleichzeitig schafft Taylor ad hoc offene Formen, die trotzdem gewissen kreativen Prinzipien gehorchen. Er organisiert viele Stücke in drei Teilen und wiederholt manchmal den zweiten und dritten, jedesmal mit einem anderen Inhalt. Er nennt diese formalen Einheiten «Anakrusis», «Plain» und «Area». Der Name des ersten Teils stammt aus der antiken Prosodie und bedeutet «Auftakt». Damit soll ein grundlegendes «Programm» festgelegt, aber kein Material für Improvisationen vorgegeben werden. Das geschieht in dem Abschnitt Plain, wo das eigentliche Thema (oder Motiv) entwickelt wird. Neue melodische und rhythmische Muster entstehen aus vorbestimmten Mustern. Im dritten Teil, Area, «vermischen sich Intuition und vorgegebenes Material in der Interaktion der Gruppe». Ein «unbekanntes Ganzes, das durch Selbstanalyse (Improvisation) entsteht, die bewußte Manipulation des bekannten Materials». Das Erkennen dieser Methode spontanen formalen Aufbaus in seinen Kompositionen erweist sich als extrem flexibel. Traditionelle formale Schemata werden nicht einfach durch andere ersetzt, deren Neuheit nur in einer unorthodoxen Terminologie liegt. Die formale Anlage von Anakrusis, Plain und Area schafft keine Grenzen, sondern Richtungen, keine vorhersehbaren Strukturen, sondern Fortentwicklungen.

Taylors Prinzipien kann man gut von seiner Komposition/Improvisation *Unit Structures* ableiten – der Titel bezieht sich auf das große Repertoire struktureller Einheiten, aus denen das Material besteht. Die Anakrusis ist eine einminütige Episode, die von der Klangfarbe beherrscht wird. In Plain 1 präsentiert und entwickelt die gemeinsame

Improvisation verschiedene strukturelle Einheiten. Die beiden Holzbläser Ken McIntyre und Jimmy Lyons dominieren Area 1, das frei improvisiert ist. In dem relativ kurzen Plain 2 werden wieder strukturelle Einheiten etabliert und transformiert. In Area 2 treten Trompeter Eddie Gale Stevens jr. und schließlich Taylor selbst in den Vordergrund. Dann kommt das gesamte Ensemble hinzu und improvisiert in das Finale.

In *Unit Structures* illustriert Taylor verschiedene, sehr wichtige Merkmale des Free Jazz. Unter der emotionalen Wirkung seiner Musik – dem, worauf der Zuhörer in erster Linie reagiert – liegt ein kompliziertes Netzwerk formaler Zusammenhänge. Diese inneren formativen Aspekte sind vollkommen unabhängig von traditionellen schematischen Abgrenzungen und daher für den Zuhörer nur bedingt vorhersehbar. Der deutsche Jazzkritiker Manfred Miller bemerkt korrekt, daß die erste unvorbereitete Begegnung mit Taylors Musik normalerweise zu vollkommener Verwirrung führt («Cecil Taylor: Schlüsselfigur der Avantgarde», *Neue Musikzeitung*, xix/1, Febr./ März 1970, 10). Besonders bei Live-Auftritten seiner Gruppe trifft man immer wieder irritierte Zuhörer. Überwältigt von der Energie und Intensität der Musik, können sie die inneren Strukturen kaum sofort begreifen. Aber gerade die formativen Details – die erst nach mehrmaligem Hören deutlich werden – heben Taylors Musik von der seiner Nacheiferer ab. Indem Taylor zeigt, daß sich Spontaneität und Struktur nicht ausschließen müssen, demonstriert er auch, daß die Freiheit des Free Jazz nicht auf jede Organisation verzichtet. Die Freiheit liegt vor allen Dingen in der Möglichkeit, bewußt aus unendlichem Material auszuwählen. Außerdem soll das Material so geformt werden, daß es nicht nur in einem Psychogramm der beteiligten Musiker, sondern in einer musikalischen Struktur endet, die Emotion und Intellekt, Energie und Form im Gleichgewicht hält.

CD

(USA) *Unit Structures*, **Blue Note CDP 7–84237-2** ☐

Jimmy Lyons (as), Ken McIntyre (as), Cecil Taylor (p), Henry Grimes, Alan Silva (sb), Andrew Cyrille (d)
Englewood 19. 05. 1966 **Steps**
Cliffs, New Jersey

Eddie Gale Stevens Jr. *(tpt), McIntyre (Oboe), Taylor (p und Glocken), Grimes, Silva (sb), Cyrille (d)*
                                        Enter Evening (Soft Line Structure)

Stevens (tpt), Lyons (as), McIntyre (bcl), Taylor (p), Grimes, Silva (sb), Cyrille (d)
                                        Unit Structures (As of a Now; Section)

Taylor, Grimes, Silva, Cyrille   **Tales (8 Whips)**

Andere CDs

gleichen Inhalts:
(USA) Blue Note BCT 84237
(GB) Blue Note BNZ 217

LPs

gleichen Inhalts:
(USA) Blue Note BLP 4237 und BST 84237
(GB) Blue Note BNS 40023
(J) Blue Note GXK 8147; Blue Note BNJ 71047

John Coltrane: *Ascension*

1965 bekam die Entwicklung des Free Jazz eine neue zentrale Figur und damit einen neuen stilistischen Mittelpunkt. John Coltrane, der sich durch den Rhythm and Blues von Earl Bostic, Hard Bop, Miles Davis' Modal-Konzept und seine eigenen harmonischen Abenteuer (*Giant Steps*) gearbeitet hatte, stieß zu der jungen Generation der Free-Musiker. Dieser Schritt hatte nicht nur weitreichende musikalische Konsequenzen, sondern auch symbolischen Wert: Coltrane, der etablierte Künstler, zeigte seine Solidarität mit einer Gruppe sozial unterprivilegierter junger Musiker der New Yorker Szene.

    Das erste und gleichzeitig berühmteste musikalische Dokument dieser Zusammenarbeit ist ein fast eine Dreiviertelstunde langes

Stück, *Ascension,* aufgenommen am 25. Juni 1965 in den Impulse!-Studios in New York. Es entstanden zwei Takes, die sich nur in der Reihenfolge der Soli und durch den Aufdruck «Edition I» oder «Edition II» unterschieden. Dabei waren die Trompeter Dewey Johnson und Freddie Hubbard, die Altsaxophonisten Marion Brown und John Tchicai, die Tenorsaxophonisten Coltrane, Pharoah Sanders und Archie Shepp, der Pianist McCoy Tyner, die Bassisten Art Davis und Jimmy Garrison und der Schlagzeuger Elvin Jones.

Allein aus der Liste der Musiker wird klar, daß diese Session mehr war als nur eine beliebige weitere Free-Jazz-Aufnahme. Das wirklich Besondere an *Ascension* sind jedoch nicht die Besetzung und die Länge des Stücks. «Dies ist vielleicht der kraftvollste menschliche Sound, der je aufgenommen wurde», begann die Kritik des Jazztheoretikers und -kritikers Bill Mathieu in *Down Beat* (5. Mai 1966, S. 25). Seine Worte haben heute noch ebenso Gültigkeit wie Mitte der 60er Jahre.

Schon bei der Aufnahmesession müssen die Musiker gewußt haben, daß sie die Erfahrung totaler Kommunikation machten und das Endprodukt diese Erfahrung nicht vollkommen einfangen würde. Marion Brown sagte später: «Wir machten zwei Takes, und beide hatten das gewisse Etwas. Die Leute im Studio *schrien*» (Anmerkungen zu ASCENSION, HMV CSD 3543 von A. B. Spellman). Hier kommen wir zu einem Problem, das im Laufe der Entwicklung des Free Jazz immer größer wurde: Das «Jetzt» wird ebenso wichtig wie das musikalische Endprodukt. Das akustische Ergebnis, die Aufnahme, ist für die Musiker nur von sekundärem Interesse. Trotzdem fällt bei *Ascension* die außergewöhnliche Emotionalität auf. Diese Intensität verbirgt vielleicht, daß das Stück durchaus traditionelle Elemente enthält, und wer annimmt, daß jeder gerade das spielt, was ihm gefällt, irrt: Das Ganze ist musikalisch perfekt organisiert.

Der Aufbau von *Ascension* hat Parallelen zu *Free Jazz* von Ornette Coleman aus dem Jahr 1960. In beiden Fällen ist der formale Rahmen eine Abwechslung von gemeinsamer Improvisation und Soli mit einem Minimum vorher festgelegten Materials und einem Maximum an spontaner, freier Kreativität. Obwohl beide ähnlich radikal jede Konvention ablehnen (und damit die Entwicklung des Jazz in den folgenden Jahren anregten), zeigen innere Struktur und emotionaler Inhalt grundverschiedene Dialekte derselben Sprache.

Über die formale Anlage ist noch ein zweiter Rahmen gestülpt, der besonders in den Ensemblepassagen eine Quelle struktureller Differenzierung ist. Er besteht aus systematischen Veränderungen von modalen Ebenen und taucht mit einigen Abweichungen in allen gemeinsamen Improvisationen auf. Diese Organisation muß natürlich gesteuert werden. Normalerweise ist Coltrane der Steuermann und gibt Signale, indem er Töne hält, die mit dem modalen Niveau korrespondieren, das er anstrebt.

Der melodische Kern von *Ascension* ist ein kurzes Motiv von Coltrane am Beginn der ersten gemeinsamen Improvisation. Das Hauptprinzip zur Steuerung der Improvisationen besteht jedoch aus absteigenden Linien, die sowohl die Tonart bestimmen als auch einen besonderen Sound schaffen.

Die vielen rhythmisch voneinander unabhängigen Linien der Bläser überschneiden sich manchmal, und die Differenzierung wird dann von der Rhythmusgruppe vorgenommen. Trotz der Vielfalt und der Dichte des Sounds und gelegentlicher Dissonanzen zeigt sich, daß die Elemente der einzelnen Musiker weniger «revolutionär» sind als die Summe dieser Teile. Die Bläserlinien sind relativ einfach gehalten.

Hier können wir einen der entscheidensten Unterschiede zwischen den beiden Aufnahmen ausmachen, dessen Konsequenzen wahrscheinlich die wichtigsten und weitreichendsten in der Entwicklung des Free Jazz sind: In *Ascension* tragen die einzelnen Teile vor allem zu wechselnden Klangstrukturen bei, in denen der einzelne eine untergeordnete Rolle spielt. Die zentrale Idee ist nicht, ein Netzwerk ineinander verwobener, unabhängiger Linien zu schaffen, sondern dichte Soundkomplexe.

Die musikalische Bedeutung von *Ascension* für den weiteren Verlauf der Geschichte des Jazz ist groß. Fünf Jahre nach Colemans Stück signalisiert es eine zweite Phase freier gemeinsamer Improvisation: Dem Kammermusik-Dialog von Coleman folgen orchestrale Klangstrukturen. Das Ganze zieht seine Bedeutung nicht mehr aus den einzelnen Elementen. Im Gegenteil: Die Elemente kann man nur im Zusammenhang verstehen.

CD

(Europa) *Ascension, Major Works of John Coltrane I und II*, MCA Impulse! GRP 21132, mit Soli von Coltrane, Johnson, Sanders, Hubbard, Brown, Shepp, Tchicai, Tyner, Bass-Soli. O

Freddie Hubbard, Dewey Johnson (tpt), Marion Brown, John Tchicai (as), John Coltrane, Pharoah Sanders, Archie Shepp (ts), McCoy Tyner (p), Art Davis, Jimmy Garrison (sb), Elvin Jones (d)
Englewood 28. 06. 1965 **Ascension**
Cliffs, New Jersey

Andere CDs

Edition I, mit Soli von Coltrane, Johnson, Sanders, Hubbard, Shepp, Tchicai, Brown, Tyner, Jones:
  (Europa) Impulse! 254745-2 O
  (J) Impulse! 32 XD 584
Edition II, wie oben:
  (Europa) Impulse! 254618–2 O
  (J) Impulse! 32 XD 577

LPs

Edition I:
  (USA) Impulse! A 95; Impulse! AS 95
  (GB) HMV CLP 3543 und CSD 3543
  (F) EMI 9563
  (J) King SR 3026/28; MCA VIM 4666
Edition II:
  (USA) Impulse! A 95; Impulse! AS 95; MCA-Impulse! 29020
  (GB) Jasmine JAS 45
  (J) Impulse! IMP 88119; Impulse! YP 8529; MCA VIM 4624

Don Cherry: *Eternal Rhythm*

Don Cherry wurde in der Jazz-Szene als Trompeter des Ornette-Coleman-Quartetts bekannt. Nachdem er Colemans Gruppe in den frühen 60er Jahren verlassen hatte, spielte Cherry u. a. mit Sonny Rollins, Archie Shepp und Albert Ayler. 1965 zog er nach Europa, wo er eigene Gruppen gründete und ein neues Konzept zur Integration von Komposition und Improvisation in langen Suiten entwickelte. Beispiele finden sich in seinen Alben COMPLETE COMMUNION (1965) und SYMPHONY FOR IMPROVISERS (1966). Zur selben Zeit beschäftigte sich Cherry mit nichtwestlicher Musik, besonders indischer, türkischer und nordafrikanischer. Aus diesen Quellen übernahm er nicht nur verschiedene stilistische Mittel, sondern lernte auch, Holzflöten, Muschelhorn, Berimbau und viele Schlaginstrumente zu spielen.

Das erste Plattendokument dieser Entwicklung ist eine LP, die Cherry 1968 in Berlin aufnahm: ETERNAL RHYTHM. Sie entstand vor einem Konzert während der Berliner Jazztage, bei denen er die Gelegenheit hatte, ein Orchester für seine Ideen zusammenzustellen. Bei dem Konzert zwischen den Big Bands von Maynard Ferguson und Count Basie machte Cherrys Orchester alle Vorstellungen zunichte, die das Berliner Publikum bis dahin von der Institution Big Band gehabt hatte. Dies gelang Cherry, indem er seine zehn Musiker nicht als Mitglieder von Gruppen oder als Solisten bzw. Begleitmusiker einsetzte, sondern als die Individualisten, die sie waren.

Die Musiker, die er am 11. und 12. November 1968 im Studio zusammenbrachte, um die Suite ETERNAL RHYTHM aufzunehmen, gehörten zu den besten der damaligen europäischen Free-Jazz-Szene: die Posaunisten Albert Mangelsdorff und Eje Thelin, der Saxophonist Bernt Rosengren, der Pianist Joachim Kühn, der Bassist Arild Andersen und der Schlagzeuger Jacques Thollot. Karl Berger, früher Mitglied von Cherrys Gruppen in New York, spielte verschiedene Metallophone. Außerdem kam der amerikanische Gitarrist Sonny Sharrock hinzu.

Um ETERNAL RHYTHM richtig zu verstehen, muß man wissen, daß trotz der Ad-hoc-Zusammenstellung der Big Band für Berlin das Stück keinesfalls ein Produkt spontaner Ideen ist, sondern ein Auszug aus Cherrys vorheriger Arbeit mit seinen europäischen Gruppen. Das Konzept von ETERNAL RHYTHM besteht aus einem festgelegten System von Bezugspunkten, innerhalb dessen die Musiker größtmögliche Freiheit haben und Cherry als Katalysator fungiert.

Die Themen tauchen an strategischen Punkten des Stückes auf. Sie sorgen für strukturelle Differenzierung und formale Artikulation, fungieren aber kaum als motivisches Material in den Improvisationen. Die Soli sind relativ selten und kurz, gemeinsames Improvisieren dominiert. Wenn Soli auftauchen, sind sie von einem dichten Soundnetz umgeben, das einen ständig wechselnden Hintergrund abgibt.

Ein neues Element bei Cherry ist die Musik der Dritten Welt. Am deutlichsten wird das durch die zusätzlich eingesetzten Instrumente östlichen Ursprungs. Don Cherrys ETERNAL RHYTHM steht mit dem

Stellenwert, den er musikalischen Elementen des Nahen und Fernen Ostens gibt, nicht allein da, sondern muß im Zusammenhang mit ähnlichen Unternehmen von John Coltrane, Pharoah Sanders, Archie Shepp, Sunny Murray, Sun Ra usw. gesehen werden. In dieser stilistischen Metamorphose hat ETERNAL RHYTHM einen besonderen Stellenwert. Man darf das Werk auf keinen Fall in dieselbe Kategorie wie JAZZ MEETS THE WORLD einordnen. Die Aufnahmen, die unter diesem Titel zur selben Zeit in Deutschland entstanden, zeigten, daß die Dritte Welt in Mode war, so wie Bossa Nova oder Barock-Jazz vorher und Jazz Rock später. Für Cherry bedeutete die Beschäftigung mit afrikanischer und asiatischer Musik mehr als nur eine kurze Mode. ETERNAL RHYTHM sollte man als großen Schritt in einem Marsch ansehen, der nach und nach den Abstand zwischen Cherry und den Spielregeln des Free-Jazz-Mainstream vergrößerte.

LP

(D) Eternal Rhythm, Saba MPS 15204 □

Don Cherry (c, diverse Flöten und andere Instrumente, v), Albert Mangelsdorff, Eje Thelin (tb), Bernt Rosengren (cl, ts, fl, Oboe), Joachim Kühn (p), Sonny Sharrock (g), Arild Andersen (sb), Jacques Thollot (d, Glokken, Gong, v), Karl Berger (vb, p, Gender)

Berlin 11.–12. 11. 1968 **Baby's Breath**
 Sonny Sharrock
 Turkish Prayer
 Crystal Clear (Exposition)
 Endless Beginnings 5

Cherry alleine **Baby's Breath**

volles Orchester **Autumn Melody**
 Lanoo
 Crystal Clear (Ausführung)
 Screaming 10
 Always Beginnings

Andere LP

gleichen Inhalts:
(D) BASF 21 20680–7; MPS 15007; Saba MPS 68225

Art Ensemble of Chicago: *A Jackson in your House*

Es gibt kaum eine Gruppe von Individuen im Free Jazz, die so stark einer gemeinsamen Klassifizierung unterworfen waren wie diese Musiker aus Chicago, die sich Mitte der 60er Jahre unter der Association for the Advancement of Creative Musicians (AACM) zusammentaten und später in verschiedenen Formationen eine neue Form des Chicago Jazz verbreiteten.

Die besondere Art des Chicago Free Jazz kann man teilweise durch die geographische Lage und die Art der Jazzgemeinde in der Stadt erklären, wo die Musik kaum von den Geschehnissen in New York beeinflußt wurde. In New York führte der ständige Konkurrenzkampf die Jazzmusiker dazu, daß jeder sein eigenes Süppchen kochte und nach Einzigartigkeit strebte. Chicago war anders. Es gab ein einendes Band: Die Musiker waren Mitglieder einer größeren Organisation und stellten individuellen Ruhm zurück. Das beeinflußte die stilistische Entwicklung ihrer Musik. Wenn wir von Chicago Free Jazz sprechen, müssen wir nicht nur eine bestimmte Gruppe von Musikern und eine bestimmte Art der Musik beschreiben, sondern auch die Abhängigkeit von sozialen und musikalischen Faktoren, der diese Musik ihren individuellen Status innerhalb des stilistischen Konglomerats des Free Jazz verdankt.

Den ersten Mittelpunkt des Chicago Free Jazz bildete die Experimental Band unter der Leitung des Pianisten Muhal Richard Abrams. Praktisch jedes Mitglied der AACM spielte in diesem ständig wechselnden Orchester, das zu einer Schule für aufstrebende Avantgardisten wurde. In der zweiten Hälfte der 60er Jahre entstand eine Reihe Bands innerhalb der Band. Auf einer gemeinsamen musikalischen Basis, aber mit unterschiedlichen Mitteln, ließen diese kleineren Gruppen ihr in der Big Band erworbenes Wissen in den besonderen Chicago-Stil des Free Jazz einfließen. Am bekanntesten in diesem Zusammenhang wurde das Art Ensemble of Chicago, das aus Lester Bowie, Joseph Jarman, Roscoe Mitchell und Malachi Favors bestand. Ihre Musik repräsentiert ausgereiften Chicago Free Jazz.

Zu den wichtigsten stilistischen Faktoren der AACM-Musik gehörte von Anfang an die Erforschung der Tonfarbe, die zu einem ungewöhnlich hohen Einsatz verschiedener Instrumente führte und eine direkte Auswirkung auf kreative Prinzipien, wie die Entwicklung statischer Klangfelder, hatte. Als das Quartett 1969 nach Europa ging, nahm es über 500 Musikinstrumente mit. Auf den Platten, die die Gruppe in Frankreich machte, tauchten nur einige davon auf: Lester Bowie: Trompete, Flügelhorn, Cowhorn, Baßtrommel.

Roscoe Mitchell: Sopran-, Alt- und Baßsaxophon, Klarinette, Flöte, Cymbals, Gongs, Kongas, Logs, Steel Drum, Schellen, Sirene, Pfeifen.

Joseph Jarman: Sopran-, Alt- und Tenorsaxophon, Klarinette, Oboe, Fagott, Flöten, Marimba, Vibraphon, Gitarre, Kongas, Schellen, Gongs, Pfeifen, Sirene.

Malachi Favors: Kontrabaß, Fender-Baß, Banjo, Zither, Log Drums, andere Schlaginstrumente.

Einige Aufnahmen haben auch Piano und Akkordeon. (1970 kam als fünfter Mann der Schlagzeuger Don Moye hinzu.)

Angesichts der Menge und der Vielfalt der Ausrüstung, die zur Verfügung stand, ist der sparsame Einsatz erstaunlich. Das Art Ensemble wandte sich von jeder Form musikalischen Muskelspiels ab. Intensität entsteht nicht durch Dezibel, sondern durch Dichte und Drive. Die Musik wird transparenter ohne Schlagzeug. Man verzichtete auf den traditionellen Jazzschlagzeuger, weil jeder Musiker verschiedene Schlaginstrumente spielt. Durch die Verteilung der Instrumente auf das Quartett, durch Arbeitsteilung in Baßtrommel, Cymbals, melodische Percussion (Marimba und Vibraphon) setzen sie Percussion als Mittel der strukturellen Differenzierung ein. Es ist natürlich nicht immer vorhanden.

So wie die verschiedenen Elemente des üblichen Jazzschlagzeugs isoliert wurden, wurde es teilweise auch abgelehnt, andere Instrumente auf übliche Art zu spielen. Das Piano gehört beim Art Ensemble paradoxerweise zu den «kleinen Instrumenten» und dient nur dem Background. Das Akkordeon spielt keine Melodien, sondern produziert lange, gehaltene, statische Töne. Favors zupft nicht die Saiten der Zither, sondern schlägt sie mit einem Stock. Solche Klangveränderungen, für die es viele weitere Beispiele gibt, geschehen nicht um ihrer selbst willen, sondern stehen in einer dialektischen Beziehung zu der umgebenden Musik. Die Interpolation denaturierter Klänge und Geräusche unterbricht manchmal vorsätzlich Standardthemen wie Dexter Gordons *Dexterity*. Ähnliches geschieht während einiger Trompeten-Soli von Bowie, dessen schöne Melodie in der Opposition zu dem Rasseln und Klicken kleiner Instrumente steht. Diese Konfrontation verschiedener Ausdrucks- und Stillebenen ist wichtiger Bestandteil der Grundauffassung des Art Ensembles, wenn auch die fraglichen Passagen nicht unbedingt bis ins kleinste vorausgeplant waren, sondern aus spontaner Interaktion der Musiker entstanden. Verglichen mit der Musik anderer AACM-Gruppen bis 1968, ist das thematische Material des Art Ensemble sehr viel umfassender. Die Gruppe zeigt eine Vorliebe für traditionelle Elemente aus allen musikalischen und kulturellen Bereichen. Die LP A JACKSON IN YOUR HOUSE ist ein ausgezeichnetes Beispiel dafür. Die kleine Suite beginnt mit einer pompösen, barocken Ouvertüre, die durch Schlagzeugunterbrechungen und Lachen unterminiert wird. Es folgen ein Stück Dixieland und schließlich eine Episode im Swingstil. *Get in Line* legt ein stürmisches Tempo vor und endet in einer gemeinsamen Cymbal-Session. Der Wiener Charme von *The Waltz* wird durch die hackende Baßbetonung hintertrieben.

Dies ist gleichsam Musik über Musik. Das «historische» Material taucht nur ganz selten ungefiltert auf, sondern wird vom Art Ensemble meist den stilistischen Merkmalen der Gruppe entsprechend umgeformt. Klischees sind andeutungsweise erkennbar, manchmal ironisch übertrieben, werden aber nie direkt ins Spiel gebracht. Viele dieser Stücke sind komisch (ein Tabuwort in der Jazzkritik) und sollen es zweifellos auch sein.

Andere Alben wie MESSAGE TO OUR FOLKS enthalten die gesellschaftskritische Botschaft des Art Ensemble, die viel direkter und aggressiver ist, als es bei früheren AACM-Produktionen der Fall war; Weltanschauung wird nicht länger als Poesie verkleidet, sondern taucht als Sermon auf (*Old Time Religion*). Auf dem Album CERTAIN BLACKS von 1970 ersetzt offene Agitation die üblichen Metaphern bei dem Titelstück *Certain Blacks Do What They Wanna! – Join Them!* Um diese Botschaften über ein Medium wie die Musik zu vermitteln, muß man auf Modelle zurückgreifen, die der Zuhörer entziffern kann. Das bedeutet aber nicht, in der Trivialität zu enden. Die «traditionellen» Themen des Art Ensemble zeigen das deutlich. Sie nur mit einem ästhetischen Maßstab zu messen wäre ebenso unsinnig, wie die Improvisation der Gruppe als Ausdruck einer politischen Meinung zu werten.

LP

(F) *A Jackson in your House*, BYG Actuel 2 ☐

Lester Bowie (tpt, flh, Basstrommel, Hörner, v), Roscoe Mitchell (as, ss,

bsx, cl, fl, Cymbal, Gong, Kongas, Logs, Schellen, Sirene, Steel Drums, Pfeifen, v), Joseph Jarman (as, ss, cl, Oboe, fl, Marimba, vb, Kongas, g, Schellen, Gongs, Sirenen, Pfeifen, v), Malachi Favors (sb, elb, bj, Holztrommeln, Zither, perc, v)
Paris   23. 06. 1969   **A Jackson in your House**
Get in Line
The Waltz
Ericka
Song for Charles

Andere LPs

gleichen Inhalts:
(GB) Affinity AFF 9
(F) BYG 529.302
(J) BYG YX 8027; Toho TX 8027
mit weiteren Stücken:
(F) *Art Ensemble of Chicago,* BYG 529.204

CDs

gleichen Inhalts:
(GB) Charly CDCHARLY78
mit den Stücken 1–2, 4–5:
(GB) *A Jackson in your House (Message to our Folks),* Affinity AFF 752

Sun Ra: *The Heliocentric Worlds of Sun Ra*

Eine der umstrittensten Persönlichkeiten in der Geschichte des Free Jazz ist der Pianist, Komponist und Bandleader Sun Ra. Von den einen als Scharlatan beschimpft, feiern ihn die anderen als charismatische Figur und genialen Erneuerer. Die Gründe für diese Diskrepanz finden sich eher in seiner intergalaktischen Philosophie als in der Arbeit mit seinem Orchester (das er «Arkestra» nennt), die von Anfang an sehr überzeugend war.

    Wie die AACM-Gruppen entwickelte Sun Ra seine musikalische Sprache Anfang der 60er Jahre in Chicago. Als Free Jazz konnte man seine Musik jedoch erst Mitte der 60er Jahre bezeichnen. Der erste Schritt in diese Richtung wird durch zwei 1965 entstandene LPs dokumentiert: THE HELIOCENTRIC WORLDS OF SUN RA, Folge 1 und 2. Es ist schwer, die Alben einer objektiven musikalischen Analyse zu unterziehen. Wenn man sie heute hört, fordern sie Vergleiche mit anderen Arbeiten in benachbarten Stilbereichen des Free Jazz heraus. Man erinnert sich an die monumentale Gemeinschaftsimprovisation auf Coltranes ASCENSION (im selben Jahr aufgenommen), an die ungewöhnlichen Tonfarben und den mutigen Einsatz von Stille in der AACM-Musik, an die gemeinsamen Kompositionen in Cecil Taylors Gruppen. Aber über alle musikalischen und technischen Parallelen hinaus – unabhängig davon, in welchem Maße Traditionen überwunden werden – enthält Sun Ras Musik zur Zeit von HELIOCENTRIC WORLDS eine Komponente, die sie von jeder anderen Form des Free Jazz unterscheidet: Kreative Prinzipien von Komposition und Improvisation sind mit programmierten Emotionen verbunden.

Bei HELIOCENTRIC WORLDS kann man kaum von Komposition im ursprünglichen Sinn sprechen. Keines der zehn Stücke hat festes thematisches Material. Es gibt keine Bläserarrangements, es gibt nicht einmal eine einheitliche Melodielinie. Der Verzicht auf alles, was man in Form von Noten vorher festlegen kann, führt jedoch nicht zwangsläufig zu Unordnung. Im Gegenteil, die Musik auf diesen beiden LPs hat eine außergewöhnlich klare Struktur und ein breites Spektrum emotionaler Ebenen. Dies hat drei Ursachen: der Einsatz von Programmen, um musikalische Prozesse zu etablieren, eine besondere Kommunikation zwischen Sun Ra und seinen Mitspielern und ein hoher Standard dieser Musiker.

Es gibt deutliche Hinweise in HELIOCENTRIC WORLDS, daß sich Sun Ras wirkliches «thematisches» Material in den Titeln seiner Stücke findet, daß die «Themen» verbal und nicht musikalisch formuliert sind. Zahlreiche Interviews mit Sun Ra und seinen Musikern beweisen, daß er immer bemüht war, in seiner Musik Ideen umzusetzen, emotionale Zustände zu beschreiben oder Bilder zu skizzieren. Die Titel seiner Stücke fungieren dabei als Überschrift oder Motto. In den 50er Jahren war die Umsetzung eines verbalen Programms mehr oder weniger in der Komposition durchgeführt (d. h. Arrangement, Instrumentation usw.), während die Improvisationen der Solisten – die immer noch Hard Bop spielten – meistenteils von den programmatischen Aspekten des thematischen Materials unberührt blieben. Jetzt, 1965, geschieht die Umsetzung von Ideen nicht länger durch eine

Komposition. Statt dessen greift das im Titel eines Stücks manifestierte Motto direkt in die improvisatorische Kreativität ein.

(Man kann dieses Programm mit gutem Gewissen Musik nennen, sollte aber die Tatsache nicht übersehen, daß in stark emotionaler Musik wie dem Jazz der Ausdruck, sei es von Glück, Traurigkeit, Wut, Sex, Einsamkeit, Frieden oder was auch immer, immer der Auslöser von Kreativität war. Der Verzicht auf Gefühle führt nicht immer zu schlechter Musik, aber oft zu langweiligem Jazz.)

Damit diese theoretischen Betrachtungen nicht so rätselhaft wie Sun Ras eigene Erklärungen bleiben, werde ich die Umsetzung von programmatischen Ideen in eine musikalische Form anhand von drei Stücken der ersten Folge von HELIOCENTRIC WORLDS erklären.

Outer Nothingness: Die Gruppe übersetzt die «Leere» des Raums in einen musikalischen Zusammenhang, indem sie zwei Ideen verbindet: eine starke Betonung der unteren Register und tonale und rhythmische Unbestimmtheit. Timpani, Bongos und Baßmarimba (letztere wird von Sun Ra gespielt) liefern einen rhythmischen Hintergrund, der lebhaft, aber diffus betont ist. Dagegen spielen Posaune, Baßposaune, Baßklarinette und Baritonsaxophon lange, gehaltene, dissonante, laute Töne in ihrem untersten Register. Es setzen nicht alle gleichzeitig ein. Die Töne überschneiden sich und bilden bombastische Clusters. Die Kombination von Baßregister, Atonalität, rhythmischer Unbestimmtheit und aggressiver Dynamik setzt diese magische und bedrohliche Atmosphäre frei, die als emotionale Basis in den Ensemblepassagen vorhanden ist. Die gemeinsamen Improvisationen in diesem Stück wurden verbal programmiert, und einige der Soli verwirklichen ebenfalls das Motto. Ein gutes Beispiel dafür ist John Gilmores Solo mit der Baßklarinette, in dem er das «Nichts» so andeutet: Er verzichtet auf melodische Entwicklung. Es gibt fragmentarische Phrasen in halben Schritten, unregelmäßige einzelne Akzente und viel «Raum» (Pausen). Er spielt das Solo in einem freien Tempo und gegen einen rhythmisch unorganisierten, verschwommenen Hintergrund aus Schlagzeug, Cymbals und Baßmarimba.

Dancing in the Sun: Rhythmus überträgt den Titel in die Musik. Dieses Stück hat als einziges auf HELIOCENTRIC WORLD einen gleichmäßigen Beat, und die Improvisationen swingen auf traditionelle Art und Weise.

Nebulae: Dies ist eine Solo-Improvisation von Sun Ra auf einer Celesta, einem Instrument, dessen Timbre relativ dünn und doch verschwommen ist. Der Klang an sich löst Assoziationen von etwas

Nebulösem und Unbestimmtem aus, und Sun Ra setzt das Instrument häufig in Ensemblepassagen ein, um einen «sphärischen» Hintergrund zu schaffen. Sun Ras Art der Improvisation erhöht die Undurchsichtigkeit des Timbres noch: atonale Linien in freiem Tempo und Zickzack, verwoben zu einem dichten melodischen Netz, während unregelmäßig eingeworfene dissonante Akkorde oder Clusters die rhythmische Unsicherheit verstärken.

Die Beziehungen zwischen verbalem Thema und musikalischer Struktur in HELIOCENTRIC WORLDS sind nicht immer so leicht festzumachen wie in diesen drei Beispielen. Besondes die längeren Kompositionen der Folge 2 – *The Sun Myth, House of Beauty* und *Cosmic Chaos* – enthalten eine Fülle von Formen und eine Vielzahl emotionaler Ebenen, die man kaum auf ein einziges Thema reduzieren kann. Die Tendenz, Ideen oder emotionale Zustände umzusetzen, ist trotzdem fast immer spürbar. Und diese Umsetzung von Gedanken oder Gefühlen bestimmt wirklich Sun Ras Musik. «Meine Regel ist, daß jede geschriebene oder gespielte Note eine lebendige Note sein muß. Um das zu erreichen, setze ich Noten wie Worte in einem Satz ein, jede Tonfolge wird zu einem anderen Gedanken» (Barry McRae: «Sun Ra», *Jazz Journal*, xix, August 1966, 15–16).

LP

(USA) The Heliocentric Worlds of Sun Ra, Vol. 1: «Other Worlds», ESP 1014 □

Chris Capers (tpt), Teddy Nance (tb), Bernard Pettaway (Bass, tb), Danny Davis (as, fl), Marshall Allen (as, fl, Piccolo, per), John Gilmore (ts, Timpani), Robert Cummings (bcl, Woodblocks), Pat Patrick (bar, per), Sun Ra (p, el, Celesta, Bassmarimba, per, arr), Ronnie Boykins (sb)
New York   20. 04. 1965   **Heliocentric**

wie **Heliocentric,** *aber mit Gilmore (ts), Sun Ra (Timpani)*
        Outer Nothingness

wie **Heliocentric,** *aber mit Gilmore (ts) und Jimhmi Johnson (per)*
        Other Worlds

wie **Heliocentric,** *aber mit Allen (Spiralcymbal), Gilmore (ts), Johnson (per, Timpani)*   **The Cosmos**

wie **Heliocentric**   **Of Heavenly Things**

Sun Ra allein (p, el. Celesta)   **Nebulae**

wie **Heliocentric**, *aber mit Gilmore (ts)*
                              Dancing in the Sun

Andere LPs

gleichen Inhalts:
  (GB) Fontana STL 5514
  (D) Rosy 1014
  (I) Base 1014
  (J) Phonogramm BT 5055
  (Länder unbekannt) Boots 2404; Happy Bird B 90131

CD

gleichen Inhalts:
  (I) *Cosmic Equation*, Magic Music 30011-CD

LP

(USA) The Heliocentric Worlds of Sun Ra, Vol. 2: «The Sun Myth», ESP 1017 ☐

Walter Miller (tpt), Allen (as, fl, Piccolo, per), Gilmore (ts), Patrick (bar, per), Cummings (bcl, per), Sun Ra (p, Clavoline, per, Bongos), Boykins (sb), Roger Blank (per)
New York   16. 11. 1965   **The Sun Myth**
                                A House of Beauty
                                Cosmic Chaos

Andere LPs

gleichen Inhalts:
  (GB) Fontana STL 5499
  (D) Rosy 1017; Happy Bird B 90132
  (I) Base 1017
  (Länder unbekannt) Boots 2406; ESP Explosive 538.108

Charlie Haden: *Liberation Music Orchestra*

Charlie Hadens «Liberation Music» kann als musikalische Ausdrucksform eines wachsenden politischen Bewußtseins unter Jazzmusikern in den 60er und frühen 70er Jahren verstanden werden. Diese Tendenz wurzelte natürlich in den allgemeinen gesellschaftlichen und politischen Umwälzungen und dem geistigen Klima jener Zeit. Politische Ideen durchdrangen die Arbeit von Musikern und Gruppen wie Charles Mingus, Sonny Rollins, Max Roach, Archie Shepp und dem Art Ensemble of Chicago. Haden erklärte zu seinen Motiven für die Produktion dieser Liberation Music in den Liner Notes: «Die Musik auf diesem Album ist der Erschaffung einer besseren Welt gewidmet, einer Welt ohne Krieg und Töten, ohne Rassismus, ohne Armut und Ausbeutung, einer Welt, in der alle Regierenden die Bedeutung des Lebens erkennen und danach streben, es zu schützen, anstatt es zu zerstören. Wir hoffen, eine neue, erleuchtete und weise Gesellschaft zu sehen, in der Kreativität zur stärksten Kraft im Leben aller Menschen wird.»

Das Problem jeder politischen Musik ist: Wie kann man eine weltanschauliche Botschaft in einer so abstrakten Kunst vermitteln? Die häufigste gewählte, doch nicht immer sehr überzeugende Lösung ist, die Musik mit Titeln oder Texten zu versehen. Haden schlug mit Hilfe der Pianistin, Arrangeurin und Komponistin Carla Bley einen anderen Weg ein. Er vermied die direkte Übermittlung von Botschaften in Texten und setzte statt dessen musikalisches Material mit politischen Konnotationen ein, das indirekt über Gedächtnis und historische Erfahrung eine politische Aussagekraft hatte. Der Kern der Liberation Music besteht aus sozialistischen Liedern aus dem Spanischen Bürgerkrieg (1936–1939). Zusätzlich greift Haden auf den *Song of the United Front*, geschrieben von Hanns Eisler, zurück, auf die Hymne der amerikanischen Bürgerrechtsbewegung, *We Shall Overcome,* auf Ornette Colemans *War Orphans* und seinen eigenen *Song for Ché* (neben einer funktionalen Einführung, einem Mittelteil und einem Zwischenspiel, von Bley komponiert). Die politische Bedeutung manifestiert sich also durch den Einsatz von Musik innerhalb eines bestimmten politischen Zusammenhangs. Zuhörer, die nichts über diesen Zusammenhang wissen, werden Hadens politisches Anliegen kaum entziffern können und letztlich doch wieder auf Titel, Kommentare und Erklärungen zurückgreifen.

Hadens LIBERATION MUSIC ORCHESTRA gibt nicht nur einen hochinteressanten Lösungsansatz für das allgemeine ästhetische Problem politischer Musik, sondern ist auch ein wichtiges Dokument für das besondere geistige Klima im Jazz in den 60er Jahren. Es ist zudem ein überzeugendes Beispiel für die Integration historischer Musik in den Free Jazz. Carla Bley arrangierte für ein Ensemble, das aus dem Jazz Composers' Orchestra hervorgegangen war, das sie seit 1966 mit dem Trompeter Mike Mantler geleitet hatte. Sie befaßte sich mit der Herausforderung, ein Gleichgewicht zwischen Big-Band-Passagen und freier Improvisation zu finden. Das Ergebnis war eine Kombination aus rohem Ensemblespiel und feurigen Soli, mit immer wiederkehrenden Bezügen zu fremden Titeln.

CD

(USA) *Liberation Music Orchestra,* **MCA Impulse! AS 9183** ○

Mike Mantler (tpt), Roswell Rudd (tb), Bob Northern (Waldhorn, Glokken, Pfeifen, Krähenruf, Woodblocks), Howard Johnson (Tuba), Gato Barbieri (ts, cl), Dewey Redman (ts, as), Perry Robinson (cl), Carla Bley (org, p, Tamburin, v), Sam Brown (g, p), Charlie Haden (sb), Paul Motian (d, per)
New York   27.03.–09.04.69   **The Introduction**

ohne Brown   **Song of the United Front**

mit Don Cherry (c, flh und div. fl) und Brown
 **El Quinto Regimiento (The Fifth
   Regiment)**
 **Los Cuatro Generales (The Four
   Generales)**
 **Viva la Quince Brigada (Long Live
   the Fifteenth Brigade)**   5

ohne Cherry   **The Ending to the First Side**

mit Cherry   **Song for Ché**

ohne Cherry   **War Orphans**
                            The Interlude (Drinking Music)

ohne Brown und Cherry; mit Andrew Cyrille (per)		
	Circus '68, '69	10
ohne Cyrille	We Shall Overcome	

Andere CDs

gleichen Inhalts:
(USA) Impulse! MCAD 39125
(Europa) Impulse! 254633–2
(J) Impulse! 32 XD 619

LPs

gleichen Inhalts:
(USA) Impulse! AS 9183
(GB) Jasmine JAS 55; Probe SPB 1037

Anthony Braxton: *Five Pieces 1975*

Wie das Art Ensemble of Chicago kam der multi-instrumentale Holzbläser und Komponist Anthony Braxton aus den Reihen der AACM, Chicagos Musikergenossenschaft. Aber während das Art Ensemble seine meisten Impulse aus der traditionellen afro-amerikanischen Musik und den musikalischen Kulturen der Dritten Welt bezog, wurde Braxton zum großen Teil von der Arbeit und den Konzepten der Zweiten Wiener Schule und von John Cage und Karl-Heinz Stockhausen beeinflußt. Diese unterschiedlichen Bezugspunkte markieren den eigentlichen Unterschied zwischen den verschiedenen Schulen der Chigacoer Jazz-Avantgarde: die eine erdverbunden, farbenfroh und extrovertiert, die andere intellektuell, nüchtern und introspektiv (was nicht heißt, daß Braxtons Musik nicht manchmal höchst emotional sein kann).

Für die Entwicklung des zeitgenössischen Jazz ist Braxtons Rolle als Komponist und Konzeptualist ebenso wichtig wie seine Rolle als Instrumentalist. In seinen Kompositionen, die eine große Vielfalt an konstruktiven Prinzipien zeigen, schöpft er oft aus mathematischen

Konzepten und graphischen Schemata, wobei er die meiste Zeit große Abschnitte freiläßt für die improvisierenden Musiker und deren Ideen. Als Instrumentalist nutzte er Saxophone, Klarinetten und Flöten. Er ist ein wahrer Virtuose mit einem besonderen Stil.

Die LP FIVE PIECES 1975 zeigt Braxton als Komponist und Improvisator mit einer der kohärentesten Gruppen der 70er Jahre. Sie bestand aus dem kanadischen Trompeter Kenny Wheeler, der in England mit vielen zeitgenössischen Jazzstilen vertraut wurde; dem Bassisten Dave Holland, der aus der englischen Free-Music-Szene kam, sich dem Jazz Rock zuwandte, von Miles Davis entdeckt wurde und sich zu einem der begeisterndsten Free-Jazz-Musiker entwikkelte; und dem amerikanischen Schlagzeuger Barry Altschul, einem extrem klangbewußten Schlagzeuger und einem Meister der «free time».

Die FIVE PIECES sind ganz unterschiedliche Charaktere und zeigen unterschiedliche Prinzipien gemeinsamen Schaffens. *You Stepped out of a Dream* stammt nicht von Braxton, sondern ist ein alter Standard. Braxton spielt das Stück in einem Duett mit Holland. Der spielt die Wechsel konventionell, während Braxton sich ständig in und außerhalb des harmonischen Rahmens bewegt und somit die traditionelle formale Struktur des Stücks akzeptiert, sie aber gleichzeitig mit neuem Inhalt füllt.

Das zweite Stück beginnt mit einer ausgedehnten mehrteiligen thematischen Struktur, führt in ein Schlagzeug-Solo und endet mit einer kurzen Reprise der ersten thematischen Motive. Es ist ein heterogenes Stück, in dem die Teile ohne den Versuch, ein Ganzes zu schaffen, verbunden sind. Das dritte Stück ist in seinem Rahmen konventionell (Thema – Improvisation – Thema) und mutig in seinem Inhalt. Es beginnt mit einem typisch eckigen Braxton-Thema in gleichmäßigen (nicht swingenden) Achtelnoten und mit einer komplexen Struktur aus großen Intervallen, die von den Bläsern unisono gespielt wird über einer komplizierten rhythmischen Grundierung, die von Baß und Drums synchron gespielt wird. Braxtons Improvisation ist, passend zu dem thematischen Material, meist staccato und vermeidet anscheinend absichtlich jede Assoziation mit der rhythmischen Substanz des konventionellen Jazz.

Das vierte Stück zeigt den vielschichtigsten strukturellen Ansatz. Wieder beginnt es mit einer Unisono-Linie mit Zwölfton-Anspielungen, die sich ruhig über eine zweite Linie legt, einen langsamen Baß. Die folgenden gemeinsamen Improvisationen haben verschiedene Ziele: eine graduelle Intensivierung und dann Reduktion der rhythmischen Energie und strukturellen Dichte sowie einen ständigen Wechsel von Register und instrumentaler Klangfarbe. Im Laufe weniger Minuten wechselt Braxton vom Sopransaxophon über die B-Klarinette und die Flöte zur Kontrabaßklarinette. FIVE PIECES 1975 ist ein wichtiges Album in Braxtons Karriere. Obwohl es auf keinen Fall die ganze Bandbreite seiner musikalischen Welt zeigt, demonstriert diese Aufnahme die Möglichkeit, die Spontaneität der Improvisation mit den strukturellen Prozessen der Komposition zu verbinden.

LP

(USA) *Five Pieces 1975*, Arista AL 4064 ☐

Anthony Braxton (as), Dave Holland (sb)
New York   01. 07. 1975   **You Stepped out of a Dream**

Braxton (as, Sopranino, s, cl, Kontrabaß, cl, fl, Alt-fl), Kenny Wheeler (tpt, flh), Holland (sb), Barry Altschul (d)
    02. 07. 1975   (Stücke 2–5)

Alexander von Schlippenbach: *Globe Unity*

Eine gemeinsame Bemühung, kreative Entwicklungen in den Vereinigten Staaten zu imitieren, prägt die Geschichte des Jazz in Europa bis zur Mitte der 60er Jahre. Europäische Musiker nahmen die wechselnden ästhetischen Vorstellungen der afro-amerikanischen Musik, die Entwicklung neuer Strukturmuster und eine schrittweise Ausdehnung musikalischen Materials auf. Maßstab für musikalische Qualität war, so nah wie möglich an das jeweilige amerikanische Original heranzukommen. Es war vermutlich nicht nur mangelndes Selbstbewußtsein in bezug auf die eigenen kreativen Möglichkeiten, die europäische Musiker veranlaßte, lediglich Nachahmungen zu produzieren. Vielmehr förderten die Erwartungen des Publikums und der Jazzkritiker diese Entwicklung. Für sie galt der Prophet im eigenen Lande nur etwas, wenn er die Botschaft des amerikanischen Gottes interpretierte.

Alexander von Schlippenbach | 357

Gegen Mitte der 60er Jahre jedoch kam es zu einem Wandel in der Einstellung europäischer Musiker zu ihren amerikanischen Vorbildern. Die Entwicklung des amerikanischen Jazz hat dazu wohl ebenso beigetragen wie die Veränderung der Selbsteinschätzung der europäischen Musiker. Wie ihre amerikanischen Vorbilder brachen sie mit der Routine harmonisch-metrischer Schemata, lösten den Beat in eine unregelmäßige Folge von Betonungen auf und konzentrierten sich auf musikalischen Klang anstatt auf Improvisationen, die sich an Melodien orientierten. Zugleich jedoch entzogen sie sich dem direkten Einfluß amerikanischer Musiker. Sie schufen ihre eigenen Ausdrucksmittel und Strukturen. So fand gegen Ende der Dekade eine spezifisch europäische Ausprägung des Free Jazz ihren Weg zum Publikum.

Was war der Grund für diese unerwartete Emanzipation? Zumindest zwei Faktoren sollte man erwähnen. Einer liegt in der Musik selbst, der andere ist weltanschaulich oder, wenn Sie so wollen, politisch. Zum ersten: Der Free Jazz konfrontierte die europäischen Musiker zum ersten Mal mit einem Stil, der nicht definiert, nicht durch ein System von begrenzten Standards eingeschränkt war, sondern eine Vielzahl individueller und Gruppenstile umfaßte, die sich kaum miteinander vergleichen ließen. Die Entwicklung eines eigenen Stils innerhalb dieses Konglomerats von Stilen unter dem Namen «Free Jazz» war einfacher als je zuvor.

Der zweite Grund hat viel mit der sozialen und politischen Atmosphäre Ende der 60er Jahre zu tun. Die Studentenbewegung in Deutschland und Frankreich erreichte 1968 ihren Höhepunkt, und viele junge Musiker sympathisierten mit ihr. Vor allem zwei Elemente dieser Bewegung haben wohl die Einstellung der jungen Free-Jazzer beeinflußt: die Ablehnung jeglicher Autorität und ein unterschwelliger Antiamerikanismus, der durch den Vietnamkrieg verstärkt wurde. Zum erstenmal seit dem Zweiten Weltkrieg wurde die Position der USA als «Leitstern» in Frage gestellt. Trotz des allgemeinen Klischees, daß Jazzmusiker romantische Außenseiter sind, leben Jazzmusiker nicht außerhalb der Gesellschaft, sondern sind ein Teil von ihr, und in den 60er Jahren galt dies ganz besonders. Daher fanden diese Tendenzen ihren Weg in das Bewußtsein und in die Musik der europäischen Jazzer.

Eines der ersten und wichtigsten Dokumente für die Emanzipation europäischer Jazzmusiker ist eine Aufnahme des Globe Unity Orchestra. 1966 gegründet, verdankt das Orchester seine Existenz der

Tatsache, daß RIAS Berlin Alexander von Schlippenbach bat, eine Komposition für das Jazzfest Berlin zu schreiben. Schlippenbach gelang ein Rahmenwerk, das eine große Zahl von Free-Jazz-Musikern zuließ. Ohne auf alte Big-Band-Klischees zurückzugreifen, organisierte er eine strukturelle Vielfalt mit genügend Raum für individuelle Kreativität und spontane Interaktion.

Den Kern des Globe Unity Orchestra bildeten Mitglieder des Manfred-Schoof-Quintetts und des Peter-Brötzmann-Trios. Dazu kamen fünf Bläser und der Vibraphonist Karl Berger. Schlippenbach schrieb zwei Stücke für den Auftritt: *Globe Unity* und *Sun*. Das Grundkonzept von *Globe Unity* weist Ähnlichkeiten zu Coltranes *Ascension* auf. Der Vergleich zeigt wichtige Merkmale des europäischen Jazz. Der Basisrhythmus von *Globe Unity* ist hektisch, nervös, manchmal heftig. Die Improvisationen der Bläser konzentrieren sich mehr auf Sound und Energie als auf melodische Kontinuität. Sie sind so antimelodisch, daß nicht einmal die «Kreischer» in *Ascension* (Pharoah Sanders und Archie Shepp) mithalten können.

Noch beeindruckender ist die systematische Klangerforschung in *Sun*. Verglichen mit *Globe Unity* hat es eine lockerere Struktur, ist nachdenklicher und konzentriert sich stärker auf Farbe als auf Energie. Die Instrumentierung verstärkt das. «Kleine Instrumente» wie Rasseln, Triangeln, Lotusflöten, Flexatones usw. dominieren. Auch die Bläser zeigen einen neuen Umgang mit Klangmustern, besonders die Trompeten-Soli von Claude Deron und Schoof.

Als die erste Produktion des Globe Unity Orchestra dem Publikum vorgestellt wurde, stieß sie auf starken Widerstand und sorgte für Mißverständnisse. Schlagzeilen lauteten: «Komische Männer machen Witze über die Philharmonie», «Ein Verschnitt von Jazz und Kammermusik». Die damaligen Jazzkritiker zeigten nicht gerade Weitsicht. Ergebnis dieser Ablehnung: Öffentliche Auftritte wurden selten. Erst 1972 trat das Ensemble wieder regelmäßig auf und stabilisierte seine musikalische Sprache. Das mindert den Stellenwert des ersten Globe Unity Orchestra in der Entwicklung des europäischen Free Jazz nicht im geringsten. Damals zeigte es, daß es eine musikalische Substanz gab, die ohne vorgefertigte Muster auskam. Es half klarzumachen, daß es ein wachsendes Potential europäischer Musiker gab, die diese Substanz zum Leben erwecken konnten.

LP

(D) *Globe Unity,* **Saba MPS SB 15109** □

Claude Deron (tpt, Lotus-fl), Manfred Schoof (flh, Triangel) Willie Lietzmann (Tuba, Marimba), Peter Brötzmann (as, Gurke), Gerd Dudek (ts, Entenruf), Kris Wanders (bar, Zorna-Sax, Lotus-fl), Willem Breuker (bar, ss), Gunter Hampel (bcl, fl, Pandeira), Buschi Niebergall (sb, Sirene), Peter Kowald (sb, Glocken), Jacki Liebezeit (d, per, Darbuka), Mani Neumeier (d, Gongs, per), Alexander von Schlippenbach (p, Tomtom, Uhren, Messer, Gongs, Flexaton)
Köln 06.–07. 12. 1966 **Globe Unity**

mit Karl Berger (vb) **Sun**

Peter Brötzmann: *Machine Gun*

Seit 1968 wurde der westdeutsche Free Jazz hauptsächlich durch Brötzmann und Schlippenbach vertreten. Es gab eine steigende Tendenz zur Arbeit in großen Ensembles und zu einer immer stärker werdenden Internationalisierung der Szene, hauptsächlich durch englische und holländische Musiker. In einem Interview mit Didier Pennequin stellte Brötzmann fest: «Im Rückblick war 1968 das Jahr der großen Bands; wir trafen uns mit Freunden, um wie verrückt zu spielen.» («Allemagne – Pays Bas», *Jazz Magazine,* Nr. 220, März 1974, 19–21.)

Eines der auffälligsten Beispiele für die Arbeit großer Ensembles ist Brötzmanns LP MACHINE GUN. (Der Titel will kein militärisches Programm vermitteln; «wie ein Maschinengewehr», so beschrieb Don Cherry Brötzmanns Spiel.) MACHINE GUN kann als Produkt dessen gesehen werden, was der Bassist Peter Kowald die «Kaputt-play-Ära» nannte: «Das Hauptziel war, alte Werte gründlich zu zerreißen, was bedeutete: auf jede Harmonie und Melodie zu verzichten. Das Ergebnis war nur deshalb nicht langweilig, weil es mit solcher Intensität gespielt wurde... In gewisser Weise hat diese Kaputt-play-Zeit alles ‹spielbar› gemacht, was in der Musik möglich ist... Heute wird zum erstenmal klar, daß unsere Generation ohne den musikalischen Einfluß der meisten Amerikaner auskommt.» (Dirk Fröse: «Freiheit wovon – Freiheit wozu? Peter Kowald Quintett», *Jazz Podium*, xxi, Dez. 1972, 22–25) Welche musikalischen Ergebnisse wurden in dieser Zeit, die nicht nur Kowald als Übergang bezeichnete, erzielt? MACHINE GUN zeigt einige allgemeine Merkmale. Die Komposition ist auf ein Minimum beschränkt. Im großen und ganzen ohne Themen, präsentiert die Musik Riff-ähnliche Attacken und Einwürfe. Die Musiker vernachlässigen die Tonhöhe als stabiles Element der musikalischen Organisation zugunsten instabiler Klangmuster. Strukturelle Unterschiede sind meist das Ergebnis von gemeinsamer Variation des Registers, der Dichte und der Lautstärke. Entwicklungen führen an eine Grenze, wo einzelne musikalische Ereignisse nicht als solche identifiziert werden können, sondern zu einem diffusen, intensiven Ganzen werden. Homogene und tiefe Instrumentierung unterstützt diesen Prozeß manchmal. Allgemein haben die Musiker eine rastlose Einstellung zur Zeit. Selbst wenn Dichte und Intensität nachlassen und die Struktur offener wird, bleibt das Grundtempo hektisch. In diesem Entwicklungsstadium gibt es ein Standardtempo aus vielleicht physiologischen Gründen: Die meisten Aufnahmen haben eine identische metrische Grundlage und bewegen sich mit 240 bis 270 Schlägen pro Minute. Das bedeutet, daß ein Vierviertaltakt fast dem menschlichen Puls entspricht und diese Art des Free Jazz viel körperbezogener ist, als man allgemein annimmt.

Das Problem der instrumentalen Technik berührt nicht direkt die strukturellen Merkmale, wohl aber die Rezeption dieser Musik. In Unterhaltungen habe ich erfahren, daß viele Zuhörer, besonders die mit Jazz «sehr vertrauten», sich fragen, ob diejenigen, die auf der Bühne solchen Krach machen, ihre Instrumente nicht beherrschen. Es scheint naheliegend, es wie Kowald «Kaputt-play» zu nennen, aber das trifft die Sache nicht. Die meisten Musiker in den Ensembles von Brötzmann, Schlippenbach und Schoof hatten individuelle Techniken entwickelt, mit deren Hilfe sie nicht nur Konventionen zerstören, sondern auch neue eigene Techniken entwickeln konnten. Wer sagt, daß Parkers Klangnuancen oder Brötzmanns überblasene Klänge nichts mit Technik zu tun haben und daß Gerd Dudeks und Alan Skidmores beinahe klassische Virtuosität die einzig akzeptable Quintessenz der Technik sind, dokumentiert eine sehr beschränkte Vorstellung von Technik. In der Musik bedeutet Technik für mich die Fähigkeit zu tun, was ich tun will. Brötzmann brachte es besser auf den Punkt: «Ich bin nicht das, was Sie einen ‹guten Techniker› nennen würden. Für mich ist die an Konservatorien vermittelte Technik

Scheiße. Um Musik wie unsere zu machen, müssen Sie erst Ihre eigene Technik entwickeln und dann Ihre eigene Musik machen. Das Ziel unserer Musik ist nicht, ‹richtig› oder ‹falsch› zu spielen. Das bedeutet nichts. Was wirklich zählt, ist zu wissen, was man spielt.» (Pennequin, ebd.)

LP

(D) Machine Gun, BRO 2 □

Peter Brötzmann (ts, bar), Willem Breuker (ts, bcl), Evan Parker (ts), Fred van Hove (p), Peter Kowald, Buschi Niebergall (sb), Han Bennink (d), Sven Johansson (d, per)
Bremen 00. 05. 1968 **Machine Gun**
Responsible – for Jan De Ven
Music for Han Bennink

Andere LP

gleichen Inhalts:
  (D) FMP 0090

Music Improvisation Company: The Music Improvisation Company 1968–1971

In seiner frühen Phase entwickelte der europäische Free Jazz eine Anzahl verschiedener Schulen oder regionaler Stile, und man sprach von deutschem Energy Play, holländischer Comical Music oder britischem Sound Research. Letztgenannter Stil wird durch die Arbeit der Music Improvisation Company (MIC), gegründet 1968, repräsentiert. Die Grundidee dieser Arbeit liegt in nichtidiomatischer Musik, wie es der Gitarrist Derek Bailey formulierte. Frei improvisierte Musik, unabhängig von allen existierenden musikalischen Sprachen, folgte nur den individuellen Techniken und Vorlieben der Musiker.

Diese Idee basiert natürlich auf einer Illusion, denn obwohl das Vermeiden festgelegter kreativer Mittel nicht automatisch in einem neuen musikalischen Idiom enden muß (es konnte, wie bei John Cage, zur Herrschaft des Zufalls führen), zeigt die Arbeit der MIC, daß diese Musik schnell als besondere musikalische Form erkannt werden kann – in anderen Worten: als musikalisches Idiom. Unter manchen Bedingungen kann man es *Stil* nennen, wenn alle Assoziationen mit bestehenden musikalischen Sprachen vermieden werden. Eine der wichtigsten Voraussetzungen ist, daß der Improvisator als bewußtes Ich handelt und nicht dem Zufall folgt. Und das ist offensichtlich der Fall bei den Mitgliedern der MIC.

Um die Leitlinien der Gruppe zu beschreiben, scheint es das einfachste zu sein zu sagen, was ihre Musik *nicht* hat: keine Tonalität, keine Wiederholung, keine melodische Kontinuität, keine Periodizität, kein System. Auf der anderen Seite fällt beim ersten Hören eines besonders auf: die Emanzipation des Geräuschs als unabhängiges kreatives Mittel, wobei «Geräusch» Klang bedeutet, mit dichter Struktur, aus nicht harmonischen Frequenzen bestehend, mit sich ziellos verändernden Amplituden und Phasen.

Der effizienteste Geräuschemacher der Gruppe ist natürlich Hugh Davies. Mit seiner Elektronik sorgt er für ein großes Geräuschrepertoire: statische Geräusche wie Summen, pulsierende Geräusche wie Krachen oder Klatschen, variable Geräusche wie gleitende Frequenzbänder usw. Auch der Gitarrist Bailey nutzt sein Instrument, um unregelmäßige Klangstrukturen zu erzeugen, indem er die Saiten mit seinen Fingern oder anderen Hilfsmitteln reibt und mit unterschiedlicher Saitenspannung arbeitet. Parker findet viele Wege, nichtharmonische und schlagzeugähnliche Geräusche mit seinem Saxophon zu produzieren. Die bewußte Manipulation von Geräuschen ist also ein hervorstechendes Merkmal von MIC. Das andere ist Interaktion. Weil jede Partitur oder jedes verbale Arrangement tabu sind, ist die Gruppe abhängig von spontanen Aktionen und Reaktionen der vier Musiker. Diese Interaktion innerhalb der Gruppe strebt meist demselben Ziel zu, denn obwohl Davies und Bailey von der Neigung zu «gegenseitiger Subversion» sprechen, d. h. daß ein Musiker den anderen durch Nicht-Mitmachen oder konträre Handlungen irritiert, kommen solche Situationen nur selten vor, zumindest auf den Platten. Diese Form der Übereinstimmung sollte man nicht mit Harmonie und linearer Entwicklung verwechseln, denn die gesamte Klangstruktur ist in erster Linie dissonant und zusammenhanglos.

LP

(GB) The Music Improvisation Company 1968–1971, Incus 17 ☐

Evan Parker (ss, el. Autohupe), Hugh Davies (org, Synthesizer), Derek Bailey (g), Jamie Muir (per)

London 04. 07. 1969 **Painting**
Untitled 3
Untitled 4
Bedrest
18. 06. 1970 **Its Tongue Trapped to the Rock by a Limpet, the Water Rat Succumbed to the Incoming Tide**
In the Victim's Absence

Michel Portal: *Michel Portal Unit à Châteauvallon*

Der vielseitige französische Holzbläser Michel Portal ist ein außergewöhnlicher Musiker. Viele Zuhörer loben ihn als brillanten Interpreten von Mozarts Klarinettenkonzert; andere kennen ihn als Sound-Experimentator, der sich ebenso durch Stockhausens intuitive Musik arbeitete wie durch Pierre Boulez' *Domaines;* wieder andere sahen ihn in der Begleitband von Edith Piaf bei *Sheherazade;* und nicht wenige halten ihn für einen der wichtigsten Improvisatoren des zeitgenössischen europäischen Jazz.

Ein musikalisches Chamäleon? Obwohl Portals Arbeit in all diesen Bereichen kompetent ist, liegt sein Hauptinteresse im Jazz: «Jazz bietet mir die einzige Möglichkeit, frei zu sein, zu schweben, zu träumen» (Philippe Carles und Francis Marmande: «Michel Portal ou la parole au present», *Jazz magazine,* Nr. 210, April 1973, 11–14, 32–36). 1966 war Michel Portal Mitglied der ersten französischen Free-Jazz-Gruppe unter der Leitung des Pianisten François Tusques. Er arbeitete 1969 mit dem deutschen Pianisten Joachim Kühn und 1970 mit dem englischen Baritonsaxophonisten John Surman. 1972 tauchte er mit seiner eigenen Gruppe beim Jazz Festival in Châteauvallon auf. Das Konzert wurde von dem kleinen französischen Label Chant du Monde aufgenommen und produziert und gehört meiner

Meinung nach zu den aufregendsten Aufnahmen, die der europäische Free Jazz in den 70er Jahren hervorbrachte.

Man entdeckt hier eine Musik, die vom amerikanischen Free Jazz ebenso weit entfernt ist wie von den verschiedenen Zweigen der europäischen Avantgarde. Die Musik macht anfangs einen rohen und ungeschliffenen Eindruck. Keine Spur von französischer Eleganz und Raffinesse. Die zentralen kreativen Dimensionen dieser Musik findet man weder in der Melodie noch in der Harmonie, sondern in Rhythmus und Sound. Die strukturelle und formale Arbeit der Gruppe zeigt sich in erster Linie in einer bewußten Schichtung und Verbindung von Sound und Rhythmus und nicht in einer Folge melodischer Erfindungen oder harmonischer Wendungen. Eine der wichtigsten Voraussetzungen für den Erfolg dieser Arbeit scheint in einem besonderen Sinn für die Bedeutung von Zeit und für den sparsamen Einsatz des Materials zu liegen. In jeder Hinsicht zeigen die Musiker, ungeachtet ihres Drangs nach Ekstase, geradezu bürgerliche Qualitäten: Sie sind geduldig und springen nicht hektisch von einem Ereignis zum nächsten, sondern nehmen sich Zeit, um Prozesse und Situationen langsam wachsen zu lassen; sie sind sparsam in ihrer Konzentration auf Variationen eines beschränkten Repertoires und beschränkter Soundstrukturen, auf bestimmte grundlegende Formen, auf bestimmte Muster oder Variationen von Intervall-Konstellationen oder Phrasen. Alles in allem ist dies ein gemeinsames Unternehmen höchster Sensibilität, das leider nie die Beachtung gefunden hat, die es verdient.

LP

(F) *Michel Portal Unit à Châteauvallon*, Chant du Monde LDX 74526 ☐

Bernard Vitet (c, tpt, vln), Michel Portal (bcl, Kontrabaß, cl, as, ss, Taragot), Léon Francioli, Beb Guérin (sb), Pierre Favre (per), Tamia (v)
Châteauvallon, 22. 08. 1972 **No, No But it May Be**
Frankreich

KAPITEL 12
Fusion

Mark Gilbert

Fusion, der jüngste der grundlegenden Jazzstile, ist nicht die erste Kreuzung zwischen zwei oder mehr Stilen. Der Jazz an sich verdankt seine Existenz einem Zusammenfluß verschiedener Elemente, und beinahe jedes Stadium seiner Entwicklung war durch die Aufnahme irgendeines fremden Einflusses gekennzeichnet. Trotzdem bekam der Ausdruck «Fusion» in den frühen 70er Jahren eine besondere Bedeutung. Seitdem bezeichnet er hauptsächlich eine Verbindung von Jazz und Rock oder Funk.

Die vorherrschende Form von Fusion unterscheidet sich vom Mainstream-Jazz am deutlichsten durch den Rhythmus. Viele Fusion-Gruppen haben die stark synkopierten Rhythmen der Bands kopiert, die mit Soulkünstlern wie den Temptations, Sly Stone und James Brown in den 60er Jahren spielten. Herbie Hancocks Headhunters und die Brecker Brothers haben ihren Rhythmus und manches andere von solchen Bands. Andere, wie Bill Bruford und John McLaughlins Mahavishnu Orchestra, standen weißen Rockbands näher. Wieder andere, wie die Pat Metheny Group, Weather Report und Chick Coreas Return to Forever nutzten neben Rock und Funk auch lateinamerikanische Rhythmen. Eines jedoch einte all diese verschiedenen Typen von Fusion: Alle wurden von einem sich wiederholenden, geraden Achtelrhythmus beherrscht. Funk, Rock und Latin Music basieren auf einer Einteilung des Beat in zwei oder vier, was zu dem marschähnlichen Effekt führt, der so typisch für die Rhythmusgruppe in Fusion ist. Swing und Bop auf der anderen Seite teilen den Takt in drei auf, und das Ergebnis ist leichter, fließender. Hier sind es «Jazz-Achtel»-Rhythmen. Funk-, Rock- und Latin-Rhythmen neigen außerdem dazu, eindringlicher zu sein als Swing- und Bop-Rhythmen;

der einschneidende Klang der Snare Drum, oft von einem Synthesizer produziert, wurde bei einem Großteil der Funk-orientierten Fusion der 80er Jahre zu einem Markenzeichen. Mit der Übernahme von nichtswingenden Rhythmen kam der Einsatz von Instrumenten und Klängen, die man in der Rock- und Soulmusik der 60er Jahre findet. Elektrisch verstärkte Gitarre, Piano und Baß wurden ebenso Hauptinstrumente bei Fusion-Ensembles wie der Synthesizer, nachdem er Anfang der 70er Jahre verfügbar war. Später wurden andere Blas- und Saiteninstrumente verstärkt. In den späten 80er Jahren konnten konventionelle Instrumente durch Synthesizer ersetzt werden. Viele Bands hatten auch lateinamerikanische und afrikanische Percussion.

Fusion wurde von Kritikern und Konsumenten gemischt aufgenommen. Von Puristen wurde Fusion als verdünnter Jazz angesehen. Andere lehnten die ihrer Meinung nach schreiende Kommerzialität ab. Tatsächlich trug die tatkräftige Vermarktung von mittelmäßigem Material zu dem schlechten Ruf von Fusion bei. Die Kritiker des Genres ritten auf diesen künstlerischen Fehlleistungen herum und ignorierten die Qualitäten dieser Musik. Das Publikum teilte ihren Zynismus jedoch nicht – Fusion ist die populärste Jazzform seit dem Swing, und mehr als zwei Jahrzehnte nach ihrem Entstehen blüht und gedeiht sie noch immer.

Miles Davis: *In a Silent Way*

Eine Schlüsselfigur in der Entwicklung von Fusion war der Trompeter Miles Davis, der bis heute diesen Stil verfolgt. Fünf von neun in diesem Kapitel besprochenen Aufnahmen wurden von ehemaligen Mitspielern von Davis geleitet, und die erste von Davis selbst.

Davis war immer bereit, die Richtung zu wechseln, und in den 60er Jahren begann er – auch unter dem Druck seiner Plattenfirma –, sich für Rock und Soul zu interessieren. Im Februar 1969 nahm er IN A SILENT WAY auf, kurz bevor er sich von dem vom Bop abgeleiteten Stil abwandte, den er seit Mitte der 40er Jahre gespielt hatte.

IN A SILENT WAY übernimmt viel aus der Rockmusik. Einer der wichtigsten Musiker bei dieser Aufnahme ist der Bassist Dave Holland, dessen kurze, sich wiederholende Linien die Struktur von zwei

Tracks definieren und Davis' Interesse an den «Grooves» der Soulmusik spiegeln. Abgesehen von ein paar kurzen Variationen spielt Holland dieselbe Figur während der gesamten achtzehn Minuten von *Shhh/Peaceful*, während *It's About That Time* auf zwei einfachen Baßriffs aufgebaut ist. Das zweite Stück enthält eine Notenkombination, die typisch für Rhythm and Blues, aus dem der Soul entstand, ist: große und kleine Terzen und eine kleine Septime. Der Rahmen dieser Stücke erinnert auch an Davis' Modal-Arbeit Ende der 50er Jahre, die als Reaktion auf die schnellen Akkordwechsel des Bop Melodien mit zwei Akkorden bevorzugte.

Schlagzeuger Tony Williams ist ebenso sparsam. Abgesehen von einer kurzen Passage auf dem Höhepunkt von *It's About That Time*, beschränkt er sich auf Uhren-ähnliche Rhythmen auf Snare Drum und Hi-Hat. Im Vergleich zu seiner Arbeit mit Davis' Quintett 1960 ist sein Spiel hier rudimentär, aber nicht weniger dramatisch.

IN A SILENT WAY wird von gespenstischen, traumähnlichen Stimmungen beherrscht. Das Spiel ist zurückhaltend, und die sich wiederholenden Figuren in der Rhythmusgruppe bilden mit den fließenden Strukturen der drei Keyboarder eine Trance-ähnliche Atmosphäre, die nur während der Höhepunkte von *It's About That Time* gestört wird. Es finden sich zahlreiche Vorgänger dieses impressionistischen Stils in Davis' Arbeit der 50er Jahre und in seinen Quintett-Stücken aus den 60ern wie *Nefertiti*. Er wurde fortgeführt von Weather Report, der von Joe Zawinul und Wayne Shorter 1970 gegründeten Fusion-Band.

IN A SILENT WAY war eine improvisierte Session in typischer Jazzart. Der Pianist Joe Zawinul und der Gitarrist John McLaughlin erfuhren erst Stunden vorher von dem Termin, und Zawinuls *In a Silent Way* wurde im Studio radikal umgearbeitet. Die Spontaneität spürt man in der Musik. Die Arrangements haben wie die Themen nicht die Komplexität der späteren Fusion, und die Musik schreitet oft mit anderen Mitteln fort, da die Aufnahmen nur wenige festgelegte harmonische Folgen enthalten. *Shhh/Peaceful* z. B., in einem kurzen Baßriff verankert, entwickelt sich durch einfache Variationen instrumentaler Strukturen und Momente der Ruhe. Das spannende Baßmotiv verlangt nach einer Auflösung, die nie erfolgt, und läßt *Shhh/Peaceful* wie eine Vorlage für die rundere Aufnahme *It's About That Time* erscheinen.

Das Titelstück, das als Vorspiel zu *It's About That Time* fungiert, zeigt Davis' damalige Einstellung zur Musik. Er wollte unbedingt von komplexen Akkordwechseln weg und zu groovem Spiel hin. Deshalb verwarf er Zawinuls dicht harmonisierende Melodien, nahm die meisten Akkorde heraus und setzte sie über einen einfachen gestrichenen Baß und einen E-Dur-Dreiklang – den ersten Klang von McLaughlins Gitarre. Das Ergebnis ist ein elegisches Tongedicht, das einen wirkungsvollen Kontrast zu der düsteren Bedrohung von *It's About That Time* bildet.

It's About That Time ist ein Meisterwerk dynamischer Kontrolle und Entwicklung. Es ist auf zwei sich abwechselnden Baßfiguren aufgebaut. Das erste Solo stammt von McLaughlin, dessen nervöse Läufe und spröde Intonation ausgezeichnet zu der Stimmung des Stücks passen, das zweite von Wayne Shorter, der auf diesem Album sein Debüt mit dem Sopransaxophon gibt. Die brütende Spannung, die sich während des ersten Teils aufgebaut hatte, explodiert schließlich in Davis' Solo. Tony Williams, der sich lange auf zurückhaltende Rim-Shots und Hi-Hat-Cymbal-Muster beschränkt hatte, befreit sich mit spritzigen Cymbals und krachenden Snare-Drum-Akzenten, bevor die Aufnahme mit einer Wiederholung des Themas zu einem friedlichen Schluß kommt.

CD

(Europa) *In a Silent Way*, **CBS 450982-2** ○

Miles Davis (tpt), Herbie Hancock, Chick Corea (elp), Joe Zawinul (org), Wayne Shorter (ss), Dave Holland (sb), John McLaughlin (elg), Tony Williams (d)

New York	18. 02. 1969	**Shhh/Peaceful**
	20. 02. 1969	**It's About That Time**

wie **It's About That Time**, *aber mit Zawinul (elp)*
In a Silent Way

Andere CD

gleichen Inhalts:
(J) CBS 32 DP 730

LPs

gleichen Inhalts:
(USA) Columbia CS 9875; Columbia KCS 9875; Columbia PC 9875; Columbia Jazz Masterpieces CJ 40580
(GB) CBS 63630
(Europa) CBS Jazz Masterpieces 450982–1 ○

Mahavishnu Orchestra: *The Inner Mounting Flame*

Ende der 60er Jahre war Miles Davis eine etablierte und respektierte Figur in der Jazz-Rock-Welt, und seine Fusion-Experimente erregten beträchtliches Aufsehen. Er war zweifellos ein wichtiger Mentor der neuen Bewegung, doch als ihr Begründer kann er wohl nicht bezeichnet werden. Er bot eine Plattform für junge Musiker, die später führend in diesem Stil wurden, aber in vielen Fällen hatten sich diese Musiker mit Rock und anderer Musik außerhalb des Jazz beschäftigt, lange bevor sie zu Davis kamen. Außerdem hatte ein großer Teil der Musik, die sie nach dem Weggang von Davis produzierten, wenig Ähnlichkeit mit IN A SILENT WAY oder dem Nachfolge-Album BITCHES BREW. Die radikalsten Neuerungen kamen von einem der ersten, der nach der Mitwirkung bei IN A SILENT WAY seine eigene Fusion-Band gründete: John McLaughlin.

In seinem Mahavishnu Orchestra wollte McLaughlin ein breites Spektrum von Einflüssen verbinden – einschließlich Rock, Rhythm and Blues, europäischer Konzertmusik, indischer Musik und Jazz. Dies war eine der selbstbewußtesten unter den eklektischen Bands des frühen Fusion. Das Debütalbum der Gruppe aus dem Jahr 1971, THE INNER MOUNTING FLAME, scheint eher Rock-Classical, Rock-Saga, Rock-Folk oder sogar Rock-Rock-Fusion zu sein als Jazz-Rock-Fusion. Auch wenn viele Zuhörer in McLaughlins Gitarren-Soli Jazzelemente heraushören, auch wenn er wie der Schlagzeuger Billy Cobham, der Bassist Rick Laird und der Keyboarder Jan Hammer Erfahrung mit Jazz hatte – seine Sympathie zum Rock ist deutlich stärker. Die Strukturen und Harmonien seiner Kompositionen für das Mahavishnu Orchestra riechen deutlich eher nach Rock denn nach Jazz.

THE INNER MOUNTING FLAME reflektiert das spirituelle Bewußtsein, das McLaughlin während der Beschäftigung mit den Lehren des Gurus Sri Chinmoy in den Monaten, bevor er das Mahavishnu Orchestra gründete, entwickelt hatte. Chinmoy hatte für die Band seines Schülers den Namen Mahavishnu vorgeschlagen, was «göttliches Mitleid, Macht und Gerechtigkeit» bedeutet. McLaughlin interessierte sich schon lange für alle Aspekte indischer Kultur, einschließlich der Musik, und das hört man in den Kompositionen und unregelmäßigen Taktmaßen von THE INNER MOUNTING FLAME. Die Entscheidung, die elektrische Violine Jerry Goodmans zur zweiten Melodiestimme zu machen, bestätigte dieses Interesse und versah die Musik des Orchesters zudem mit gelegentlichen Country- und Folk-Elementen.

Auffallend bei THE INNER MOUNTING FLAME ist die unbarmherzige Intensität. Stücke wie *Meetings of the Spirit, The Noonward Race* und *Awakening* haben unglaublich schnelle und unterschiedliche thematische Linien, wie man sie zuvor weder im Jazz noch im Rock gehört hat. Am heutigen Standard gemessen, klingt das Ensemble verzerrt, aber für damalige Verhältnisse ist die Aufnahme technisch unglaublich perfekt. Das wird nirgends deutlicher als in der Arbeit von Billy Cobham, dessen Beherrschung unregelmäßiger Takte und schneller Tempi den Standard für Jazz-Rock-Drumming setzte. *Awakening* ist ein besonders gutes Beispiel für sein Können: Das Snare-Drum einsetzend, phrasiert er mit einem Thema, das sich mit ungefähr zehn Noten pro Sekunde bewegt. Das ist etwas schneller als ein Marsch, beweist aber, daß Cobhams frühe Jahre als Mitglied einer Militärkapelle nicht verloren waren.

Die Qualität der Musiker wird durch die abrupte Art, neue Themen, Zeitsignaturen und Tempi einzuführen, immer wieder auf die Probe gestellt. Schnelle Übergänge zeigen sich besonders in *Dawn, Vital Transformation* und *The Dance of Maya*. In *Dawn* wird ein Wechsel von $^7/_4$ zu $^{14}/_8$ von einem radikalen Wechsel der Tonart begleitet. Das einzige Verbindungsstück zwischen den beiden Abschnitten ist ein Ton der Gitarre. *Vital Transformation* wechselt ohne Vorbereitung zwischen $^9/_8$ und einem langsamen Walzer-Zwischenspiel, während *The Dance of Maya* ein ungewöhnliches Gitarrenthema in $^{20}/_4$ gegen einen verkürzten Rhythm-and-Blues-Shuffle in $^{17}/_8$ stößt. Die letzten beiden sind jedoch in einer Art polytonaler Verschmelzung verwoben, die Charles Ives gefallen hätte. Vielleicht hatte McLaughlin eine Art Surrealismus im Kopf, als er diese Stücke schrieb, oder vielleicht erinnerte er sich an eine besonders bizarre LSD-Erfahrung.

Auch McLaughlins Ansatz bei Improvisationen ist ungewöhnlich, besonders bei schnellen Passagen. Seine Soli zeigen eine bemerkenswerte Technik. Nicht umsonst nannte ihn Miles Davis den «Killer». Kein anderer Solist – von John Coltrane einmal abgesehen – hatte in den 60er Jahren einen so enorm großen solistischen Freiraum wie John McLaughlin, sowohl was die Länge als auch was die Häufigkeit seiner Soli angeht. Wie groß Miles' Hochachtung war, zeigt sich allein darin, daß er ihm auf dem epochemachenden Doppelalbum BITCHES BREW aus dem Jahre 1969 einen ganzen Titel widmete (mit dem lapidaren Titel *John McLaughlin*). Die Soli zeigen mehr wiederholte Riffs als durchgängige Melodien und spiegeln die Harmonie der Kompositionen, die hauptsächlich auf exotischen Moll- und Fünftonpassagen basieren. Abgesehen von Jan Hammers Solo auf *The Noonward Race* gibt es auf THE INNER MOUNTING FLAME kaum Hinweise auf die Chromatik des Modern Jazz. Und für jemanden, der oft als Jazz-Rock-Musiker eingestuft wird, setzt McLaughlin überraschend selten den Blues ein. Selbst in *The Noonward Race,* das mit dem dominanten Nonenakkord beginnt, den Soulmusiker wie James Brown (*Sex Machine*) oder Prince (*Kiss*) lieben, greift McLaughlins Solo nur ganz kurz auf den Blues zurück.

Die Fusion grundverschiedener Stile, die das Mahavishnu Orchestra vornahm, mag nur teilweise als gelungen betrachtet werden. Es gibt Ausnahmen, wie das lyrische *A Lotus on Irish Streams* und *You Know You Know.* Man sollte jedoch daran denken, daß THE INNER MOUNTING FLAME das Produkt einer Ära war, die besonderen Wert auf Experimente legte. So gesehen ist es eines der authentischsten Fusion-Alben der 70er.

CD

(USA) *The Inner Mounting Flame,* **Columbia CK 31067** ○

John McLaughlin (elg), Jan Hammer (elp), Rick Laird (elb), Billy Cobham (d), Jerry Goodman (vln)
New York   1971   **Meetings of the Spirit**
                         Dawn
                         The Noonward Race

McLaughlin (g), Hammer (p), Goodman (vln)
                                A Lotus on Irish Streams

wie **Meetings of the Spirit**   **Vital Transformation**
                                      The Dance of Maya
                                        You Know You Know
                                        Awakening

LPs

gleichen Inhalts:
  (USA) Columbia KC 31067; Columbia PC 31067
  (GB) CBS 64717 O

Chick Corea's Return to Forever:
Hymn of the Seventh Galaxy

Die Innovationen des Mahavishnu Orchestra wurden bewundert und imitiert, nicht zuletzt von einem Mitspieler McLaughlins auf IN A SILENT WAY, Chick Corea. Er sagt, er sei mehr von Mahavishnu als von Miles Davis zu seiner Band Return to Forever inspiriert worden. Er stellte den Mythos von Davis' überragendem Einfluß in einem Gespräch mit Josef Woodward richtig: «John McLaughlins Band hat mich mehr als meine Erfahrung mit Miles dazu gebracht, die Lautstärke aufzudrehen und dramatischere Musik zu schreiben» («Chick Corea: Piano Dreams Come True», *Down Beat*, lv, September 1988, 19). Es gab noch andere Faktoren. Um 1970 hatte Corea sich mit Scientology eingelassen, der pseudo-religiösen Bewegung, die u. a. fordert, daß die Kunst sich vor allem mit Kommunikation und nicht der Suche nach ästhetischer Perfektion beschäftigen soll. Er vernachlässigte deshalb seine Experimente in freier Improvisation mit der Gruppe Circle und formierte die erste Ausgabe von Return to Forever, ein in erster Linie akustisches Quartett, das sich auf Jazz und brasilianische Musik spezialisierte. Die Existenz des Mahavishnu Orchestra ermutigte ihn dann, Return to Forever als vollkommen elektrische Band neu zu bilden.
    HYMN OF THE SEVENTH GALAXY, das 1973 erschienene Debütalbum

DER NEUEN RETURN TO FOREVER, ERINNERT IN VIELER HINSICHT AN THE INNER MOUNTING FLAME, aber vieles ist auch neu. Wie das Mahavishnu Orchestra hat auch Return to Forever hohe Verstärkung, komplizierte, schnell ausgeführte Themen und den Sound der übersteuerten elektrischen Gitarre. Außerdem setzt die Gruppe ebenfalls unregelmäßige Zeitsignaturen ein (in *Hymn of the Seventh Galaxy* und dem Mittelstück *Theme to the Mothership*). Aber da hört die Ähnlichkeit auch schon auf. Bei allen Aufnahmen wird ein konstantes Tempo durchgehalten. Das macht sie nicht nur leichter zugänglich, sondern zeigt auch Coreas Bemühung um Kontinuität. Er bewunderte seit langem Béla Bartóks Art, klassische Kompositionsformeln von Thema, Entwicklung und Reprise zu vermeiden, und er wandte ähnliche Methoden bei der Entwicklung von *Hymn of the Seventh Galaxy, Captain Señor Mouse, Theme to the Mothership, Space Circus part 2* und *The Game Maker* an. Diese Stücke sind alle fortlaufend entwickelt, und obwohl sie nur einen geringen Grad an Wiederholungen aufweisen, sind sie sehr einheitlich. Selbst unterschiedliche Tracks gehören durch Suite-ähnliche Verbindungen zusammen. Das elektronische weiße Rauschen am Schluß von *Hymn of the Seventh Galaxy* wird von dem Gong wiederholt, der *After the Cosmic Rain* eröffnet, und beide Aufnahmen haben verwandte Tonarten und Tempi. Ähnliche Verbindungen in Tonart und Stimmung weisen die letzten drei Aufnahmen auf, *Space Circus part 1* und *part 2* sowie *The Game Maker*.

Obwohl Return to Forever die dickeren Strukturen vom Mahavishnu Orchestra übernahm, spiegeln viele von Coreas Kompositionen sein Interesse an leichteren Stoffen und sonnigen, optimistischen Stimmungen wider. Wo McLaughlin ungewöhnliche Tonarten und melancholische Arrangements bevorzugt, ist Corea nicht abgeneigt, einfache Melodien in Dur zu schreiben, wie in *Captain Señor Mouse* und *Theme to the Mothership,* oder seine Musik atmen zu lassen, wie in *After the Cosmic Rain, Space Circus* und *The Game Maker*.

HYMN OF THE SEVENTH GALAXY ist ebenfalls durch den Einsatz von lateinamerikanischen Rhythmen gekennzeichnet, die zu der heiteren Tanzbarkeit der Musik beitragen. Lateinamerikanische, genauer hispanische Einflüsse durchdringen hier Coreas Arbeit, besonders aber seine Soli auf *After the Cosmic Rain* und *Captain Señor Mouse*. Letzteres ist auf phrygischer Tonart aufgebaut, die Corea besonders liebt und die einen typisch spanischen Beigeschmack hat. Auch Coreas lange Verbindung mit dem Jazz zeigt sich, sowohl in der harmonischen Tiefe seiner Komposition als auch in den außergewöhnlichen Ideen in seinen Soli auf *Theme to the Mothership*. Hier scheint er seinen Verstärker zu übersteuern, um der Yamaha-Orgel einen singenden, Synthesizer-ähnlichen Ton zu entlocken. Der Synthesizer war noch nicht im Einsatz, doch schon zeigt sich Coreas Interesse an neuen Klängen, so in dem Einsatz des Cembalo bei *Captain Señor Mouse* und in dem Verzerrer-Solo bei Stanley Clarkes *After the Cosmic Rain*.

Auch von der Funk- und Soul-Seite der Popmusik wurde dieses Album beeinflußt. Clarke ist für den funky Baß-Rhythmus verantwortlich, der das zentrale Thema auf *After the Cosmic Rain* untermalt, ebenso für die langen Groove-Abschnitte auf *Theme to the Mothership* und *Space Circus part 2;* den schlagzeugähnlichen Anschlag, der zu seinem Markenzeichen wurde, entwickelte er allerdings erst später.

Corea hat angegeben, durch die Soulsänger Sly Stone und Stevie Wonder für seine funky Passagen inspiriert worden zu sein, und sein übersteuertes Fender-Rhodes-Piano ist eine wirkungsvolle Erinnerung an den Klavinett-Sound in Wonders *Superstition* auf dem 1972 entstandenen Album TALKING BOOK.

LP

(Europa) *Hymn of the Seventh Galaxy*, **Polydor 825336–2**

Chick Corea (org, elp, Gongs), Bill Connors (elg), Stanley Clarke (elb), Lenny White (d, per)
New York   00. 08. 1973   **Hymn of the Seventh Galaxy**

mit Clarke (fuzz bass, Schellenbaum) **After the Cosmic Rain**

wie **Hymn,** *aber mit Corea (Cembalo)*
                                        Captain Señor Mouse

wie **Hymn,** *mit Corea (elp)*   **Theme to the Mothership**

Corea (elp, p, org, Cembalo)   **Space Circus part 1**

wie **Hymn,** *aber mit Corea (elp)*   **Space Circus part 2**

wie **Hymn,** *aber mit Connors (g, elg)*
                         The Game Maker

Andere LPs

gleichen Inhalts:
  (GB) Polydor Super 2310 283
  (F) Polydor 2302028

CD

gleichen Inhalts:
  (USA, D) Polydor 825336-2 ○

Herbie Hancock: *Headhunters*

Wenn Chick Corea teilweise vom Funk beeinflußt wurde, so übernahm ihn sein ehemaliger Davis-Kollege Herbie Hancock ganz und gar. Obwohl er international bekannt wurde, als er Mitte der 60er Jahre in Davis' Quartett auf Bop basierenden Jazz spielte, wuchs der Pianist in Chicago auf, umgeben von Rhythm and Blues. Bereits 1963 hatte er einen Pophit mit *Watermelon Man,* einer naiven, Gospelangehauchten Melodie, die in jenem Jahr in der Version von Mongo Santamaria unter die Top 20 kam und später in über 200 Coverversionen erschien. Nachdem Herbie Hancock Miles Davis verlassen hatte, gründete er ein esoterisches Sextett, das schließlich wegen schlechter Plattenverkäufe und Hancocks wirtschaftlichen Problemen aufgelöst wurde. Seine Rhythm-and-Blues-Muse kehrte zurück, und 1973/1974 wollte er etwas entwickeln wie die Musik, die er auf James Browns *Papa's Got a Brand New Bag,* Sly Stones *Thank you falettinme be mice elf agin* und Stevie Wonders TALKING BOOK gehört hatte. Das Ergebnis war HEADHUNTERS, ein Millionenseller und das typische Jazz-Funk-Album.

    Hancock entwickelte HEADHUNTERS als einen Satz von Funk-Melodien, die sich an die Hitparaden richteten, und der erste Track, *Chameleon,* wurde ein Disco-Hit. Mit *Chameleon* und HEADHUNTERS insgesamt schuf Hancock jedoch mehr als ein Vorbild für viele folgende Funk-Kompositionen. Er schuf ein musikalisches Meisterwerk, das dem Jazz neue Absatzmöglichkeiten erschloß.

HEADHUNTERS hat allerdings auch einige recht unoriginelle Elemente; zu ihnen gehören ein vorherrschender Vierviertel-Tanztakt, einfache Harmonien (die fünfzehn Minuten von *Chameleon* werden zum größten Teil von zwei Akkorden beherrscht) und, im Gegensatz zu Return to Forevers HYMN OF THE SEVENTH GALAXY, sowie der Einsatz von Liedstrukturen, in denen das Eröffnungsthema am Schluß wiederholt wird. *Chameleon* hat das mit den Songs vom Broadway und der Tin Pan Alley gemein.

Zwei Elemente jedoch setzen Hancocks Funk von allem Vergleichbaren ab: einmal die bemerkenswert differenzierte rhythmische Struktur und dann eine Fülle von guten Jazz-Improvisationen. Zum ersten Punkt sagte Hancock Bret Primack: «In den populären Formen des Funk, mit denen ich mich beschäftigen will, liegt die Betonung auf dem Wechselspiel des Rhythmus zwischen den verschiedenen Instrumenten. Der Part des Klavinetts muß zu dem Part des Schlagzeugs passen, und die Linie des Basses zu der der Gitarre. Es ist wie bei afrikanischen Trommlern, wo sieben Trommeln unterschiedliche Rollen spielen.» («Herbie Hancock: Chameleon in his Disco Phase», *Down Beat,* xlvi, 17. Mai 1979, 12) Dieses Prinzip ist nirgendwo besser illustriert als in *Chameleon,* wo die fünf Elemente der Rhythmusgruppe – eine ARP-Synthesizer-Baßlinie, eine gitarrenähnliche elektrische Baßfigur, Schlagzeug und zwei Keyboards – nacheinander eingeführt werden und langsam einen kunstvoll synkopierten rhythmischen Kontrapunkt bilden. Jeder Part – im Grunde ein zweitaktiges Riffmuster – hat seinen eigenen Raum und verdoppelt nur selten die Bewegung des Nachbarn; jeder bleibt im Ensemble hörbar. *Watermelon Man,* eine Funk-Version des Klassikers von 1963, ist ähnlich konstruiert. Die beiden anderen Tracks auf dem Album, *Sly* und *Vein Melter,* nutzen beide Funk-Rhythmen, haben aber weniger komplexes Wechselspiel als *Chameleon.* Das ruhige Stück *Vein Melter* rekurriert in seinem atmosphärischen Einsatz des elektrischen Fender-Rhodes-Pianos und in der sich wiederholenden Baßlinie auf IN A SILENT WAY, obwohl Hancock behauptet, diese Elemente seien schon in seiner Komposition *Maiden Voyage,* aufgenommen 1965, enthalten.

Obwohl die HEADHUNTERS-Band straff arrangierten Funk schuf, jammte sie auch ausgiebig, mit dem Ergebnis, daß das Album mehr durchgehende Improvisation enthält als die meisten anderen jener Zeit. *Chameleon* und *Sly* bauen auf statischen Harmonien auf und bieten damit ideale Grundlagen für ausgedehnte modale Improvisation. Die Keyboard-Soli von Hancock nehmen einen großen Teil der fünfzehn Minuten von *Chameleon* in Anspruch. Das erste, auf Synthesizer, fällt kaum auf, vielleicht weil Hancock sich an das neue Instrument erst gewöhnen mußte. Ein zweites Solo, auf dem Fender-Rhodes-Piano, über einer neuen Baßfigur ist voller Jazzphrasen und -ideen. Das Trio Hancock, Paul Jackson und Harvey Mason produziert drei Minuten phantasievollen lateinamerikanischen Jazz, danach setzt eine lyrische Synthesizer-Streichergruppe ein, die schnelle Akkordwechsel in dreifachem Tempo spielt. Die lauten Latin-Funk-Rhythmen von *Sly* fordern noch wildere Improvisationen heraus; sieben der zehn Minuten sind mit unverdünntem Jazz von dem im Wayne-Shorter-Stil spielenden Sopransaxophonisten Bennie Maupin und einem wild-kreativen Hancock ausgefüllt.

CD

(Europa) Headhunters, CBS 47 1239–2 ○

Bennie Maupin (ss, ts, Saxello, bcl, Alt-fl), Herbie Hancock (syn, elp, Klavinett, Dudelsack), Paul Jackson (elb, Marimbula), Harvey Mason (d), Bill Summers (Konga, Balaphon, Tamburin, Bierflasche und andere Akustikinstrumente)
San Francisco   1973   **Chameleon**
Watermelon Man
Sly
Vein Melter

Andere CDs

gleichen Inhalts:
(Europa) CBS CD 69528   ○
(J) CBS 32 DP 438

LPs

gleichen Inhalts:
(USA) Columbia KC 32731; Columbia PC 32731
(GB) CBS 32008

Weather Report: *Heavy Weather*

Während Hancock strukturierte Funk-Arrangements produzieren wollte, erforschten zwei andere Kollegen von IN A SILENT WAY, Joe Zawinul und Wayne Shorter, das entgegengesetzte Extrem. Die ersten beiden Alben ihrer Band Weather Report (1970 gegründet und von Shorter so genannt wegen des ständig wechselnden Charakters der Musik) entstanden im großen und ganzen aus kollektiver Improvisation. Im Gegensatz zu den sich wiederholenden Funk-Baßlinien, ansteckenden Riffs und heißen Soli auf HEADHUNTERS beschäftigte sich Weather Report mit freien, impressionistischen Strukturen und stürmischer, schneller Interaktion, die oft wie eine Weiterführung der frühen Fusion-Experimente von Miles Davis klang. Doch Zawinul, der die Band dominierte, wollte ein breiteres Publikum erreichen, und dies führte Mitte der 70er Jahre zu einer zugänglicheren Musik. Freie Improvisation wurde durch formale Komposition ersetzt, unregelmäßiges Taktmaß durch phantasievoll entwickelte Latin- und Funk-Rhythmen, häufige Atonalität durch lyrische Melodien. Der Gipfel dieser Entwicklung, HEAVY WEATHER, wurde 1976 aufgenommen. Das Album wurde zum bestverkauften der Gruppe und half, Weather Report zu einer der einflußreichsten Fusion-Bands zu machen. Der neue Stil zeigte sich am besten in *Birdland,* dem Disco-Hit, der Tausende von Aerobic-Fans antrieb.

Zawinul wurde zu *Birdland* inspiriert, als er Count Basies Band in einem New Yorker Club mit demselben Namen hörte. Das Stück ist – trotz vieler ausgesprochen origineller Ideen – eine Hommage an den Swing-Bandleader. Der Rhythmus und ein großer Teil der Harmonie sind ganz klar ein späterer Jahrgang, aber der ständige Einsatz von Blues-Riffs ist reiner Kansas City Jazz der 30er Jahre, während die Bridge idiomatische Swing-Akkordwechsel bringt. Zawinul konnte sogar den warmen Sound einer Big-Band-Bläsergruppe imitieren durch seinen gerade erworbenen Oberheim-Polytonic-Synthesizer, ein Instrument, das für den Sound von Weather Report von diesem Zeitpunkt an typisch wurde. (Auf dem späteren Album 8:30 wurde der Rückblick noch weiter geführt: in einer Live-Version von *Birdland,* die den strengen Achtelnoten-Rhythmus durch einen Shuffle-Beat ersetzt – was dem Stück allerdings nicht gut bekommt.)

Der neue Bassist Jaco Pastorius vergrößerte nicht nur die orchestralen Möglichkeiten von Weather Report, sondern veränderte auch

Sound und Repertoire. In Pastorius' Händen wurde der elektrische Baß zum vollkommenen Instrument (wie er bereits bei *Portrait of Tracy* auf JACO PASTORIUS, seinem Debütalbum aus demselben Jahr, gezeigt hatte). Er nutzte es, um gehaltene Pedaltöne zu spielen, die die Tiefe und Lautstärke von einem Dutzend Double Basses hatten; außerdem für konventionelle laufende Baßfiguren, die die Komplexität eines ganzen lateinamerikanischen Percussion-Ensembles hatten, für Akkorde und fließende hohe Soli und Melodien. Er tat das alles mit einer Klarheit und Schnelligkeit, die man vorher bei einem elektrischen Baß nicht gekannt hatte.

Pastorius nutzte auch seine Kenntnisse der Harmonie, um die üblichen Akkordstrukturen zu beleben. Seine begleitenden Linien in *Birdland* verstärken eine bereits starke Komposition, ebenso sein roher, durchdringender Ton, den er erreichte, indem er seinen bundfreien Baß ganz dicht an der Bridge des Instruments spielte. Das bundfreie Griffbrett ermöglichte ihm auch, die Glissandi in *Palladíum* und *Harlequin* zu spielen.

Pastorius steuerte zwei Kompositionen zu HEAVY WEATHER bei. Beide nutzten den Baß als Melodie-Instrument und führten eine neue rhythmische Vitalität in der Band ein. Sein Solo auf *Havona* ist typisch für sein Spiel und wurde von einer Generation elektrischer Bassisten imitiert. Obwohl die Komposition die Improvisation bei dem neuen Weather Report theoretisch überwog, wurde Pastorius zu einem Hauptsolisten. Selbst wenn er begleitete, waren seine Linien so kraftvoll, daß sie oft das Ensemble dominierten.

Unterdessen nahm Wayne Shorters Bedeutung als Solist bei Weather Report immer mehr ab. Doch zeigt *Palladíum*, daß er seine Kompositionsfähigkeiten, die ihn zu einem der anerkanntesten Jazzkomponisten der 60er Jahre gemacht hatten, nicht verloren hatte.

CD

(Europa) *Heavy Weather*, CBS 46 82092 ○

Wayne Shorter (ss, ts), Joe Zawinul (syn, p, v, Melodika), Jaco Pastorius (elb, Mandocello), Alex Acuña (d), Manolo Badrena (Tamburin)
Hollywood   1976   **Birdland**

Shorter (ts), Zawinul (syn, elp), Pastorius (elb), Acuña (d)
A Remark You Made

Shorter (ss), Zawinul (syn, elp, Melodika), Pastorius (elb), Acuña (d), Badrena (Konga) **Teen Town**

wie **Teen Town***, aber mit Zawinul (syn, elp, p), Badrena (v)* **Harlequin**

Acuña, Badrena (Kesselpauke, Konga, Tomtom, v) **Rumba Mamá**

Shorter (ss, ts), Zawinul (syn, elp), Pastorius (elb, Steel Drums), Acuña (d), Badrena (Konga, per) **Palladíum**

Shorter (ss), Zawinul (syn, p, g, Tabla), Pastorius (elb, Mandocello), Acuña (d), Badrena (per) **The Juggler**

Shorter (ss), Zawinul (syn, p), Pastorius (elb), Acuña (d) **Havona**

Andere CDs

gleichen Inhalts:
  (GB) CBS CD 81775
  (Europa) CBS 462525-2
  (J) CBS 35 DP 131

LPs

gleichen Inhalts:
  (USA) Columbia PC 34418
  (GB) CBS 32358

Bill Bruford: *Feels Good to Me*

Während die Fusion in den USA sich an populären amerikanischen Stilrichtungen wie Funk, Soul und lateinamerikanischer Musik bereicherte, entwickelte sie sich auf der anderen Seite des Atlantiks ganz anders. Viele vielversprechende, junge britische Fusion-Musiker ließen sich zwar auch von der Soulmusik anregen, aber noch mehr übernahmen sie vermutlich von einer britischen Stilrichtung, dem Art

Rock, wie er von Gruppen wie Yes und King Crimson gespielt wurde. Die kreativste britische Fusion-Band war vermutlich Bruford unter der Leitung eines ehemaligen Mitglieds der beiden genannten Rockgruppen, dem Schlagzeuger Bill Bruford. Bruford entwickelte FEELS GOOD TO ME – trotz aller Qualitäten als Fusion-Aufnahme – als Rockalbum. Es gibt jedoch eine Komplexität in Rhythmus, Harmonie und Form, die im Hard Rock nicht vorkommt und deutliche Einflüsse von Jazz und europäischer Konzertmusik zeigt. Es gibt Funk-Elemente, aber keine Grooves im HEADHUNTERS-Stil und nur gelegentliche Anspielungen auf Rhythm and Blues und Blues. Wenn es jemals einen «Jazz Rock» als Gegenstück zu «Jazz Funk» gegeben hat, dann hier.

FEELS GOOD TO ME verbindet fingerfertige Ensemble-Linien, die die harmonische und rhythmische Komplexität des Bop besitzen (*Beelzebub* und *If You Can't Stand the Heat...*), mit Art Rock (*Sample and Hold* und *Feels Good to Me*), jazzigen Balladen (*Seems Like a Lifetime Ago* und *Either End of August*), Heavy-Rock-Passagen, einem romantischen Piano- und Flügelhorn-Duett (*Springtime in Siberia*), östlicher Folklore, die den Boom der World Music in den 80ern vorwegnimmt (die Einführung zu *Adios a la Pasada*) und Impressionismus, der an IN A SILENT WAY erinnert (Passagen in *Seems Like a Lifetime Ago* und *Sample and Hold*). Obwohl Bill Bruford mir sagte, er «fühlte sich wie ein Amateur» bei diesem Album, ist es voller detaillierter Arrangements, die mit erstaunlicher Präzision ausgeführt werden. Es zeigt eine große Bandbreite von Tonfarbe, Stimmung, Rhythmus und Taktmaß (das erste Thema von *Beelzebub* z.B. ist polymetrisch mit verschiedenen Taktmaßen für Rhythmusgruppe und führende Instrumente), aber alle Stücke sind organisch und werden durch einen ständigen oder regelmäßigen Puls unterstützt.

Niemand in der Band hatte eine klassische Ausbildung. Selbst Dave Stewart, der Keyboarder, war Autodidakt. Aber ganz im Stil seiner Art-Rock-Vorgänger wimmelt FEELS GOOD TO ME von klassischen Anspielungen. Einige Stücke sind eher Suiten als Songs, und die Themen von *Feels Good to Me, Either End of August* und *Springtime in Siberia* sind klassisch angehaucht. Dieser Eindruck wird bei vielen Aufnahmen durch den Sound von Orgel, Bläser- und Streicher-Synthesizer und den reinen Ton von Kenny Wheelers Flügelhorn verstärkt. Bei seinem Duett mit Wheeler auf *Springtime in Siberia* erinnern Stewarts Blockakkorde oft an Chopin oder Debussy.

Das Element Jazz schlägt nirgendwo deutlicher durch als in dem stark chromatischen Spiel von Allan Holdsworth, der seit den frühen 80er Jahren einer der einflußreichsten Jazz-Rock-Gitarristen ist. Früher war er Holzbläser und Schüler von Coltrane. Jetzt setzt Holdsworth den übersteuerten Sound der Rockgitarristen ein, aber nur weil die dadurch erzeugten gehaltenen Töne ihm die Phrasierung eines Saxophons erlauben. Auf der Suche nach einem Bläser-Klang hat er die Grenzen der Gitarrentechnik neu belebt. Sein Spiel wurde oft imitiert, aber selten erreicht. FEELS GOOD TO ME enthält einige seiner besten Momente, nicht zuletzt auf *If You Can't Stand the Heat...*

FEELS GOOD TO ME profitiert auch von drei Auftritten der Sängerin Annette Peacock, deren Mixtur aus unterdrückter Hysterie und geflüsterter Leidenschaft eine Freude ist, und von dem Bassisten Jeff Berlin, der zwar nicht so innovativ war wie Pastorius oder Stanley Clarke, aber ebenso virtuos.

CD

(USA) ***Feels Good to Me*****, EG CD 33** ○

Dave Stewart (syn, org), Allan Holdsworth (elg), Jeff Berlin (elb), Bill Bruford (d, vb oder Xylophon)
London   00. 08. 1977   **Beelzebub**

mit Annette Peacock (v)   **Back to the Beginning**

Kenny Wheeler (flh), Stewart (syn, elp), Holdsworth (elg), Berlin (elg), Bruford (d), Peacock (v)   **Seems Like a Lifetime Ago** (Teil 1)

ohne Wheeler, aber mit Bruford (vb oder Xylophon)
                          Seems Like a Lifetime Ago (Teil 2)

ohne Peacock, aber mit Stewart (org, p)
                          Sample and Hold

Stewart (syn, org, p), Holdsworth, John Goodsall (elg), Berlin (elb), Bruford (d, Tamburin)   **Feels Good to Me**

Wheeler (flh), Stewart (syn, p), Holdsworth (elg), Berlin (elb), Bruford (d, per)   **Either End of August**

wie **Beelzebub,** aber mit Stewart (elp, p)
                      If You Can't Stand the Heat...

Wheeler (flh), Stewart (p)   **Springtime in Siberia**

wie **Back to the Beginning,** aber mit Stewart (syn, p), Bruford(d)
                      Adios a la Pasada (Goodbye to the Past)

Andere CD

gleichen Inhalts:
  (J) VJD 28051

LPs

gleichen Inhalts:
  (USA) Polydor 6149
  (GB) Polydor Deluxe 2302 075

Brecker Brothers: *Heavy Metal Bebop*

Wenn Bruford und das Mahavishnu Orchestra typische Beispiele für Jazz Rock sind, waren die Brecker Brothers, eine 1974 bis 1982 bestehende Band unter Leitung des Saxophonisten Michael Brecker und des Trompeters Randy Brecker, die definitive Jazz-Funk-Fusion-Band. Sie nutzten Heavy-Rock-Verstärkung und jaulende elektrische Gitarren, aber der Rhythmus, immer Vierviertaltakt, folgte dem Beispiel von James Brown und Motown. Die Brüder waren, seit sie Ende der 60er Jahre in New York angekommen waren, fasziniert von Funk und Soul, obwohl beide einen soliden Jazz-Hintergrund hatten und mit Horace Silver in den frühen 70ern Platten gemacht hatten. 1969 gründeten sie eine der ersten Fusion-Bands, Dreams, eine Gruppe, die viel aus dem Rhythm and Blues übernahm. Sie machten zwei Alben mit mittelmäßigem Erfolg. Die Brüder arbeiteten als Sessionmusiker und gehörten schließlich zur Studio-Elite. Bis Ende der 80er Jahre spielte Michael Brecker bei mehr als 400 Aufnahme-

Sessions, oft nur kurze Soli, oft aber auch erstaunlich phantasievolle, lange Improvisationen. Er gehörte zu den am häufigsten imitierten Saxophonisten der 80er Jahre.

Das Talent der Brüder als Jazz-Solisten wird am deutlichsten auf ihrer Live-LP HEAVY METAL BEBOP, aufgenommen 1978. Es ist das vierte von sechs Alben der Brecker Brothers und in vielerlei Hinsicht eine «Best of»-Zusammenstellung, die einige der stärksten Kompositionen der Brüder enthält – aber glücklicherweise nicht Banalitäten wie *Oh my Stars, Finger Lickin' Good* und *Lovely Lady,* die merkwürdigerweise aus derselben Feder stammen wie so außergewöhnliche Titel wie *Some Skunk Funk* und *Squids.* Die Live-Atmosphäre in My Father's Place auf Long Island scheint sie stark zu inspirieren.

Selten hat ein Album einen passenderen Namen gehabt. HEAVY METAL BEBOP präsentiert eine perfekte Synthese aus den Lieblingsmusikrichtungen der Brüder, eine Verschmelzung von Heavy-Metal-Klangfülle mit Dance-Rhythmen aus Funk und der harmonischen Tiefe des Nachkriegs-Jazz. *Some Skunk Funk* zeigt sowohl die technische Virtuosität der Brüder als auch die harmonische Differenziertheit von Randys Kompositionen.

Es gibt einige stürmische Soli, vor allem von Trompeter Randy, der die meisten Stücke der Brecker Brothers geschrieben hat. Ohne seine Beherrschung des Bebop und des Rhythm and Blues unter den Scheffel zu stellen, macht er in seinen Soli häufig Gebrauch von elektronischem Gerät wie Wa-Wa und Harmonizer. Durch den Wa-Wa klang seine Trompete ähnlich wie die von Miles Davis, während der Harmonizer seinen Trompetensound in anderen Tonhöhen dupliziert. Randy hatte diese Effekte auf einer Reihe von Alben vorher eingesetzt, aber auf HEAVY METAL BEBOP gab Mike sein Debüt damit. Wie Randy demonstriert er die Beherrschung von Hard Bop und Rhythm and Blues und setzt den Harmonizer ein, um volle Akkorde zu produzieren, die an einen Gospelchor erinnern. Besonders setzt er das in der langen predigenden Kadenz ein, die die Soul-Rock- Ballade *Funky Sea, Funky Dew* beendet.

Andere Aspekte der Arbeit der Brecker Brothers finden sich in dem 12taktigen Blues *Inside Out* und in *Squids,* wo Riffs kombiniert werden, um das vielschichtige Arrangement wie in Herbie Hancocks *Chameleon* zu produzieren.

LP

(USA) *Heavy Metal Bebop*, Arista 4185 □

Randy Brecker (tpt), Michael Brecker (ts), Barry Finnerty (elg, Guitorganizer), Neil Jason (elb), Terry Bozzio (d)
Long Island   1978   **Inside Out**

mit Randy Brecker (kbd); ohne (Guitorganizer)
Some Skunk Funk
Sponge

mit Sammy Figueroa, Rafael Cruz (per)
Funky Sea, Funky Dew
Squids

mit Paul Schaeffer (elp), Alan Schwartzberg (d), Jason, Jeff Schoen, Roy Herring (v), Kash Monet (v, per, Klatschen), Bob Clearmountain und anderen (Händeklatschen)
New York   1978   **East River**

CDs

gleichen Inhalts:
(J) Victor B20D 51001, Novus BVCJ 5029
mit den Stücken 1, 6: *The Brecker Brothers Collection, vol. 1*
   (USA) RCA Novus 3075-2
   (Europa) RCA Novus ND 90442   ○
   (J) Victor BVCJ 5011
mit den Stücken 2–5: *The Brecker Brothers Collection, vol. 2*
   (USA) RCA Novus 3076-2
   (Europa) RCA Novus ND 83076

Andere LPs

gleichen Inhalts:
   (GB) Arista SPART 1070
mit den Stücken 1, 6: *The Brecker Brothers Collection, vol. 1*
   (Europa) RCA Novus NL 90442
mit den Stücken 2–5: *The Brecker Brothers Collection, vol. 2* (in Vorbereitung)

John Scofield: *Still Warm*

Die pikante Kombination von Funk und Post-Bop-Harmonie, die von den Brecker Brothers bevorzugt wurde, zeigt sich auch in der Arbeit des Gitarristen John Scofield, einem Musiker, der Mitte der 70er Jahre sowohl in Fusion als auch Bop Zeichen setzte, aber erst nach einem Gastspiel von Miles Davis Mitte der 80er Jahre bekannt wurde. Wie zwei frühere Mitspieler von Davis, Herbie Hancock und Chick Corea, hatte Scofield die großen Bopmusiker studiert, und seine Fähigkeiten in diesem Stil zeigen sich auf zwei Aufnahmen aus den späten 70ern für das Enja-Label. Aber er übernahm auch Rock- und Rhythm-and-Blues-Elemente. Ein Album von 1979, WHO'S WHO, zeigte erstmals sein Interesse daran, Jazz mit Rock und Funk zu verbinden, und Mitte der 80er Jahre wurden ihm seine Ideen auf diesem Gebiet, vielleicht durch seinen Kontakt mit Davis, immer wichtiger.

Das Ergebnis war eine Reihe von Alben, die er zwischen 1984 und 1987 für Gramavision aufnahm. STILL WARM von 1985 bildete den Höhepunkt. Es bestätigte die Ankunft eines Komponisten und Solisten von auffallender Individualität.

Scofields Originalität wird am deutlichsten in seinen Improvisationen. Sie war bereits in seinen frühesten Aufnahmen offensichtlich, findet jedoch ihren stärksten Ausdruck in STILL WARM. Seine besondere Kombination aus Blues-, Rock- und Post-Bop-Elementen resultiert in einer neuen und eigenen Sprache nicht nur für sein Instrument, sondern für den Jazz an sich. Was den Bop betrifft, so vermeidet Scofield die kontinuierlichen Achtelnoten-Linien, die typisch für viele Bop-Gitarristen sind, und bevorzugt die Phrasierung der Bläser. Von Gitarristen wie Otis Rush und Jimi Hendrix übernahm er typische Blues- und Rock-Klischees. Die hört man auf dem gesamten Album STILL WARM, besonders aber auf *Rule of Thumb*.

Noch typischer für den Solisten Scofield ist ein extrem dissonantes harmonisches Vokabular, das sich oft in großen Intervallsprüngen ausdrückt. Diesen Ansatz hört man im Thema von *Protocol*. Gegen Ende des Stücks setzt Scofield die Bluestechnik der Saitenbeugung ein, verwendet sie aber bei Paaren von dissonanten Intervallen anstatt bei üblichen Bluesnoten. In der Coda von *Rule of Thumb* geht er Risiken ein, die in weniger begabten Händen zu groben Fehlern führen würden. Einmal trifft er, vielleicht zufällig, ein vollkommen dissonantes Intervall, macht es aber gut, indem er es ein paar Momente später in einem höheren Register paraphrasiert.

Scofield ist oft sehr bescheiden, wenn es um seine Fähigkeiten als Komponist geht, und behauptet, nur drei oder vier Ideen gehabt zu haben, die immer wieder verwendet werden. Die Formeln, mit denen er arbeitet, sind jedoch ganz seine eigenen und reflektieren oft das Vokabular seiner Soli. STILL WARM enthält zwei Stücke, *Techno* und *Protocol,* die auf schnellen Funk-Dance-Rhythmen basieren. In diesem Fall bezieht sich «Funk» nur auf den kraftvollen rhythmischen Groove des Bassisten Darryl Jones und des Schlagzeugers Omar Hakim. Harmonisch und melodisch haben diese Stücke die Komplexität des modernen Jazz, besonders bei Scofields Soli. Einen anderen Songtyp – langsam mit einer lyrischen Melodie – hört man besonders bei *High and Mighty* und *Rule of Thumb.* Vor allem der letzte Titel zeigt Scofields Vorstellung von beschränkten Songtypen, da Stimmung und Struktur stark an *Holidays* erinnern, ein Stück von Scofields Trio-Album OUT LIGHT A LIGHT, aufgenommen 1981. Zusammen mit *Techno* und *Protocol* ist es ein Highlight von STILL WARM.

CD

(Europa) *Still Warm,* **Gramavision R2 79401** ○

Don Grolnick (kbd), John Scofield (elg), Darryl Jones (elb), Omar Hakim (d, per)
New York   00. 06. 1985   **Techno**
                                        Still Warm
                                        High and Mighty
                                        Protocol
                                        Rule of Thumb
                                        Picks and Pans
                                        Gil B643

Andere CDs

gleichen Inhalts:
  (GB) Gramavision 18-8508-2
  (D) Gramavision 971.028
  (J) Gramavision D22Y 0306

LPs

gleichen Inhalts:
(USA) Gramavision R1 79401
(GB) Gramavision 18-8508-1

Pat Metheny: *Still Life (Talking)*

Wenn John Scofield ein Beweis für die Lebendigkeit und die Entwicklungsfähigkeit von Fusion ist, dann ist der Gitarrist Pat Metheny der zweite. Beide waren als Teenager Bop-Fanatiker, doch beide entwikkelten auf dieser Basis vollkommen unterschiedliche Stile. Scofields und Methenys reife Stilarten befinden sich an entgegengesetzten Enden des Jazz-Spektrums. Während Scofield städtische Idiome bevorzugt und immer den Blues spielt, hat Metheny einen eher lyrischen und pastoralen Ansatz. Viele Zuhörer haben in seiner Musik Country and Western entdeckt. Er schiebt das auf seine Kindheit, die er in der Nähe von Kansas City verbracht hat. Er zeigt auch ein beständiges Interesse für andere Volksmusik – die lateinamerikanische und besonders die brasilianische. Ornette Colemans Album FREE JAZZ ist ein weiterer starker Einfluß, und obwohl einige Beobachter es schwierig finden, die typischen weichen Konturen von Methenys Musik mit der Steifheit von Coleman zu verbinden, beschreibt Metheny Colemans Musik als im Grunde melodisch. Obwohl die Schlüsselelemente seines Stils seit den späten 70ern klar sind, fand Methenys Mixtur aus nord- und südamerikanischen Dialekten ihren vollen Ausdruck erst in der 1987 entstandenen, mit einem Grammy ausgezeichneten LP STILL LIFE (TALKING).

Metheny hatte schon früh für den Bossa Nova von Antonio Carlos Jobim geschwärmt und später für die Arbeit von Milton Nascimento, den er als Inspiration für den wortlosen Gesang auf STILL LIFE (TALKING) angibt. Der ist besonders wirkungsvoll bei der erhabenen Melodie von *(It's Just) Talk*. Der lateinamerikanische Rhythmus, der auf dem vorhergehenden Album der Gruppe, FIRST CIRCLE (1984), ein Novum gewesen war, taucht auch hier wieder auf. Es sind jedoch nicht die Rhythmen von Machito oder Tito Puente. Es sind eher gedämpfte, leichte Tanzrhythmen und weniger die schrillen Grooves der kubanischen Schule.

Eine ähnlich gedämpfte Qualität macht Methenys Gitarrenspiel aus. Im Gegensatz zu Scofield, McLaughlin und anderen Fusion-Gitarristen nimmt er wenig Anleihen aus Rock oder Rhythm and Blues, weder in seinen Kompositionen noch in seinem Spiel. Zu seinen frühen Vorbildern gehören Wes Montgomery und Jim Hall, aber Methenys Gitarrensound ist voller als Montgomerys und noch weicher durch den Einsatz digitaler Verzögerung. Von diesen Einflüssen ist nur noch ein Rest übrig. Er hat sich zu einer eigenen Stimme entwickelt, die man nach ein paar Noten erkennt und die Ende der 80er Jahre oft imitiert wurde.

STILL LIFE (TALKING) bezeichnete den Anfang einer Rückkehr zu geradlinigem Solo-Spiel für Metheny – das wurde ganz deutlich auf seinem nächsten Album im Frühjahr 1989, LETTER FROM HOME. 1987 fällt er besonders bei *Third Wind* auf, wo er einen bemerkenswerten unbegleiteten Break und ein ebensolches Solo übernimmt, das an Charlie Parkers 1946 entstandene Aufnahmen von *Night in Tunisia* erinnert. Dies ist ein eindeutiges Bop-Solo, voller chromatischer Linien und mit enormer Geschwindigkeit vorgetragen. Sein Solo im zweiten Teil des Stücks ist auf einem Roland-Gitarrensynthesizer gespielt, mit dem für Metheny typischen Sound.

Methenys Partner für mehr als fünfzehn Jahre war der Keyboarder Lyle Mays. Er spielt Soli, die in dramatischem Gegensatz zu denen von Metheny stehen. Seine überlegten Piano-Stücke auf *So May it Secretly Begin* und *(It's Just) Talk* sind Meisterwerke des Understatement und erinnern an Jobims sparsame Piano-Soli. Ähnlich feinfühlig ist Mays' Verwendung von Synthesizern, die meist für undurchdringliche Streicher- oder Bläser-Sounds eingesetzt werden. Fast Funkähnliche Bläser-Riffs hört man gegen Ende von *(It's Just) Talk,* aber sie sind nur eine Andeutung des Rhythm and Blues in der Musik der Pat Metheny Group. Der Banjo-ähnliche Einschlag von Methenys Gitarrensynthesizer auf *Last Train Home* sagt viel mehr über den Stil der Gruppe.

CD

(Europa) *Still Life (Talking),* **Geffen GED 24145-2** ○

Lyle Mays (syn, p), Pat Metheny (g, elg, ?g syn), Steve Rodby (sb), Paul Wertico (d), Armando Marçal (per, v), David Blamires, Mark Ledford (v)

New York   00.03.–00.04.1987
                                    Minuano (Six Eight)

ohne (g)   **So May it Secretly Begin**

wie **Minuano,** *aber mit Metheny (g syn), Rodby (?elb), ohne (per)*
                                    Last Train Home

wie **Minuano,** *aber mit Metheny (elg)*
                                    (It's Just) Talk

wie **Minuano,** *aber mit Mays (syn), Metheny (g, g syn)*
                                    Third Wind

Mays (syn), Marçal (per)   **Distance**

wie **Minuano,** *aber mit Metheny (g), ohne (d), ohne (v)*
                                    In her Family

Andere CD

gleichen Inhalts:
  (GB) Geffen 924 145-2

LPs

gleichen Inhalts:
  (USA) Geffen GHS 24145
  (GB) Geffen 924 145-1

Glossar

AABA-Form, wichtigste Liedform im Jazz neben der zwölftaktigen Bluesform (→Blues). Die 32taktige AABA-Form wurde aus der populären Musik übernommen. Sie besteht aus viermal acht Takten: einem achttaktigen A-Teil, dessen Wiederholung, einem Mittelteil B (als →Bridge oder Brücke bezeichnet), der thematisch und auch harmonisch kontrastiert, also einen neuen musikalischen Gedanken bringt, und einer nochmaligen Wiederholung des A-Teils. Alternative Varianten der Liedform kommen im →Traditional Jazz nur selten vor; erst der →Modern Jazz machte andere Formen frei verfügbar.

Afro-Cuban Jazz, Verschmelzung afro-kubanischer Rhythmen mit dem Jazz; sie war bereits im →Creole Jazz angelegt, prägte sich aber erst mit dem →Bebop aus. Verbindungselement ist der Achtelnotenrhythmus, auf dem sowohl der Bebop als auch die lateinamerikanischen Rhythmen basieren. Typisch für den Afro-Cuban Jazz, der die authentische afrikanische Musik der karibischen Neger verarbeitete, ist der Einsatz von Bongos, Kongas und anderen afrikanischen und lateinamerikanischen Schlaginstrumenten. Der Beginn dieses Stils wird markiert durch den Auftritt des legendären kubanischen Drummers Chano Pozo in der Big Band Dizzy Gillespies im Jahre 1947.

Afterbeat, Betonung der schwachen Zählzeiten 2 und 4 im →Beat durch Trommel, Banjo, Händeklatschen o. ä. Markant für den Two Beat Jazz (→Hot Music) ist, daß →Two Beat (Zählzeiten 1 und 3) und Afterbeat durch verschiedene Instrumente betont werden.

Akzent, Betonung einzelner Töne oder Schläge mit Hilfe unterschiedlicher musikalischer Mittel, wesentliches Element der Melodiebildung. Akzente können sich aus der →Phrasierung oder aus Akkordwechseln ergeben und treten im Jazz vor allem als Beschleunigungs- und Off-Beat-Akzente (→Off-Beat) auf.

All Stars, Formation prominenter Spitzenmusiker aus verschiedenen Bands, die zu einem bestimmten Anlaß (Tournee, Festival, Studio-Aufnahmen o. ä.) zusammengestellt wird. Der Begriff taucht gelegentlich auch als regulärer Bandname auf (z. B. Louis Armstrong All Stars).

Arrangement, Bearbeitung eines Stückes für eine bestimmte Instrumentierung und in einem bestimmten Stil. Zur Zeit der →Big Bands hatten Arrangements stilbildende Bedeutung und waren zugleich unerläßliche organisatorische Voraussetzung. Zu den großen Arrangeuren zählen u. a. Fletcher Henderson, Duke Ellington, Benny Carter und Glenn Miller.

Ballade, romantisierendes bzw. sentimentales Vokal- und Instrumentalstück in Liedform (→AABA-Form), in langsamem oder gemäßigtem Tempo gespielt. Sie kann als eigenständige Jazzkomposition entstanden oder wegen ihrer improvisatorischen Möglichkeiten aus der populären Musik entnommen sein.

Band, allgemeiner Begriff für Ensemble, ungeachtet der Besetzung und Instrumentierung (→Big Band, →Combo)

Beat, rhythmisches, tempobestimmendes Grundmaß des Jazz. Obwohl in der Regel im Vierviertaltakt notiert, ist der Beat kein Takt im traditionellen Sinn, sondern eine – stets hörbare – Folge akzentuierter, pulsartiger Grundschläge. Typisch für den alten Jazz ist der →Two Beat mit seiner Spannung zwischen Beat und →Off Beat sowie der Akzentuierung auch der schwachen Zählzeiten (→Backbeat). Er wurde später weitgehend verdrängt durch den →Four Beat.

Bebop (Kurzform Bop, zunächst auch Rebop genannt), in den 40er Jahren in dezidierter Abwehrhaltung gegen den erstarrten, dem Entertainment verpflichteten →Swing entstandener experimenteller Jazzstil, der durch die systematische Verfügbarmachung neuer musikalischer Mittel zur Basis für den gesamten →Modern Jazz wurde. Tonal beeindruckt der in erster Linie von schwarzen Musikern gespielte Bebop durch seine rasenden Tempi, seine raffinierte Harmonik und seine nervösen Phrasen, die mitunter nur noch wie melodische Fetzen wirken, weil auf jede überflüssige Note verzichtet wird. Formelle Basis waren nach wie vor die zwölftaktige Blues- und die 32taktige →AABA-Form. Wichtigste Vertreter des Bebop waren Charlie Parker, Dizzy Gillespie, Thelonious Monk und Charlie Christian.

Big Band (früher auch Orchestra genannt), Band mit großer Besetzung von mindestens zehn Musikern. Im Gegensatz zur →Combo hat eine Big Band eine mehrfach besetzte Melody Section (zwei bis sechs Trompeten, zwei bis fünf Posaunen, drei bis sechs Saxophone, die mitunter mit der Klarinette, aber auch mit Flöte, Oboe oder Fagott abwechseln). Die Rhythm Section (Klavier, Baß, Schlagzeug, manchmal außerdem Gitarre) bleibt im wesentlichen unverändert. Die Besetzung einer Big Band läßt keine freie →Improvisation zu (→Arrangement). Bedeutende frühe Big-Band-Leader waren u. a. Duke Ellington, Count Basie, Bennie Moten, Benny Goodman.

Blue Notes, für Blues-Melodien und -Improvisationen (→Blues) fundamentales dramatisierendes Ausdrucksmittel, das für die gesamte Jazz-Melodik und -Harmonik charakteristisch wurde. Blue Notes sind auf der erniedrigten dritten und siebten Stufe der Tonleiter gebildete Töne. In Partituren sind sie als kleine Terzen und Septimen notiert. Die Blue Notes entsprechen der generellen Tendenz des Jazz, die Instrumente «sprechen» zu lassen. Sie werden häufig als →Clusters gespielt.

Blues, ursprünglich säkulare Stegreiflieder, in denen die Neger in Nordamerika ihre Sehnsucht nach Afrika, ihre Niedergeschlagenheit, aber auch ihre Hoffnung und ihre innere Auflehnung zum Ausdruck brachten. Der Blues, der auch in seiner Form afrikanisches Empfinden reflektiert (z. B. im Prinzip des →Call and Response), entwickelte um 1860 eine kunstvolle Melodieform und lebt im heutigen Amerika als Country oder City Blues fort. Er gilt als wichtigste stilistische Quelle für den Jazz, der zum einen dessen Feeling und atmosphärische Haltung übernahm, zum anderen die zwölftaktige Bluesform mit ihrem harmonischen Muster und den →Blue Notes. Seit dem →Bebop erhielten die Blues-Elemente, die z. T. auch über →Rythm and Blues, Soul (→Soul Jazz) und Rock (→Rock Jazz) in den Jazz eintraten, eine ständig komplizierter und moderner werdende Ausgestaltung.

Boogie Woogie, lebhafter Solo-Klavierstil, der Form und Harmonie nach ein →Blues, mittelschnell oder schnell gespielt. Charakteristisches Spannungselement ist der Gegensatz zwischen den rollenden, rhythmisch gleichbleibenden Baßfiguren der linken Hand und den melodischen Gegenlinien der rechten, durchsetzt mit Trillern, Tremoli, riffartig angeschlagenen Akkorden oder Blue Note Clusters (→Riff, →Blue Notes). Boogie Woogie wurde zeitweilig auch in

Combos oder (so bei Count Basie und Lionel Hampton) in Big Bands gespielt.

Bop, Kurzform für →Bebop.

Bossa Nova, Tanzmusikstil, der geprägt ist von lateinamerikanischen Begleitrhythmen und einer Melodik, die Elemente des Jazz adaptiert hat. Der Bossa Nova war in Europa eine kurze Modeerscheinung der 60er Jahre.

Break, zwei- oder (seltener) viertaktiges Aussetzen des Ensembles, um Gelegenheit zu improvisierten Solo-Einlagen (→Improvisation) zu geben. Ein Break ist gewöhnlich mit einem Harmoniewechsel verbunden.

Bridge (auch Brücke), Übergang vom B-Mittelteil einer 32taktigen →AABA-Form zur Wiederholung des A-Teils.

Call and Response, Wechselgesang zwischen Vorsänger und Chor. Das Call-and-Response-Prinzip, ein Charakteristikum der afrikanischen und schwarzen nordamerikanischen Folklore, hat sich – vor allem über den →Blues – formbestimmend auf den Jazz ausgewirkt. Die Kollektiv-Improvisation (→Improvisation) des traditionellen Jazz ist das räumlich, aber nicht zeitlich getrennte Zusammenspiel einer Lead-Stimme und der Antwort von Posaune und Klarinette, die Phrasen aufgreifen und variieren. Im Big-Band-Jazz übernimmt häufig eine Section den Ruf-, die andere den Antwort-Part.

Chicago-Stil, Jazzstil im Übergang vom traditionellen →New-Orleans- bzw. →Dixieland-Stil zum →Swing. Der Chicago-Stil, der zunächst von Amateuren aus der weißen Mittelschicht Chicagos gepflegt wurde und in den späten 20er Jahren nach New York abwanderte (Greenwich-Village-Stil), ist geprägt durch Solo-Improvisation anstelle der Kollektiv-Improvisation (→Improvisation), differenzierte Harmonik und auffallend häufige Verwendung von Schlagerthemen als Grundlagenmaterial. Saxophone ersetzten häufig die Posaune, Gitarre und Baß verdrängten Banjo und Tuba. Zu den wichtigsten Chicago-Musikern zählten Bud Freeman und Frank Teschemacher, zum weiteren Kreis Frankie Trumbauer, Benny Goodman und Eddie Condon.

Chorus, die einer →Improvisation zugrunde liegende Formeinheit mit ihrer Harmoniefolge, in der Regel die Bluesform (→Blues) oder die Akkordfolge einer →AABA-Form. Improvisiert wird über einen oder mehrere Chorusse. Der Begriff steht zudem als Synonym für →Solo.

Cluster (wörtlich «Traube»), Klanggebilde, das durch das gleichzeitige Erklingen großer und/oder kleiner Sekunden innerhalb eines angegebenen Intervalls entsteht. Z. B. werden mehrere nebeneinander liegende oder nur weiße oder nur schwarze Klaviertasten mit dem Unterarm niedergedrückt. Werden auf einem Tasteninstrument zusammen mit einer →Blue Note der obere oder untere Halbton (kleine Sekunden) angeschlagen, spricht man von Blue Note Clusters; sie gehören zu den →Dirty Notes.

Combo, kleine Solistenformation (vom Trio bis zum Oktett). Der erstmals im →Bebop auftretende und heute durch die Bezeichnung Gruppe weitgehend ersetzte Begriff impliziert die Abgrenzung zur →Big Band und eine Geschlossenheit in Konzept und Sound.

Cool Jazz, Jazzstil der 50er Jahre, der die «weiße» Antwort auf den «schwarzen» →Bebop und zugleich dessen Weiterführung war, aber auch auf die entspannten Linien älterer Jazzmusiker (z. B. Lester Young, Bix Beiderbecke) oder traditionelle Formen (namentlich der Barockmusik) zurückgriff. Dieser intellektuelle, zur Kammermusik tendierende Stil zeichnet sich durch die Entwicklung neuer Improvisationspraktiken und farbiger Klänge durch Einsatz neuartiger Instrumentation aus. Wichtige Vertreter sind u. a. Dave Brubeck, Lee Konitz, Stan Getz, Gil Evans sowie etliche farbige Musiker, die vom Bop herkamen: das Modern Jazz Quartet, Tadd Dameron und Miles Davis. Der Cool Jazz fand im →West Coast Jazz eine Fortsetzung.

Creole Jazz, Variante des →New-Orleans-Stils, weniger geprägt durch eigene musikalische Konturen als durch den sozialen Hintergrund. Aufgrund ihrer Unterprivilegiertheit waren viele der als besonders kunstsinnig geltenden Kreolen (Nachfahren reicher Einwanderer aus Frankreich und Spanien sowie deren farbigen Konkubinen) gezwungen, sich ihren Lebensunterhalt als Musiker zu verdienen. Sie betonten ihre Sonderstellung gegenüber Schwarzen und

Weißen, indem sie sich häufig zu Creole Bands zusammenschlossen. Später wurde «Creole» zu einem auch von nicht-kreolischen New-Orleans-Jazzern benutzten Markenzeichen.

Dirty Notes (auch Dirty Tones), ursprünglich bewußt unsaubere, gepreßte Gesangstöne in der Folklore der Neger; der Jazz übernahm den Begriff auch für den instrumentalen Bereich. Dirty-Effekte werden z. B. durch angerissene Saiten, auf Tasteninstrumenten durch →Blue Notes und auf Trompete und Posaune mit Hilfe von Dämpfern (→Growl, →Wa-Wa) erzielt.

Dixieland-Stil, im weiteren Sinn Oberbegriff (synonym verwendet mit: Traditional Jazz, →Hot Music) für alle Richtungen des alten Jazz (vor dem →Swing). Im engeren Sinn bezeichnet der Ausdruck die «weiße» Variante des «schwarzen» →New-Orleans-Stils. Bereits Ende des 19. Jahrhunderts imitierten weiße Kapellen auf Tanzveranstaltungen in herablassender Weise die Musik der Schwarzen. Aus dieser Vorform des Jazz (u. a. →Ragtime) entwickelte sich der Mitte der 10er Jahre populär werdende Dixieland-Stil (z. B. der Original Dixieland Jazz Band), der sich durch harmonisch abgeleitete Mehrstimmigkeit, Integration der →Blue Notes in Dur-Moll-Modalität, wenig Improvisation, mehr Variation, synkopierte Melodie-Rhythmik auf dem Beat, glatte Tongebung ohne wirkliche →Dirty Notes vom New-Orleans-Stil unterschied. Nach Abspaltung des →Chicago-Stils wurde der Dixieland Ende der 30er Jahre vom Swing abgelöst, erlebte jedoch in den 40er Jahren ein →Revival.

Drive, durch die Spannung zwischen →Beat und →Off-Beat entstehende Dynamik des Spiels mit scheinbarer Beschleunigung des Tempos.

East Coast Jazz, begriffliche Abgrenzung des in New York gespielten Jazz der fünfziger Jahre mit seinem herben Sound gegenüber dem eleganten und geschmeidigen →West Coast Jazz. Der Begriff wird auch als Synonym für den frühen →Hard Bop gebraucht.

Electric Jazz →Rock Jazz.

Four Beat, Viertelnoten-Beat, Betonung aller vier Zählzeiten, seit dem →Swing typisch für den Jazz, auch wenn der →Two Beat bisweilen noch im →Modern Jazz als Stilmittel eingesetzt wird.

Free Jazz, um 1960 einsetzende Stilrichtung, die den Jazz von allen traditionellen Regeln befreite und die totale →Improvisation anstrebte, in der den einzelnen Instrumenten keine bestimmte Rolle mehr zugewiesen ist. Die Zulassung der unterschiedlichsten Geräusche und Klangverbindungen sowie der Verzicht auf den swingenden →Beat sind Strukturmerkmale dieser in sich sehr inhomogenen Richtung, die Kommerzialität ablehnte und teils politisch oder religiös motiviert war. Die durch den Free Jazz vollzogenen Befreiungen sind über die Free-Ära hinaus wirksam und teilweise in den →Mainstream eingegangen. Zu den Vorläufern dieses Stils gehören Charles Mingus und Thelonious Monk, zu den wichtigsten Vertretern Ornette Coleman, John Coltrane sowie die Deutschen Wolfgang Dauner, Peter Brötzmann und Alexander von Schlippenbach.

Funk, eine bestimmte bluesbezogene Spielweise vor allem im →Hard Bob und speziell im →Soul Jazz. Merkmale des Funk sind rhythmische Intensität und Dirty-Phrasierung.

Fusion, generell Kreuzung unterschiedlicher Stile, seit den 70er Jahren vor allem die Verbindung von Jazz und Rock (→Rock Jazz) oder Soul (→Soul Jazz).

Gospel Song, von Elementen des →Blues, insbesondere dem Prinzip des →Call and Response geprägte Gesangsgattung der nordamerikanischen Neger mit Textbezug auf das Neue Testament. Der Gospel (bekannteste Repräsentantin: Mahalia Jackson) wirkte in den 50er und 60er Jahren – teils über den Soul als säkularisierte Nebenlinie (→Soul Jazz) – stark auf den Jazz ein, vor allem auf den →Hard Bop.

Greenwich-Village-Stil →Chicago-Stil.

Growl (wörtlich «Knurren»), Stilmittel, mit dem vor allem Trompeter und Posaunisten unter speziellem Einsatz des Dämpfers menschen- und tierstimmenähnliche Klangeffekte schaffen. Growl, entstanden in Anlehnung an die gesungenen →Dirty Notes, ist ein Hauptmerkmal des →Jungle Style.

Hard Bop (zunächst auch →East Coast Jazz genannt), sich nahtlos aus dem →Bebop entwickelnder Stil, jedoch weitaus vitaler als jener und geprägt durch größere instrumentaltechnische Perfektion, durch die

Berücksichtigung ungerader Taktarten und verstärkten Einsatz polyrhythmischer Kombinationen (→Polyrhythmik) als belebende Elemente. Unter dem Einfluß von →Rhythm and Blues entwickelte sich die Seitenlinie →Soul Jazz. Auch wurde der Hard Bop die Basis für →Modal Jazz und schließlich →Free Jazz. Hauptvertreter sind u. a. Max Roach, Clifford Brown, Art Blakey und John Coltrane.

Hot Music, Oberbegriff für die Stilarten des alten Jazz (→New-Orleans-Stil, →Dixieland-Stil, →Chicago-Stil). Der Begriff «hot» setzte den Jazz bis zum Aufkommen des →Swing von der gängigen Tanz- und Unterhaltungsmusik (Sweet Music) ab. Die als «heiß» empfundene Wirkung resultierte vor allem aus der intensiven Jazz-Rhythmik und ihren Auswirkungen auf die →Phrasierung sowie aus den als fremd empfundenen Manipulationen von Klang und Intonation z. B. durch →Blue Notes.

Improvisation, die freie Wahl von Tönen innerhalb bestimmter Regeln, Basismerkmal des Jazz überhaupt und vor allem für den →Modern Jazz von zentraler Bedeutung. Improvisiert wird in der Regel über die zyklisch wiederholte Harmoniefolge eines →Themas, den →Chorus. Ging es im alten Jazz (→Hot Music) nur darum, das vorgestellte Thema auszuschmücken oder zu variieren, so gewann die Improvisation im →Swing, →Bebop und den nachfolgenden Stilarten zunehmend an Bedeutung. Die Entwicklung gipfelte im →Free Jazz, der tradierte Strukturen negiert und die freie, totale Improvisation ohne harmonisch-melodische Bindung zum Grundsatz erhoben hat. Die Regel im Jazz ist die Kollektiv-Improvisation, das gleichzeitige Improvisieren von Posaune, Trompete und Klarinette. Bei einer Solo-Improvisation steht ein Instrument im Vordergrund, die anderen begleiten lediglich. Reine, unbegleitete Solo-Improvisationen wurden erst im Modern Jazz üblich; sie gab es zuvor meist nur bei Piano oder Schlagzeug.

Jam Session, spontanes, zwangloses, durch →Improvisation geprägtes Spiel mehrerer Musiker außerhalb eines Engagements und ohne Rücksicht auf ein Publikum. Der Begriff bezeichnet heute auch das Zusammenspiel von →All Stars bei Festivals usw.

Jazz Rock →Rock Jazz.

Jungle Style, durch bestimmte Instrumentaleffekte (→Growl, →Wa-Wa), mit denen Blechbläser mit Hilfe von Dämpfern Raubtierlaute u. a. nachahmen, gekennzeichneter Stil, den Duke Ellington mit seinem frühen Orchester entwickelte.

Kansas-City-Stil, früher orchestraler Stil des →Swing, der in dem Amüsierzentrum Kansas City etwa zur selben Zeit wie die Harlem-Jazz-Varianten Jump und →Stride sowie der →Chicago-Stil entstand. Er erhielt sein besonderes Gepräge durch einen flüssigen, antreibenden Rhythmus und knappe, strahlende →Riffs, die zwischen den Sectionswechseln und dabei immer komplizierter werden. Stilbegründend war Bennie Motens Orchester, wichtigster Bewahrer des Stils wurde Count Basie.

Komposition, eigentlich das tonschriftlich fixierte, reproduzierbare →Thema eines Komponisten (während der Begriff →Arrangement detailliert auskomponierte Instrumentierungen bezeichnet). Im Jazz muß jedoch aufgrund der großen interpretatorischen Freiheiten eigentlich auch jede →Improvisation über ein Thema als Komposition bezeichnet werden.

Liedform →AABA-Form.

Liner Notes, Einführungstexte zu Plattenproduktionen auf den Rückseiten der betreffenden Coverhüllen.

Mainstream, «Hauptstrom» im Jazz, gleichsam der gemeinsame Nenner der zu einem bestimmten Zeitpunkt allseits als verbindlich akzeptierten musikalischen Ausdrucksmittel. Der Begriff bezeichnete zunächst eine spezielle Mischung von →Swing und →Bebop. Inzwischen sind auch Elemente des →Modal Jazz, des →Free Jazz und des →Rock Jazz in den Mainstream eingegangen.

Modal Jazz, Oberbegriff für Improvisationspraktiken, die um 1960 u. a. von Miles Davis, John Coltrane und Gil Evans eingeführt wurden und tradierte funktionsharmonische Strukturen durchbrachen. «Modal» bedeutet in diesem Zusammenhang: sich auf die mittelalterlichen Kirchentonarten (Modi) beziehend, nicht auf die Dur-Moll-Tonalität. Diese harmonische Befreiung war ein wesentlicher Beitrag zum Durchbruch des →Free Jazz.

Modern Jazz, Sammelbegriff für alle Stilarten seit dem →Bebop im Gegensatz zum traditionellen Jazz.

New-Orleans-Stil, erste ausgeprägte Stilform des Jazz, die sich um 1900 aus dem Zusammentreffen des sog. Archaischen Jazz (in dem Elemente afrikanischer Folklore mit gängigen Märschen, Liedern usw. verwoben waren) mit dem →Blues entwickelte. Metrisch-rhythmische Basis bildete der →Ragtime (eine Richtung des Archaischen Jazz) mit seinem →Two Beat, charakteristisches Merkmal aber wurden Elemente des Blues wie →Blue Notes und das Prinzip des →Call and Response. Letzteres bildete die Grundlage für die Kollektiv-Improvisation, die das Thema zunächst nur in kurzen →Breaks variierte und sich erst bei Louis Armstrong zur wirklichen →Improvisation weiterentwickelte. Aus der ersten Phase des New-Orleans-Stils (bis 1917) gibt es keine Tonaufzeichnungen; die zweite Phase, in der sich der Jazz von seiner Wiege, dem liberalen Schmelztiegel New Orleans, löste und sich nach Chicago, New York, Kansas City ausbreitete, ist durch Aufnahmen von King Olivers Creole Jazz Band, Louis Armstrong, Jelly Roll Morton, Kid Ory u. a. belegt. Der von Negern und Kreolen (→Creole Jazz) gespielte New-Orleans-Stil wurde im →Dixieland-Stil von Weißen nachgeahmt und erlebte nach seiner Ablösung durch den →Swing ein Revival.

Novelty, abwertende Bezeichnung für einen anspruchslosen Tagesschlager.

Off-Beat, rhythmisches Merkmal des Jazz. Off-Beat entsteht durch melodisch-rhythmische Akzentmuster, die in geringen zeitlichen Verschiebungen gegen den durchlaufenden Grundrhythmus (→Beat) gerichtet sind.

Ostinato, permanente Wiederholung einer prägnanten kurzgliedrigen melodischen, rhythmischen oder harmonischen Formel (meist in der tiefsten Stimme) mit der Intention, die rhythmische Intensität eines Stückes zu steigern. Ostinati werden im Jazz auch als →Riffs bezeichnet.

Phrasierung, allgemein Gliederung einer →Komposition durch Motive und Perioden, im Jazz grundlegendes Element der Melodiebildung, da die Melodie hier nur unvollständig durch Notation festgelegt werden kann. Die Jazz-Phrasierung ist somit der spezifische, in der Regel nicht kopierbare Sound eines Musikers.

Polyrhythmik, gleichzeitige Realisierung verschiedener Rhythmen. Der für den Jazz typische →Off-Beat entstand aus der Synthese europäischer Taktrhythmik und afrikanischer Polyrhythmik.

Ragtime, im letzten Drittel des 19. Jahrhunderts entstandener, dem Archaischen Jazz zugehöriger, später auch auf Bands übertragener afroamerikanischer Klavierstil, der seinen Namen (von ragged time, «zerrissener Takt») seiner besonderen Synkopierungs- und Phrasierungsweise (→Synkope, →Phrasierung) verdankt. Ragtime ist eine europäisierte Form schwarzer Folklore mit Off-Beat-Rhythmik, der von schwarzen und weißen sog. Minstrel-Pianisten und in Kneipen und Bordellen gespielt wurde. Er stellt einen der wichtigsten Vorläufer des →New-Orleans-Stils dar und wirkte auch auf spätere Jazzstile bis zum →Stride ein. Einige Ragtime-Pianisten wurden zu wichtigen Komponisten und Bandleadern des alten Jazz (Scott Joplin, Jelly Roll Morton u. a.).

Rebop →Bebop.

Revival, Wiederbelebung eines älteren Stils, speziell des →New-Orleans-Stils und des →Dixieland-Stils. Die wichtigste Revival-Bewegung erreichte in den 40er Jahren ihren Höhepunkt, als vor allem weiße Amateure sich gegen die Neuerungen des →Bebop und die Kommerzialisierung des Jazz wandten und sich auf den traditionellen Jazz besannen. Bereits seit Mitte der 30er Jahre war es zu einer Wiederentdeckung von Vertretern der →Hot Music wie Bunk Johnson, Sidney Bechet und Jelly Roll Morton gekommen.

Rhythm and Blues, urbaner Blues-Stil (→Blues) der Farbigen, der in den 50er Jahren entstand. Charakteristika sind einfache Akkorde und Akkordfortschreitungen, eine riffartige (→Riff) Melodiebildung sowie ein stark akzentuierter und zum →Shuffle neigender Viertelnoten-Beat mittleren Tempos. Aus dem R&B, dessen bekanntester Interpret Ray Charles ist, entwickelten sich zunächst der weiße Rock'n'Roll und später – unter stärkerer Rückbesinnung auf die schwarzen Ursprünge des Blues – der Rock, der seit den 60er Jahren den Jazz stark mitprägte.

Riff, sich ständig wiederholende, prägnante instrumentale rhythmische Phrase über zwei oder vier Takte. Seine bewußt einfach gehaltene Melodik läßt die problemlose Verknüpfung mit verschiedenen Akkord- oder Harmoniewechseln zu. Riffs, die meist als Baßfiguren oder geblasene Begleitsätze auftreten, steigern die Spannung und lassen dem Solisten zugleich größtmögliche Freiheiten.

Riff Singing →Scat.

Rock Jazz (auch Jazz Rock, Electric Jazz, Fusion), Jazzstil, der rhythmische Elemente des Rock mit harmonisch-melodischen Elementen des Jazz unter Einsatz modernster Elektronik verbindet und nach dem Höhepunkt des →Free Jazz den →Mainstream zu dominieren begann. Der Anstoß ging zunächst von der populären Musik aus: vom Rock, der sich aus dem →Rhythm and Blues entwickelt hatte; Rockbands wie Blood, Sweat and Tears und Chicago verbanden Mitte der 60er Jahre Jazzbläser mit Rock-Rhythmusgruppen. Die eigentliche Synthese von Rock und Jazz unter Einbeziehung von →Improvisation und Einsatz elektronischer Instrumente erfolgte zu Beginn der 70er Jahre bei Miles Davis (dessen Album «In A Silent Way» stilbestimmend wurde). Seine Ansätze wurden weiterentwickelt durch Herbie Hancock, Chick Corea, Joe Zawinul u. a.

Ruf-und-Antwort-Prinzip →Call and Response.

Scat (auch Riff Singing), improvisierter Jazzgesang, bei dem bedeutungslose Silben instrumentale Phrasen lautmalerisch nachahmen. Zu den bekanntesten Vertretern des Scat-Gesangs, der in den 20er Jahren durch Louis Armstrong populär wurde, gehören Ella Fitzgerald, Dizzy Gillespie und in neuerer Zeit Al Jarreau.

Shout, «Schreien», ausdrucksstarker Gesangsstil westafrikanischen Ursprungs, der über →Spiritual und →Blues in den Jazz Eingang fand und vor allem im Big-Band-Jazz eine Rolle spielte. Er zeichnet sich durch rhythmische Prägnanz und weitgehende Beschränkung auf einen durchgehenden Hauptton aus.

Shuffle (wörtlich «Scharren»), auf kirchliche Rituale der nordamerikanischen Neger zurückgehender Begleitrhythmus im Jazz, der den Eindruck erweckt, jeder einzelne →Beat würde «angeschoben».

Ursache für diesen Effekt ist die Unterteilung des Beat in triolenartig punktierte Achtelnoten. Der Shuffle-Rhythmus fand vor allem im →Swing häufig Verwendung.

Single Notes, im Gegensatz zur rhythmischen Akkord-Spielweise eine rein auf die Bildung einer Melodielinie beschränkte Solospielweise auf Harmonie-Instrumenten, vor allem der Gitarre.

Solo, begleitetes oder unbegleitetes Spiel eines dominierenden Instrumentalisten oder Sängers; auch Interpretation eines Stückes durch nur ein Instrument; ferner auch Solo-Improvisation (→Improvisation).

Soul Jazz, Stilrichtung, in der sich der →Hard Bop mit dem Soul verband, einer Seitenlinie des schwarzen →Rhythm and Blues unter starkem Einfluß des →Gospel Songs. Die typische Spielweise des Soul Jazz, dessen herausragende Vertreter Horace Silver und Cannonball Adderley sind, wird als →Funk bezeichnet.

Sound, charakteristische Klangfarbe eines Solisten oder einer Band, die sich hauptsächlich aus einer spezifischen, nicht kopierbaren Phrasierweise (→Phrasierung) ergibt; ferner auch Klangqualität z. B. einer Plattenaufnahme.

Spiritual (auch Negro Spiritual), religiöses Lied der Neger in Nordamerika im Wechsel von →Call and Response zwischen einem Vorsänger (Prediger) und dem Chor (Gemeinde), der den Refrain wiederholt. Textliche Basis bilden Geschichten aus dem Alten Testament. Im 20. Jahrhundert entwickelte sich das Spiritual, das weniger stark Blues-Elemente aufgenommen hat als der →Gospel Song, zum Kunstlied. Der Jazz hat vom Spiritual u. a. den →Shout übernommen.

Standard, in Hinblick auf Melodik und Harmonie besonders vielseitiges und ergiebiges →Thema, das über mehrere Stilepochen hinweg als Grundlage für →Improvisationen dient.

Stop Time, spannungssteigerndes rhythmisches Gestaltungsmittel des traditionellen Jazz: plötzliche Unterbrechung des Melodie- und Rhythmusverlaufs, während z. B. der Solist unbegleitet weiterspielt

(→Break). Reichen die Pausen über mehrere Grundschläge, werden sie in der Regel durch Akkorde der Begleitmusiker unterbrochen. Wird ein ganzer →Chorus mit Stop-Time-Technik begleitet, wird er als Stop Chorus bezeichnet.

Stride, Klavierspielweise, bei der die linke Hand ständig zwischen Baßton (Zählzeiten 1 und 3) und Akkord (Zählzeiten 2 und 4) wechselt. Herausragende Interpreten dieses aus dem →Ragtime entstandenen Stils sind Fats Waller und James P. Johnson.

Swing, Bezeichnung für die durch das Aufeinandertreffen von →Beat und →Off-Beat, durch →Polyrhythmik sowie bestimmte Arten der →Phrasierung entstehende rhythmische Spannung, die fundamental ist für den Jazz. Typisch ist das «Hin- und Herschwingen» um den konstanten Beat, aus dem häufig ein spezieller →Drive entsteht. Swing bezeichnet darüber hinaus als Sammelbegriff den Jazz, der sich Ende der 20er Jahre (mit dem improvisatorischen Stil Louis Armstrongs) herausbildete und bis Mitte der 40er Jahre (bis zum Aufkommen des →Bebop) dominierte. Typisch für den Swing-Stil sind →Four Beat, ausgeprägte Soli (→Solo), stark ausgearbeitete →Arrangements und die Tendenz zu größeren Formationen (→Big Band). Herausragende Vertreter dieser Richtung, in der die Unterschiede zwischen schwarzem und weißem Jazz erstmals aufgehoben wurden, waren u. a. Duke Ellington, Fletcher Henderson, Count Basie und Bennie Moten. In den 50er Jahren, in denen er zum Markenzeichen von Tanzorchestern wurde, wurde der Swing zum Hauptbestandteil des →Mainstream.

Synkope, rhythmische Verschiebung gegenüber der regulären Taktordnung, d. h. die Bindung eines unbetonten an den betonten folgenden Taktwert über die Taktgrenze hinweg oder innerhalb des Taktes. Synkopen unterstützen den vorwärtstreibenden Effekt im Jazz (→Drive). Die Viertelsynkope beginnt auf einer leichten Zählzeit (2 und 4) und überschreitet die Dauer eines Viertels, die Achtelsynkope überschreitet die Dauer eines Achtels.

Thema, musikalisch-kompositorischer Grundgedanke eines Stückes. Nach seiner Vorstellung wird im Jazz sein Harmoniegerüst zur Basis für den nachfolgenden →Chorus.

Traditional Jazz →Dixieland-Stil, →Hot Music.

Two Beat, Halbnoten-Beat, Betonung der starken Zählzeiten (1 und 3) durch Baß-Trommel und/oder Baß-Instrument, stilistisches Merkmal des traditionellen Jazz. Die übrigen Instrumente der Rhythmusgruppe verklanglichen alle vier Zählzeiten des Taktes, mithin auch die schwachen Zählzeiten (→Afterbeat). Der Two Beat wurde im →Swing durch den →Four Beat abgelöst.

Wa-Wa, wie →Growl ein Klangeffekt, den Posaunisten und Trompeter mittels Dämpfer oder einer speziellen Ansatztechnik produzieren und dessen Resultat ein tierstimmenartiger Ton ist.

West Coast Jazz, Stilrichtung in der späten Phase des →Cool Jazz, der geschmeidiger und glatter klingt als der härtere, am →Bebop orientierte →East Coast Jazz, von dem der Begriff ihn abgrenzen sollte. Der West Coast Jazz, der vorwiegend von Musikern aus den Filmstudios von Hollywood und San Francisco gespielt wurde, strebte teils raffinierte, perfekte Spieltechniken an, teils rekurrierte er auf den →Swing. Zu den Repräsentanten zählen Dave Brubeck, Quincy Jones und Gerry Mulligan.

Register der Musiker und Bands

AACM 344, 354
Abrams, Muhal Richard 344
Abrams, Ray 203
Acuña, Alex 379
Adderley, Cannonball 268, 276, 314ff., 403
Addison, Bernard 64
Adler, Rudolph 65
Ahola, Sylvester 51
Aiken, Gus 65
Alexander, Barney 32
Alexander, Charlie 44
Alix, May 38
Allen, Henry «Red» 65, 85, 87, 89, *172–173*
Allen, Marshall 350
Allen, Moses 122
Altschul, Barry 355f.
Ammons, Gene *230–232*, 297, 299
Andersen, Arild 342f.
Anderson, Ed 32
Anderson, Ivie 95, 97
Angram, Steve 184
Apex Club Orchestra 46
Arbello, Fernando 123
Arlen, Harold 122
Armstrong, Lil 26, 35, 37ff., 43, s. auch Hardin, Lil
Armstrong, Louis 20ff., 26f., *34–42*, 48, 53, 59f., 62f., 75, 83, 86f., 90, 115, 125, 133, 141, 160f., 164f., 174ff., 180, *186–191*, 201, 271, 400, 402
Art Ensemble of Chicago *344–347*, 352, 354
Ashby, Irving 156
Atkins, Boyd 39
Atkins, Eddie 23
Auld, Georgie 128, 131, 145, 199, 224
Autrey, Herman 134
Avakian, George 169f.
Ayler, Albert 341

Babcock, Clarence 38
Bacon, Louis 96, 117
Badrena, Manolo 379
Bailey, Benny 205
Bailey, Buster 23, 26, 46, 86f., 141, 143
Bailey, Derek 361ff.
Bailey, Donald 283f.
Baird, Taswell 203
Baker, Chet 249ff., 280
Banks, Billy 127
Baquet, George 32
Barber, Bill 237f.
Barbieri, Gato 353
Barefield, Eddie 107, 145
Barksdale, Everett 65, 189
Barnes, George 190
Barnes, Paul 32, 192
Barnet, Charlie 95
Bartz, Gary 263
Basie, Count 67, 83, *101–114*, 116, 127f., 131, 141, 157, 224, 227, 230, 292, 307, 310, 342, 378, 393f., 399, 404
Bassett, Rip 39
Battle, Edgar 109, 124
Bauduc, Ray 161f.
Bauer, Billy 195, 206, 240f.
Bauza, Mario 117
Bechet, Sidney 22, 26, 29, 32, 45, *62–66*, 125, 175f., 184, 191, 291, 401
Beckett, Fred 227
Beiderbecke, Bix 14, *48–52*, 52f., 57, 60, 84, 332, 395
Benford, Bill 32
Benford, Tommy 32, 307f.
Bennett, Mark 162
Bennie Moten's Kansas City Orchestra s. Moten, Bennie
Bennink, Han 361
Berger, Karl 342f., 358f.
Berlin, Jeff 382
Bernard, Al 14
Bernardi, Noni 162
Bernstein, Artie 62, 130f.
Berry, Chu 104, 109, 126, 158, 299
Berry, Emmett 142, 146
Berry, Leroy 106
Berton, Vic 51, 54, 57f.

Best, Denzil 234, 237, 242, 300, 302
Bigard, Barney 31, 42, 46, 91f., 95, 127, 186, 188, 291
Bishop, Walter jr. 194, 259
Bivona, Gus 131
Black Bottom Stompers 42, 44
Black, Lou 16, 18
Blakey, Art 257
Blackwell, Ed 333, 335
Blair, Lee 32
Blake, Eubie 69
Blakey, Art 194, 198f., 217f., 221, 230ff., 234, 240, 255, *258–264*, 276f., 324, 398
Blamires, David 389
Blank, Roger 351
Blanton, Jimmy 92ff., 97, 149, 194, 266
Bledsoe, George 256
Bley, Carla 352f.
Blood, Sweat and Tears 402
Bloom, Marty 31
Bloom, Rube 57
Blue Devils 101
Blythe, Jimmy 44
Bob Cats 126, 161f.
Bolden, Charles «Buddy» 179, 183f.
Boling, Arnold 135
Bolton, Dupree 278f.
Bond, Jimmy 280ff.
Boone, Harvey 88
Boone, Lester 146
Bose, Sterling 163
Bostic, Earl 152f., 265, 338
Boulez, Pierre 363
Bowie, Lester 344ff.
Bowles, Russell 122
Boyd, Nelson 225, 238
Boykins, Ronnie 350
Bozzio, Terry 385
Brackeen, JoAnne 263
Braff, Ruby 168, 170f.
Braud, Wellman 32, 64, 91, 95
Braxton, Anthony *354–356*
Brecker Brothers 365, *383–385*, 386

408 | Register

Brecker, Michael 383, 385; s. auch Brecker Brothers
Brecker, Randy 383, 385; s. auch Brecker Brothers
Breuker, Willem 359, 361
Briggs, Arthur 147
Briggs, Pete 39
Briscoe, Walter 32
Broadway Bell Hops 51
Brötzmann, Peter 358, *359-361*, 397
Brookmeyer, Bob 310
Brooks, Dudley 131
Brown, Clifford *255-258*, 260, 262f., 265, 270, 276ff., 291f., 324, 398
Brown, Ed 123
Brown, James 365, 371, 375, 383
Brown, John 203, 205
Brown, Lawrence 96, 117
Brown, Marion 339, 341
Brown, Ray 194, 199, 201ff., 205, 214, 245, 310
Brown, Sam 353
Brown, Sidney «Jim Little» 178f.
Brown, Steve 16, 18
Brown, Tom 12, 16
Brubeck, Dave 252f., 395, 405
Bruford, Bill 365, *380-383*
Brunies, George 16ff.
Bryant, Ray 261
Buckner, Milt 322
Buckner, Ted 123
Buford, Lawson 47
Bunker, Larry 249, 251
Bunn, Jimmy 215
Bunn, Teddy 64
Burbank, Albert 184f.
Burke, Raymond 192
Burns, Dave 203
Bushell, Garvin 119
Butler, Frank 278f., 281f.
Butler, Joseph 193
Butterbeans and Susie 24
Butterfield, Billy 162, 166f., 170f.
Byard, Jaki 291ff.
Byas, Don *151-154*, 200f., 204, 291f., 299, 389, 392
Byrd, Donald 258

Caceres, Ernie 206

Cage, John 354, 362
Cairns, Clifford 14
Caldwell, Happy 32, 61, 64
Calhoun, Eddie 300, 302
Cali, John 51
Calloway, Cab 133, 149
Capers, Chris 350
Carey, Mutt 180ff.
Carisi, Johnny 236ff.
Carmichael, Hoagy 143
Carney, Harry 91ff.
Carr, Mancy 40
Carroll, Bob 135
Carroll, Joe «Bebop» 206
Carruthers, Earl 122
Carry, Scoops 203
Carter, Benny 89, 115, 117, 120, 142, 145, 147f., 198, 201, 208, 210, 227, 280, 299, *306-310*, 392
Carter, Ron 326f.
Carver, Wayman 117
Cary, Dick 166, 188
Casey, Albert 133f., 142, 146
Casimir, John 184
Cathcart, Dick 161
Catlett, Sid 62, 64, 126, 151ff., 188, 198f., 203, 299, 308
Challis, Bill 88
Chambers, Elmer 87
Chambers, Henderson 171
Chambers, Paul 265ff., 271, 273, 275ff., 314f.
Chapman, Paul 146
Chaput, Roger 139
Charles, Ray 143, 401
Cheatham, Doc 75
Cherry, Don 83, 331, 333f., *341-343*, 353, 359
Chicago 402
Chicago Footwarmers 42ff.
Chicago Loopers 49
Chicago Rhythm Kings 61
Chicago Symphony Orchestra 46
Chick Webb and his Little Chicks 117; s. auch Webb, Chick
Chilton, John 161
Chisholm, George 166
Christian, Buddy 26
Christian, Charlie *126-132*, 194, 197, 293, 392

Circle 372
Clark, Henry 39
Clark, Joe 43
Clark, Sonny *288-290*
Clarke, Kenny 142, 145, 194, 197ff., 202f., 218, 224, 226, 238, 245, 247
Clarke, Pete 117
Clarke, Stanley 374, 382
Clayton, Buck 103ff., 108, 141, 143, *169-172*
Clearmountain, Bob 385
Cobb, Jimmy 314ff.
Cobham, Billy 369ff.
Cohn, Al 230
Coker, Dolo 280ff.
Coker, Henry 105, 113
Cole, Cozy 144, 173, 188, 197, 202
Cole, June 87
Cole, Nat «King» 67, 126, *154-157*, 243, 299, 308
Coleman, Bill 133f., 145
Coleman, George 326f.
Coleman, Ornette 326, 329, *331-335*, 339ff., 352, 388, 397
Collins, John 145, 307, 309
Collins, Junior 238
Collins, Lee 183
Collins, Shad 109f., 142, 145, 168f.
Coltrane, John 34, 83f., 217, 261, 265ff., 272, *273-275*, 277, 285, 291, 296, 307, 313ff., *323-326*, 327, *338-341*, 343, 348, 358, 371, 382, 397ff.
Colucci, Tony 65
Combelle, Alix 147, 307f.
Comegeys, Leon 203
Comfort, Joe 156
Condon, Eddie 57f., *59-62*, 67, 160f., *166-167*, 394
Connors, Bill 374
Cook, Ann 184f.
Cook, Doc 183
Cook, Junior 256
Cook, Willie 205
Corea, Chick 76, 365, 368, *372-375*, 386, 402
Costanzo, Jack 156
Counce, Curtis 278
Cowens, Herbert 146

Musiker und Bands | 409

Crawford, Jimmy 121f.
Crosby, Bob 126, 160, *161–163*, 174
Crosby, Israel 149
Crosby, Octave 192f.
Crumbley, Elmer 122
Cruz, Rafael 385
Culley, Wendell 113
Cummings, Robert 350
Curry, Bert 40
Curson, Ted 318ff.
Cutshall, Cutty 131, 166f.
Cyrille, Andrew 337, 354

Daawud, Talib 203
Dameron, Tadd 194, 198f., *224–226*, 227, 231f., 266, 277, 395
Dance, Stanley 168
Dash, Julian 171
Dauner, Wolfgang 397
Davidson, Wild Bill 59
Davies, Hugh 362f.
Davis, Art 339, 341
Davis, Beryl 140
Davis, Bobby 51, 57
Davis, Danny 350
Davis, Eddie «Lockjaw» 105, 296, 300, *303–304*
Davis, Lem 171
Davis, Leonard 61
Davis, Miles 83, 194, 206ff., 228, 231, *236–239*, 240, 243, 245, 249f., 257, 259, *264–267*, 270, 273f., 276, 280, 295, 303, *314–316*, 321f., 326f., 338, 355, *366–369*, 371f., 375, 378, 384, 386, 395, 399, 402
Davis, Richard 291, 293
Davis, Wild Bill 105, 113
Davison, Wild Bill 166f.
De Paris, Sidney 32, 64
DeArango, Bill 200, 204
Decou, Walter 176ff.
Deems, Barrett 189
DeFranco, Buddy 206, 242, 288
Delauney, Charles 174
Dennis, Willie 320
Dent, Laforet 122
Deron, Claude 358f.
Desmond, Paul *252–255*
d'Hellemmes, Eugene 307f.
Dial, Harry 134

Dickenson, Vic 105, 112, 166f., *168–169*, 227
Dickerson, Carroll 39f.
Dixon, Charlie 87, 119
Dockery, Sam 258
Dodds, Baby 20, 22f., 31f., 39, 44, 59, 65, 184
Dodds, Johnny 20, 22f., 31f., 35, 37, 39, *42–45*, 46, 59, 63, 174ff.
Dolphy, Eric 78, 317ff., 333, 335
Dominique, Natty 42ff.
Donaldson, Bobby 171
Dorham, Kenny 203, 258ff., 263, 288
Dorsey, George 189
Dorsey, Jimmy 50, 53f., 57f.
Dorsey, Tommy 57, 161, 325
Dreams 383
Drew, Kenny 194, 273, 275, 297f.
Dudek, Gerd 359f.
Duke, Vernon 247
Dumaine, Louis 184
Duncan, Hank 64, 71, 133, 135
Dunn, Blind Willie 57
Durham, Eddie 101, 104, 106, 108, 122
Duryea, Andy 205
Dutrey, Honore 20, 22, 39, 44
Duvivier, George 220, 303f.

Eager, Allen 224ff.
Eckstine, Billy 199, 224, 230f., 308
Edghill, Arthur 303f.
Edison, Harry «Sweets» 104f., 109, 305
Edwards, Eddie 13f.
Edwards, Josie 24
Edwards, Susie 24
Edwards, Teddy 256
Eisler, Hanns 352
Ekyan, André 307f.
Eldridge, Roy 126, 142, 146, 157ff., 201, 233, 240, 299
Ellington, Duke 28, 60, 67, 73, 83, 86, *90–101*, 104, 115, 121, 149, 217, 291,
310, 318, 323, 392f., 399, 404
Ellis, Seger 50
Epstine, Jack 65
Erskine, Les 168
Ervin, Booker 285, 319
Escudero, Bob 87
Esquire All-American Award Winners 186
Evans, Alfie 65
Evans, Bill 313ff., *321–323*
Evans, Gil 83, 236ff., 395, 399
Evans, Herschel 103ff., 108, 230
Evans, Stump 23, 31
Ewing, John «Streamline» 124, 227
Experimental Band 344

Farberman, Hymie 51
Farlow, Tal 242ff.
Farmer, Art 253
Fatool, Nick 130, 164f.
Fats Waller and his Rhythm 126
Favors, Malachi 344f., 347
Favre, Pierre 364
Fazola, Irving 161, 163
Feather, Leonard 187, 200
Ferguson, Maynard 342
Ferretti, Andy 162
Fields, Geechie 32
Fields, Gene 146
Fields, Jackie 149
Figueroa, Sammy 385
Fila, Alec 131
Finnerty, Barry 385
Fishkin, Arnold 241
Fitzgerald, Ella 115f., 118, 126, 142, *157–159*, 402
Flanagan, Tommy 158f., 270ff., 294
Forman, James 205
Foster, Al 266
Foster, Frank 105, 113
Fowlkes, Charlie 113, 171
Francioli, Léon 364
Frazier, Bill 203
Frazier, Josiah «Cie» 184f.
Freeman, Bud 59ff., 166, 189, 394
Friar's Society Orchestra 16, 18
Friedman, Izzy 57

Fulford, Tommy 119
Fuller, Curtis 273 ff.
Fuller, Gil 202 f.

Gabler, Milt 151, 187 f.
Garland, Ed 180 ff.
Garland, Joe 32
Garland, Red 265 ff.
Garner, Erroll 67, 299, *300–302*, 322
Garrick, Michael 323
Garrison, Arvin 210 f., 214
Garrison, Jimmy 307, 309, 324 f., 339, 341
Gaskin, Leonard 167, 227, 229
Gayles, Joe 205
George, Karl 109
George Lewis and his New Orleans Stompers s. Lewis, George
Gersh, Squire 189
Gershwin, George 247, 286
Getz, Stan 230, *233–236*, 253, 259, 266, 395
Gibson, Al 206
Gibson, Andy 109
Giles, Albert 185
Gillespie, Dizzy 83, 194, 196, *196–207*, 207 ff., 212 ff., 216, 218, 220, 224, 227, 233, 238, 242, 245, 259, 265, 271, 274 ff., 283, 294 f., 299, 391 f., 402
Gillette, Bob 18
Gilmore, John 349 f.
Glaser, Joe 187
Glenn, Tyree 171
Globe Unity Orchestra 357 f.
Goldkette, Jean 48
Golson, Benny 258, 261
Gonzales, Babs 228
Goode, Coleridge 139 f.
Goodman, Benny 14, 27, 46, 53, 56, 58 f., 67, 83, 85, 116, 122, *126–132*, 129, 134, 141, 160 f., 164, 174, 393 f.
Goodman, Irving 131
Goodman, Jerry 370 f.
Goodsall, John 382
Gordon, Dexter 197, 202, 230, 233, 274, *285–287*, 345

Graham, Bill 113
Granowsky, Harold 241
Granz, Norman 77, 210, 230
Grappelli, Stephane 126, 137 ff., 307 f.
Graselli, Paul 57
Grasset, Roger 140
Gray, Wardell 225 f., 230, 252, 261 f., 288
Green, Bennie 86, 171, 230 ff.
Green, Charlie 86 f.
Green, Freddie 103, 105, 108, 113, 141, 143, 171
Green, Grant 288
Green, Russell 124
Green, Urbie 171
Greenlea, Charles 203, 206
Greenlea, Eph 230 ff.
Greer, Sonny 91 ff., 95
Griffin, Johnny 256, 258, 261, 294 ff., *296–298*, 303
Griffin, Ralph 124
Grimes, Henry 337
Grissom, Dan 122 f.
Grolnick, Don 387
Gryce, Gigi 234
Guarnieri, Johnny 131
Guérin, Beb 364
Guerro, Vince 206
Guesnon, George 192 f.
Guy, Fred 95
Guy, Joe 149

Hackett, Bobby 160, *164–166*
Haden, Charlie 331, 333 f., *352–354*
Hadi, Shafi 319
Haggart, Bob 161 ff., 187
Hagood, Kenny 203, 219, 239
Haig, Al 195, 198 f., 201 ff., 220, 233 ff., 238
Hakim, Omar 387
Hakim, Sadik 207
Hall, Adelaide 90, 95
Hall, Edmond 141, 143, 168 f., 186, 189
Hall, Jim 252 ff., 389
Hall, Minor 181 f., 186
Hall, Tubby 39
Hamilton, Chico 249 ff.
Hamilton, Jimmy 142, 146
Hammer, Jan 369, 371

Hammond, B. G. 153
Hammond, John 169 f.
Hampel, Gunter 359
Hampton, Lionel 73, 127, 129, 242, 256, 294, 296, 394
Hancock, Herbie 313, *326–328*, 365, 368, *375–377*, 384, 386, 402
Handy, Capt. John 192
Handy, George 214
Handy, John 319
Handy, W. C. 187
Hardin, Lil 20, 22; s. auch Armstrong, Lil
Hardman, Bill 258
Hardwick, Otto 95
Hardy, Earl 124, 149
Harewood, Al 285 ff.
Harper, Arthur 294 ff.
Harris, Bill 166
Harris, Dickie 171
Harris, Joe 203
Harris, Little Benny 206
Harrison, Jimmy 86 f., 115, 117
Hart, Clyde 153, 197, 202
Hartman, Johnny 274
Haughton, Chauncey 100, 119
Hawes, Hampton 265, 288
Hawkins, Coleman 87, 92, 104, 133, *147–151*, 170 f., *172–173*, 200, 216, 228, 270, 303, 306 ff.
Hayes, Thamon 106
Haynes, Roy 222
Hayton, Lennie 57
Headhunters 365
Heard, J. C. 65, 142, 146, 200, 204
Heath, Percy 245, 247
Hefti, Neal 105, 113
Hemphill, Shelton 117
Henderson, Fletcher 22, 27, 34, 49, *83–90*, 101, 108, 122, 130, 134, 147, 392, 404
Henderson, Horace 89
Hendrix, Jimi 386
Henry, Cleo 237
Henry, Ernie 205, 224 f.
Herbert, Arthur 65, 149
Herman, Woody 233
Herring, Roy 385

Musiker und Bands | 411

Heywood, Eddie 142f., 145, 149f.
Hickman, Art 17
Higginbotham, J. C. 65, 171, 173
Higgins, Billy 288f., 331, 333f.
Hilaire, Andrew 31
Hill, Alex 62
Hill, Bertha «Chippie» 188
Himmelstein, David 75
Hines, Earl 27, *34–42*, 46f., 60, 65, 67, 74ff., 80, 160, 188, 199
Hinton, Milt 149, 171, 173
Hobson, Homer 40
Hodges, Johnny 92, 94f., 208, 265, 274
Hodgkiss, Alan 140
Holdsworth, Allan 382
Holiday, Billie 67, 126, 140ff.
Holiday, Clarence 88
Holland, Dave 355f., 366, 368
Hope, Elmo 278f., 296
Horton, Robert 117
Howard, Darnell 31, 178, 181f.
Howard, Kid 178f.
Hubbard, Freddie 257, 261, 285ff., 326f., 333, 339, 341
Hughes, Bill 105, 113
Humes, Helen 109
Hunt, George 103, 108
Hunt, Louis 117
Hunter, Alberta 26
Hurt, Sam 205
Hyams, Margie 242

Irvis, Charlie 26, 32

Jackson, Charlie 23
Jackson, Chubby 172f.
Jackson, Cliff 64
Jackson, Harry 123
Jackson, Mahalia 397
Jackson, Milt 199ff., 218f., 245ff.
Jackson, Paul 377
Jackson, Rudy 95
Jacquet, Illinois 228, 230
Jacquet, Russell 228
Jaeger, Harry 131

James, Elmer 64, 86, 89, 115, 117
James, Harry 160
James, Joe 192
Janarro, Mario 65
Jarman, Joseph 344f., 347
Jarreau, Al 402
Jarret, Chauncey 124
Jarrett, Keith 76, 263
Jason, Neil 385
Jazz Composers' Orchestra 353
Jazz Messengers 257ff., 261, 276, 296
Jefferson, Eddie 209, 261
Jefferson, Hilton 89, 117, 120, 189
Jeffries, Herb 97
Jelly Roll Morton's Red Hot Peppers 28f.
Jenkins, Freddie 91, 95
Jobim, Antonio Carlos 388f.
Johansson, Sven 361
John, Kenny 189
Johnakins, Leslie 145
Johnson, Bill 20, 22, 44
Johnson, Bobby 119
Johnson, Budd 205
Johnson, Bunk 161, 175, *175–177*, 192, 401
Johnson, Dewey 339, 341
Johnson, Gus 157, 159
Johnson, Howard (as) 203
Johnson, Howard (Tuba) 353
Johnson, J. J. 206, *226–229*, 238, 259, 270
Johnson, James P. 67, *68–70*, 216, 404
Johnson, Jimhmi 350
Johnson, Keg 87, 89
Johnson, Lem 65
Johnson, Lonnie 39, 127
Johnson, Manzie 32, 64
Johnson, Walter 86, 88
Jones, Claude 32, 64, 87f., 117
Jones, Darryl 387
Jones, Eddie 113
Jones, Elvin 291ff., 324f., 339, 341
Jones, Hank 220, 228f., 294
Jones, Jimmy 305
Jones, Jo 102f., 108, 131,

141, 143, 169, 171, 230ff., 278, 299, 307, 309
Jones, Philly Joe 265ff., 273ff., 296, 314
Jones, Quincy 310, 405
Jones, Reunald 113
Jones, Slick 136
Jones, Thad 83, 105, 113, 303
Jones, Wallace 97
Jones-Smith Inc. 102, 111
Joplin, Scott 63, 69, 401
Jordan, Duke 194, 220, 230ff., 256
Jordan, Louis 116f., 119
Jordan, Steve 168, 171
Jordan, Taft 115, 117, 119
Jungle Band 117

Kahn, Tiny 233ff.
Kaminsky, Max 62
Kansas City Orchestra 101
Kansas City Seven 102
Kato, William 32
Katz, Dick 307, 309
Kaufman, Irving 51
Kay, Connie 247, 253f.
Kearns, Joe 162
Kelly, Ted 205
Kelly, Wynton 294, 314f.
Kenton, Stan 280
Keppard, Freddie 27, 183
Kern, Jerome 241, 247
Kersey, Kenny 171
Kesterson, Bob 215
Keyes, Joe 107f.
Kid Ory's Creole Jazz Band s. Ory, Kid
Kid Thomas and his Algiers Stompers s. Valentine, Kid Thomas
Killian, Al 112
Kincaide, Deane 162
King Crimson 381
King, Eddie 14
King Oliver's Creole Jazz Band s. Oliver, King
King, Stan 57
Kirby, John 85f., 88, 115ff., 128
Kirk, Andy 73
Kirk, Roland *290–293*
Kirkpatrick, Don 115, 117
Kluger, Irv 202
Knepper, Jimmy 318f.

Konitz, Lee 236ff., 240f., 252, 395
Kotick, Teddy 233ff., 269
Kowald, Peter 359ff.
Krueger, Benny 14
Krupa, Gene 59, 61, 127ff., 149
Kühn, Joachim 342f., 363
Kyle, Billy 189

Ladnier, Tommy 63f., 87, 174
LaFaro, Scott 321f., 333, 335
Laird, Rick 369, 371
Lamare, Nappy 161f., 165
Land, Harold 256f., *278–279*, 281
Landers, Wesley 232
Lang, Eddie 50, 54, *55–58*, 61, 127
Lanigan, Jim 59, 61
Lanza, Mario 268
LaRocca, Nick 13f.
Lateef, Yusef 206, 292
Lavere, Charlie 161
Laws, William 32
Lawson, Yank 161f., 190
Lay, Ward 58
Ledford, Mark 389
Leibrook, Min 57
Leonard, Harlan 106, 224
Leslie, Nat 88
Levey, Stan 199, 214
Levine, Henry 65
Levine, Nat 65
Lewis, Ed 106, 108f.
Lewis, George 161, 177, *178–180*, 183, 191f.
Lewis, Herbie 278f.
Lewis, John 203, 228f., 236ff., 245ff.
Lewis, «Lux» Meade 162
Lewis, Mel 83, 303
Liberation Music Orchestra s. Haden, Charlie
Liebezeit, Jacki 359
Lietzmann, Willie 359
Lincoln, Abe 164f.
Lindsay, John 31, 65
Lindsay, Tommy 149
Lion, Alfred 178
Liston, Melba 262
Livingston, Ulysses 145
Llewellyn, Jack 140

Louis Armstrong All Stars 391; s. auch Armstrong, Louis
Lovelace, Jimmy 294ff.
Lucas, Al 153, 228f.
Lucie, Lawrence 32, 64, 89
Luckey, Warren 203
Lunceford, Jimmie *121–124*, 181
Lynch, John 203
Lyons, Jimmy 337

Mabern, Harold jr. 294ff.
MacGregor, Chummy 237
Machito's Afro-Cuban Orchestra 195
Macomber, Ken 87
Madison, Kid Shots 178
Mahavishnu Orchestra 365, *369–372*, 383
Mahones, Gildo 261
Mance, Junior 258
Mangelsdorff, Albert 342f.
Mangione, Chuck 263
Mangual, José 113
Manne, Shelly 148ff., 206, 280
Mantler, Mike 353
Marçal, Armando 389
Mares, Paul 16ff.
Margulis, Charlie 57
Marmarosa, Dodo 210f., 214, 220
Marquette, Pee Wee 262, 264
Marrero, Lawrence 177, 179, 185
Marsalis, Branford 263
Marsalis, Wynton 263
Marsh, George 57
Marsh, Warne 240f.
Marshall, Joe 124
Marshall, Kaiser 85, 87
Marshall, Neil 58
Martin, Chink 18
Martin, Skippy 131
Martinez, Sabu 205
Mason, Harvey 377
Massenets, Jules 77
Massey, Bill 230ff.
Massey, Calvin 276f.
Mathews, Emmett 135
Matlock, Matty 160, 162, 164f.
Matthews, George 119

Maupin, Bennie 377
Maxted, Billy 161
Maxwell, Jimmy 131
Mays, Lyle 389
McConville, Leo 57
McDonough, Dick 58
McGarity, Lou 131
McGhee, Howard 211f., 215
McGrath, Fulton 58
McHargue, Rosy 161
McIntyre, Ken 337
McKay, Matthew 203
McKenzie, Red 57, 59, 61
McKenzie and Condon's Chicagoans 59, 61
McKibbon, Al 238
McLaughlin, John 365, 367ff., 389
McLean, Jackie 194, 258, 265, 267f., 276f., 288
McMillan, Victor 210, 214
McPartland, Dick 59
McPartland, Jimmy 59, 61
McRae, Dave 189
McRae, Teddy 116, 118
Merritt, Jymie 262, 264
Mertz, Paul 50
Metcalf, Louis 95
Metheny, Pat 365, *388–390*
Metronome All Stars 206
Mezzrow, Mezz 61, 64
Middleton, Velma 188, 190
Miley, Bubber 90, 92, 95
Miller, Art 61
Miller, Eddie 161f.
Miller, Glenn 164, 392
Miller, Johnny 155f.
Miller, Punch 183
Miller, Walter 351
Mingus, Charles 242ff., 313, *316–321*, 352, 397
Minor, Dan 107f.
Mitchell, Blue 256
Mitchell, Bob 123
Mitchell, George 31, 43
Mitchell, Red 243
Mitchell, Roscoe 344ff.
Mobley, Hank 258ff., 264, 273ff.
Modern Jazz Quartet 243, *245–249*, 252f., 395
Mole, Miff 53f., 57, 61
Moncur, Grachan 146
Mondello, Pete 131

Musiker und Bands | 413

Monet, Kash 385
Monk, Thelonious 67,
   79–81, 194, 200, 209,
   215–220, 228, 265f., 270,
   273f., 278, 291, 296f.,
   300, 392, 397
Montgomery, Buddy 294
Montgomery, Monk 294
Montgomery, Wes.
   293–296, 389
Moody, James 203, 292
Moore, Alton 203
Moore, Bobby 104, 108
Moore, Eustis 149
Moore, Melvin 124
Moore, Oscar 154ff.
Moore, Pee Wee 203
Moore, William «Bass» 32
Morand, Herb 178, 183
Morehouse, Chauncey 50, 57
Morgan, Lee 257f., 261f., 264, 273f., *275–277*
Morgan, Russ 89
Morgenstern, Dan 75
Morland, Morris 64
Morris, Joe 296
Morris, Marlowe 152f.
Morrow, George 256f.
Morton, Benny 27ff., 86f., 104, 109, 112, 127f., 135, 141f., 144, 174f., 180f.
Morton, Jelly Roll 19, 21, 24, *27–34*, 62, 64, 67, 125, 127f., 174ff., 180f., 400f.
Mosley, Edgar 178f.
Most, Sam 292
Moten, Bennie *101–114*, 393, 399, 404
Moten, Buster 106
Motian, Paul 321f., 353
Moye, Don 345
Muir, Jamie 363
Mulligan, Gerry 236ff., *249–252*, 405
Mundy, Jimmy 109, 131
Murray, Don 18, 50, 57
Murray, Sunny 343
Music Improvisation Company *361–363*
Musso, Vido 144
Myers, Wilson 64, 145

Nance, Ray 94, 98

Nance, Teddy 350
Nanton, Sam 90, 92f., 95
Napoleon, Marty 172f.
Nascimento, Milton 388
Navarro, Fats 194, 206, 221ff., *224–226*, 227, 255, 257, 276
Nelson, Big Eye Louis 176
Nelson, Louis 185, 192f., 201
Neumeier, Mani 359
New Orleans Bootblacks 42f.
New Orleans Feetwarmers 64
New Orleans Rhythm Kings *16–19*, 59, 127
New Orleans Wanderers 42f.
Newman, Joe 105, 113, 171
Nicholas, Albert 32, 64
Nicholas, Big Nick 205
Nicholas, Wooden Joe *183–185*
Nichols, Herbie 288
Nichols, Red *52–55*, 57f., 61
Niebergall, Buschi 359, 361
Nieto, Ubaldo 113
Nixon, Teddy 64
Noble, Ray 209
Noone, Jimmie 23, 42, 44ff., 59, 63, 160f., 174f., 181
Norris, Al 121f.
Northern, Bob 353
Norvo, Red *242–245*, 299

O'Brien, Floyd 62
Oliver, King 17, *20–27*, 42f., 59, 121, 127, 161, 174f., 180, 183, 301, 400
Oliver, Sy 121f., 187
Oliver's Creole Jazz Band 34
Original Dixieland Jazz Band *12–16*, 17, 20f., 42f., 45, 84, 395, 398
Original Memphis Five 84
Ornette, Leman 341
Orr, Raymond 203, 205
Ory, Kid 31, 35, 37f., 43, 179, *180–182*, 186, 191, 400

Oscar Peterson Trio s.
   Peterson, Oscar
Owens, Don 165

Page, Hot Lips 102ff., 106f., 151ff.
Page, Vernon 106
Page, Walter 102f., 107f., 141, 143, 168, 171
Paich, Marty 278, 280
Paige, Bob 219
Palmieri, Remo 197, 202
Paparelli, Frank 197, 202
Parham, Truck 124
Parker, Charlie 34, 148, 194ff., 202, 206, *207–215*, 216, 220ff., 224, 227, 229f., 233f., 236ff., 240, 242, 249, 256, 266ff., 275, 277, 280, 287, 299, 301, 360, 362, 389, 392
Parker, Evan 361, 363
Parker, Jack 153
Parker, Leo 203, 228f., 231
Parlan, Horace 285ff., 319
Pastorius, Jaco 378f., 382
Patent, Harry 65
Patrick, Pat 350
Paul, Emanuel 192f.
Payne, Bennie 71, 73
Payne, Cecil 194, 227f.
Payne, Sonny 105, 113
Peacock, Annette 382
Peer, Beverly 119
Pell, Dave 280
Penn, Sammy 192f.
Pepper, Art 252, *279–282*
Perkins, Carl 256, 280, 288
Peterson, Oscar 297, 300, *310–312*
Pettaway, Bernard 350
Pettiford, Oscar 148ff., 288, 310f.
Pettis, Jack 16, 18
Phillips, Flip 230
Pierce, Kyle 19
Pinkett, Ward 32, 115, 117
Playhouse Four 285
Pollack, Ben 16, 18
Portal, Michel *363–364*
Porter, Cole 243
Porter, Roy 210, 214
Porter, Yank 135f., 145
Poston, Joe 46f.
Potter, Tommy 222, 230ff.

Powell, Benny 105, 113
Powell, Bud 155, 194, 207, 218, *220–223*, 224, 227ff., 234, 237, 256f., 259, 262, 270, 276, 288
Powell, Ernie 146
Powell, Jimmy 146
Powell, Johnny 61
Powell, Richie 256f., 270
Powell, Rudy 134
Powell, Seldon 190
Pozo, Chano 205, 226, 391
Prather, Harry 32
Prince 371
Prince, Wesley 154ff.
Procope, Russell 32, 88
Puente, Tito 388
Pumiglio, Pete 58
Purce, Ernest 124

Quebec, Ike 217, 289
Quintet 326
Quintette du Hot Club de France *137–141*, 141

Ragas, Henry 14
Raglin, Junior 99
Rainey, Ma 188
Ramey, Gene 217f., 229
Ramsey, Frederick 175
Randolph, Irving «Mouse» 87, 89
Raney, Jimmy 195, 233ff.
Rank, Bill 50, 57
Red Nichols and his Five Pennies 53
Red Onion Jazz Babies 22, 26f.
Redd, Alton 182
Redman, Dewey 353
Redman, Don 36, 40, 85, 87
Reeves, Gerald 31
Reig, Teddy 209
Reinhardt, Django 126, 137ff., 147f., 293, 307f.
Reinhardt, Joseph 140
Rena, Kid 175f.
Return to Forever 365, *372–375*, 376
Reuss, Allan 144
Rhythmakers 127
Richardson, Jerome 303f.
Richmond, Dannie 317ff.
Riddle, Nelson 157
Ring, Justin 57

Riskin, Itzy 50, 58
Roach, Max 194, 197f., 208, 210, 212, 221f., 227ff., 238, 240, *255–258*, 259, 270ff., 278, 299, 352, 398
Roberts, Caughey 108
Roberts, Luckey 68
Robinson, Fred 40
Robinson, J. Russel 14
Robinson, Jim 176f., 179, 184f.
Robinson, Perry 353
Robinson, Prince 144
Rodby, Steve 389
Rodgers, Gene 149
Rodgers, Richard 254
Rodin, Gil 162
Rogers, Ernest 177
Rogers, Shorty 278, 280
Rollini, Adrian 50, 54, 56f.
Rollins, Sonny 67, 194, 221f., 228f., 253, 256, 261, 265, *270–272*, 283, 285, 318, 341, 352
Roppolo, Leon 16, 18, 59
Rosengren, Bernt 342f.
Rosser, Boyd «Red» 32
Rouse, Charlie 224f., 289, 307, 309
Royal, Marshall 113
Rudd, Roswell 353
Rumsey, Howard 288
Rush, Otis 386
Rushing, Jimmy 102ff., 108, 116, 170f.
Russell, Bill 174ff., 178, 183f.
Russell, Curly 198, 203, 208, 212, 221f., 226
Russell, Pee Wee 59, 62
Russell, Ross 211
Russin, Babe 143, 146
Russo, Bill 164
Ryker, Doc 50

Safranski, Eddie 206
Sampson, Edgar 88, 115ff.
Sanders, Pharoah 339, 341, 343, 358
Santamaria, Mongo 375
Sauter, Eddie 170
Sbarbaro, Tony 14
Schaeffer, Paul 385
Schertzer, Hymie 146

Schifrin, Lalo 323
Schlippenbach, Alexander von 83, *356–359*, 359f., 397
Schoebel, Elmer 16, 18
Schoen, Jeff 385
Schoepp, Franz 45f.
Schoof, Manfred 358ff.
Schroeder, Gene 166f.
Schuller, Gunther 238
Schulman, Joe 238
Schutt, Arthur 54, 57
Schutz, Buddy 128f.
Schwartz, Arthur 165
Schwartzberg, Alan 385
Scofield, John *386–388*
Scott, Bud 22, 31, 44, 46f., 181f., 186
Scott, Howard 87
Scott, Shirley 300, 303f.
Scott, William «Chiefie» 124
Scoville, Glenn 18
Secrest, Andy 57
Sedric, Gene 133f.
Segure, Roger 123
Sharrock, Sonny 342f.
Shavers, Charlie 63, 65, 224
Shaw, Artie 161
Shaw, Arvell 188
Shaw, Woody 257, 263
Shearing, George 243, 322
Shepherd, Bill 205
Shepp, Archie 335, 339, 341, 343, 352, 358
Sherman, James 143
Shields, Larry 13f., 42f.
Shihab, Sahib 218f.
Shipinski, Murray 202
Shorter, Wayne 258, 261, 326, 367f., 377ff.
Shraver, Charlie 116
Siegelstein, Sandy 238
Signorelli, Frank 14, 51, 57
Silloway, Ward 162
Silva, Alan 337
Silver, Horace 218, *258–264*, 265, 269, 276, 286, 288, 295, 383, 403
Simeon, Omer 31, 124, 181f.
Simmons, John 151ff., 218f., 307
Sims, Zoot 230, 252
Sinatra, Frank 325

Musiker und Bands | 415

Singleton, Zutty 32, 35, 40, 64, 127, 186
Sioux City Six 49
Skidmore, Alan 360
Smith, Bessie 69, 188
Smith, Billy 217f.
Smith, Buster 108
Smith, Carl 102f., 108, 111
Smith, Carson 249, 251
Smith, Charles Edward 175
Smith, Clara 188
Smith, James 135
Smith, Jimmy *282–284*
Smith, Joe 87
Smith, Russell 87ff.
Smith, Steve 174
Smith, Tab 112
Smith, Warren 162
Smith, William Oscar 149
Smith, Willie 121f.
Smith, Willie «the Lion» 65, 68, 72, 121f., 216, 400
Snyder, Bob 131
Snyder, Frank 16, 18
Soudieux, Emmanuel 140
Spanier, Muggsy 59, 61
Spivak, Charlie 163
St Cyr, Johnny 23, 31, 35, 37, 43, 185
Stabulas, Nick 269
Stafford, George 61
Stark, Bobby 87, 115, 117
Stein, Johnny 12, 16
Stein, Lou 173
Stevens, Eddie Gale jr. 337f.
Stevens, Phil 165
Stevenson, Tommy 122
Stewart, Dave 381f.
Stewart, Dee 107
Stewart, Rex 49, 65, 84, 87f., 92, 97, 115
Stewart, Slam 77, 139, 151ff., 197f., 202
Stewart, Teddy 205
Stitt, Sonny 201ff., *230–232*, 299
Stitzel, Mel 18
Stockhausen, Karl-Heinz 354, 363
Stone, Sly 365, 374f.
Story, Nat 118
Strayhorn, Billy 94, 98
Strickfaden, Charles 57
Strong, Jimmy 40

Stuart, Dave 176
Sturgis, Ted 145
Sulieman, Idrees 217f.
Sullivan, Joe 59ff., 67
Sullivan, Maxine 122
Summers, Bill 377
Sun Ra 83, 343, *347–351*
Surman, John 363
Swayze, Edwin 32, 117

Tait, George 219
Tamia 364
Tarrant, Jesse 205
Tarto, Joe 51, 57
Tate, Buddy 104, 112, 170f.
Tatum, Art 67, *76–79*, 152, 155, 220, 222, 288, 290, 310
Taylor, Cecil *335–338*, 348
Taylor, Eva 26
Tchicai, John 339, 341
Teagarden, Charlie 56, 58
Teagarden, Jack 53, 56, 58, 60f., 160, 164f., 186, 188, 227
Temptations 365
Terry, Clark 300, *310–312*
Teschemacher, Frank 59ff., 394
Thelin, Eje 342f.
Thibeau, Tom 18
Thigpen, Ed 297f., 310f.
Thollot, Jacques 342f.
Thomas, Bill 118
Thomas, Foots 32
Thomas, Gordon 203
Thomas, Joe (as) 32
Thomas, Joe (ts, cl) 122
Thomas, John 39, 44
Thomas, Kid s. Valentine, Kid Thomas
Thompkins, Eddie 122
Thompson, Aaron 26
Thompson, Lucky 189, 199, 210f., 214
Thompson, Sir Charles 168, 171
Thornhill, Claude 143, 236
Thornton, Argonne 207ff., 213
Timmons, Bobby 259, 262, 264, 276f.
Tio, Familie 184
Tio, Lorenzo jr. 42, 45, 62
Tizol, Juan 95

Todd, Clarence 26
Tolliver, James 65
Tough, Dave 59, 128f.
Tracey, Stan 218
Tristano, Lennie 195, 201, 206, *239–242*, 300
Trueheart, John 115, 117
Trumbauer, Frankie 49f., 57, 84, 394
Tucker, George 285ff.
Turner, Charlie 134
Turner, Joe 77
Turrentine, Stanley 256
Turrentine, Tommy 256, 288f.
Tusques, François 363
Tyner, McCoy 295, 324f., 339, 341

Valentine, Kid Thomas *191–193*
Vaughan, Sarah 199ff., 203, 299, *304–306*
Vées, Eugène 139
Ventura, Charlie 206
Venuti, Joe 51, 54, *55–58*, 61
Venuti-Lang and their All-Star Orchestra 56
Vinding, Mads 297f.
Vinnegar, Leroy 271, 307
Vitet, Bernard 364
Vola, Louis 137, 139
Van Gelder, Rudy 277
van Hove, Fred 361
VSOP 326

Walder, Woodie «Hots» 106
Walker, Joe 39
Wall, Phil 58
Waller, Fats 27, 67f., *71–75*, 77, 122, *132–137*, 141, 155, 159, 187, 216, 291f., 404
Wallington, George 220, 237, 242, 249, 267, 269, 276
Wanders, Kris 359
Warren, Butch 288f.
Warren, Earle 104, 108, 172f.
Warren, Quentin 283f.
Washington, Albert 39
Washington, Booker 106
Washington, Jack 104, 106ff.

416 | Register

Washington, Jack Big
  Bands 102
Washington, Mack 106f.
Waslohn, Al 171
Waters, Benny 123
Waters, Ethel 69
Watkins, Doug 259, 263,
  270ff.
Watters, Lu 161, 175
Wayne, Chuck 197, 202
Weather Report 365, 367,
  378–380
Webb, Chick *114–120*
Webster, Ben 89, 92f., 97,
  107, 128, *151–154*, 308
Webster, Freddy 123
Webster, Paul 122f.
Wells, Dicky 104, 109, 141,
  166, 227
Wells, Henry 122
Wells, Johnny 46f.
Wertico, Paul 389
Wess, Frank 105, 113, 292
West, Danny Quebec 217f.
Weston, Randy 218, 261
Wethington, Crawford 40
Wettling, George 59, 166f.,
  172f.
Wheeler, Kenny 355f.,
  381f.
Whetsol, Arthur 95
White, Lenny 374

White, Sonny 145
Whiteman, Paul 48f., 82
Whitlock, Bob 249, 251
Wilber, Bob 167
Wilborn, Dave 40
Wilcox, Ed 121f.
Wilder, Alec 170
Wilkins, Ernie 105, 113
Williams, Clarence 22, 24,
  63, 69f., 176
Williams, Claude 108
Williams, Cootie 92f., 95,
  127f., 131, 218
Williams, Elmer 115, 117f.
Williams, Gene 176
Williams, John 146, 269
Williams, Mary Lou 95, 323
Williams, Sandy 64, 115ff.
Williams, Teddy 231f.
Williams, Tony 326f., 367f.
Wilson, Bill 39
Wilson, Buster 181f.
Wilson, Floyd 200
Wilson, Gerald 123
Wilson, Quinn 31
Wilson, Shadow 217ff., 225,
  228f.
Wilson, Teddy 67, 127ff.,
  141f., 144, 146, 151, 153,
  216, 242
Winding, Kai 206, 238
Wolverines 48, 84

Wonder, Stevie 374f.
Wooden Joe's New Orleans
  Band s. Nicholas,
  Wooden Joe
Woods, Phil *267–269*, 307,
  309
Woodward, Josef 372
Wright, Elmon 203, 205
Wright, Gene 232, 253f.
Wright, Lammar 205

Yaged, Sol 173
Yancey, Bill 159
Yerba Buena Jazz Band 178
Yes 381
Young, Austin 177, 185
Young, Lester 92, 102f.,
  105, 108, 141ff., 148, 152,
  227, 230f., 233ff., 240,
  252, 270, 280, 287, 291,
  318, 395
Young, Snooky 123
Young, Trummy 122f., 186,
  189, 227

Zarchy, Zeke 162
Zardis, Chester 178f.
Zawinul, Joe 367f., 378f.,
  402
Zurke, Bob 162

Register der Alben

Allen, Henry «Red» und Coleman Hawkins: Stormy Weather *172–173*
Ammons, Gene und Sonny Stitt: Blues Up and Down, vol. 1 *230–232*
Armstrong, Louis: The Hot Fives and Hot Sevens, vols. 1–3 *34–42*
Ders.: Louis Armstrong and Earl Hines, vol. 4 *34–42*
Ders.: Satchmo: a Musical Autobiography *186–191*
Art Ensemble of Chicago: A Jackson in your House *344–347*

Basie, Count: April in Paris *101–114*
Ders.: Lester Leaps In *101–114*
Ders.: The Best of Count Basie *101–114*
Ders. s. auch Bennie Moten
Bechet, Sidney: Bechet of New Orleans *62–66*
Beiderbecke, Bix: Bix Beiderbecke, vol. 1: Singin' the Blues *48–52*
Blakey, Art: At the Jazz Corner of the World, vol. 2 *258–264*
Braxton, Anthony: Five Pieces 1975 *354–356*
Brecker Brothers: Heavy Metal Bebop *383–385*
Brötzmann, Peter: Machine Gun *359–361*
Brown, Clifford und Max Roach: Clifford Brown and Max Roach *255–258*
Bruford, Bill: Feels Good to Me *380–383*
Byas, Don s. Ben Webster

Carter, Benny: Further Definitions *306–310*
Cherry, Don: Eternal Rhythm *341–343*
Christian, Charlie: The Genius of the Electric Guitar *126–132*
Clark, Sonny: Leapin' and Lopin' *288–290*
Clayton, Buck: All the Cats Join In *169–172*
Cole, Nat «King»: The King Cole Trio *154–157*
Coleman, Ornette: Free Jazz *331–335*
Ders.: The Shape of Jazz to Come *331–335*
Coltrane, John: A Love Supreme *323–326*
Ders.: Ascension *338–341*
Ders.: Blue Train *273–275*
Condon, Eddie: Chicago Style *59–62*
Ders.: Dixieland Jam *166–167*
(Corea, Chick) Chick Corea's Return to Forever: Hymn of the Seventh Galaxy *372–375*

Crosby, Bob: Jazz Classics in Digital Stereo: Bob Crosby, 1937–1938 *161–163*

Dameron, Tadd s. Fats Navarro
Davis, Eddie «Lockjaw»: The Cookbook *303–304*
Davis, Miles: Birth of the Cool *236–239*
Ders.: In a Silent Way *366–369*
Ders.: Kind of Blue *314–316*
Ders.: 'Round about Midnight *264–267*
Desmond, Paul: Bossa Antigua *252–255*
Dickenson, Vic: The Vic Dickenson Showcase *168–169*
Dodds, Johnny: Johnny Dodds, 1926–1928 *42–45*

Ellington, Duke: The Blanton-Webster Band *90–101*
Ders.: Early Ellington *90–101*
Evans, Bill: The Village Vanguard Sessions *321–323*

Fitzgerald, Ella: Ella at Juan-les-Pins *157–159*

Garner, Erroll: Concert by the Sea *300–302*
Getz, Stan: Stan Getz at Storyville *233–236*
Gillespie, Dizzy: Jazz Tribune no. 2: Dizzy Gillespie, vol. 1/2 (1946–1949) *196–207*
Ders.: «Shaw 'nuff» *196–207*
Goodman, Benny: Trio-Quartet-Quintet *126–132*
Gordon, Dexter: Doin' Allright *285–287*
Griffin, Johnny: Blues for Harvey *296–298*

Hackett, Bobby: Coast Concert *164–166*
Haden, Charlie: Liberation Music Orchestra *352–354*
Hancock, Herbie: Headhunters *375–377*
Ders.: Maiden Voyage *326–328*
Hawkins, Coleman: Body and Soul *147–151*
Ders.: The Man I Love *147–151*
Ders. s. auch Henry «Red» Allen
Henderson, Fletcher: First Impressions, 1924–1931 *83–90*
Ders.: Swing's the Thing, 1931–1934 *83–90*
Hines, Earl: Paris Session *75–76*
Ders. s. auch Louis Armstrong
Holiday, Billie: The Quintessential Billie Holiday, vol. 5, 1937–1938; vol. 9, 1940–1942 *141–147*

Johnson, Bunk: Bunk Johnson and his Superior Band *175–177*

Johnson, James P.: From Ragtime to Jazz 68–70
Johnson, J. J.: Mad Be Bop 226–229
Kid Thomas: Kid Thomas and his Algiers Stompers 191–193
Kirk, Roland: Rip, Rig & Panic 290–293
Land, Harold: The Fox 278–279
Lang, Eddie s. Joe Venuti
Lewis, George: Echoes of New Orleans: George Lewis and his New Orleans Stompers, vol. 2 178–180
Lunceford, Jimmie: Strictly Lunceford 121–124

Mahavishnu Orchestra: The Inner Mounting Flame 369–372
Metheny, Pat: Still Life (Talking) 388–390
Mingus, Charles: Charles Mingus Presents Charles Mingus 316–321
Ders.: Mingus Ah Um 316–321
Modern Jazz Quartet: Modern Jazz Quartet 245–249
Monk, Thelonious: The Complete Genius 215–220
Ders.: Solo Monk 79–81
Montgomery, Wes: Wes Montgomery Live in Paris, 1965 293–296
Morgan, Lee: Leeway 275–277
Morton, Jelly Roll: The Gennett Piano Solos 27–34
Ders.: The Pearls 27–34
Ders. s. auch New Orleans Rhythm Kings
(Moten, Bennie) Bennie Moten's Kansas City Orchestra: Basie's Beginnings 101–114
Mulligan, Gerry: Gerry Mulligan Quartet 249–252
Music Improvisation Company: The Music Improvisation Company 1968–1971 361–363

Navarro, Fats und Tadd Dameron: The Fabulous Fats Navarro, vol. 1/2 224–226
New Orleans Rhythm Kings: New Orleans Rhythm Kings and Jelly Roll Morton 16–19
Nicholas, Wooden Joe: Wooden Joe's New Orleans Band 1945–1949 183–185
Nichols, Red: Red Nichols, vol. 1 52–55
Noone, Jimmie: At the Apex Club 45–48
Norvo, Red: The Red Norvo Trio 242–245

Oliver, King: The Complete King Oliver Creole Jazz Band 20–27

Original Dixieland Jazz Band: The Complete Original Dixieland Jazz Band (1917–1921) 12–16
Ory, Kid: Kid Ory's Creole Jazz Band 1944/45 180–182

Parker, Charlie: Charlie Parker on Dial, vol. 1 207–215
Ders.: The Charlie Parker Story 207–215
Pepper, Art: Intensity 279–282
Peterson, Oscar: The Oscar Peterson Trio + One: Clark Terry 310–312
Portal, Michel: Michel Portal Unit à Châteauvallon 363–364
Powell, Bud: The Amazing Bud Powell, vol. 1 220–223

Quintette du Hot Club de France: Souvenirs 137–141

Return to Forever s. Chick Corea
Roach, Max s. Clifford Brown
Rollins, Sonny: Saxophone Colossus 270–272

Schlippenbach, Alexander von: Globe Unity 356–359
Scofield, John: Still Warm 386–388
Silver, Horace: Horace Silver and the Jazz Messengers 258–264
Smith, Jimmy: Crazy! Baby 282–284
Stitt, Sonny s. Gene Ammons
Sun Ra: The Heliocentric Worlds of Sun Ra 347–351

Tatum, Art: Art Tatum Solos 1940 76–79
Taylor, Cecil: Unit Structures 335–338
Terry, Clark s. Oscar Peterson
Tristano, Lennie: Crosscurrents 239–242

Valentine, Kid Thomas s. Kid Thomas
Vaughan, Sarah: The Divine One 304–306
Venuti, Joe und Eddie Lang: Jazz Classics in Digital Stereo: Joe Venuti/Eddie Lang 55–58

Waller, Fats: Fats Waller Piano Solos (1929–1941) 71–75
Ders.: Jazz Tribune no. 32: The Indispensable Fats Waller, vols. 3/4 (1935–1936) 132–137
Weather Report: Heavy Weather 378–380
Webb, Chick: A Legend, vol. 1 (1929–1936) 114–120
Ders.: King of the Savoy, vol. 2 (1937–1939) 114–120
Webster, Ben und Don Byas: Two Kings of the Tenor Sax 151–154
Woods, Phil: Woodlore 267–269

Register der Stücktitel

A House of Beauty 351
A Jackson in your House 347
A Little Bit Later On 116, 118
A Lotus on Irish Streams 371f.
A Monday Date (My Monday Date) 40, 47, 189
A Night in Tunisia 201, 204, 212, 215, 221, 223, 283f., 389
A Portrait of Bert Williams 98
A Pretty Girl is Like a Melody 76
A Remark You Made 379
A Ship without a Sail 254
A Slip of the Lip (Me and my Wig) 100
A Smoo-o-o-oth One 129
Acknowledgement 324f.
Across the Track Blues 98
Adios a la Pasada (Goodbye to the Past) 381, 383
A-Flat Dream 70
African Ripples 71ff.
After All 99
After the Cosmic Rain 373f.
After You've Gone 44, 73
Ah-leu-cha 266f.
Ain't Gonna Study War No More 176
Ain't Misbehavin' 72f.
Ain't No Use 305
Alabama 325
Alabama Stomp 53f.
Alexander's Ragtime Band 193
Alfredo 284
Algiers Strut 193
Algo Bueno (Woody 'n You) 205
Alianca 254
Alice in Wonderland 321f.
All Blues 315f.
All of Me 143, 146, 173
All of You 247, 266f., 321f.
All That I Had is Gone 69f.
All the Cats Join In 170f.
All the Things You Are 198, 202, 219, 224, 246f., 319
All the Things You Are in C Sharp Minor 319
All the Things You Could Be by Now if Sigmund Freud's Wife was your Mother 319f.
All the Wrongs You've Done to Me s. Of all the Wrongs...
All too Soon 98
Alligator Crawl 39, 71, 73
Alligator Hop 23

Alone Again 297f.
Always Beginnings 343
Am I Blue? 146
Angry 19
Annie Laurie 122f.
Anthropology 201, 205, 209
Apex Blues 46f., 167
April in Paris 113, 217, 219, 301f.
Are You Sticking? 99
Aren't You Glad You're You 250f.
Artesan Hall Blues 185
Art's Revelation 261f., 264
As Long as I Live 131
Ascension 339ff., 358
Ask Me Now 80f.
At a Dixie Roadside Diner 98
At the Jazz Band Ball 12, 14
A-tisket, A-tasket 116, 119
Audobahn 228f.
Autumn in New York 247
Autumn Leaves 301f.
Autumn Melody 343
Awakening 370, 372

Baby, oh! Where Can You Be? 73
Baby, Won't You Please Come Home? 65
Baby's Breath 343
Back Beats 54
Back Door Stuff 124
Back in your own Back Yard 142, 144
Back to the Beginning 382
Bakiff 99
Ballin' a (the) Jack 43f., 177
Baltimore 51
Bark for Barksdale 250f.
Barnyard Blues 12f., 15
Basin Street Blues 40, 72f., 164f., 189
Battle Hymn of the Republic 173
Be my Love 268f.
Beale Street Blues 56, 58
Beau Koo Jack 40
Bebop 212, 215
Because of Once upon a Time 134
Bedrest 363
Bee Jay 228f.
Beelzebub 381f.
Begin the Beguine 78
Benny's Bugle 131
Bernie's Tune 251
Better Git it in your Soul 317ff.
Big Butter and Egg Man 36, 38, 164f.
Big Chief De Sota 134, 136

Big Fat Ma and Skinny Pa 38
Big Foot Ham 30
Big Foot Jump 162f.
Big John's Special 89
Billie's Bounce 208, 212f.
Bird Calls 317, 319
Bird of Paradise 198
Birdland 378f.
Black and Tan Fantasie 90f., 95
Black Beauty 91, 95
Black Bottom Stomp 28, 31
Black Christ of the Andes 323
Black Diamond 291, 293
Black Raspberry Jam 133, 136
Blame it on my Last Affair 109
Bli-Blip 99
Blue and Sentimental 104, 109
Blue Because of You 75f., 135
Blue Goose 98
Blue Horizon 62
Blue in Green 315f.
Blue Light Blues 147
Blue Lou 115, 118, 170f.
Blue Minor 115ff.
Blue 'n Boogie 197, 202, 295f.
Blue Prelude 122f.
Blue River 50
Blue Serge 99
Blue Seven 271f.
Blue Skies 95, 218
Blue Star 307, 309
Blueberry Rhyme 70
Blues 173
Blues for Harvey 297f.
Blues for Jimmie Noone 181f.
Blues for Smedley 310f.
Blues in B 129, 131
Blues in the Dark 104, 109
Blues in the Night 122f.
Blues my Naughty Sweetie Gives to Me 47
Blues Up and Down 231f.
Bluin' the Blues 12, 14f.
Body and Soul 129, 147ff., 189, 303, 307, 309
Bojangles (A Portrait of Bill Robinson) 98
Boneology 229
Boneyard Shuffle 53f.
Boogie Stop Shuffle 318, 320
Boogie Woogie 108, 112
Bop Kick 155f.
Boplicity 237f.
Born to Love 143
Bossa Antigua 254
Bouncing with Bud 221f.
Bow Wow Blues 15

Boy Meets Goy (Grand Slam) 129, 131
Breakfast Feud 128f., 131
Broadway Rose 14
Brotherhood of Man 310f.
Brown Bottom Bess 44
Brush Stomp 44
Bucktown Blues 30
Buddy's Habit(s) 23, 53f.
Budo 234, 237f.
Bugle Call Blues (Rag) 17f., 54, 57
Bunk's Blues 177
But Beautiful 303f.
But Not for Me 246f.
Bye Bye 231f.
Bye Bye Blackbird 260, 266f.

Cabin in the Sky 136
Cake Walking Babies (from Home) 22, 26
Call the Police 156
Camp Meeting Blues 23
Can Can 257
Canal Street Blues 22, 190
Candy 152f.
Cannon Ball Blues 31
Can't Help Lovin' dat Man 144
Can't We be Friends? 162
Captain Señor Mouse 373f.
Careless Love 179, 182, 185
Carioca 250f.
Carolina Shout 68f., 71, 74
Certain Blacks Do What They Wanna! – Join Them! 346
Chabootie 231f.
Chameleon 375ff., 384
Chattanooga Stomp 23
Cheek to Cheek 244
Chelsea Bridge 99
Cherokee 104, 109, 208ff., 234
Cherry 251, 309
Chicago Breakdown 39
Chicken an' Dumplins 261f., 264
Chimes Blues 21f.
China Boy 59ff., 167
Chloe (Song of the Swamp) 98
Chocolate Shake 99
Christopher Columbus 121, 133f., 136
Chronology 332, 334
Church Street Sobbin' Blues 57
Circus '68, '69 354
Clap Hands, Here Comes Charlie (Charley) 104, 112, 116, 119
Clarinet Blues 184f.
Clarinet Marmalade (Blues) 12ff., 17, 19, 50, 84, 87, 193
Clementine 99

Stücke | 421

Climax Rag 178f.
Clothes Line Ballet 73
Cocktails for Two 78, 208
Come Back, Sweet Papa 38
Come on and Stomp, Stomp, Stomp 44
Come Rain or Come Shine 158, 281f.
Concerto for Cootie (Do Nothin' Till You Hear from Me) 93, 97
Concorde 248
Conga Brava 97
Congeniality 332, 334
Construction Gang 24
Cool Blues 211
Cool Breeze 205
Copenhagen 84, 86f.
Coppin' the Bop 228f.
Coquette 162
Corner Pocket 113
Cornet Chop Suey 35, 38, 187, 190
Cornfed 53f.
Cosmic Chaos 350f.
Cotton Club Stomp 95
Cotton Tail (Cottontail) 93, 98, 307, 309
Count your Blessings 271
Courthouse Blues 191
Crazy Blues 14
Crazy Rhythm 306ff.
Creepin' in 260f., 263
Creole Love Call 90f., 95
Creole Rhapsody 96
Creole Song 181f.
Crosscurrent 241
Crystal Clear 343
Cubana Be 205
Cubana Bop 205
Curacao Doloroso 254

Da Da Strain 18
Daahoud 256, 258
Dameronia 226
Dance of the Infidels 221f.
Dancing in the Sun 349, 351
Dangerous Blues 15
Daphne 139
Darn that Dream 237, 239
Dauphine Street Blues 179
Davenport Blues 166f.
Dawn 370f.
Day in, Day out 158f.
Daybreak Express 96f.
Dead Man Blues 31
Dear Old Southland 190
Dear Old Stockholm 266f.
Deception 237f.
'Deed I Do 244

Deep Bayou Blues 179
Deep Creek 32
Deep in a Dream 289
Delaunay's Dilemma 246f.
Delilah 257
Delta Serenade 96
Detour Ahead 322f.
Dexterity 345
Dickie's Dream 112
Did'n You? 113
Diggin' Diz 210, 214
Digression 241f.
Dinah 80f., 128f., 133, 135
Dinner with Friends 113
Dippermouth Blues (Dipper Mouth Blues) 20, 22f., 84, 183, 190
Discontented Blues 18
Distance 390
Dixie Jass Band One-Step 14
Dizzy Atmosphere 197f., 202
Django 246f.
Do Nothin' Till You Hear From Me 93
Do What Ory Say 181f.
Doctor Jazz 31, 34
Dog Bottom 115, 117
Doggin' Around 104, 109
Dogtown Blues 161, 163
Dolphin Dance 327
Don't Be That Way 116, 118
Don't Blame Me 228f.
Don't Forget to Mess Around 38
Don't Get Around Much Any More 94
Don't Go 'way Nobody, Let's Stay and Have a Good Time 178f., 185
Don't Jive Me 40
Don't Stop the Carnival 271
Don't Worry 'bout Me 140
Don't You Miss Your Baby? 171
Doodlin' 261, 263
Doozy 309
Down by the Old Mill Stream 123
Down by the Riverside 176f.
Down Home Rag 118, 181f.
Down South Camp Meetin' 85, 89
Down Vernon's Alley 229
Dropping Shucks 38
Duff Capers 205
Dusk 98
Dust Off That Old Pianna s. Oh Susannah

E Flat Blues 72f.
Early Autumn 233
Early Every Morn 26
East River 385
East St Louis Toodle-oo 91, 95

Easy Glide 231 f.
Easy Listening Blues 155 f.
Eccentric 17 f.
Echoes of the Jungle 96
Eddie's Twister 57
Egyptian Fantasy 63, 65
Eh, La Bas 184 f.
8:30 378
Either End of August 381 f.
El Gato 254
El Quinto Regimiento (The Fifth Regiment) 353
Elegie 77 f.
Emaline 77 f.
Emanon 203
Embraceable You 155 ff., 209
Endless Beginnings 343
Enter Evening (Soft Line Structure) 338
Ephistrophy 216, 218 f.
Eric Walks 288 f.
Ericka 347
Erroll's Theme 302
Every Day Blues 106
Every Evening (I Miss You) 47
Every Time I See You 306
Every Tub 109
Everybody Loves my Baby 169, 187, 190
Everything Happens to Me 81, 234 f.
Evidence 219, 228
Evonce 217 f.
Exactly like You 189

Fables of Faubus 317, 319
Facts and Figures 116, 118
Falling in Love All Over Again 268 f.
Farewell Blues 18
Fascinating Rhythm 234
Fascination 70
Fat and Greasy 134 f.
Feelin' Blue 69 f.
Feels Good to Me 381 f.
Fidgety Feet 13 f., 84 f., 87, 162, 164 f., 179
52nd Street Theme 200 f., 204, 220, 222
Fine and Dandy 241
Finger Lickin' Good 384
Fireworks 40
Five Brothers 251
Five O'Clock Drag 99
Five O'Clock Whistle 98
Five Point Blues 162 f.
Five Points 282
Flamenco Sketches 315 f.
Flaming Youth 95
Flat Foot 43
Flee as a Bird 188

Focus on Sanity 334
Folk Forms, No. 1 318 ff.
For Dancers Only 121, 123
For No Reason at All in C 50
For Regulars Only 286 f.
For Sentimental Reasons 155 f.
For You, for Me, for Evermore 248
Forevermore 47
Four or Five Times 47 f., 121 f.
Four String Joe 57
Freakish 32
Freddie Freeloader 314 f.
Free Jazz 335, 339
Freeway 250 f.
Frenesi 250 f.
Froggie Moore 21 f., 190
From Bechet, Byas and Fats 292 f.
From Monday on 61
Full House 294, 296
Functionizin' 135
Funky Sea, Funky Dew 384 f.

Gate Mouth 43
Georgia Cabin 65
Georgia Grind 38, 190
Georgia on my Mind 74, 143, 146, 189
Georgia Rockin' Chair 135
Georgia Swing 32
Gershwin ballad medley 247
Get 'em Again Blues 44
Get Happy 77 f., 268 f.
Get in Line 346 f.
Get Out of Here 181 f.
Getting Some Fun out of Life 143
Gettysburg March 193
Giant Steps 274, 338
Gil B643 387
Gin Mill Blues 161 f.
Gladyse 71 ff.
Globe Unity 358 f.
Gloomy Sunday 143, 146, 305
Gloria's Step 321 f.
Go Harlem 116, 118
God Bless the Child 143, 146 f.
Godchild 237 f., 242 ff.
Goin' About 73
Gone with the Wind 281 f.
Gone With «What» Wind 128, 131
Good Bait 205
Good Dues Blues 203
Good Enough to Keep (Air Mail Special) 131
Goodbye Pork Pie Hat 318, 320
Goof Square 228 f.
Goose Pimples 50

Got a Bran' New Suit 133, 135
Got No Blues 39
Grand Slam s. Boy Meets Goy
Grandma's Ball 42, 44
Grandpa's Spells 28, 30f.
Gravy (Walkin') 231f.
Groovin' High 197f., 202
Guarachi Guaro 205
Gully Low Blues 39, 188, 190
Gut Bucket Blues 37f., 190

Hallelujah 119
Handful of Keys 71, 73
Hankerin' 260, 263
Happy as the Day is Long 86, 89
Harlem Air Shaft (Rumpus in Richmond) 94, 98
Harlem Congo 116, 119
Harlequin 379f.
Have Horn, Will Blow 304
Have it Ready 85, 87
Have You Met Miss Jones? 244, 305f.
Havona 379f.
Hayfoot, Strawfoot 100
H.C.Q. Strut 138, 140
He Beeped when He Shoulda Bopped 203
Heah Me Talkin' to Ya 41
Heebie Jeebies 35, 38, 115, 117, 190
Heliocentric 350
Here Comes the Hot Tamale Man 183
Hershey Bar 234f.
He's Funny That Way 142, 144
Hey Pete, Let's Eat Mo' Meat 206
Hi-Fly 262, 264
High and Mighty 387
High Society (Rag) 23, 187, 189, 208
Hindustan 167
Hippy 260, 263
Hobo You Cant't Ride this Train 190
Hold 'em Joe 271
Holidays 387
Home Again Blues 14
Home Cooking 62
Honeysuckle Rose 72, 74, 108, 139, 155f., 159, 306ff.
Honky Tonk Train Blues 162f.
Hop Off 84, 87
Hot Heels 57
Hot House 199, 203
Hot Mustard 85, 87
Hotter Than 'ell 86, 89
Hotter Than That 36, 40, 190
House of Beauty 350
How Are Things in Glocca Morra? 234
How Could I be Blue? 70

How Could You Do a Thing like That to Me? 302
How High the Moon 158f., 211
Humoresque 77f.
Humph 217f.
Humpty Dumpty 51
Hurricane 53f.
Hymn of the Seventh Galaxy 373f.

I Ain't Gonna Give Nobody None of This Jelly Roll 65
I Ain't Gonna Tell Nobody 23
I Ain't Got Nobody 72f., 134, 184f.
I Believe in Miracles 134
I Can't Believe that You're in Love with Me 144, 187, 189, 243f., 281f.
I Can't Give You Anything but Love 75f., 189, 232
I Can't Say 43
I Cover the Waterfront 75f., 143, 146, 169
I Don't Know What Kind of Blues I Got 99
I Don't Mean a Thing if it Ain't Got That Swing 94
I Don't Mind 100
I (I've) Found a New Baby 61, 69f., 129, 131
I Get a Kick out of You 243f.
I Got it Bad and That Ain't Good 99
I Got Rhythm 71, 117, 119, 133, 135, 152f., 201, 209, 228
I Guess I'll Have to Change my Plans 165
I Hadn't Anyone Till You 81
I Know That You Know 46f.
I Let a Song Go out of my Heart 93
I like to Riff 155f.
I Love You 281f.
I May be Wrong 251
I Mean You 218f.
I Never Felt This Way Before 98
I Should Care 81, 219
I Surrender Dear 76, 80f., 189, 304
I Thought I Heard Buddy Bolden Say 29, 64
I Waited for You 203
I Wanna be Loved 232
I Want a Little Girl 311
I Want More 287
I Was Doing All Right 286f.
I Wished on the Moon 281f.
If Dreams Come True 69f., 144
If I Could Be With You (One Hour Tonight) 69, 189
If I Had You 243f.
If I Should Lose You 284
If You Can't Stand the Heat... 381ff.
If You Could See Me Now 198

I'll Remember April 243f., 247, 301f.
I'm Be Boppin' Too 205
I'm Beginning to See the Light 250f.
I'm Coming, Virginia 49f.
I'm Confessin' 80f.
I'm Crazy 'bout my Baby 84, 88, 136
I'm Going Away to Wear You off my Mind 22
I'm Gonna Gitcha 38
I'm Gonna Laugh You Right Out of my Life 306
I'm Gonna Move to the Outskirts of Town 123
I'm Gonna Sit Right Down and Write Myself a Letter 133ff.
I'm Gonna Stomp, Mr Henry Lee 61
I'm in a Low Down Groove 146
I'm not Rough 39
I'm Old Fashioned 274f.
I'm Sorry I Made You Cry 61
I'm Wonderin' Who 51
I'm Yours 244
Impressions 315
Improvisation no. 2 140
In a Mellotone 94, 98
In a Mist 50f.
In a Silent Way 367f.
In her Family 390
In the Groove at the Grove 120
In the Kitchen 304
In the Land of Oo-bla-dee 206
In the Mood 192f.
In the Victim's Absence 363
In Walked Bud 218f.
Incoherent Blues 311f.
Indiana 61, 78, 152f.
Inside Out 384f.
Interlude 201
Introspection 217, 219
Intuition 241f.
In a Mellotone 101
Irish Black Bottom 39
Irish Washerwoman 208
Israel 237f.
It Could Happen to You 222f.
It's a Sin to Tell a Lie 133, 136, 146
It's About That Time 367f.
It's All Right with Me 302
(It's Just) Talk 388ff.
It's Only a Paper Moon 155f.
It's Over Because We're Through 115, 118
Its Tongue Trapped to the Rock by a Limpet, the Water Rat Succumbed to the Incoming Tide 363
It's You or No One 287

I've Found a New Baby s. I Found a New Baby
I've Got a Feeling I'm Falling 73
I've Got My Fingers Crossed 133, 135
I've Got my Love to Keep me Warm 140
I've Got You Under my Skin 158f., 244

Jack the Bear 97
Jade Visions 321, 323
Jahbero 224, 226
Jammin' the Blues 152
Jay Bird 227, 229
Jay Jay 229
Jazz Lips 38
Jazz Me Blues 14
Jazz Praises at Saint Paul's 323
Jazz Suite on the Mass Texts 323
Jazzin' Babies' Blues 23
Jeepers Creepers 168f.
Jelly Roll 317, 320
Jelly Roll Blues 30
Jeru 237f., 250f.
Jim 143, 146, 310f.
Jingles 295f.
Jitterbug Waltz 292
Jive at Five 110
Joe Turner Blues 44
John Hardy's Wife 99
John McLaughlin 371
Johnny Come Lately 100
John's Idea 104, 108
Jordu 256f.
Joy Spring 256f.
Jump Did-le-ba 206
Jump for Joy 99, 306
Jump for Me 112
Jumpin' at the Woodside 103, 109, 307
Jumpin' Punkins 99
Jumpin' with Symphony Sid 206, 233, 235
Jungle Mama 115, 117
Just a Closer Walk with Thee 179
Just a Little While to Stay Here 179
Just a Riff 151, 153
Just a Sittin' and a Rockin' 158f.
Just an Hour of Love 51
Just a-Settin' and a-Rockin' 99
Just Blues 86, 88
Just Gone 22
Just You, Just Me 228

Kansas City Stomp(s) 27, 30, 32
Katy (Dizzier and Dizzier) 206
Keep off the Grass 68ff.
Keeping (Keepin') out of Mischief Now 72f., 169

Keyhole Blues 39
King Joe 47
King of the Zulus 38, 188, 190
King Porter (Stomp) 24, 27, 30, 174
Kiss 371
Kiss Me Sweet 24
Knee Drops 40
Knockin' a Jug 190
Ko-Ko 93f., 97, 209f., 213
Krazy Kat 51, 57
Krooked Blues 23

La Ronde (Suite) 246f.
Lady be Good s. Oh Lady be Good!
Lady Bird 224ff.
Lady Love 44
Lafayette 107
Lambeth Walk 140
Lanoo 343
Last Train Home 389f.
Lazy Bird 274f.
Lazy Daddy 14
Lazy River 187, 189
Lead Me On 185
Lean Baby 170f.
Lester Leaps In 103, 105, 112
Let It Be 231f.
Let's do it 145
Limehouse Blues 86, 89
Line for Lyons 250f.
Linger Awhile 152f.
Little Chris 278f.
Little One 326f.
Little White Lies 244
Livery Stable Blues 12, 14, 17f.
Liza 59, 61, 89, 117, 120, 139f.
Liza Lee 106
Loch Lomond 122
Locomotion 274f.
London Bridge is Falling Down 116
London (Cafe) Blues 19, 23
Lonely Woman 326, 332, 334
Lonesome Blues 38
Lonesome Reverie 70
Lonesome Road 173
Long Ago and Far Away 281f.
Los Cuatro Generales (The Four Generals) 353
Louise 140
Love is a Many-Splendoured Thing 271
Love Me 78
Love Me or Leave Me 73, 143, 146, 250f.
Love Walked in 247
Loveless Love 145
Lovely Lady 384

Lover 210
Lover Come Back to Me 205
Lover Man (Loverman) 199, 203, 212, 215
Love's Melody 139f.
Low Down on the Bayou 86, 88
Lullaby of the Leaves 78, 251
Lulu's Back in Town 135

M and M 262, 264
Mabel's Dream 23
Machine Gun 361
Mack the Knife 271f., 283f., 311
Mad 19
Mad Be Bop 228f.
Mad Dog 43
Madame Dynamite 62
Magic 113
Mahogany Hall Stomp 189
Maiden Voyage 327, 376
Main Stem (Altitude) 100
Make me a Pallet on the Floor 177
Makin' Friends 60f.
Makin' Whoopee 250f., 283f.
Mamamita 30
Mambo Carmel 302
Mambo Inn 113
Mandy is Two 143, 146
Mandy Lee Blues 22
Mandy Make up your Mind 190
Mangoes 271
Manteca 205
Maple Leaf Rag 18, 63f., 181f.
March of the Bob Cats 163
Margie 14, 122f.
Marguerite 18
Marionette 241f.
Marseillaise 257
Maryland, my Maryland 181f.
Max is Making Wax 212, 215
Me and You 97
Mean to Me 158, 173
Meandering 209, 213
Meetings of the Spirit 370f.
Melancholy Blues 39
Melody for C 288f.
Memories of You 152f., 187, 189
Memphis Blues 89
Midgets 113
Midnight Mambo 288f.
Midnite in a Madhouse (Midnite in Harlem) 114, 119
Midtown Blues 277
Milano 246f.
Milenberg Joys 19, 107, 179
Milestones 321ff.

Minor Walk 205
Minuano (Six Eight) 390
Mirror-Mind Rose 278f.
Misterioso 218f.
Mixed Salad 43
Moment's Notice 274f.
Monk's Mood 219
Monk's Point 80f.
Mood Indigo 92, 95, 244
Moon Dreams 237ff.
Moon Mist (Atmosphere) 99
Moon over Cuba (Puerto Rican Gal) 99
Moonglow 78
Moonlight in Vermont 250f.
Moose March 176f.
Moose the Mooche 211, 214
Moritat s. Mack the Knife
Morning Glory 97
Mosquito Knees 235
Moten Swing 102, 107, 112
Mournful Serenade 32
Mournin' Blues 14
Move 234f., 237f., 242ff., 300
Mr. Jelly Lord 19, 32
Muggles 36, 40
Mumbles 311
Music for Han Bennink 361
Muskrat Ramble 38, 65, 164f., 188
My Baby 44
My Baby Came Home 57, 61
My Blue Heaven 121, 123, 193
My Fate is in your Hands 73
My Feelin's Are Hurt 72f.
My First Impression of You 142, 144
My Foolish Heart 322
My Funny Valentine 250f.
My Girl 44
My Greatest Mistake 98
My Heart 37
My Jelly Roll Soul 317
My Little Brown Book 100
My Little Suede Shoes 195
My Man 144
My Man's Gone Now 321f.
My Monday Date s. A Monday Date
My Romance 322
My Sweet 138f.
My Very Good Friend the Milkman 135
Mystical Dreams 290, 292f.

Nakatini Suite 277
Nebulae 349, 351
Nefertiti 367
Never No Lament (Don't Get Around Much Any More) 93f., 98

New Moten Stomp 107
New Orleans Function 188
New Orleans Stomp 23
New Vine Street Blues 106
Nice Work if You Can Get it 144, 168f., 219
Night and Day 139, 244
Night in Tunisia s. A Night in Tunisia
Night Wind 134
Nights at the Turntable 251
1919 Rag 181f.
No Business like Show Business 271
No, No But it May Be 364
No (No, Papa, No) 40
No One Else But You 40
No Tonic Pres 293
Nobody Knows the Way I Feel 'dis Mornin' 26
Nobody's Sweetheart 59, 61
Nocturne 140
North of the Sunset 80f.
Nostalgia 227
Now that I Need You 107
Now They Call it Swing 142, 144
Now's the Time 209, 213, 301
Nuages 139f.
Numb Fumblin' 72f.

Of All the Wrongs You Done to Me 26, 190
Of Heavenly Things 350
Off Minor 217, 219
Oh! Baby 61
Oh! Didn't He Ramble 182, 188
Oh! Eddie 106
(Oh) Lady be Good! 102, 104, 110, 112, 129
Oh my Stars 384
Oh! Peter (You're so Nice) 58
Oh, Sister! Ain't That Hot? 47
(Oh Susannah) Dust off that Old Pianna '133, 135
Oh What a Beautiful Morning 319
Ol' Man Rebop 200f., 204
Old Fashioned Love 69, 168f.
Old Man Blues 86, 92, 95
Old Man River 200
Old Time Religion 346
On a Slow Boat to China 268f.
On the Sentimental Side 144
On the Sunny Side of the Street 76, 189
Once in a While 39, 292f.
One Bass Hit 202f., 247
One Down 278f.
One O'Clock Jump 103f., 108
One Second, Please 278f.
One Step to Heaven 61

Ool-ya-koo 205
Oop Bop Sh'bam 202f.
Oop-pop-a-da 205
Open Letter to Duke 318, 320
Opus ½ 128f.
Organ Grinder's Swing 121, 123
Oriental 18
Oriental Man 44
Oriental Strut 38
Original Dixieland One-Step 15, 182
Original Faubus Fables 318, 320
Original Jelly-Roll Blues 31
Ornithology (Bird Lore) 211, 215, 222
Ory's Creole Trombone 39, 182
Ostrich Walk 12, 14, 50
Other Worlds 350
Our Delight 203, 224, 226
Our Love is Here to Stay 247
Out of my Way 308
Out of Nowhere 171, 307f.
Out the Window 104, 109
Outer Nothingness 349f.
Over the Rainbow 222
Overtime 206
Ow! 205

Painting 363
Palesteena 14
Palladíum 379f.
Panama 18, 176f., 181f.
Panassié Stomp 109
Papa Dip 43
Papa's Got a Brand New Bag 375
Parisian Thoroughfare 221, 223, 256f.
Parker 51 234f.
Paswonky 136
Peace 334
Peace Piece 315
Pennies from Heaven 234f.
Perdido 94, 99
Perdido Street Blues 43
Perfect Rag 30
Pick-a-Rib 128f.
Picks and Pans 387
Please be Kind 140
Porgy 321, 323
Portrait of Tracy 379
Potato Head Blues 39, 187, 190
Prelude to a Kiss 244
Prince of Wails 107
Protocol 386f.
Psalm 325
Pursuance 324f.
Pussy Cat Dues 317, 319
Put and Take 58

Put 'em Down Blues 39, 166f.

Radio Rhythm 84, 88
Raincheck 99
Ralph's New Blues 247
Ray's Idea 203
Ready for the River 47
Reckless Blues 191
Red Hot Pepper 32
Red Top 297, 301f.
Resolution 324f.
Responsible – for Jan De Ven 361
Rhumba Azul 155f.
Rhythm is our Business 121f.
Rhythm-a-ning 297f.
Riffette 229
Riffs 70
Ring Dem Bells 73f., 92, 95
Rip, Rig and Panic 291, 293
Rit-Dit-Ray 106
Riverboat Shuffle 50
Riverside Blues 20, 23, 26
Robbin's Nest 170
Rock-a-Bye Basie 112
Rocker 237ff.
Rockin' Chair 72, 74, 186
Rockin' in Rhythm 96
Rocks in my Bed 99
Romance in the Dark 146
Room Rent Blues 23
Room 608 260, 263
Rose of the Rio Grande 247
Rose Room 129f.
Roseland Shuffle 108
Rosetta 78, 135
Rouge 237f.
'Round Midnight 216, 218f., 266f.
Roundalay 310f.
Route 66! 155f.
Royal Garden Blues 15, 49, 131, 164f.
Rubberneck 234f.
Ruby, my Dear 80f., 217, 219
Rug Cutter's Swing 89
Rule of Thumb 386f.
Rumba Mamá 380
Rumpus in Richmond (Brasserie) 98
Runnin' Ragged (Bamboozlin' the Bassoon) 58
Runnin' Wild 128f., 169
Russian Fantasy 71, 73f.
Russian Lullaby 168

S. O. L. Blues 39
Salt Peanuts 199, 203
Samba Cantina 254

Sample and Hold 381f.
Santa Claus Blues 26
Saturday Night Function 95
Save it, Pretty Mama 40, 65, 186
Savoy Blues 40
Savoyageurs' Stomp 40
Sax of a Kind 241f.
Scouting Around 70
Screaming 343
Second Balcony Jump 76
See See Rider 188, 191
Seems Like a Lifetime Ago 381f.
Self Portrait in Three Colors 320
Sensation (Rag) 12, 14, 57, 84f., 87
Sent for You Yesterday 104, 109
Sentimental Lady (Someone) 100
Sepia Panorama (Night House) 98
September Song 243f.
Seven Come Eleven 130
Sex Machine 371
Shake it and Break it 64, 184f.
Shanghai Shuffle 86f., 89
Shaw 'nuff 199, 203
Sheherazade 363
Sherman Shuffle (Fussy Puss) 100
Shhh/Peaceful 367f.
Shim-me-sha-wabble 18f., 61
Shiny Stockings 105, 113
Shivery Stomp 57
Shoe Shine Boy 111
Shorty George 109
Shreveport (Stomps) 30, 32
Sidewalk Blues 28f., 31
Sidewalks of New York 98
Sid's Delight 266
Siesta at the Fiesta 123
Signal 234f.
Sims-a-Plenty 278f.
Singin' the Blues 49f., 84, 88
Sir Charles at Home 169
Six Appeal 131
Sixty-Five Faubourg 76
Skeleton Jangle 14f.
Skid-dat-de-dat 38
Skillet 304
Skip the Gutter 40
Sleep 152f.
Sleepytime Gal 173
Slippery, Hippery, Flippery 291, 293
Slow Mood 162f.
Sly 376f.
Small Black 106f.
Smashing Thirds 71, 73
Smiles 128f.
Smoke-House Blues 31

Snag it 190
Snake Rag 21f.
Snowy Morning Blues 70
So Far, So Good 97
So May it Secretly Begin 389f.
So What 314ff., 326
Sobbin' Blues 18, 23, 164
Society Red 286f.
Soft and Furry 298
Soft and Sweet 115, 117
Softly as in a Morning Sunrise 248
Solar 321f.
Solitude 92, 96, 146
Solo Flight 129, 131
Some of these Days 189
Some other Spring 322
Some Skunk Funk 384f.
Somebody Else's Dream 305
Somebody Loves Me 76
Somebody Stole my Gal 107
Someone (You've Got my Heart) 100
Somethin' Special 288f.
Somewhere in the Night 158f.
Song for Charles 347
Song for Ché 352f.
Song of the Islands 112, 189
Song of the United Front 352f.
Sonny Boy 271
Sonny Sharrock 343
Sonnymoon for Two 283f.
Soon 247
Sophisticated Lady 121f.
South 173, 181f.
South Rampart Street Parade 161, 163
Souvenirs 139
Space Circus 373f.
Spinnin' the Webb 117, 120
Sponge 385
Spotlite 228
Springtime in Siberia 381, 383
Squeaky's Blues 310f.
Squeeze Me 40, 116, 119, 162
Squids 384f.
St James Infirmary 41, 166f.
St Louis Blues 14, 73, 78, 145, 158f., 206
St Thomas 271f.
Star Dust 72f., 192f., 304
Stay on it 205
Steamboat Stomp 31
Steps 337
Still Warm 387
Stockholm Stomp 86f.
Stompin' at Decca 139
Stomping at the Savoy 115
Stompy Jones 96

Stücke | 429

Stop Time 263
Stormy Weather 173
Storyville Blues 177
Straighten up and Fly Right 155f.
Stratford Hunch 30
Strictly Instrumental 122, 124
Stringing the Blues 55, 57f.
Strode Rode 271f.
Strollin' with Pam 268f.
Struttin' with Some Barbecue 39, 165, 189
Stumbling 162
Suburban Eyes 217f.
Sugar 59ff.
Sugar Foot Stomp 20, 84, 88
Sugar Foot Strut 40
Sugar Rose 135
Summertime 158f., 173, 192f.
Sun 358f.
Sunset Cafe Stomp 38
Superstition 374
Survival of the Fittest 327
Suspension Blues 168f.
Swanee River 121, 123
Swedish Pastry 243f.
Swedish Suite 206
Sweep 'em Clean 44
Sweet and Lovely 80f.
Sweet Baby Doll 23
Sweet Emaline, my Gal 78
Sweet Georgia Brown 128f., 138f., 156, 250, 307f.
Sweet Little Papa 38
Sweet Lorraine 47, 77f., 155f.
Sweet Lovin' Man 18, 23
Sweet Mamma 14
Sweet Savannah Sue 72f.
Sweet Sue (– Just You) 46f., 76, 129, 133, 135
Sweetheart of Yesterday 106
Sweetie Cakes 113
Sweetie Dear 64
Swing House 250f.
Swingin' at the Daisy Chain 103f., 108
Swingin' at the Sugar Bowl 162f.
Swingin' the Blues 103f., 109
Symphonette 224, 226
Symphonic Raps 40

Tadd's Delight 266f.
Take the «A» Train 94, 98
Tales (8 Whips) 338
Tank Town Bump 32
Taxi War Dance 112
Tea For Two 72f., 173, 208, 234, 251
Teach Me Tonight 302

Tears 23
Techno 387
Teen Town 380
Tennessee Twilight 62
Terrible Blues 26
Texas Moaner (Blues) 26, 63, 65
Texas Shuffle 104f., 109
Thank you falettinme be mice elf agin 375
That Naughty Waltz 119
That Party Upstairs 297f.
That Rhythm Man 115, 117
That Too, Do 106
That's a Plenty 18, 164ff.
That's a Serious Thing 61
That's Earl, Brother 202f.
That's my Home 189
That's No Bargain 54
That's When I'll Come Back to You 39
The Big Crash from China 163
The Big Noise from Winnetka 163
The Blue Room 107
The Blues I Love to Sing 91, 95
The Blues Walk 256, 258
The Broilers 304
The Brown Skin Gal (in the Calico Gown) 99
The «C» Jam Blues 99
The Chant 31
The Charleston 69
The Chase 225
The Chef 304
The Cosmos 350
The Count 106
The Cricket Song 158f.
The Dance of Maya 370, 372
The Dipsy Doodle 119
The Donkey Serenade 260
The Eel 60, 62
The Ending to the First Side 353
The Everywhere Calypso 271
The Eye of the Hurricane 326f.
The Famous Alto Break (Night in Tunisia) 212, 215
The Flaming Sword 98
The Fox 278f.
The Game Maker 373, 375
The Giddybug Gallop 99
The Girl from East 9th Street 254
The Girl in my Dreams Tries to Look Like You 98
The Gypsy 212, 215
The Harlem Strut 68ff.
The House of David Blues 84, 88
The Hucklebuck 209
The Interlude (Drinking Music) 353

The Introduction 353
The Joint is Jumpin' 74f.
The Jones Law Blues 106
The Juggler 380
The King of the Zulus s. King of the Zulus
The Lady is a Tramp 158f., 250f.
The Last Time 39
The Last Time I Saw Paris 301
The Lion and the Wolff 276f.
The Lord Will Make a Way Somehow 184f.
The Man I Love 128f., 140, 147ff., 150, 156
The Midnight Sun Will Never Set 309
The Minor Drag 166f.
The Mooche 91, 95
The Mule Walk 70
The Nearness of You 250f., 298
The Night Has a Thousand Eyes 253f.
The Noonward Race 370f.
The Pearls 27, 30f.
The Preacher 260f., 263
The Queen's Fancy 246f.
The Rev 304
The Sheik of Araby 64f.
The Song is Ended 166f.
The Song is You 234f.
The Southern Stomps 23
The Squirrel 224ff.
The Suite 246
The Sun Myth 350f.
The Theme 262, 264
The Waltz 346f.
The Wild Dog 58
Thelonious 217f.
Them There Eyes 190
Theme to the Mothership 373f.
There Ain' No Land Like Dixieland 51
There Shall Be No Night 98
There'll Be Some Changes Made 61
There's a Cradle in Caroline 50f.
These Are Soulful Days 276f.
These Foolish Things 80f., 152f., 165
They Can't Take That Away from Me 159, 302
They Didn't Believe Me 310f.
Things are Looking up 144
Things to Come 203
Third Wind 389f.
This Can't Be Love 244
This Way Out 155f.
Thou Swell 233, 235
Three Blind Mice 50
Three Deuces 303f.
Thriving on a Riff 209, 213
Tia Juana 30
Tidal Wave 89

Tiger Rag 13ff., 17f., 55, 78, 127, 129, 181, 185
Tight Like This 35f., 41
Till Tom Special 131
Time and Tide 244
Time Out 108
Tin Roof Blues 17f.
To Whom it May Concern 260, 263
Toby 107
Toddlin' 70
Tom Cat (Blues) 24, 30
Too Close for Comfort 281f.
Too Tight 43
Topsy 104, 109
Touch of the Blues 231f.
Trav'lin' all Alone 142, 144
Trouble in Mind 191
Trouble is a Man 306
Truckin' 135
Trumbology 50
Trumpets No End 95
Turkish Prayer 343
Turn on the Heat 73
Turnstile 251
Twelfth (12th) Street Rag 39, 65, 103, 112, 133, 135
Twenty-four Robbers 123
Twisted Blues 295f.
Two Bass Hit 205, 246
Two Deuces 40, 188, 190
Two Jim Blues 178f.

Un Poco Loco 220ff.
Undecided 116, 120, 140
Under the Bamboo Tree 181f.
Unit Structures (As of a Now; Section) 337f.
Until the Real Thing Comes Along 146
Untitled 3 363
Untitled 4 363
Up Jumped the Devil 184f.

Valentine Stomp 71, 73
Vein Melter 376f.
Vendome 246f.
Venus de Milo 237f.
Vibraphonia 58
Victory Ball 206
Viper's Drag 71, 73
Vital Transformation 370, 372
Viva la Quince Brigada (Long Live the Fifteenth Brigade) 353
Voodoo 288f.

Wail 221f.

Stücke | 431

Waitin' for Benny 128f., 131
Waiting at the End of the Road 73
Walkin' 231f.
Walkin' Shoes 250f.
Waltz for Debby 321, 323
War Orphans 352f.
Warm Valley 98
Warming up a Riff 208, 212
Washboard Blues 54
Washington Wobble 91, 95
Watermelon Man 376f.
'Way Down Yonder in New Orleans 49f.
We Shall Overcome 352, 354
Weary Blues 18, 39, 64, 176f., 181f., 184f., 190
Weather Bird (Rag) 22, 37, 40, 75
Wednesday Night Prayer Meeting 317
Well You Needn't 80, 216f., 219
West Coast Blues 295f.
West End Blues 35f., 40
West Wind 135
What a Shuffle 118
What Am I Here For? 99, 113, 256, 258
What Do You See in Her? 306
What Good Would it Do? 99
What is This Thing Called Love? 156, 199, 319
What Love 319f.
What's New 284
What's the Reason? 135
What's the Use? 166f.
When a Woman Loves a Man 142, 144, 166f.
When Erastus Plays his Old Kazoo 44
When I'm Alone 106
When it's Sleepy Time Down South 65, 189
When Johnny Comes Marching Home (Again) 283f., 318
When Lights Are Low 284
When the Saints Go Marching In 173
When You and I Were Young, Maggie 168f.
When Your Lover Has Gone 305
When You're Smiling 142, 144, 189
Where Did You Stay Last Night? 23
Where or When 302
Wherever You Are 146
Whispering 129, 198
Who Knows 219
Who Put the Sleeping Pills in Rip Van Winkle's Coffee? 232
Who Wants Love? 144

Who Ya Hunchin'? 120
Wholly Cats 128, 131
Who's Sorry Now? 162
Whose Honey are You? 134
Whosit 38
Why Do I Lie to Myself about You? 133, 136
Why Was I Born 166f.
Wild Man Blues 39, 63f., 188, 190
Wild Party 86, 89
Willie the Weeper 39
Winin' Boy (Blues) 29, 32
Without your Love 143
Wolverine Blues 18, 27, 30, 32, 167
Won't You be my Baby? 106
Won't You Come Home, Bill Bailey 173
Woody Woodpecker's Song 200
Working Man's Blues 23
Worried and Lonesome Blues 70
Wow 240f.
Wrap your Troubles in Dreams 166f., 305f.
Wrappin' it up 89
Wringin' and Twistin' 51

Yardbird Suite 211, 215
Yeah Man! 86
Yes! I'm in the Barrel 37
Yes, Lord, I'm Crippled 176f.
Yesterdays 228f., 234f., 241f.
You Brought a New Kind of Love to Me 169
You Can Depend on Me 109, 231f.
You Don't Know What Love Is 271f.
You Fit into the Picture 134
You Go to my Head 222
You Know You Know 371f.
You Made Me Love You 39
You Need Coachin' 152f.
You Rascal, You 74, 190
You Stepped Out of a Dream 305f., 355f.
You, You Darlin' 97
You'd be so Nice to Come Home to 159
You'd Better Go Now 209
Your Feet's Too Big 134
You're Driving Me Crazy 162
You're Next 38
You've Changed 286f.

Zellmar's Delight 288f.
Zing! Went the Strings of my Heart 243f.
Zulu's Ball 23